# 大清
# 为何轰然倒塌

佛要跳墙
-著-

孔學堂書局

图书在版编目（CIP）数据

大清为何轰然倒塌 / 佛要跳墙著. -- 贵阳：孔学堂书局, 2025. 4. -- ISBN 978-7-80770-727-1

Ⅰ．K252.09

中国国家版本馆CIP数据核字第2025U3E918号

## 大清为何轰然倒塌

DAQING WEIHE HONGRANDAOTA

佛要跳墙 著

**责任编辑**：黄　艳　周亿豪
**特约编辑**：王超群
**版式设计**：夏　天

| 出版发行 | 贵州日报当代融媒体集团<br>孔学堂书局 |
| --- | --- |
| 地　　址 | 贵阳市乌当区大坡路26号 |
| 印　　刷 | 河北鑫玉鸿程印刷有限公司 |
| 开　　本 | 710mm×1000mm　1/16 |
| 字　　数 | 439千字 |
| 印　　张 | 26 |
| 版　　次 | 2025年4月第1版 |
| 印　　次 | 2025年4月第1次 |
| 书　　号 | ISBN 978-7-80770-727-1 |
| 定　　价 | 68.00元 |

版权所有·翻印必究

献给我亲爱的叶总和

酷酷的小丁总

# 目录

本书的起源　　1

写在前面　　3

## 第一篇　众　生

### 第一章　汉臣的崛起——庙堂线　　11
团练系崛起　　12
满汉再平衡　　17

### 第二章　会党的春天——江湖线　　26
三大会党起源　　27
草莽壮大　　34

### 第三章　革命的萌芽——"书生造反"　　39
血流给谁看？　　40
书生的觉醒　　43
孰易？孰难？　　51

### 第四章　钱从哪里来，枪从哪里来　　55
银子！银子！银子！　　56
军火买卖　　63

I

## 第五章　革命党菁华——人从哪里来　　74
"屠狗辈"与"负心人"　　75
留学生革命党　　82

## 第六章　广东·广州·1911　　98
篇外·秋瑾　　105

# 第二篇　天　下

## 第一章　洋人来了　　119
白银时代　　121
残暴的欢愉　　127

## 第二章　三强争霸之海上马车夫　　134
旧世界，新世界　　135
荷兰登场　　137
荷兰退场　　143

## 第三章　三强争霸之民族国家的诞生　　146
法兰西登场　　147
"千年未有之大变局"　　156

## 第四章　三强争霸之日不落帝国　　164
英国登场　　165
棉花帝国　　170

## 第五章　创造西方　　177
开门，送自由　　178
假汝之名　　183
篇外·帝国　　190

# 第三篇　朝　廷

## 第一章　样板工程　　207
两条小常识　　208
新列强登场　　212

## 第二章　中　兴　　229
三条改革实用小技巧　　230
高光时刻　　238

## 第三章　深化洋务运动　　243
如何在晚清经商　　244
"和尚摸得，我摸不得？"　　251

## 第四章　大清金融　　258
外债何以丧权辱国？　　259
大清这棵韭菜　　268

## 第五章　新政1901　　276
生于忧患，死于"太平"　　277
当断不断，反受其乱　　282

# 第四篇　音乐响起

## 第一章　铁路啊，铁路　　291
面对未来　　292
大幕拉开　　300

## 第二章　瞬间与永恒　　　　　　　　　　　　308
瞬　间　　　　　　　　　　　　　　　　　　309
永　恒　　　　　　　　　　　　　　　　　　314

## 第三章　一个月　　　　　　　　　　　　　322
起义成功之后呢？　　　　　　　　　　　　323
紫禁城的"反扑"　　　　　　　　　　　　327

# 第五篇　权力的游戏

## 第一章　权力游戏的两条规则　　　　　　　343
第一条规则　　　　　　　　　　　　　　　344
第二条规则　　　　　　　　　　　　　　　346

## 第二章　"非袁不可"　　　　　　　　　　353
群狼环伺　　　　　　　　　　　　　　　　355
世受国恩袁大人　　　　　　　　　　　　　361
"被逼"跳反袁大人　　　　　　　　　　　370

## 第三章　皇帝走了，民国来了　　　　　　　379

尾　声　　　　　　　　　　　　　　　　　　　391

部分参考文献　　　　　　　　　　　　　　　　395

后　记　　　　　　　　　　　　　　　　　　　405

## 本书的起源

清朝如何覆亡，是一个让历史老师很头疼的问题，标准答案当然是："武昌起义一声炮响，革命党人纷纷起义，宣统皇帝溥仪宣布退位，大清国灭亡。"

但问题来了：

"老师，为啥湖北一起义，北京皇帝就迅速下台了？毕竟之前洪秀全都割据南方半壁江山了，皇帝还在紫禁城过得好好的？"

"因为当时革命党纷纷起义了。"

"那这些革命党怎么就能纷纷起义了，朝廷难道不镇压吗？"

"有啊，朝廷派袁世凯镇压的。"

"这个袁世凯，不就是后来的大总统吗，怎么镇压革命的最后却成了大总统？"

"他偷窃了革命胜利的果实。"

"为啥这么重要的东西都会被偷？革命党不上锁的吗？"

"因为孙中山以大局为重，主动将大总统的位置让给了袁世凯。"

"国家又不是梨子，怎么随随便便就让了？"

"你出去……"

这样的解释绕来绕去，最后总给学生们一种"清朝是稀里糊涂就丢了江山"的感觉。毕竟上一次大家耳熟能详的改朝换代还是《大明英烈传》，朱元璋、徐达、常遇春等人经过多年的征战才终于成功；而大清朝居然在起义之后不到半年就江山易主，的确让人颇为费解。

事实当然并非如此，所以从现在开始，我们就好好聊聊大清覆亡的前因后果，感受先烈的不易。

## 写在前面

要回答为啥一个王朝会覆亡，就得先回答为啥一个王朝能统治。当然，这本身作为一个博士论文的选题，咱们只能简要地说说。

用最简单的话来说，王朝能统治的核心在于，国内有"共识"，也就是统治区域内的国民觉得统治能持续下去。这意味着大部分的国民，或者至少大部分拥有资源的国民（比如士绅阶级），觉得镇压造反的代价远远大于持续统治带来的风险。

毕竟中国地盘大，天灾人祸不断，一般每隔几年就会有人造反。比如著名"诗歌工厂厂长"①乾隆当政的时候，仍处于"康乾盛世"，发生的大造反有1781年甘肃回乱、1786年台湾天地会造反。乾隆刚把皇位传给儿子嘉庆，马上爆发1796年川楚白莲教起义。至于小规模的起义，几乎年年都有，所以张宏杰用"饥饿的盛世"来形容乾隆年间，实在非常到位。

只不过，一般这种起义很难摆脱被镇压的命运。毕竟在一个政府运作还算正常的年代，当兵的觉得朝廷能发饷（虽然常常拖欠），所以愿意去打仗；当官的觉得能升官，所以愿意去镇压；普通士绅百姓觉得王朝"天命还在"，无论情愿与否，还是会认捐纳粮。一来二去，全国资源集中对付一个地方，造反成功的概率可想而知。

那政府怎么样才能表现出"天命还在"呢？一般集中在两个地方：武力和财力。

我们拿1796年的川楚白莲教起义举例，这次造反声势浩大，席卷四川、陕西、河南、湖北等多地，打得清军焦头烂额。但在嘉庆皇帝推行汉族士绅

---

① 乾隆一辈子写了4万余首"二流诗"，是不折不扣的工厂量贩式诗人。

建立地方团练武装的政策后，各地坚壁清野、清查保甲、四处围剿，起义军辗转各省，最终还是归于失败，为什么呢？

一是中央军勉强还能打。

其实当时八旗军已经朽态频现了，打仗的时候，军官动不动就"领兵官离贼数十里"，一听到贼来就"与之俱住"。以至于将领密折嘉庆，建议汉人绿营最好别跟满蒙八旗一起行军，免得被汉人看出旗人战斗力弱，生出"不臣之心"。

但毕竟朝廷还有额勒登保这种压箱底的满族大将，他当年在西藏跟廓尔喀（今尼泊尔中部地区）打仗，"直前披击，冲垒奋身"，把以凶猛著称的廓尔喀人看得目瞪口呆。

也就是说，中央军尚有一战之力。

额勒登保绘像

既然如此，想参加造反的就得掂量掂量，自己是不是比廓尔喀军还猛。就这方面来说，清军当年横扫天下，甚至能和俄国人一较高低，可谓武德充沛，虽然后来一代不如一代，但毕竟底蕴尚在。

二是有钱。

乾隆一代刚过完"盛世"，虽说对百姓而言是"饥饿的盛世"，但官府家底尚在。毕竟一打仗，头等大事就是准备粮草、武器、军饷；好不容易打完仗，还得继续奖励功臣、安抚流民、裁撤军队，没有一个地方不需要用钱。

这次镇压白莲教起义，最终花费白银2亿两。虽说把康乾盛世攒下的钱败了个大半，但毕竟还是镇压成功了。所以，一般造反的人还得掂量掂量，自己是不是能够筹到足够的资金，别被朝廷的2亿两白银"砸死"了。

对比一下明末，大明手上尚能一战的部队在萨尔浒、大凌河被努尔哈赤和皇太极耗了个干净；红衣大炮的数量逐渐被清军超过；"三饷"已经收到"民田一亩值银七八两者，纳饷至十余两"①的地步，既没了枪，也没了钱，的确是山穷水尽了。

钱和枪这两点大家比较容易理解，但封建王朝的统治还有非常重要的一条，叫作"天命"。中国封建社会近三千年，"天命"这个词，既是朝廷重点关注的政治红线，也是王朝存续的生死线。

无论中外，稍微像样一些的王朝，都会通过各种手段让百姓相信，龙椅上的这位"受命于天""天命犹在"，让人们认为造反绝无成功的希望，从而降低统治成本。

具体如何让人相信，手法可谓千奇百怪，从最早的秦始皇封禅泰山"以德配天"；刘邦"斩白蛇起义"，显"赤帝子"真身；武则天加尊号"慈氏越古金轮圣神皇帝"②；法国路易十四主张"君权神授"；亚历山大大帝的母亲奥林匹亚斯，宣称亚历山大的父亲其实是宙斯③，都是大家喜闻乐见的故事，是君主受命于天的体现。

宙斯化身为蛇引诱奥林匹亚斯

所有这些神奇的操作，背后的逻辑就是暗示：我很特殊，我是正统，我统治你是应该的，我会好好对你，你不要乱想。

毕竟"天命"这东西虽然看不见摸不着，但是对降低统治成本极其关键。兵再多、钱再多，如果全国人民一起造反，那的确是任何统治者都无法抵挡的。

举个例子，据说清末张之洞和载沣（末代皇帝溥仪的生父）谈公事，张之

---

① 《天下郡国利病书》，顾炎武著，上海古籍出版社，2012。
② 没错，与你在《神雕侠侣》里看到的"金轮法王"有一定渊源。"金轮"来自佛教的转轮王思想，每逢转轮王出现，必有七宝相伴，具足四德，代表世间的最高成就。转轮王又分为金、银、铜、铁四种，其中金轮王地位最高，能够以正法治理整个世界，使天下太平。
③ 亚历山大的母亲奥林匹亚斯一直宣称，她在婚礼的前一天梦到一道闪电击中她的子宫，而在希腊神话里，闪电是宙斯的象征；在出发征服埃及之前，她宣称亚历山大是宙斯的儿子，注定统治世界。

洞直言某事不可行，因为"舆情不属，必激变乱"，载沣脱口而出"有兵在"①。老张也做了一辈子大清裱糊匠②，被这话惊得目瞪口呆，回家说："不意闻此亡国之言。"

为啥这是"亡国之言"呢？因为但凡有点职业素养的封建官僚都知道，可以用暴力抢夺政权，但是要保住政权，可不是光靠暴力就行的，所谓"居马上而得之，宁可以马上治之乎"③。要统治牢固，还是得靠民意，靠"天命"。

这方面的案例可以看朱元璋，他能把元朝推翻，足以称得上武德充沛了吧。当年准备北伐的时候，他说："予本淮右布衣……志在逐胡虏，除暴乱，使民皆得其所，雪中国之耻。"④意思就是说："我当年是个安徽平民（其实连平民都算不上），现在要带领大家推翻欺压你们的蒙古人，让百姓过上好日子！"

但等天下已定，他的诏书就变成："自宋运告终，帝命真人（说的是元世祖忽必烈）于沙漠入中国为天下主，其君父子及孙百有余年，今运亦终。"⑤意思宋朝亡了，元朝继承了华夏正统，而我朱重八⑥顺应天命，又从它那继承正统了。

再到他儿子朱棣，讲起明太祖朱元璋来，穷出身是肯定不提了，反而开始谈他爸出生时"雷电交加""红光满室"；而他自己出生时"五色满室""经日不散"。当年的"淮右布衣"形象，也变成了"夫龙形者，其人鼻高耳耸……乃帝王之相，非常人也"。

为啥不提当年乞丐变皇帝的励志故事了呢？不是因为故事不精彩，而是这种故事非常不利于统治。你口口声声说朱家原来是造反起家的，岂不是暗示"王侯将相宁有种乎"，变相鼓励"如果我能做到，那说不定你也行"。这明显增加了统治成本啊！

---

① 《张文襄公年谱》，胡钧编，文海出版社，1982。
② "裱糊匠"一词出自李鸿章的自嘲，原句载于《庚子西狩丛谭》："我办了一辈子的事，练兵也，海军也，都是纸糊的老虎，何尝能实在放手办理？不过勉强涂饰，虚有其表，不揭破犹可敷衍一时。如一间破屋，由裱糊匠东补西贴，居然成一净室……乃必欲爽手扯破……自然真相破露，不可收拾。但裱糊匠又何术能负其责？"
③ 《史记·郦生陆贾列传》。
④ 出自《奉天讨元北伐檄文》，元朝末年朱元璋出兵北伐时在应天府所颁布的檄文，相传由宋濂起草。
⑤ 出自《初即帝位诏》，洪武元年（1368年），朱元璋登基诏书。
⑥ 朱元璋的本名就叫朱重八。

大家注意看这张"明太祖真像"图,为何在管控极严的大明,还能到处流传着朱元璋这张"丑照",锦衣卫难道不上门抄家的吗?那是因为,面相学里,这张丑脸不叫"鞋拔子脸",而是正宗"龙形脸",可是帝王之相[①]。

大家对比一下宫廷版的明太祖画像,还有相面书的龙形相,以及朱棣之后被允许流传的"真像",感受一下那种"丑就丑点吧,只要大家觉得我是天生龙种就行"的统治思路。

所以,能够纯熟地把武力、财力和天命这三者结合,才算是一个优秀的封建统治者。老实说,如果单纯从技术水平的角度来看,大清一朝很厉害了。

以争夺合法性为例。入关前,皇太极就把国号从"后金"改成"大清",并且特别说明"大明不是宋朝,大清也不是金国",以此来淡化金朝和自己的先祖同属女真族的关系,毕竟一听到"金",中原百姓总是想起来"靖康之耻"和岳武穆,实在不利于统治。

多尔衮入关的时候也是打着"为崇祯皇帝报仇"的旗号,声明自己入主的正义性,减轻大明将

明太祖真像

宫廷版明太祖画像

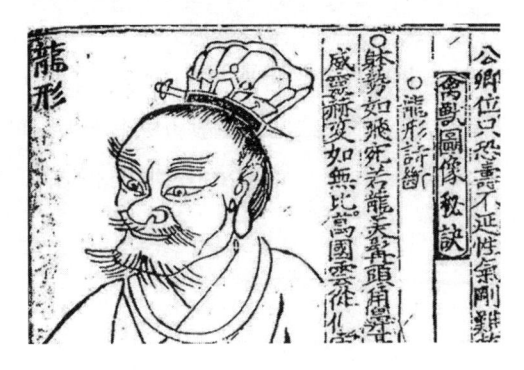

《锲王氏秘传知人风鉴源理相法全书》中的龙形象

---

① 胡丹:《相术、符号与传播:"朱元璋相貌之谜"的考析与解读》,《史学月刊》,2015(08)。

士投降的心理压力，极力分化关内的军事力量。

之后康熙一方面号称"永不加赋"，停止征收"三饷"，安抚民心，另一方面用"留发不留头、留头不留发""文字狱"进行精神奴化。

到了乾隆一朝，天下已定，清廷摇身一变，发布《钦定胜朝殉节诸臣录》，开始表扬臣僚为明朝尽忠的精神，暗示"为朝廷尽忠"才是士人的根本；之后再接再厉，发布《贰臣传》，意思是之前花大力气争取来的前明旧臣，如洪承畴、孙之獬之类，都无君无父、道德沦丧，需要被大力批判。

一正一反，既表扬忠君爱国思想，又点出大清是继承大明正统。

如此老辣手段，比起粗放管理的元朝，的确高了好几个段位，难怪能打破"胡虏无百年之运"的魔咒。

让我们回到主题，如何能推翻一个王朝呢？

简单来说，就是要打击政府税收基础，压倒朝廷的武装力量，最终让国民对政权失去信心。一旦大家普遍认为造反的预期收益超过镇压，就可以形成"天命"已经被抛弃、王朝"气数已尽"的共识，最终达到墙倒众人推的局面。

大家也看出来了，要达成这个目标，历史上大部分情况都是打得江山变色才最终完成。即便一直被儒家称为"天下归心"的周武王伐纣，也有血流漂杵的牧野之战；"得国太易"如司马炎家族代魏，也要数代经营。改朝换代难度之大，可见一斑。

出乎意料的是，作为一流封建统治集团的爱新觉罗家族，居然在武昌起义一声炮响后土崩瓦解，没几个月就倒台了，实在让人大跌眼镜。

这次，我们就深度探讨一下这个话题，我相信，一旦理解了**大清为何轰然倒塌**，也就能理解何为"三千年未有之大变局"，何为中国近代之路。

考虑到本书结构和一般历史书不太一样，我特地附上思维导图一张[①]，方便大家理解。现在，请大家忘记时间和空间，随我一同进入到1911年的中国。

---

① 见本书所附折页书签。

第一篇

众生

当一个新时代来临，社会不同阶层将无一例外地受到巨大冲击。他们在冲击中相互竞争、合作，并最终形成新的生态。

　历史的微妙之处，就在于观察力量的起伏、社会的演化。

第一章

汉臣的崛起——庙堂线

## 团练系崛起

有清一代，朝廷对汉臣一直都是又用又防的态度。清军入关，八旗军加起来也就十来万人，撒到汉地几千万的人口中，恐怕连个影子都找不到，你要是多尔衮，也会对乌泱泱的前明子民心生恐惧。

而且统治阶级嘛，也不是只防着汉族，除了自家骨肉，他们看谁都是"非吾族类，其心必异"。北边防着蒙古部落，西边防着回族阿訇，南边防着西南土司，历代采取的统治策略可能不太一样，但提防的心态倒是共通的。

清朝的处理办法，一般是走上层贵族和意识形态路线。比如对付蒙古上层，清朝推行贵族联姻制，实施个"满蒙共治"大方针，深度绑定蒙古贵族利益；而对下层，则和宗教领袖合作，大力推广藏传佛教。

一套组合拳下来，效果可以说相当不错。以 1688 年开始，持续几十年的准噶尔之役为例，叛军领袖葛尔丹就是个蒙古人，一直宣称要以成吉思汗为榜样，统一草原、征服中原。叛军一度声势浩大，数次大败清军。但即便如此，绝大部分蒙古人始终坚定地站在大清一边。

当然，对爱新觉罗家族来说，最有挑战性的还是汉族，毕竟人多，又有儒教这种传承千年的意识形态。所以从顺治以来，大清一直采用一种平衡的策略，集中精力笼络士绅阶级，同时注意防汉治汉。一方面，把儒家文化作为帝国正统，起用大量汉族人士为官；另一方面，最核心的岗位又坚持使用八旗子弟。

也就是说，大清在汉地自觉地独尊儒术，并让渡部分权力给汉族士人阶层，毕竟这么广袤的疆域他们自己也不可能管得过来；而汉人士绅也承认清廷的正统地位，时刻注意所谓"做臣子的本分"。儒家思想作为双方的润滑剂，效果发挥得很好。

不过到了乾隆末年，形势开始有了微小的变化，1796 年，在"官逼民反"

的口号下，农民再次揭竿而起，掀起了大名鼎鼎的"川楚白莲教起义"[①]。

这个属于朝代发展的老剧本了，人称"造反3+1"：人口增长＋土地兼并＋政治腐败，三大要素凑齐，再加一个天灾引爆。与秦末"大楚兴，陈胜王"，汉末"苍天已死，黄天当立"，元末"石人一只眼，挑动黄河天下反"如出一辙，可谓熟悉的配方、熟悉的味道。

怎么办呢？当然是镇压了。结果几场仗打下来，朝廷发现八旗军的战斗力简直惨不忍睹。八旗子弟提笼架鸟多年，可谓克敌无方，扰民有术，以至于白莲教席卷四川、陕西、河南、湖北等多地，声势浩大。清政府不出绝招是不行了。

绝招是啥呢？史书上也写得很明白：下放武装权，鼓励地方结寨自保。

到了嘉庆年间，福建人龚景瀚见八旗与绿营已不堪重用，于是上疏提议朝廷坚壁清野，放开地方团练，训练民兵以抵挡白莲教。这篇文章叫作《坚壁清野议》，它将在五十多年后成为指导咸丰一朝镇压太平天国的重要文件。

这办法大家听起来或许不好理解，但讲起三国各位就懂了。东汉末年黄巾军起义，中央军打不赢，朝廷就只能放权给曹操、孔融、刘备这种地方实力派、拼命派。

你看，刘备是没落贵族，织席贩履为业，张飞是杀猪富户，关羽则身怀命案。三个人拉起了军队镇压起义，共同搏了个县尉的功名，成功实现阶级跃升。要不是战乱，在豪族林立、阶级固化的东汉，作为社会中下层的刘关张哪有这种机会。

建议大家去看看陈可辛导演的《投名状》[②]，里面那个赵二虎，那就是个清代的关羽，草根出身当土匪；庞青云，则是士绅建立地方武装，类似于刘备；两拨人都相信朝廷能够熬过这一劫，于是凑在一起，决心靠镇压太平天国捞个功名。这种情节，放到黄巾军、白莲教、太平天国起义时期，都是不需要改剧本的。

最终，朝廷打着"保境安民"的旗号，中央军和士绅武装联合，残酷扑灭了白莲教起义。下一步处置方法也很熟悉，裁撤乡勇，解散地方军队，恢复朝

---

① 这场起义从1796年一直持续到1804年。
② 李连杰、金城武、刘德华主演。早年豆瓣评分只有6分多，这几年越来越多的人回过味儿来了，评分越来越高。影视区也有博主开始精讲这部片子。

廷对武力的垄断权。怎么裁呢？撒钱。

毕竟嘉庆有的是钱。"和珅跌倒，嘉庆吃饱"嘛。乾隆一死，嘉庆就从和珅家里抄出了上亿两白银，填补了2亿两军费的亏空。这些钱，嘉庆用来募兵、发饷、遣散团练，终于保住了大清江山。

1804年，白莲教起义被扑灭，嘉庆涉险过关，但"团练"这个先例算是开创了。历史就是这样，你以为开了个小口子，结果却是个大窟窿。120年后，当爱新觉罗·溥仪从紫禁城被扫地出门的时候，不知道他对祖宗的这个决定有何感想。

当然，溥仪的感受不重要，咸丰的感受很重要，因为到了他手上，太平天国来了。

1851年，在道光和咸丰交接的档口，广东人洪秀全打着上帝的旗号在广西起义，席卷江南。八旗和绿营经过五十多年的"励精图治"，战斗力比起嘉庆年间更弱了。咸丰没办法，只好根据他爷爷的"钦定镇压农民起义简明教材"——《坚壁清野议》，再次开放团练。一帮朝廷士绅由此在地方上建起了地主武装。

和嘉庆那次不同，这次建立团练的是一帮进士。他们可以称为"道光进士团练系"。随便举几个例子：湘勇创始人，道光16届进士生（道光十六年进士）胡林翼，谥号"文忠"；湘军创始人，18届进士曾国藩，谥号"文正"；淮军创始人，27届进士生李鸿章，谥号"文忠"。

麻烦大家顺便再记两位相对不太出名、不那么熟悉的人物，分别是皖北团练创始人，15届进士生袁甲三，谥号"端敏"；以及他儿子，道光三十年进士生袁保恒，谥号"文诚"。

清朝普通进士的一生，通常都是干文职的，而道光年间的进士们先是在中央做官，等在总部混熟了，太平天国也开始起义了，这些胆子大的进士正好有机会下到地方建武装团练。

几年下来，这群官员既精通了笔杆子，又明白了枪杆子，说是在地方上小小地拉一拉团练，但最终组建出了中央难以号令的地方武装。短短几年，就孵化出了一个权臣的新时代。

这帮道光进士里最知名的，自然是中年男人的最爱、地摊文学常客、教育子女的偶像、人称"千古第一完人"的曾国藩，曾文正公。

公平地说，老曾这辈子名头那么响，靠的不是写《冰鉴》方便大家摆摊看面相①，也不是写《曾国藩家书》搞教培，靠的是给后来人实实在在地开拓出了一条升官发财的康庄大道。踩着他的脚印，李鸿章、张之洞、左宗棠、袁保恒这帮汉族官僚集团，逐渐蚕食了大清朝廷的权力。

当然，第一代团练系也只能是蚕食，造反希望不大。大家可能听过，扫平太平天国起义后，左宗棠送了幅对联给曾国藩："神所凭依，将在德矣。鼎之轻重，似可问焉？"意思是要不要考虑反了算了？这个故事显然是假的，在那个年代，左宗棠送这种对联，就跟跑大街上叫"造反造反，同去同去"没啥两样，基本就是把朝廷当作摆设了。

显然朝廷还不是个摆设，曾国藩的湘军打下了太平天国的首都天京（南京）是不假，但实力远远不够支撑其拿下全国。毕竟此时，在军事上，大清百足之虫死而不僵，僧格林沁、多隆阿这种满族猛将还健在（虽然也没撑几年）。财政上，湘军打着朝廷的旗号各种劝捐、卖官，粮草又依靠各地政府，基本还算是背靠中央，一旦造反，马上就会陷入断炊的地步。湘军大量军火购自欧美等国，列强们既然在太平天国和清政府之间选了后者，下了重注又怎么可能突然换阵营？更何况湘军打到这个份上，也已经越来越腐朽了，南京城破屠城三日，大家抢得盆满钵满，谁还有兴趣去推翻大清。

而更重要的是，在政治上，曾国藩是以"忠君"为号召，以维护中华正统为正当性的，所以只要朝廷不犯大错，那就"天命犹在"，此时谁也不愿意当出头鸟反抗朝廷。

几个因素叠加，曾国藩如果造反，成功率只会比太平天国更低。作为以"结硬寨、打呆仗"闻名的保守派，他不会冒这种风险。所以，攻破南京之后，曾国藩主动裁撤湘军，带头把权力还给了朝廷，大清涉险过关。

不过权力这种事都是放开容易回收难，地方实权派个个都是人精，多多少少会给自己留一手。

还是以大家熟悉的三国故事举例，朝廷镇压了黄巾军后，刘备靠军功成了"县尉"。后来政府收权，他当年拉起来的民间武装也被裁撤了，但张飞、关羽这样的心腹可不会散。不仅不会散，而且没事儿还要睡一起，核心团队嘛，真正的利益共同体。

毕竟乱世招兵基本就是个财务问题，所谓"竖起招兵旗，自有吃粮人"。

---

① 有传说看面相的《冰鉴》是曾国藩写的，其实并不是，《冰鉴》就是个清朝的地摊文学。

只要核心将官在，就是核心团队在。一旦天下有变，粮草一到位，马上就可以重新拉起军队。

所以团练的军队虽然大部分被裁，但曾国藩的班底还在。而且，咱们不得不承认，曾国藩在培养和发现人才方面，真是一把好手。

大家如果在创业公司和大公司都待过，就可以明显感觉出差别。在大公司占个位置做职业经理人，带出来的往往是专业人才。比如销售副总可能培养出几千个销售，但肯定不会带出个财务专家。但到了创业公司就不一样了，人员少，每个人往往身兼数职。万一这个创业公司做大了，这些人个个都能独当一面。

曾国藩自身就相当于一个小创业公司。他虽然正式的官职叫两江总督，按照大清旧制，算是个文官的职位。实际上兵、财、人、政、外交（那年头叫做洋务），统统一把抓。朝廷不想放权？太平军正闹得凶呢。

所以，普通督抚有幕僚十来号人，就算很多了。而曾国藩的幕僚则有足足400多号人。从军队、财务、文化建设、外交（比如向英美购买军火）、新政都能找到对应的专家。

跟着这样的领导有啥好处呢，他会举荐你！而且他举荐的人才，朝廷也不好意思不用，毕竟太平天国还在那里杵着呢，曾国藩说我今天要推荐个人，清政府也不好拒绝，毕竟还需要他效力。既然朝廷肯用，曾国藩就毫不客气，只要他打了胜仗就猛推人。在他去世前，他保举的幕僚中，官至三品以上的有22人，其中总督4人、巡抚7人，道台啥的更是不计其数。[①]

曾国藩之后，团练系二代核心人物是李鸿章，他有样学样，继续使劲儿塞人。举荐的手下包括台湾巡抚刘铭传、邮传大臣盛宣怀、招商局总办唐廷枢……个个都是响当当的人物。

我把这群人称为"团练系"，成员之间互相"竞合"[②]，一方面免不了争权夺利，另一方面暗通款曲，偶尔还通气和声。经过曾国藩和李鸿章的两代经营，

---

① 秘书处的李鸿章、左宗棠、郭嵩焘，这几个大家都熟，参谋部的沈葆桢，后来一路做到两江总督兼南洋大臣；法务部的吴汝纶，是京师大学堂（北大的前身）总教习，他的学生严复写了《天演论》；搞洋务的容闳，搞了全国第一个机器厂"江南机器制造总局"，这些都是曾国藩曾经的手下。

② 一种合作与竞争结合的经营战略，一种可以实现双赢的非零和博弈。

地方实力大量掌握在了团练系手中。他们手握军政大权,掌握和洋人直接沟通的渠道,可谓权倾朝野。

## 满汉再平衡

这种情况,朝廷能一直忍吗?当然不能。

1864年,太平天国首都南京沦陷,朝廷解决了心腹之患,慈禧太后开始着手解决满汉权力不平衡的问题。在这个问题上,大家可以感受一下清末顶级权术大师的细腻手法。

一方面,朝廷越来越强调"满汉一家",毕竟汉人官僚力量太大,要想削弱他们的力量,也必须给些甜头,比如推行满汉官员统一考核、废除满汉通婚的禁令等。另一方面,乱世当头,慈禧认为还是自己人最可靠,所以身居高位的满蒙亲信抓紧各种机会抢班夺权。

比如1861年后陆续创立的神机营、北京同文馆、广州同文馆[①],作为军政人才的培养机构,朝廷反复强调,要"于八旗中挑选天资聪慧,年在十三四以下者各四、五人,俾资学习"[②],也算是"用心良苦"了。

有意思的是,当了一辈子大清裱糊匠的李鸿章对于这些小动作洞若观火,面对北京、广州以旗人为主的同文馆,他在上海搞了个以汉人学生为主的"上海广方言馆"[③],后来的留美幼童,很多都是从这个学校出去的,实在是有那么点针锋相对的味道。

当然,满汉互相夺权这种敏感问题,明着来肯定是要搞出乱子的,必须细水长流、暗度陈仓,不能被人看出端倪。好在当年的朝廷内斗不断,各种势力犬牙交错。庙堂之上不仅分满臣汉臣,还有清流派、洋务派、帝党派、后党

---

① 以广州同文馆为例,满汉比例为16比4。即便这样,1871年,两广总督瑞麟仍然上奏,希望"专用旗人,毋庸再招汉民",并得到奕䜣同意。
② 《洋务运动》(全八册),中国史学会编,上海书店出版社,2000。
③ 地址在上海的黄浦区,江南制造总局遗址附近。

派,各有诉求,可以说是一团乱麻。

比如光绪的老师,甲午战争时常常刁难北洋水师的户部尚书翁同龢,坚信"只要我们万众一心,将士用命,何惧洋枪洋炮",人称清流派。对喊着"师夷长技"的口号、一门心思要引进坚船利炮的洋务派,那自然是百般看不顺眼。

同样,光绪自诩明君,不甘心做个傀儡皇帝,身边自然也会形成个制衡慈禧的帝党派小圈子。

既然有了帝党派,那显然也会有后党派。当初围着慈禧转,冷落了光绪的皇亲国戚,知道老佛爷死后自己肯定没好果子吃(想想乾隆死后和珅的下场),那怎么办呢?拉起个后党派,撺掇慈禧换皇帝,如果成功,那这帮人不就有"拥立之功"了嘛,这都是老把戏了。

所以清末的政坛成了夹杂着满汉矛盾的大乱斗,延至甲午战争之前,各个派系已经势如水火,整天斗得不亦乐乎了。

这种情况下谁最倒霉呢?大家如果在管理混乱的大公司打过工,就应该知道,肯定是前线做事的人最倒霉。不做事,就不犯错,日常只要拼命表演忠君爱国就行,比动手干活安全多了。而在当年,干活最卖力的,当属裱糊匠李鸿章大人。

李中堂的日常就是和清流派斗、和帝党派斗、和革命党斗,斗得不亦乐乎。即使甲午战争开打,各派系也没有停止给他的北洋水师使绊子,务必以斗臭李鸿章为第一要务,这可就苦了一帮前线官兵。北洋水师提督丁汝昌,整个甲午战争中仗没打几场,革职倒是被革了好几次[①]。

更有意思的是,喊打喊杀的那帮"帝党"又找不到人替代丁汝昌,于是只好让他"革职、暂留本任"。老丁就是在被"革职、暂留本任"的时候打死了大寺安纯,甲午战争中日本军队阵亡的级别最高的将领。

最后北洋水师全军覆没,丁汝昌自杀,死后还被追责、抄家、不准下葬。15年后,他当年的属下萨镇冰成为水师提督,才为恩师平了反。大家凑份子捐钱,在刘公岛给丁汝昌建了祠堂,也就是我们现在看到的"丁公祠"。

有了这一段,大家就应该可以理解,为啥后来武昌起义时萨镇冰奉命带领水师镇压起义,他的学生黎元洪给他写了几封信,老萨就说:我退休不管了,

---

① 丁汝昌在甲午战争期间遭帝党派围攻,两次被革职。

你们该咋样咋样吧。默认了水师起义。毕竟晚清这种腐朽政权，保它作甚。

顺便说一句，"五十七载犹如梦，举国沦亡缘汉城"这个名句就是萨镇冰写的，后半句说的就是当年的朝鲜危机，导致了丧权辱国的甲午战争。他这辈子打几十年的窝囊仗，人生最后几年居然亲眼看到志愿军抗美援朝，逼平新时代的八国联军[1]，攻入曾经差点导致"举国沦亡"的伤心之地汉城，其感觉之爽不可言说，实在是"龙游浅水勿自弃，终有扬眉吐气天"。

回到慈禧的夺权操作上。甲午一仗，朝廷重金投入的北洋军全军覆没，李鸿章引咎辞职。帝党派彻底端掉李中堂的"淮系"，欢欣鼓舞。结果高兴没几天，胜利果实被后党派给摘了。慈禧的亲信，正白旗荣禄扶摇直上，取代李鸿章当了"国防部长"，拿到了军权。

光绪皇帝无法接受堂堂大清居然败于日本，立志变法自强。可惜政策不切实际，行事急于求成，"百日维新"一败涂地。之后，慈禧发动政变，囚光绪、废帝党，后党派全面掌权。

最终，在后党派、维新派、帝党派、清流派……的政治大乱斗后，"四小天王"入朝：端郡王载漪、贝勒载濂、辅国公载澜、庄亲王载勋，个个身居要职，满族权贵再次权倾朝野，取得了夺权大乱斗的最终胜利。慈禧旁边围着一圈自家人，舒服又听话，可谓志得意满。

问题在于，位子不能当脑子，清流顶多是"误国"，后党那帮人上台，可就是要"丧国"了。四小天王上台没几个月，慈禧认为列强有意干涉大清内政、拥立光绪，拍板决定借助民间力量对抗洋人，四小天王由此引义和团入京，最终折腾出了义和团运动，继而引发了祸国殃民的"庚子国变"。

这群既可敬又可悲的义和团师兄们[2]，一方面英勇无畏，奋起反抗列强压迫，抱着"刀枪不入"的狂想，以血肉之躯，冲向洋人的火枪大炮；一方面又抱着"杀尽洋妖""扶清灭洋"的执念，砸电线、砸铁路、杀传教士、杀洋务派、杀家里有洋火的百姓……杀得北京和外地断绝联系，杀出了"八国联军侵华"，杀出了北京人民的巨大灾难"庚子国变"。

在这种狂热的劲头下，慈禧太后犹豫不决，一会儿热血上头，发布动员令

---

[1] 萨镇冰1952年4月10日去世于福州，当时志愿军打败"联合国军"，攻下汉城。老萨当过大清的官、民国的将军，也是新中国的政协委员。
[2] 义和团是一种分散组织，以"坛"为基本单位，最高的就是大师兄，余下称"二师兄、三师兄"等。

《宣战诏书》①，说要各地方"集义民，御外侮"，要"慷慨以誓师徒，与其苟且图存，贻羞万古，孰若大张挞伐，一决雌雄"，发扬"奋起反抗"的精神，和洋人大打一场；一会儿又脑子冷静下来，怕打不过洋人，发电报嘱咐各地督抚要"保护使馆、力保疆土"。

也就是在这个时候，面对着乱作一团、消息阻隔②的北京，和模棱两可、自相矛盾的圣旨，各位团练系大臣们迎来了一次大规模的心理测试，给了这帮人互相看看真实想法的绝佳机会。到底是"北上勤王"还是"弃君自保"？诸位大臣你看看我、我看看你，眼神中意味深长。

1900年，时任铁路大臣兼津沪电报局总办的盛宣怀利用电报局穿针引线，说出了"上海租界准归各国保护，长江内地均归督抚保护，两不相扰"这个主意。

两广总督李鸿章回了中央一个电报，说那些乱弹琴的命令肯定是义和团挟持朝廷发的，所以"廿五矫诏，粤断不奉，希将此电密致岘、香二帅"③。差不多就是大公司里，南方区总裁发了一封邮件，抄送给两个最重要的大区总裁，说"总部发神经了，我们别理他"的意思。

于是，各地大佬们眼神一对，互相通气，串联出了"东南互保"。核心内容：第一，朝廷乱来，我们不掺和；第二，列强如果来打我们，我们也打回去，否则大家一切照旧。④

参与这次行动的地方实力派包括：两江总督刘坤一（湘军旧将）、闽浙总督许应骙（团练系，叔叔是湘军战友，他孙女就是鲁迅夫人许广平）、山东巡抚袁世凯（重要人物登场）、湖广总督张之洞。几乎个个跟团练系有点关系。唯一关系不大的张之洞，是慈禧培养出来平衡李鸿章的，结果他倒是跳得最高，可见私下都是通过气的。

东南互保是一次可悲又可叹的"集体抗命"，有人说它是南方官僚在国家

---

① 《宣战诏书》并不是正式的宣战书，更像是一种动员令。
② 当时义和团把北京的电线杆全砍了，电报不通，和各地的联络又回到了"600里加急"的年代。
③ 岘、香二帅指的是两江总督刘坤一和湖广总督张之洞，网上传的李鸿章说"此乱命令，粤不奉诏"很可能就是这里演义出来的。
④ 据说还准备万一慈禧和光绪驾崩，就让李鸿章做大总统，改国体为共和国，但这个说法没有太强的证据。

首都受到外族侵略的时候,集体选择袖手旁观;也有人说,这是头脑清醒的地方要员,在看到朝廷快要把亿万同胞拉着陪葬时,选择先保住地方,给未来留点本钱。而滔滔江水,功过是非,且留给后人评说吧。

1900 年 8 月 14 日下午,八国联军攻入北京。

如果那时候慈禧、光绪硬气一点,学学大明皇帝,那历史轨迹就完全变了。256 年前,北京城破,崇祯把头发盖在脸上,说"无脸见列祖列宗,勿伤百姓一人",然后上吊自尽,也算是有种。而慈禧可完全没这打算,老太婆抛下了她 8 厘米长的纯金护指①,留下满城的百姓送死,一边抱怨没法一天吃一百多道菜了②,一边逃窜到西安。那可是距北京城 1000 多公里啊,得怕成什么样才能跑这么远啊?

慈禧太后

而更让人绝望的是,光绪也好、慈禧也罢,列强其实无所谓谁在台上,只要肯出卖国家利益就行,慈禧就毫无心理负担地做了 180 度大转弯,从"向十一国宣战",瞬间跨越到"量中华之物力,结与国之欢心",由此成功保住了统治位置。

当然,这也是慈禧夫妻俩的传统技能了。当年太平天国的时候,列强本来跟洪秀全互有来往,一度考虑是不是应该押宝南京的洪秀全。结果,慈禧的老公咸丰,在第二次鸦片战争后与列强签订三大条约③,列强马上转而支持朝廷了。

几个月后,团练系二代核心人物李鸿章死在谈判桌上,慈禧乘机再次掌握局势,她从西安回北京之后的动作非常耐人寻味。

照理说,事态缓解后,朝廷应严格处置东南互保的那帮大臣,但明面上,慈禧却大肆封赏,感谢各位"老成持国",没听朝廷的;暗地里,这帮权臣却

---

① 《清宫二年记:清宫中的生活写照》,德龄著,云南人民出版社,1981。
② 《慈禧太后时代清宫御膳的特点与意义》,郑南著,《浙江社会科学》,2010(02)。
③ 分别为《北京条约》《瑷珲条约》《天津条约》。

命运各异。

东南互保的大臣中,汉族纷纷被各种理由开缺①,李鸿章、刘坤一死得早,张之洞被拉到军机处,明升暗降,没了地方实权,刘树棠、许应骙、王之春开缺。满族大臣虽然也呼应了东南互保,却纷纷被提拔,德寿升两广总督,端方升两江总督,奎俊升吏部尚书,八旗子弟着手接管各方权力。

看起来,是八旗权贵大获全胜,朝廷夺权成功,但实际上,这些已经不再重要了。1900年的这场大规模心理测试,最终得出了两个结果:

第一,在甲午战争一败涂地、庚子国变的抱头鼠窜中,国人不由得兴起"这种货色居然还骑在我们头上"的想法,朝廷合法性饱受打击,天命由此摇摇欲坠;第二,"东南互保"事件让实力派的想法从"出头的那个死定了",慢慢转为"原来这不是我一个人的想法",危险的共识由此悄悄成型。

更有意思的是,慈禧小动作不断、费尽心思维护中央满蒙贵族的优势,但在东南互保事件中,占了最大便宜的,最终还是个团练系汉臣。

让我们回到"团练系崛起"那一节,还记得我说的道光十五年进士袁甲三和道光三十年进士袁保恒吗?这两父子是河南项城的大户人家。袁家从爷叔袁甲三开始发迹,到大叔袁保恒再接再厉,混到了谥号"文诚",比起李鸿章的"文忠"就差了一级。

而他们的第三代,就是大名鼎鼎的"帝国终结者"——袁世凯。

袁世凯的"爷叔",初代袁——袁甲三,京城赶考时就认识了曾国藩,后来又一起办团练。双方关系有多好呢?袁甲三病逝,墓志铭都是曾国藩写的。

曾国藩有个著名的幕僚——李鸿章;而李鸿章有个重要幕僚,便是袁甲三的儿子,袁世凯的叔叔,二代袁——袁保恒。

到了三代袁——袁世凯出来做事时,第一份工作是做"庆军"一把手吴长庆的幕僚。吴长庆父亲吴廷香,是"庐江团练"的创始人,曾国藩的知己故交。而吴长庆又是袁世凯他爹袁保庆②的拜把子兄弟,甚至袁保庆的后事都是吴长庆办的。

看出来了吧,袁世凯,是团练系势力的亲儿子。

---

① 官吏因故不能留任,免除其职务,准备另外选人充任之意。
② 袁世凯是被过继给袁保庆的。

而在庚子国变中，八旗部队被八国联军屠灭，袁世凯手头的小站新军①却成功避开，成为庚子国难后帝国军力的柱石。

就这样，经过了曾国藩、李鸿章两代经营，三代团练系代表袁世凯成功接班，任直隶总督兼北洋大臣，还揽了一堆兼职。当年的淮军是李鸿章的基本盘，现在北洋新军成了袁世凯的基本盘。

之后的故事是如此熟悉，推洋务、做实业、练新兵、培养人才。眼见着袁世凯坐大，爱新觉罗家也不能不管。按照历史来说，老袁这种权臣的职业发展路线，最危险的就是换大老板的时候。

袁世凯

如果对继任者的能力不放心，那么前任老板都会处理掉这种权臣，免得下一代管不住，朱元璋以蓝玉案②屠杀军功大臣就是这个手法。如果前任老板没动手，新老板也会拿你开刀立威，换个自己人上去，康熙清除鳌拜立威就是此解。

当然，权臣也可能在这个阶段反扑，试试黄袍加身，以争取职业道路上再进一步，比如司马懿。

清末的剧本一开始是按第一套走的，慈禧眼看着自己日子不多了，1906年把袁世凯调到军机处，就跟当年对付张之洞一样，明升暗贬，脱离实权；然后把袁世凯的老地盘北洋六镇分走了四镇，分拆兵权。

慈禧开大清这辆"破车"，驾龄已经超四十年了，对付过曾国藩、李鸿章两任人精，可谓手法娴熟。眼看着就要顺利过渡了，结果人算不如天算，事情还没全安排好，1908年的一天，老太太腹泻不止，同时"头痛目倦""周身疼痛"等，才半个月就去世了，几乎算得上是暴毙。死前还顺便拉了光绪陪葬，硬是让3岁的溥仪上位。这下子就有意思了，剧本从"顺利过渡"，一下子切换到了"主少国疑"。

按照历史发展规律，这种情况主要就看皇太后和摄政大臣的了。活儿干得

---

① 因练兵地点在天津小站，故称小站练兵。
② 明朝初年的"蓝玉案"，朱元璋株连处死数万人，屠杀功臣宿将，以稳定下一代的权力继承。

隆裕太后

载沣

漂亮，可以一路保孩子到亲政。比如孝庄皇后，就在权臣多尔衮的眼皮底下保住了顺治。活儿干得不好，那就不好说了，好比后周宣慈皇后，祖宗基业就丢给了"陈桥兵变、黄袍加身"的赵匡胤。

隆裕太后显然不是孝庄，美国传教士赫德兰说她："脸上总是带着和善安详的表情，生怕打扰到别人。"这种性格要为小皇帝保驾护航，可就勉为其难了。

于是一切只能靠着溥仪他爹，摄政王载沣。注意啊，载沣，就是前面提到，对张之洞说"有兵在"的那位仁兄。当年载沣才25岁。"他那时候还太年轻，不知道所有命运赠送的礼物，早已在暗中标好了价格。"留给他的，是一个庞大而虚弱的帝国，而他的任务，就是开着这辆"破车"，行走在凶险的山路上。

那么请问在清末开车，最重要的技巧是什么呢？本章开头就说了，要诀还是"满汉平衡"四个字。有那么一点儿像是电影《建国大业》里蒋介石对蒋经国说的："反腐要亡党，不反腐则要亡国。"对爱新觉罗家来说，满蒙贵族里，像样的已经没几个了，想统治天下，不用汉臣就要亡国；但汉臣用太多又怕亡朝，只能忽左忽右、勉力支撑。

从权术层面来说，慈禧这个老司机简直是特技演员水平的。打压曾国藩用的是左宗棠；平衡李鸿章用的是张之洞。撸掉这两个权臣也费了一番脑筋，利用天津教案败了曾国藩的名声，利用《中法越南条约》之类的卖国条约搞臭李鸿章，都是先斗臭再顺势而为，慈禧位子能坐40多年一点都不奇怪。

而载沣这个年轻司机上路第一天，就直接赶走了袁世凯，手法简单粗暴，发布上谕说"袁世凯脚得病了，他自己说要主动退休"，这就跟董事会临时公告说"CEO因为个人原因离职"一样，简直就是个大写的"滚"字。

话说回来，新司机载沣觉得自己已经很客气了，毕竟他一开始想学康熙扳倒鳌拜的先例，可惜张之洞不是索额图①。载沣问他意见，老张就含蓄地暗示，你干掉袁世凯，北洋新军造反你自己去管？载沣一下子就怂了。

于是，1909年，时年50岁的袁世凯捡回一条性命，回到了河南老家。汉臣崛起的故事也在此告一段落，未来的剧本该如何继续，在那个时候没有人想得到。

在这一幕的结尾，载沣觉得自己拿到的是康熙大帝的剧本，要乾纲独断，再兴我大清江山；袁世凯觉得自己拿到的是司马懿的剧本，要韬光养晦，以便择机而动。

一时间，庙堂上波谲云诡，一众角色各怀鬼胎。

当然，波谲云诡的并不仅仅是"庙堂之高"，在清末的那个乱世，"江湖之远"中，同样波涛汹涌，新的力量逐渐成长，蓄势待发。

他们是兵勇、船夫、苦工，是边缘人、社会底层，他们的剧本叫作——会党。

---

① 康熙准备清洗鳌拜的时候，秘密咨询过索额图的意见。

第二章

会党的春天——江湖线

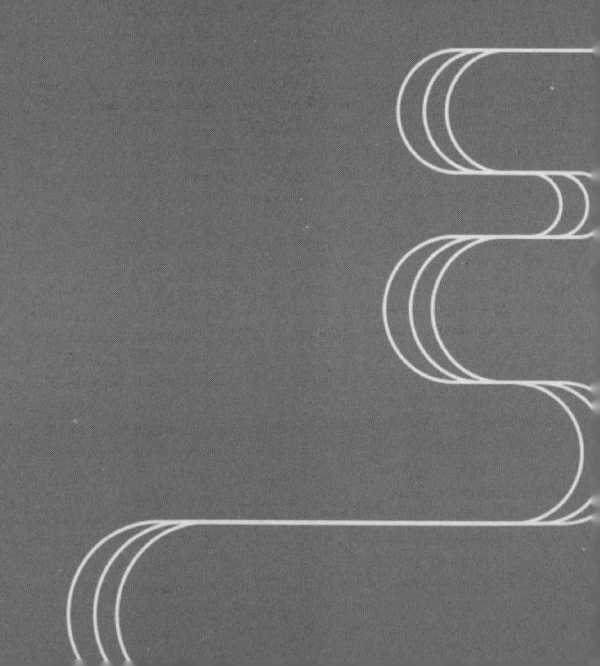

## 三大会党起源

大家看完了上一章，能感受到朝廷的那一条线在历史上相当常见，剧本重复又重复，演了三千年。毛教员①当年把《资治通鉴》看得起毛边，注释写得密密麻麻②，本质上就是把这些剧本里的那批人物都研读透了，对方一抬手就知道要打什么牌。

江湖这条线其实也是如此，从"王侯将相宁有种乎"到"石人一只眼，挑动黄河天下反"，每过几百年，天下就会换个主子，不过统治方式却没啥变化。可以说，辛亥之前，中国只有造反；辛亥之后，中国方有革命。国人造反经验一大把，革命经验却从来没有过，先驱们最大的贡献，就是把造反变成了革命。

绕完口令，咱们还是得先从造反讲起。回到上一章团练系的缘起，嘉庆年间的川楚白莲教起义。刚说完名字，问题就来了，啥叫白莲教？乍一听，有点类似基督教，有教义、崇拜对象和组织结构。但你仔细一研究，发现完全不是一回事儿。

关于白莲教，最大的问题不在于它是个什么样的"教"，而在于他到底是不是"一个教"。

显然，这伙人的信仰包括佛教净土宗的白莲宗，带着梁武帝年间的弥勒教的未来佛弥勒转世概念，掺和了点北宋白云宗的思想，又吸取了明教的拜火元素，最后还融入了一点罗教的教义……这还不算完，他们还融合了弘阳教、八卦教、天理教、闻香教……就是一锅信仰大乱炖。

不仅仅是信仰大乱炖，组织架构也是大乱炖。以元末农民起义为例，红

---

① 此处要说明"教员"是年轻人对毛泽东同志的亲切称呼。直呼其名总觉得自己不够格，叫声教员，显得亲切又可爱。
② 毛泽东一生据说读了17遍《资治通鉴》。

巾军的两支重要力量：天完红巾军和大宋红巾军，都和白莲教有千丝万缕的关系。[1] 以徐寿辉为首领的南方天完红巾军中，有四人明确是白莲教（比如邹普胜），还有十八人疑是白莲教教徒。[2] 而北方的大宋红巾军，起义的口号就是"弥勒下生、明王出世"，这里的明王到底是出自明教还是佛教[3]，可谓众说纷纭，但起义领袖韩山童是白莲教教徒则是基本公认的。双方虽然都大为倚重白莲教的信仰和组织，却基本是各打各的，并没有明确的组织核心。我们评价战术时经常说他们是"遥相呼应"，说白了就是呼应造个势，想要打配合包抄这种高级战术，那基本是指挥不动的。

如果能把里面乱麻一样的关系理清楚，获得个历史系博士学位是问题不大了。之所以有这个问题，关键在于，所谓的白莲教本质上不是一个宗教，而是一群地下民间信仰的代名词，现在的研究一般把这些个杂七杂八的统称为"教门"。这些教门，所代表的不仅是一种信仰，更多的是穷人"投教门以自保"的利益纽带。

前文我们提到的，人口增长、土地兼并、政治腐败，是造反三个必要条件：

第一步，社会安定，人口大规模增长，土地无法承受极高的人口，按照马尔萨斯的说法，就是几何级增长的人口，压倒了算数级增长的资源。[4]

第二步，小农经济本来就很脆弱，荒年一来只能卖地，导致土地开始大量兼并，底层纷纷破产。

第三步，来一个逐渐腐化、权贵盘根错节、官官相护的朝廷。

三者结合，必然产生大量无产者，所谓的"游民"。农耕社会嘛，没有土地就没有稳定的生活来源，那可不就哪里有饭吃就往哪里去嘛。比如到清朝末期，四川、陕西的游民都是百万级别的。

这些游民既然来自五湖四海，就没有传统乡绅、祠堂来进行道德约束和生活照顾，求生的办法必然就是靠着宗教抱团取暖，四处游走"觅食"。

---

[1] 《元代白莲教研究》，杨讷著，上海古籍出版社，2017。
[2] 因为他们名字都带"普"字，白莲教徒名字中往往带有"普妙觉道"四字中的某一个。
[3] "明王"这个称呼，杨讷在《元代白莲教研究》中说是自佛教净土宗；吴晗在《明教与大明帝国》中说是来自明教；学术界也有其他说法。
[4] 马尔萨斯《人口论》第二章原文为："人口在无所妨碍时以几何级数率增长，人类生活资料以算术级速率增加。"

对这群人而言，拜什么神不重要，关键是给他们希望；信什么教不重要，重要的是教众在一起能够抱团求生；甚至反抗什么也不重要，关键是要能吃口饭，活下去。这个在世界范围内都是如此，相信救世主，相信同一宗教的都是兄弟姐妹，相信教会能照顾自己。

几千年来，中国王朝的末期，水深火热的百姓所需要的都一样：一个信仰、一句口号、一个领导、一个社会组织方式，然后被一个火星点燃，趁势揭竿而起。而这个当权者可能是满族，可能是汉族，可能是朝廷，可能是贪官，可能是洋人传教士……

所以我一直觉得这些人不算"革命群众"，最大的原因在于：他们的目的从来都不是改造社会，而是要改造自己。"王侯将相宁有种乎"的言下之意不是"建立一个没有王侯将相的世界"，而是"彼可取而代也"，目的是"我要成为王侯将相"。

这叫造反，不叫革命。

当然，我不是在贬低农民起义啊，逼到连"好死不如赖活着"都不可得，不揭竿而起，难道像古代印度等级制度下的达利特①一样，安心等着下辈子轮回成"婆罗门"吗？"宁有种乎"是中国的优秀传统文化，从这个角度，我们也可以说他们是"不自知的革命人民"。

而且吧，他们要真的有雄心壮志想成为"王侯将相"，可能表现还会好一点。毕竟如果你的梦想是坐江山，行动上就会对平民稍微尊重一点，毕竟以后还指望他们交税呢。比如李自成有点气候之后，开始喊"闯王来了不纳粮"之类的政治口号，并大力约束军队。这就越来越不像是流寇，反而像是个"新成立政权的正规军"了。

我们对这一点务必要有清醒的认识，造反在没看到成功希望之前都是流寇，蝗虫般一路吃过去。看到成功的希望，则摇身一变，开始维系军纪，保境安民，意思是要开始做长远生意了。军匪不分家，这句老话可是有深刻根源的。

历史上，大部分起义都到不了做长远生意的阶段。比如捻军，跟流寇区别不大，四处觅食嘛，可不就是"抢粮、抢钱、抢娘们"②。所以，当造反派把政

---

① 印度的种姓制度在四大种姓之外，还存在一个事实上的"第五种姓"，称为"不可接触者"阶层，又称"贱民"或"达利特"。
② 引用自电影《投名状》中的台词。

府军打得落花流水时，平民们不要急着喝彩，因为同一伙人很可能攻破城池就要开始烧杀劫掠了。

当然，政府军打了胜仗，驱逐了捻军，大家也别急着高兴，因为兵匪不分家，清兵进城，无论是湘军、淮军、八旗军，都是"抢粮、抢钱、抢娘们"的路子。反正倒霉的都是平民。

扯了一堆造反的故事，现在回到主线，啥叫白莲教？人家从宋代就开始造反了，那个水浒传里的方腊就是明教的，自称"明尊"，而明教和白莲教的关系可谓是你中有我，我中有你。到了元末，朱元璋的前辈，红巾军韩山童说自己是明王转生、再世弥勒，集结白莲教和明教的力量拉开了反元的大幕。到了清末，又是之前说的川楚白莲教起义。

你说他是白莲教还是明教？其实他就是个造反教，创教以来，抗宋、抗元、抗明、抗清，持续造反 1000 年，从来没有安分过。

朱元璋对这就看得特别明白，他虽说算是跟着红巾军起家，一度遥拜白莲教二代教主韩林儿为皇帝，可一旦天下已定，马上翻脸不认人，宣布明教、白莲教非法，一律取缔。

大家可以思考一下朱元璋为啥不索性说自己是光明使者、弥勒转世，推行政教合一什么的，江山永固，岂不是更放心？就是因为中国的这些个教，你当了教主也没法号令教众，分散式的"教门"组织结构，注定了信徒们换个名字又可以继续反抗事业。

当然，朱元璋这种禁止显然没啥用，到了明末万历年间，徐鸿儒带领白莲教起义，反抗暴政，揭开明末民变的大幕；同样，到了嘉庆年间，川楚白莲教教徒不堪欺凌，愤而起义，开始了清末农民运动的序章。

重复了一千多年，到了咸丰稍微有了点变化。太平天国横空出世，中国居然也出了个"政教合一"的政权，算是非常罕见了[①]。应该说这种起义和历代还是很有不同的，太平军军纪一开始就比较好（当然，偶尔还是会屠城），很早就提倡"不纳税、不纳粮"；起义军有数千银矿工人，很早就注意使用火器等先进武器，颇有点"坐天下"的气势，比起白莲教的捻军，的确高明。

然而，新政权的腐化速度极快，太平军打下南京后，天王带头养起了 88 个老婆，金碗吃饭，穷奢极欲，又回到了"抢粮、抢钱、抢娘们"的老

---

① 上一次出现这种政权，还是在三国时期，汉中张鲁"五斗米教"的道教政权。

路上去了。《天朝田亩制度》，顶多算是个内参，不仅没实行，连试验田都没做过。更何况这种平均主义的经济政策大家也都见识过，完全没有实现可能。

天国的财政，早期是打土豪，抢官银；后来主要是靠禁止鸦片来防止白银外流，同时扩大南方丝绸和茶叶的出口，以做到贸易顺差。跟前朝相比，经济制度变化不大。可以说是拿着造反的老剧本，披了个野生基督教的皮①。

金田起义13年后，南京最终陷落，但太平天国所带来的后果将持续发酵，它催生了曾国藩为代表的"团练系"汉人权臣的崛起。更重要的是，在江湖之中，天国极大促进了汉族地下力量的发展，我们耳熟能详的清末帮派，统统是在这个时候进入大爆发时期。他们分别是：天地会（也就是洪门）、青帮（也就是清帮）、哥老会（也就是袍哥）。

这些组织，我们统称为"清末会党"，他们将缓慢而坚决地席卷中国底层，在一片混乱中，有意无意地催生了中国的革命。

大家如果不太记得住帮派的名字话，那就记一记著名人物，天地会陈近南、青帮杜月笙、哥老会刘湘（民国时著名的四川军阀，号称"四川王"）。

相对于教门，这些会党的出现晚很多，三大会党都是清朝初年成立的。他们的初心其实和白莲教之流类似，都是普通百姓"结社自保"。白莲教的组织

杜月笙　　　　　　刘湘

①　洪秀全自称是耶稣的弟弟，在教义上模仿基督教，这一度让西方传教士非常兴奋，认为"拜上帝会"是"有瑕疵的基督教"，但在加深了解之后，西方教会普遍认为这是异端。

是纵向发展，类似于传销，师父带徒弟，上线拉下线；会党组织则是横向发展，斩鸡头、烧黄纸，结"异姓兄弟"，建"虚拟血缘"。

这种组织形式非常符合中国的宗室血缘情结。作为创新型结社方式，发展非常迅猛。

帮会和教门是"你中有我，我中有你"的关系，江湖上一般说"红花绿叶白莲藕，三教九流本一家"。"红花"就是洪门，"绿叶"就是青帮，"白莲藕"就是白莲教，意思就是秘密社会一家亲。

比如哥老会，它就是四川本地的"啯噜会"，融合了天地会和白莲教的很多元素逐渐演变出来的；青帮，早年信的是罗教，而罗教本身又和白莲教是一家人。

从朝廷的角度来说，这些个教门会党统统都有反社会倾向，白莲教是邪教，那这些个会党自然就是黑社会，需要依法取缔。不过清政府贪官污吏满天飞，基层控制能力薄弱，又搞不来经济。百姓没饭吃，黑社会可不就是一波未平一波又起嘛。

我们拿最大的洪门举例，大家就明白他们的发展轨迹了。

在金庸《鹿鼎记》的科普下，大家对天地会耳熟能详。而天地会，就是洪门。目前比较权威的说法，是认为天地会是乾隆年间在福建创立的。福建，现在是"好山好水好风光"，那时候则是"八山一水一分田，穷山恶水出刁民"。农业社会，田少就是资源少，人口一多就会内卷，一卷起来就得抢。

这种时候大家族就会欺负小家族，小家族为了抱团抗争，就开始发展异姓兄弟结盟，慢慢就形成了"歃血为盟"的组织方式。

顺便说一嘴，这种宗族械斗的事情，现在大家是不太听得到了，在农业社会可是司空见惯。浙江、广东、福建，都是民间械斗的重灾区。随便举个例子，明朝中叶永康和义乌因为抢银矿引发了械斗，从者数万，伤亡以千计。

激烈到什么程度呢？山东大汉戚继光当时在浙江打倭寇，看到这场景简直目瞪口呆，觉得自己从军这么久，还没见过群架能打出会战气势的。当场就拍板在义乌招兵组建了戚家军。

同时，东南沿海受到朝廷恶政的伤害很大。顺治年间郑成功在台湾割据。朝廷为了孤立他们，推行了"迁界令"，三天之内，把沿海居民强制内迁30里，为了防止居民回归，还要求"焚田拆屋"。一时间，浙江、福建、广东居民怨声载道，死亡数以十万计，流离失所者不计其数。

一来二去，最终福建人万云龙结合罗教教义，以"歃血为盟"的组织方式，加了点传统"顺天行道"的政治理念，在福建漳州高溪观音亭建立天地会，没过多久就开始杀贪官造反了。

乾隆晚年的时候，天地会在台湾大面积传播，最后发动了"林爽文天地会起义"，以漳州人为主的天地会一度打下大半个台湾。乾隆花了1000万两军费，借着台湾几大宗族的历史矛盾，在泉州人、客家人的帮助下才总算镇压下去。

起义失败后，天地会成员逃出台湾，在大江南北开枝散叶。朝廷自然抓紧镇压，不过也没啥用，正如周星驰《武状元苏乞儿》里，丐帮帮主对皇帝说的："丐帮有多少弟子，不是由我决定的，而是你（皇帝）决定的，如果你真的英明神武使得国泰民安，鬼才愿意当乞丐。"显然，只要还有千千万万的穷人没饭吃，天地会自然就有生根发芽的土壤。而且，这种事情是相对的，你越是镇压，他越是反抗，口号一路从"顺天行道"，变成"兴明绝清"，最后慢慢统一成了"反清复明"。

当然，强调一下，这只是目前比较权威的说法，毕竟是会党，保密工作就是保命工作，创始人通常也很难全身而退，真实起源如何已经非常难以考证。

其他两个帮派的发展其实也类似，起源云里雾里，并没有一个完全清晰的脉络。比如青帮的底子是漕运水手工会；哥老会最早是四川的"啯噜子"，算是四川本地黑社会。

当然，他们还是有区别的，其实从我举的代表人物就可以看出来一些端倪。

洪门造反出身，革命气质最浓，陈近南、黄兴都是洪门的；青帮漕运工人出身，造反情结最淡，但很能赚钱，早年贩私盐，后期卖鸦片。所以理想主义的洪门一度很鄙视现实主义的青帮，"由青转洪，披红挂彩；由洪转青，抽筋剥皮"就是这个意思。杜月笙、陈其美、蒋介石都是青帮的；哥老会当兵的多，朱德、贺龙、邓绍昌[①]都是哥老会的。为啥会这样，我们后面讲。

---

① 邓小平的父亲邓绍昌，一方面是受过新式教育的成都法政学校毕业生，另一方面是哥老会的"掌旗大爷"，参加过保路运动。

# 草莽壮大

转了好大一圈,终于介绍完背景,可以回到主线了。三大会党虽然各有一定群众基础,但大清毕竟不是摆设,在百年角力中仍然占据强势地位。

比如天地会造反,从乾隆到咸丰,少说也有上百次,但始终没有等到机会。熬了上百年,太平天国起义,这下子春天到了。

1851年,洪秀全金田起义,不到三年攻下南京,简直就是横扫江南。榜样的作用是无穷的,大清焦头烂额之下控制力削弱,八旗军的战斗力疲态尽显,会党乘机爆炸式发展。

洪门作为最求上进的社团,迅速响应,不仅大量会员加入太平军,而且纷纷在各地起义呼应。

1852年,洪门广西分舵"公义堂"起义,创建"升平天国";1853年,洪门分支,上海小刀会起义,重建"大明国";同年福建小刀会起义,建立"汉大明";1854年,洪门广东分舵"洪顺堂"(就是《鹿鼎记》里吴六奇的那个堂口)起义,建立"大成国"……遍地开花。

天地会踩上了风口,青帮怎能落后?不过这伙人的发展也非常有自己的特色。洪门忙着起义,青帮趁着乱世贩私盐。

清代的两淮区域(包含扬州在内)是全国最重要的盐场,自然也是私盐贩子出没的地方。

私盐贩子还是小打小闹,到了太平天国,两淮出了李昭寿这么个人物。他原来是流氓出身,后来加入捻军;之后投降清军;再后来又投靠太平军;混不下去又再次投靠清军。反复横跳,居然越做越大,一度干到江南提督。

上一章我就说了,那年头朝廷权力下放,战区的各省份基本就是独立王国。曾国藩忙着培养人,李昭寿则忙着在两淮捞钱。

青帮(那时候还叫安清帮)本来就跟李昭寿熟识,于是官匪合作,垄断私盐生意,私盐贩子把正规盐商干得七零八落。李昭寿在两淮七年,青帮就发展了七年,等到太平军失败,清朝重新整顿秩序时,青帮已成庞然大物。

顺便说一嘴,李昭寿后来改名叫李世忠(嘿,真是缺啥补啥),二十几年后被清廷找个理由干掉了,他儿子李显谋为给父亲报仇,化名李洪,做了哥老会的老大反清。

青帮和天地会的传播还可以说是正常发展路线，哥老会的流行就有点意思了，它本来主要在四川流行，算是个地方社团。太平天国起来后，曾国藩在湖南建团练征兵。他属于那种创造性思维不足，但是抄作业抄得非常成功的。建团练抄的是当年镇压白莲教的作业，练兵抄的是戚继光《纪效新书》的作业。按照兵书里的说法，招兵时非常注意，要选"乡野老实之人"，不要"城市油滑之人"或"奸巧之人"，标准相对较高。

不过战事逐渐吃紧，标准也就越来越宽，逐渐有一些会党分子混入军中，但事情仍然算是可控。

就在这个时候，四川人鲍超从天而降。鲍超，字春霆，四川奉节[①]人。他幼年丧父，目不识丁，在重庆以捡炭花为生。捡炭花就是在煤炭灰里面找没完全烧完的炭块儿。后来在广西加入了"川勇营"，之后又跑到长沙招兵，组建了曾国藩手下的"霆字营"。

霆字营和其他字号不同，鲍大人并不介意"城市油滑之人"，反而热衷于招募城市的游民。他带领的部队军纪败坏，郭嵩焘骂他的部队"所过残灭如项羽"，但的确作战勇猛无比。鲍超自己更是历经大小战役500余场，号称批创108处，凭借一刀一枪的积功，从伙夫干到浙江提督。

而随着鲍大人的官越做越大，城市袍哥加入湘军越来越流行。短短几年，湘军成了哥老会的天下。兄弟们歃血为盟，战场患难与共。朝廷财政紧张，湘军老是欠饷银，哥老会联合士卒跟长官谈判要钱，颇有点士兵工会的味道。发展到后面，一些中层军官也不得不加入哥老会，以求控制士兵。

后来左宗棠不是拉着湘军、淮军收复了新疆吗？他军中全是哥老会的。据说为了服众，他老人家自己斩鸡头、烧黄纸、开山堂，做了哥老会大哥。这个故事八成是假的，不过哥老会在军中泛滥，顺便跟着左大人一路传到新疆倒肯定是真的[②]。

后来辛亥革命时期，新疆哥老会起义，成立伊犁军政府并宣布独立，这笔账往回算都可以归到他头上。

---

[①] 奉节今属重庆管辖。
[②] 左宗棠加入哥老会的说法是秦翰才先生提到的，现实中左宗棠曾严厉禁止军中哥老会的泛滥，但未能有效阻止会党在军中的蔓延。

茶碗阵

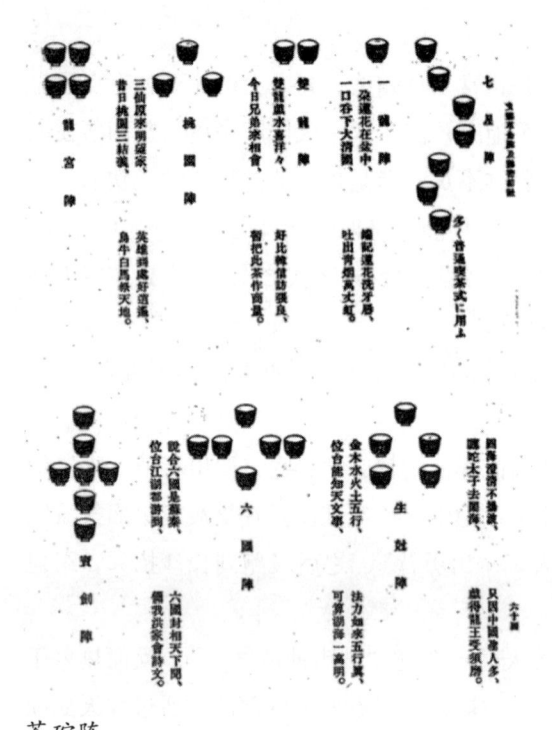

顺便说一句，四川哥老会发明了一种暗号，叫作"争斗阵"，据说是从天地会的"茶碗阵"演化来的。

"茶碗阵"主要是用作身份辨认，四川人居然把这玩意儿发展成43种不同阵型，有"五朵梅花阵""桃源阵"什么的，摆出不同姿势玩对阵。暗号能玩出麻将的味道，四川人真是自带快乐基因。

总结完三大社团的发展，也可以讲天国的结局了。1864年，太平天国终于没能熬过内斗，天京（就是南京）陷落，湘军屠城三日，死者数以十万计。天地会转战广东、广西、福建，但最终均告失败。

大清靠着海关的银子、列强的洋枪和曾国藩的团练，成功续命。

天国的陷落，代表在反帝反封建道路上，传统农民起义的失败。何况，从太平天国领导人后期的表现来看，他们就算推翻了清朝，八成也就是重复三千年的故事——成为一个新的封建王朝。

但有人说是太平天国造成了生灵涂炭，要为几千万死在战乱中的冤魂负责，这也完全是无稽之谈。一来，大清的统治下，民众要生存也就只有造反；二来，清兵也从来不是仁义之师，曾国藩信奉"乱世用重典"，杀人如麻而有"曾剃头"的说法。不仅仅他是个"剃头匠"，曾国荃剃头、李鸿章剃头、袁甲三剃头，个个都屠过城。

反正"兴，百姓苦；亡，百姓苦"，最终倒霉的都是小民。只能说中国历史到了太平天国时，基本没啥变化，抢粮、抢钱、抢娘们，重复、重复、再重复。

回到主线，太平天国失败后，洪门兄弟不容于天下，一部分重新回到地下党的身份，蛰伏待变；另一部分潜逃海外，包括东南亚、加拿大、美国等，尤以美国最多。当时大量华人在西海岸淘金修铁路，已经有了洪门美国分舵"洪门致公会"，逃难的洪门兄弟大大加强了美国洪门的力量，这些人成为最早的爱国华侨海外力量。

海外求生不易，很多出去的人也自然而然就加入洪门自保。这些华侨往往心怀故国，抗战时期，洪门帮着中国在新西兰华侨圈里拉捐款，杨汤城一个人捐了698英镑，差不多现在100万左右的样子。[①]

青帮则把生意从贩私盐逐渐扩张到了打家劫舍、走私绑票、妓院赌场，黑社会性质越来越浓。其影响范围扩大到安徽、浙江、山东、河南……很快，他们就发现自己的风水宝地——上海。

十里洋场的霓虹灯下，青帮的面孔将变得极其复杂，他们是探长、鸦片贩子、工会领袖、革命党、反革命、政客，还有……夜壶[②]。

华侨救国代表大会合影

---

① 大家有兴趣可以去看杨汤城的《新西兰华侨史》，他曾祖父就是太平军，失败被杀后，兄弟孩子全都逃亡海外，有的跑澳洲挖矿，有的去加拿大和美国做苦力，他祖父则是去了新西兰。
② 声明一下，夜壶不是我说的，是杜月笙自己说的："你们不要看许多大佬们，都跟我称兄道弟，要好得很，就此以为我想做官是很容易的了。殊不知，他们是在拿我当作夜壶，用过之后，就要火速地藏到床底下去。"

天国溃败后，曾国藩裁撤湘军，团练士兵拿着几两碎银回到老家，顺便把哥老会带到了全国各地。银子很快就用完了。但士兵们走南闯北，尝过血腥的味道、了解八旗的无能，你要他们再去老实种地，那是不可能的了。

清末，全国十五省都出现了袍哥的踪影，他们有的杀人越货，有的劫富济贫，有的混入军中，有的投向革命，成为一支不可忽视的力量。

至此，三大会党在春天生根发芽，纷纷摩拳擦掌准备大干一番。

团练在庙堂，会党在民间，那大清呢？

1865年，天京陷落一年后，江北太平军余部赖文光和捻军合并，在山东菏泽消灭了一支骑兵，真·科尔沁部落王子·蒙古之光·大清最后的武士·僧王·僧格林沁在此役兵败阵亡，话说他没死在太平军北伐精锐的手上，没死在英法联军手上却死在一个16岁少年张皮绠手上，真是世事难料。

至此，大清直属的最后一支野战部队全军覆没，太平天国拼光了爱新觉罗家压箱底的本钱，完成了自己的历史使命。大清朝廷将再无制衡团练系的直属军事力量，朝廷正式进入了以汉制汉的模式，曾国藩开始了权臣之路。

同一年，谭嗣同在湖南出生；一年后，广东人（又是广东，爱新觉罗家恨死广东了）孙中山呱呱坠地；再过几年、十几年，浙江人蔡元培、章炳麟（也就是章太炎）、陶成章相继出世。这群男孩出生时，天降暴雨，五色红光满屋，一条青龙从屋顶升起……不好意思，拿成老剧本了。

新剧本基本没啥怪力乱神的说法，这群孩子（注意，既有男孩也有女孩）出生时并没有红光附体，个个平平无奇，不过这伙书生倒是有个共同的名字：风暴降生·不死鸟·帝国掘墓人·锁链破碎者·预言家·书生·革命党，这群要打破三千年重复套路的勇士，来了！

第三章

革命的萌芽——"书生造反"

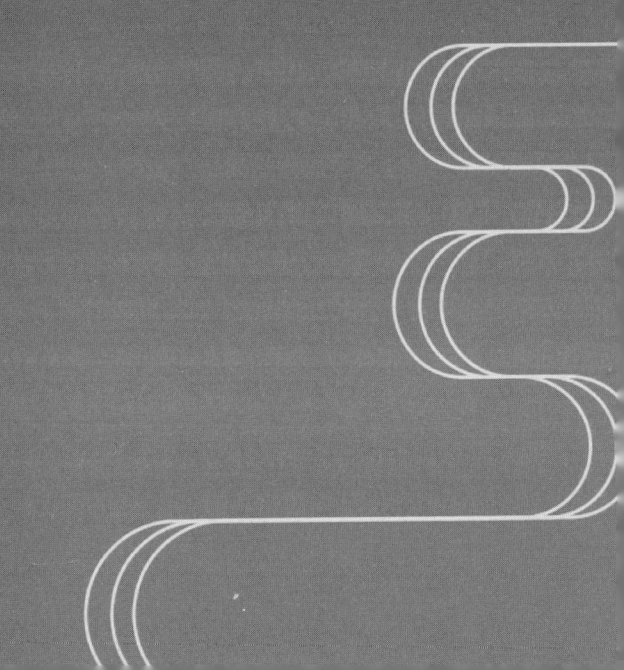

## 血流给谁看？

庙堂和江湖这两股力量基本还是遵循了几千年的老剧本。但从这里开始，我们要开始聊一伙书生。他们将用血肉之躯和新的方法，打破"重复、重复、再重复"的循环。这新的方法，就是革命。

说起来，"革命"两个字恐怕是近代史课本里出现频率最高的词之一。给人一种我们是为了革命而革命的感觉，事实并非如此，起码第一代革命家肯定不是这个思路。严格来说，我们学的既是"中国革命史"，也是"中华自强史"。

革命是为了救国，但救国的最后手段才是革命，这一点大家千万不要弄错了，书生们绝不是平白无故上来就要闹革命的。

大清眼中的中国革命早期三大"反贼团伙"——兴中会、华兴会、光复会，追根溯源几乎都有过"改良"的念头。谭嗣同本来是个革命派，后来一听说有机会改良，马上就跑到北京跟康有为合作了；孙中山为了提出改良的建议，又是找关系又是发文章，想跟李鸿章搭上线，当面聊聊自强之路；章太炎第一次逃亡就是因为支持"维新"……说到底，大家都曾是改良人。

我听到有些人评论他们："国家被列强入侵时，他们不去拥护朝廷抵御外敌，只会在后方捣乱。"拜托，造反是要掉脑袋的好不好？这群人个个都是"北清复交"的高材生，在体制内改良难道不好吗？要不是山穷水尽，谁想去闹革命。

很显然，瘦死的骆驼比马大，清廷骨子里再烂，起码看起来还是个庞然大物，"天命"俨然还在。所以当时读书人的普遍想法还是改良，不会跳跃性地要去革命。

我们聊聊谭嗣同大家就明白了。顺便解释一下很多人的疑惑："百日维新后，谭嗣同为什么不逃亡日本，而宁愿留在京城赴死"，总有人觉得他是白死的。

首先，重要的事情说三遍啊：

**谭嗣同是革命党！**

**谭嗣同是革命党！**

**谭嗣同是革命党！**

谭嗣同，字复生，是百日维新派里的铁血革命党。他很早就立志"驱除鞑虏"，在湖南、湖北结交豪杰，传播《扬州十日记》之类的禁书，拉着哥老会准备革命。

那为什么一个革命党要去跟康有为这帮改良派合作呢？至少有一部分原因是对改良心存幻想。大家都是读书人，谁不知道中国乱了列强会趁火打劫？个个饱读诗书，造反的结局通常是啥，谁心里没点数？

你想，连朱元璋这种当和尚的，造反前都还犹犹豫豫，要去先算一卦，卜吉凶，何况人家谭嗣同呢？他父亲是湖北巡抚，他算是顶级官二代、当年京城的"四大公子"①之一。只不过谭嗣同在朝廷核心圈层走了一圈，心里终于明白了，改良没戏。大清已经从根子上烂了，洋务救不了、立宪救不了、皇帝自己也救不了。

戊戌变法100多天，悲惨的不仅仅是六君子人头落地，更悲惨的是那个让人难以接受的事实：**革命之外，别无他法。**

为啥非要"革命流血从我开始"，因为他自己就是那个误信了改良的革命党。

他的血是流给谁看的呢？戊戌变法的义士们坐着囚车为国赴死，北京的百姓们忙着往他们身上扔菜叶子。愚民们起码还得再扔20年，到1919年鲁迅写"人血馒头"的时候还在扔，这血不是流给

清末百姓看革命党被砍头，跟看戏没两样

---

① 当时的"京城四大公子"，还包括湖南巡抚陈宝箴的儿子陈三立，陈三立的儿子就是陈寅恪；水师提督吴长庆的儿子吴保初；福建巡抚丁日昌的儿子丁惠康。

他们看的。

这血，是流给兄弟看的，是让革命同志知道，**存在幻想是多么危险，妥协和退让只有灭亡**。中国革命，从此和鞑虏势不两立。火与血之外，别无他途。

谁是他的兄弟？毕永年和唐才常。

毕永年，湖南人，军队体系里的官宦世家。他自幼好读明清思想家王夫之的《船山遗书》，擅长结交豪杰，官二代兼会党龙头那种。康有为计划政变软禁慈禧，就是想用他作为先锋①。谭嗣同死后，毕永年逃亡日本，加入了孙中山的兴中会，就是他帮着孙中山和湖南哥老会搭上了线。

唐才常，字伯平，湖南人，县、府、道三级考试第一，人称"小三元及第"，张之洞高徒。正常来说，他是要跟着张大人出将入相的。不过唐先生对自己的前途另有安排，1900年，他发动自立军起义，事败被杀，脑袋被挂在城墙上。临刑前，赋诗"七尺微躯酬故友，一腔热血溅荒丘"。

"故友"就是谭嗣同。

谭嗣同、毕永年、唐才常这仨才真是最热血的结拜兄弟。

谭嗣同的事情还没完。

唐才常的好友兼两湖书院的师弟，眼看着师兄身首异处，放弃对张之洞的幻想，创立"华兴会"，之后和孙中山共同创立"同盟会"，时人称他们俩"孙黄"。这位师弟的名字叫黄兴，字克强，黄花岗起义的领头人，孙中山的左膀右臂。"无公则无民国，有史必有斯人"，可谓中国革命的头等大英雄。

谭嗣同和唐才常当年在湖南创立了"长沙时务学堂"，有爱徒名叫蔡艮寅，他跟随恩师参加自立军，兵败逃亡日本，考入"陆军士官学校"（就是蒋介石号称自己读过的那个②）。回国后辗转加入云南新军，辛亥年响应武昌起义，起事推翻云贵总督宣布独立。再之后袁世凯称帝，他又出兵讨袁，人称"再造共和"。他当年逃亡时给自己改了名字，叫蔡锷。

---

① 这里指的是康有为的"围园杀后"计划，这一事件的真实性存在争议，但毕永年和唐才常都是谭嗣同的得力助手，这是确凿的。

② 蒋介石暗示自己读过"陆军士官学校"，但其实读的是"振武学校"，属于陆军士官学校的预备班。当然，也不能说他完全错，因为从振武学校毕业后，不出意外，他是肯定能进士官学校的，只是他半途退学，回国闹革命去了。

唐才常是岳麓书院的学生，他和谭嗣同创建"南学会"，一周一次在岳麓书院开设讲座，其中有个热心的会员，名叫杨昌济。他自己成就不大，不过他有一个大龄入学的学生，热爱体育，脾气倔犟，这青年叫毛泽东。

　　薪火相传，革命不息。

　　谭嗣同11岁那年，谭家不幸染上白喉，母亲、姐姐相继病逝，他也昏迷三日不醒。家人以为无望，他却死里逃生。父亲悲伤之余，给他取字"复生"。

　　22年后，谭复生"我自横刀向天笑"，慷慨赴义。这次，他将复生为千万义士，在血与火中，烧光那个旧世界。

## 书生的觉醒

　　正是从谭嗣同开始，推翻大清的事业开始有了一条新的路径——用新思想武装了自己头脑的知识分子们，开始了真正的革命。不仅仅是革清朝的命，更是要革这三千多年封建王朝的命。

　　当然，光有理想是不够的，我们要不停地强调，热情不能取代方法论，满腔热血挡不过一颗子弹。这跟创业一个道理，CEO只知道天天逼人996，却从来不花时间想想商业模式，那他通常连公司是怎么衰败的都不知道。

　　区别在于，当市场钱多的时候，创始人树个"狼性"人设，总有人愿意掏钱再给你机会。但放到革命年代，一个错误就让你脑袋搬家，那就没得蹦跶了。

　　跟创业一样，革命要解决：哪里拉风投（革命资金），哪里找合伙人（拉到核心团队），怎么组织公司（华兴会、同盟会……各种会的章程和制度），基层员工怎么招（找谁地推），怎么抢占市场（理念如何推广，报纸怎么宣传）……

　　你觉得很烦了吗？那我得说，这才刚刚开始。

　　革命必然会经历：合伙人内讧（比如陶成章就挨了蒋介石的黑枪），公司资金短缺无法完成项目（参考孙中山那些组织混乱的起义），公司发展方向有巨大争议（毛教员和张国焘的北上抗日还是南下四川之争）……

　　所以革命和创业是一个工种，只不过创业能靠人民币续命，而革命就只能依靠先烈的牺牲来一次次重新开始。

同样，就跟创业一样，你首先得要有个商业模式。对于这个，所有人第一反应基本就是抄作业。马云抄 eBay、PayPal，刘强东抄亚马逊，大家都这么干，没啥丢人的。

改良可以抄日本，革命抄谁呢？这在国外还真没啥好例子，不过没事儿，咱们历史长，总能找到案例。总结下来，主要有三件事情可以做：曰鼓吹，曰暗杀，曰起义。

革命第一招，是鼓吹，鼓吹就是宣传。

这个可以参考朱元璋，明太祖征元朝檄文"驱逐胡虏，恢复中华，立纲陈纪，救济斯民"，到了清末则是"驱除鞑虏，恢复中华，建立民国，平均地权"，一脉相承。

特别注意啊，理想归理想、宣传归宣传，这一点一定要分清。孙中山当然知道革命最终的目的是"建立民国"，但什么民国、共和、立宪，百姓表示一个字都听不懂。

那人民群众能听懂什么语言呢？"驱除鞑虏"！

就像《鹿鼎记》里说的：

"其时明亡未久，人心思旧，却又不敢公然谈论反清复明之事，茶坊中说书先生讲述明朝故事，听客最爱听的便是这部敷演明朝开国、驱逐鞑子的《英烈传》。明太祖开国，最艰巨之役是和陈友谅鄱阳湖大战，但听客听来兴致最高的，却是如何将蒙古兵赶出塞外，如何打得敌人落荒而逃，大家耳中所听，是明太祖打蒙古兵，心中所想，打的却变成了清兵。"

革命宣传，就是用人民群众听得懂的话来传播革命理念。从这个角度来说，阿Q说革命党"白盔白甲，戴着崇祯皇帝的孝"，课本的解释为这"代表辛亥革命没有发动群众，揭露革命的不彻底性"。固然也没错，但放到1911年那个志士被到处围剿，未庄偶尔就能听闻革命党被杀头的年代，能让阿Q听到革命的消息，幻想着有一天能够"同去同去"，在我看来，"鼓吹革命"这个任务，已经是超额完成了。

"社会主义"是给读书人听的，"打土豪分田地"才是留给未庄的阿Q们听的。"消费升级"是个玄学，"拼多多百亿补贴"才是句好口号。

顺便说一句，中国革命的特点是"一代人做一代人的事"，第一代革命党的工作，就是"推翻清朝"。至于民众理解"反清"是为了"复明""兴汉"

还是"建立民国",虽然重要,但毕竟不是最重要,先完成第一个艰巨任务再说。

大家如果在创业公司待过,就很能明白这种心态了。5块本金要做10块钱的事儿,能熬过一天是一天,梦想当然是基业长青;现实是下周先拉两个客户活下去再说。

所以网上老是有人说孙中山当初是中了日本人的圈套,才会以"驱除鞑虏"为宣言口号。因为"驱除鞑虏"了,可不就把东三省、新疆、蒙古连带着驱除出去,中国只留下汉地十八省,方便日本人蚕食边疆了吗?

孙中山12岁去美国留学,17岁就成为地下党,30岁不到就能说服会党跟自己造反闹广州起义,日本人这点算盘他还是看得出的。他一辈子都在为革命拉风投,利用各种势力来为这个事业添砖加瓦,为达到建立民国的目的,可谓殚精竭虑。

当年的孙中山跟美国人谈"反抗帝国压迫",跟日本人谈"黄种人大团结、大亚洲主义",跟英国人谈"基督教在中国的传播",跟法国人谈"投资中国革命的惊人回报",跟会党谈"反清复明",跟读书人谈"共和社会"……以对方听得懂的语言解释中国革命,全世界拉风投的本事练得炉火纯青,怎么会连日本人的这点小心思这都看不出来?

所以你看清末的革命宣传,对于高层,讲共和、讲民国;到了基层,就基本是以"反清"为主题了。

从宣传上来说,革命党鼓吹反清这事儿执行得非常到位,不过严格来说,功劳簿上,革命前辈只能领一半,剩下是谁来帮忙的呢?当然是大清自己。

一方面,晚清治国一塌糊涂,打不过英法也就算了,毕竟那年头欧美列强横行全球,国民也就捏着鼻子忍了。但被日本人打了之后,心态可就彻底崩了。

被谁打都不能被日本人打!甲午海战之前,从光绪、慈禧、翁同龢一直到普通民众,大家普遍认为我大清打不过欧美,打赢你日本还是可以的嘛。毕竟洋务运动之后,《美国海军年鉴》说我大清水师全球第九,妥妥的东亚列强,各路人马相当乐观。

当然,是不是真"列强"不知道,不过朝廷肯定是把自己当列强了。脑子比较清醒的自然是北洋水师的亲爹李鸿章,一直认为不能开战,然而没有什么用,毕竟当年"威海卫大战得胜图"都已经画好了。

威海卫大战得胜图

现实大家都知道了，报纸上天天都是《高丽月夜大战牛阵得胜全图》《恢复朝鲜得胜捷图》①，但赔款却是越赔越多，最后纸包不住火，全民一片哗然。孙中山后来说，甲午战争之前他谈革命老是被当成疯子，甲午战争之后大家觉得他是个"先知"，情况完全不同了。

另一方面，咱们之前说过，仇恨这东西，传上千年有点难，延续个几百年一般是没问题的。当年清军入关犯下的恶政，老百姓不吭声，不代表没人记得。

当时革命党纷纷把《扬州十日记》《嘉定屠城录》这些小册子翻出来大肆宣传。邹容的《革命军》开篇就是谈"扬州十日"，发行的时候经常是和《扬州十日记》捆绑销售。读完真是让人眦眦尽裂，恨入骨髓。

这书在清末卖了110万册，换到现在可以理解成销量3000万册，类似《明朝那些事儿》正版加盗版那个级别的销量。所以搞宣传，一大半靠的是大清自己黑料多，怨不得别人。

革命第二招，是暗杀，刺杀朝廷大员。

作家姜戎在几年前写了一本关于草原狼的小说《狼图腾》。小说倒是很不错，但很多人却从中提炼出一个奇怪的逻辑："农耕文明身上是羊性，游牧民族是狼性，我们要呼唤狼性，要用狼性来给羊性输血……"

这种所谓"狼性文化"一度在互联网公司大行其道。草原文化是不是"狼性文化"姑且不论，但要说中原农耕文明只有羊性，还应该学习狼性，那肯定

---

① 甲午战争期间，包括《时事画报》在内的各种朝廷报纸，一直在宣传清朝大胜日本，绝口不提各方面的惨败。

山东嘉祥武梁祠堂内,东汉时期的荆轲刺秦王雕刻

就是胡扯了。毕竟,中华文明几千年,推崇的从来不是狼性,而是血性。

《战国策·魏策》里,唐雎说:"若士必怒,伏尸二人,流血五步,天下缟素,今日是也。"为心中的正道,不惜对强权以卵击石,方是天下人推崇的血性。

清末,是窃钩者诛、窃国者为诸侯的时代,是生灵涂炭、神州陆沉的时代,是志士愤怒、呼唤血性的时代。吴樾、史坚如、秋瑾、徐锡麟……前辈们血溅轩辕,震慑天下。如果太史公泉下有知,得知这群当代荆轲,不知道会如何去写20世纪初的《刺客列传》。

你以为刺客是彪形大汉、五大三粗吗?其实他们丰神俊朗、眉目清秀。刺杀两广总督德寿的史坚如,人称"容貌妇人风骨仙"。他爷爷是翰林院编修,从小家境富裕。就是这样的人,埋了约两百斤炸药在德寿房下,"博浪一击胆如天"。可惜功败垂成,地道挖偏了,没炸死正主。临刑前被拔光指甲,仍誓不屈服,言"一击未中,悔恨终生",在21岁慷慨就义、血洒珠江。

你以为刺客都是文盲,被洗了脑,结果盲目送命吗?其实他们饱读诗书,文、字俱佳。刺杀安徽巡抚恩铭的徐锡麟、参与安庆起义的秋瑾都是留日高材生,前者刺杀成功后,被剖腹剜心;后者牵连被杀,死前作诗"秋风秋雨愁煞人"。

后来的北大校长蔡元培、革命先驱陈独秀、大先生鲁迅,当年都有暗杀的经验。光复会本身就是

史坚如

蔡元培在军国民教育会暗杀团的基础上组织的①，陈独秀和蔡元培曾经一起学习制造炸药②，而鲁迅也一度接了光复会的暗杀任务③，后因家有老母而作罢。

也就是说，脑袋被挂在城墙上的那些人，如果熬过那几年，说不定也是个校长、文豪、主席……然而"风萧萧兮易水寒"，他们只能靠着这股子血性，"伏尸二人，流血五步"。

说起刺杀，本着负责任的态度，我还是要多说两句：不是所有清末的刺杀行动都能归功于孙中山的领导。虽然说起来这些刺客大多是同盟会成员，但同盟会对各个分支的管控力度一直不是很强。

同盟会，是革命会党所形成的联盟。而"会党"这个词，就很好地体现了这些革命组织的实际情况。他们既像天地会、小刀会、哥老会一样，属于民间结社的"会"；同时在新时代之下，又有着明确的政治诉求和组织方式，开始变得像是个近现代意义的"党"。所以像兴中会、华兴会等叫做"会党"，既像

秋瑾的字迹

徐锡麟的字迹

---

① 《也谈光复会创立史料考证——兼与项义华先生商榷》，王瑞成著，《宁波大学学报（人文科学版）》，2015，28（01）。

② 陈独秀《蔡子民先生逝世后感言》原文："……我初次和蔡先生共事，是在清朝光绪末年，那时杨笃生、何海樵、章行研等，在上海发起一个学习炸药以图暗杀的组织，行严写信招我，我由安徽一到上海就加入了这个组织，住在上海月余，天天从杨笃生、钟宪鬯等试验炸药。这时，子民也常常来实验室练习、聚谈……"

③ 《鲁迅研究资料2》，鲁迅研究室编，文物出版社，1977。

"会"也像"党",充满了过渡色彩。

所以准确来讲,各地反清义士,在"推翻大清"的共同目标下,认可"驱除鞑虏,恢复中华,创立民国,平均地权"这个大方向,从而形成的松散组织,就是我们所熟悉的同盟会。

孙中山当时倒是希望能建立一个"党",在筹划的时候,他就建议组织的名字叫作"中国革命党",不过大家商量下来,最后还是采用了"中国同盟会"。优点自然是可以团结尽可能多的反清力量,不过缺点也很明确,比起一个"党",同盟会一直缺乏明确的政治纲领和稳定的组织架构。

就政治纲领而言,1905年同盟会成立的时候,"三民主义"算是有了个雏形,但推翻大清后到底怎么办,大家其实也没个清晰的思路。立宪?三权分立?五权分立?联省自治?各有各的想法,主意多得很,不过最后能达成"驱除鞑虏、建立民国"这个共识,也算是一大进步了。

而就组织架构而言,同盟会三大台柱子,孙中山的兴中会,主要是一帮广东人;黄兴的华兴会,主要是一帮湖南人;陶成章的光复会,主要是一帮浙江人。孙中山虽然是"本部总理",各省也有分会负责人,但指挥起来其实非常困难,从成立第一天就内斗不断。不过好在华兴会的黄兴是"二把手人格",按实力他其实是可以当老大的,但黄兴非常坚定地拥护孙中山,力保革命大旗不倒,维护了团结,可谓功莫大焉。

顺口说一句,缺少组织力,必然会导致缺乏执行力,继而缺乏战斗力。孙中山对此一直非常恼火。二次革命失败后一度病急乱投医,想要搞党员"签字画押"、保证完全服从指挥这种传统会党的老路子,要不是后来走上了"联俄联共、扶助农工"的道路,开始借鉴苏联的组织形式,根本不可能搞出国民党和北伐军来。

最后,非常遗憾地说,同盟会里,内讧这种事儿总是一茬接着一茬。反清八字还没一撇,光复会就和孙中山闹掰了。矛盾主要是资金分配的问题,这种事在创业公司非常普遍。贫贱夫妻百事哀嘛,总共就没几个钱,三个副总都认定自己的项目成功机会大,内部不吵架才怪呢。不过大家主要是骂仗,辛亥之前还没到动刀动枪的地步,也算是大有进步了。

这几点一结合,大家就明白了,虽然说是"同盟",但各分部独立性还是比较强的。尤其是光复会,基本上是老大陶成章、章太炎自己在玩自己的。所以严格来说,徐锡麟、秋瑾、吴樾……这些响当当的名字,跟孙中山的确关系不大。

1916年，孙中山在绍兴祭奠陶成章

辛亥革命后，同盟会和光复会抢浙江都督的位子，陈其美的结拜兄弟蒋介石暗杀了陶成章，光复会群龙无首，最终被吞并。国民党上台后，追溯党史，很多功劳自然也就挪到了同盟会头上。

行文至此，我们稍微评价两句。一般而言，读完以上的"革命·刺客列传"，大多数人会热血沸腾；但看到革命党人兄弟阋墙又不免有些悲哀。这也是人之常情。

中国历史往往充斥着"三同"：同生共死、同床异梦、同室操戈。革命也难脱窠臼。陶成章、陈炯明、廖仲恺、四一二、皖南事变……每个名词后面都是血淋淋的内耗。

看到这些东西，有的人幻灭了，觉得太黑暗了，心灰意冷；有的得出结论："这些人也不过如此"；有的人一声叹息："人间正道是沧桑"。

我们没法为别人做道德评判，只能说事实就是如此，人性和局势就是如此复杂。就个人而言，我是觉得读革命史属于"所见即所得"，你能看到什么，不在于革命是什么，而在于你想看到什么。

所以我再讲三件事儿，看完之后，大家对革命的感觉会更复杂，但也更真实一些。

# 孰易？孰难？

第一件事儿是关于"立孤与死孰难"，故事是大家都熟悉的《赵氏孤儿》。

春秋晋灵公时期，权臣屠岸贾只手遮天，害死赵氏满门，只留下一个孤儿。程婴为保存赵家唯一的血脉，向老臣公孙杵臼求救。但此时屠岸贾已布下天罗地网，两人势难脱身。

于是公孙杵臼问程婴："死和把孤儿养大相比，哪个难？"

程婴说："死容易，把孩子养大难。"

公孙杵臼说："好，那请让我做简单的；把孩子养大的事，就靠你了。"

于是，程婴把孤儿和自己亲儿子调包，然后假意告发公孙杵臼。屠岸贾大喜，当着他的面杀了孩子和公孙先生。程婴亲眼见儿子、好友被杀，肝肠寸断而不能外露。之后，又因卖孤求荣而被天下唾骂。

忍辱负重十五年，程婴终于把赵氏孤儿抚养成人，取名"武"。两人设计报仇，诛灭了屠岸贾家族，恢复赵家爵位。功成之后，程婴决意自尽，前去拜别主公。

赵武泣泪挽留，程婴说："当初公孙先生认为我能完成大事，所以先我而死，现在大事已毕，我岂能贪生。"然后坦然赴死。

"立孤与死孰难"，就是"赴死和革命孰难"。戊戌事败，谭嗣同对梁启超说："程婴杵臼，吾与足下分任之。"之后从容就义。革命党人，早就将生死置之度外，只是"引刀成一快"固然不易，"同志仍需努力"[1] 只有更难。

陈天华、杨守仁、姚宏业，这些曾经都是响当当的人物，但前途茫茫、救国无方，他们终于难以抑制悲愤绝望，愤而自绝[2]。

甚至连黄兴这种老斗士，黄花岗起义失败后，看到年轻一代革命党人消耗

---

[1] "引刀成一快"取自汪精卫在狱中写的"引刀成一快，不负少年头"；"同志仍需努力"取自孙中山的遗言。

[2] 陈天华，字星台，《警世钟》《猛回头》的作者，1905年，激愤之下，在东京大森海湾自尽；杨守仁，字笃生，同盟会驻英国联络员，秘密购买炸药支持革命，黄花岗起义失败后，在利物浦自尽；姚宏业，日本留学生，秋瑾战友，因经费筹集困难，还屡遭诽谤，在黄浦江自尽。

殆尽，也一度意志消沉，想拿个炸药包和两广总督张鸣岐同归于尽。

要理解这种痛苦，大家可以听听汪精卫的故事。2009 年陈德森拍了部《十月围城》，讲述五湖四海的义士为保护孙中山而英勇献身。有观众嘲笑说："革命说是为了救中国，可怎么死的都是年轻人，老革命一个都没死？"这话也不奇怪，毕竟一百年前就有人说过。

1908 年，河口起义被镇压，同盟会第八次造反失败，黄兴流亡新加坡，孙中山继续满世界筹款。梁启超那时候还是跟着康有为的，属于"保皇党"，是同盟会的竞争对手，他在《新民丛报》上说同盟会是"远距离革命家"，只会躲在海外鼓动别人去送死。

孙中山这种话听多了，可以做到不在意，但汪精卫那时才 27 岁，心高气傲，不顾胡汉民的苦劝，决心以死明志，前往北京刺杀载沣。临行前，留下一封信："此行无论事之成否，皆必无生还之望"，愿化自己为灰烬来煮成革命之饭。但这个热血青年将在 28 年后沦为汉奸走狗，实在让人不胜唏嘘。

为什么要去找死？因为年年失败、年年死人、年年催债、年年被嘲笑，这种日子怎么过？

**立孤与死孰易？死易。**

**革命与赴死孰难？革命难。**

死了，也就一了百了；但只要不死，你就得……继续革命。

第二件事儿是关于徐锡麟的。

徐锡麟刺杀恩铭、舍生取义的故事，高中历史都教过了。不过课本没提的是：恩铭其实是个开明的好官。

恩铭，旗人出身，28 岁任山东知县。同治十二年（1873 年），黄河决堤，他与役夫在工地同吃同住。之后治河道、整盐务、赈灾民，一路升到江宁布政使，是清末的实干家兼开明官僚。

他任安徽巡抚时，已经 61 岁了，但老而弥坚，创建安徽讲武堂、安徽巡警学堂。又觉得中国缺少人才，需要更多优秀教师，于是尽心尽力，筹款创建安徽师范学堂。这所学堂，后来成为中国共产党在安徽的活动基地；再之后，改为中学，毛教员题名："安庆第一中学"。

徐锡麟，就是恩铭一手提拔的安徽巡警学堂校长。他拜恩铭为师，被引为亲信，官运亨通，以至于革命党人陶成章一度怀疑他做了官后，不想革命了。

1906 年，光复会准备在安庆起义，徐锡麟先请恩铭检阅巡警学堂的毕业生，就在颁发毕业证书时，突然拔枪，向恩师连开七枪，拉开了起义的序幕。

谁是好人？谁是坏人？

徐锡麟刺杀恩铭一事并非孤例。1905 年，清朝预备立宪，派五大臣出洋考察各国宪政，为中国政治现代化作准备。你觉得这是好事还是坏事？

吴樾，光复会北方暗杀团成员，陈独秀挚友，认定"清朝立宪如果成功，只会更久地蒙蔽汉人"，于是前往暗杀五大臣。行刺不成，自己被炸得手足齐断、腹破肠断而亡。

五大臣出洋因此被阻隔半年，终于还是成行。其中有一位叫戴鸿慈，回国后改大清刑部为法部，开始了中国司法独立的进程。他建成了中国第一所现代监狱，叫作"京师模范监狱"，被认为是当时世界管理水平最优的监狱，也就是后来的"北京市监狱"。

谁是好人？谁是坏人？

徐锡麟临刑前，主审官问他是否是孙中山同党，他回答"我与孙文①宗旨不合，他也不配使我行刺。"再问他："畜牲，你何以忍心刺杀恩公？"徐锡麟说："恩铭于我，是有私惠；我杀恩铭，只为苍生。"

孰是孰非？人间正道是沧桑。

最后一件事儿是关于孙中山的。

孙先生的一生，从来争议不断。去世后，他的长期竞争对手梁启超②在《孙文的价值》里说："我对孙君最不满的一件事，是为目的而不择手段……吾们所看见的，只是孙君的手段，无从判断他的真价值。"听起来似乎评价不算太高。

只不过老梁还有后半句："在现在这种社会里头，不会用手段的人，便悖于适者生存的原则，孙君不得不如此，我们也有相当的原谅。"

为啥要说"相当的原谅"呢？因为梁启超是过来人，他自己也知道，教书

---

① "孙文"是孙中山入学后的学名，也变成了孙中山在世时最常使用的名字。后文出现的"孙汶"则是清廷在悬赏令中的写法。"孙中山"这个名字则源自化名，后成为官方认证的名称。由于这个历史原因，本文会出现"孙中山""孙文""孙汶"三个称呼。
② 梁启超是改良派，是康有为这个"保皇派"的学生，他们和同盟会有很多竞争，尤其是在争取捐款的事情上。

育人可以不用手段，可惜光凭嘴皮子是没办法颠覆政府的。刀口舔血的年代，梁启超身边那些闹革命的，又有哪一个不是"为达目的不择手段"的？你把能力最强、意志最坚定的人放在一起，没有斗争才怪呢。

只不过孙文不需要他人原谅，孙中山生前死后，最不缺的就是"被骂"，最不需要的就是"原谅"。

少年时代，他砸自己村里的泥菩萨，被骂不敬祖宗，后来却被称作光宗耀祖；青年时代，他广州起义失败，被读书人骂痴心妄想，之后清廷昏招迭出，众口又称赞他早日看出清廷无药可救；中年时代，宋教仁被刺，他想要二次革命推翻袁世凯，被骂不识大体，破坏共和，后来袁世凯倒行逆施，悍然称帝，大家又觉得他果然目光如炬，早就看出此人狼子野心；人生最后几年，他联俄联共，二次黄埔创业，又被梁启超说是苏俄傀儡……

只能说，特殊年代，好人不长命，坏人也活不久，只有孙文这样意志坚定的猛士，才活得下去；而活下去，才有希望。

三个故事讲完，回到陶成章和内斗，有人或许会为他不值。但陶成章这种人，自己也是"为达目的不择手段"①。寂寂无闻又如何？含冤而死又如何？对这群人来说，只要能"驱除鞑虏、建立民国"，这条命、这点委屈、这点名声又算什么？

讲完了革命的宣传、清末的刺客，感慨完革命的不易，**我们来稍稍复盘一下已经出现的三股力量：庙堂之上，汉臣侵蚀大清权力；江湖中，会党势力遍布全国；"造反"的书生们，已经总结出鼓吹、刺杀、造反三要素。那么接下来要讲的，就是斗争的终极手段——革命了。**

什么是革命，当然不是阿Q所理解的"同去同去"那么简单。革命，就是民间武装暴动，就是颠覆，就是打倒建制派，就是以卵击石、以小博大……从古至今，革命永远是百死一生甚至万死一生的行当。

领导者要利用极度有限的资源，去推翻清政府这个庞然大物，完成近似不可能的任务。革命，实在是一门高难度技术工作。

---

① 陶成章因经费问题，一度和孙中山势同水火，曾污蔑孙中山在汇丰银行有"巨额存款"。

# 第四章

# 钱从哪里来，枪从哪里来

## 银子！银子！银子！

自古以来，"书生造反，十年不成"，这句话非常能体现革命的门槛。毕竟宣传也好、刺杀也罢，都是个人英雄行为，而革命则是群体运动。要成功，至少需要三大要素：**钱、武器和人**。

换成创业就叫作拉风投、搞技术、搭组织。而革命党就像大多数创业公司一样，刚开始主要是两方面不行——"这也不行，那也不行"。从谭嗣同以身殉国到辛亥革命的13年间，革命党起义失败了至少几十次，可谓前途渺茫。

当然，这也没啥丢人的，所有的大佬都是从"啥也不懂"的阶段一点点熬出来的。

回到晚清，我们先谈革命的第一需求：银子，也就是拉风投。

可以说，想要完成颠覆，最重要的三个**条件，第一是银子，第二是银子，第三还是银子**。清末革命党，第一难题就是：银子哪里来？

这一点怎么强调都不过分。现代人影视剧看多了，想象中的革命似乎就是主人公自带出场背景音乐，日常就是斗志昂扬、刀光剑影；而现实却是刚参加革命，领导就下个指标，说你到马来西亚"化缘"去吧，今年的绩效是1万美元。不过要你干的活儿除了抓到要杀头之外，也不受劳动法保护。

化缘是最重要的革命工作。说难听点，创业公司CEO可以不懂技术、脾气暴躁、人见人怕，但要是拉不到风投，那就真的一无是处了。

如果大家不能深刻地理解这一点，就不能理解孙中山在革命中的关键作用。毕竟作为一个"远程革命家"，孙中山辛亥革命前大部分的时间都流亡海外，具体任务都是郑士良、黄兴这些人在执行，要是他贡献不大，前线怎么可能服气。

简单来说，孙中山筹款的足迹遍布五大洲，筹款对象上至列强政府，下到海外华工。革命的筹款他一个人就拉到一半，具有很强的不可替代性①。

为啥只有他有这种才能呢，除了口才、勤奋这些必备技能之外，孙中山还有一些非常独特的资源。

其他革命党要么是文人背景，比如黄兴是个秀才，跟会党很熟悉；要么就是日本留学背景，比如光复会的核心几乎是个留日学生会。这两个背景固然不错，但都比较穷。而孙中山则能拓展到其他渠道，包括海外圈、富商圈、基督圈、华侨圈。

孙中山从小家贫，在广东也就读了几年私塾，顺利发展的话，这辈子就是个乡村教书先生。结果天降大任，他哥哥孙眉在夏威夷（当时还没有被美国吞并）开荒，白手起家，居然一路做到"茂宜岛王"，所以孙中山12岁就被接到檀香山读国际学校去了，对华侨和西方社会那一套非常熟悉。

后来孙中山因为入基督教的事儿跟哥哥大吵一架，辗转到香港学医。那年头学西医就跟现在读MBA似的，妥妥的金领，相当于半只脚踏进了上流社会。他学成之后一度在广州悬壶济世，本地富商显贵认识了个遍。

他也是个犟骨头，虽然家人反对，但最终还是在香港受洗入教，领路人喜嘉理，隶属美国公理会。通过这层关系，他和基督圈、英美圈也非常熟悉。

三者叠加，英文好、背景强、有全球视野，放现在也称得上是个风云人物，在清政府那儿，这样的人自然是头号大患，而对于孙中山来说，这几个圈子可以说被他物尽其用。用极简的方式来说：行医掩护、基督救命、华侨捐钱。

孙中山的第一次起义实践——1895年广州起义，就是靠行医掩护，在政府眼皮子底下组织出来的。当时大家普遍认为留洋名医孙中山，年入百万，权贵家里随便进出，前途一片光明。虽然对朝廷颇有微词，但那年头谁不抱怨几句，完全不奇怪。

结果孙中山纵身一跃，竟然成了"孙反贼"，简直惊掉了所有人下巴。

当然，我们都知道广州起义本身组织不力，没开始就失败了，还牺牲了陆

---

① 有兴趣的可以看看史扶邻写的《孙中山与中国革命的起源》。

皓东。孙中山也因此流落海外，被清廷全球通缉。

一年以后，孙中山在伦敦到处寻访、找思路的时候，被满清的鹰犬绑架进了大清使馆，并准备以精神病人的名义运回北京。如果这样，孙中山的结局，恐怕是要在菜市口被千刀万剐了。

关键时刻，耶稣势力出马。孙中山先用自己基督徒的身份说服（兼贿赂）大使馆杂役科尔给老师康德黎（也是基督徒）传消息。目前比较可靠的说法是，他把清政府抓自己比作土耳其穆斯林迫害亚美尼亚基督徒[①]，从而打动了科尔。

你看，谁说懂历史没用，关键时刻还能救命。

康德黎知道后把大英帝国的外交部、警察局跑了个遍，得到的回复都是"好的好的，一定跟进，你回家等消息吧"。眼见官僚们动作缓慢，他又直接把这事儿捅到了《泰晤士报》。在各种压力下，英国政府只好介入，终于成功救出了孙中山。

这事儿还没完，孙中山脱险后，根据这事儿写了本书《伦敦蒙难记》，畅销英国，成为全球革命精神领袖，之前说的电影《十月围城》里，陈少白送给李重光的就是这本书。所以，我们可以认为慈禧的执念促成了孙中山的成名。

当然，老外给孙中山戴戴高帽、赞扬一下他无畏的精神是可以的，但不能谈钱。以列强的精明，一眼就看出孙中山"创立民国"这个项目失败概率过高，果断拒绝了出钱的提议。

那么谁才是有钱还愿意砸钱的呢？爱国华侨！

可以说，正是南洋、美洲爱国华侨的钱袋子，撑起了清末的革命事业，其中又以南洋华侨为多。

孙中山那个时代南洋可是亚洲资源中心，橡胶、黄梨（菠萝）、锡矿、木材、面粉……支撑起了东亚地区最繁荣的经济。

经济好到什么地步呢？明治维新时期，日本十万娼妓下南洋，卖淫的钱汇

---

[①] 1894年到1896年，奥斯曼帝国发生了震惊世界的"哈米德大屠杀"，约8万名以上的亚美尼亚基督徒被害，引起了国际社会的强烈谴责。

到国内建设新日本，支撑起了日本帝国现代化第一笔资金投入。①那个教育家福泽谕吉，就是1万日币头像的那位，就曾说过："……娼妇的海外输出是绝对必要的……娼妇的外出打工与国民的移住，是互为表里、相辅相成的，公开认可娼妓的外出打工，绝对是一种上策……"②

1万日元上的福泽谕吉

娘子军，就是这群可怜的日本"南洋姐"。电影《望乡》③讲的就是这段历史。倒霉姑娘被拐卖到南洋卖淫，老板极尽剥削，赚到钱后回国创实业，支持明治政府的侵略计划。这电影可以说是那个时代日本的缩影。

姑娘们挣来的钱很好、很干净，日本政府表示很喜欢；姑娘们的身体很脏、身份很让人尴尬，明治当局表示很不方便提，最好她们都葬在海外，让这段历史消失。

所以日本右翼讲起"明治维新"，一口咬定大和民族天赋奇才、艰苦奋斗，崛起是天照大神保佑，可要点脸，想想当年那些可怜的姑娘吧。

---

① 《日本早期在东南亚的扩张先驱：妓女"南洋姐"》，朱忆天著，《南洋问题研究》，2016 (01)。论文中提到日本南洋姐和海外移民贡献的外汇收入达到1201.1万日元，次于生丝、绢织物、棉花、煤炭，排名第五。
② 《福泽谕吉全集·人民の移住と娼妇の出稼ぎ》，福泽谕吉，庆应义塾，1896。
③ 电影《望乡》(原名《山打根八番娼馆》)是1974年出品的日本电影，获得了柏林电影节最佳女主角奖。

对于南洋的这种机会，咱们沿海几省的老乡怎么可能错过。清末的闽、粤、桂三省——清政府恶政荼毒的对象、天地会和太平军的摇篮、朝廷重点镇压目标，本就受到了晚清政府在政治和经济上的双重压迫。苦难之下，他们勇闯天涯，在新加坡、马来西亚、菲律宾等地建起了唐人街，成立了天地会分舵，培养了一个又一个黄梨大王、橡胶大王、锡矿大王……他们一边兴建实业，一边支持革命，可谓第一代红色资本家。

比如孙中山的亚太区总部"晚晴园"，就是富商张永福提供的，他的外甥林义顺，与陈嘉庚两人号称"橡胶大王"，都是孙中山的拥趸。

孙中山在晚晴园和革命赞助人的合影

当然，盯着这帮钱袋子的肯定不止孙中山一个，当时他最主要的竞争对手是之前说的保皇党康有为。康南海戊戌变法之后流亡海外，也在华侨圈子筹款。他号称有皇帝"衣带诏"（其实并没有），组建"保救大清皇帝公司"，说皇帝复位后，捐了款的可以回国换官做，由此筹了不少钱。

衣带诏虽然是假的，康有为看起来像权贵倒是真的，毕竟他也算是在皇帝身边待过的人，比起从来没有担任过重要职位的孙中山看起来要靠谱很多。保皇党的宣传的是"皇帝上位有官做"，一听也比"创建民国"更具可操作性。

不仅一般华侨，号称"有眼光"的那帮富商，很多也看不上孙中山。比如马来西亚"锡矿大王"胡子春，就根本不觉得一个医生能折腾出啥风浪来，他的首选是康有为，一度还传出来他要对孙中山不利，逼得孙中山连夜换酒店。

这可不是开玩笑的，当年革命党刺杀成风，康有为自己每日担心被清廷刺杀，自己也雇了不少刺客[①]，虽然大部分刺杀也未能成功，但毕竟这种威胁也不可小觑。所以创业的同志如果被风投嘲笑了，不要气馁，起码人家没说要干掉你啊。

面对市场上不同的商业模式、无底线的对手，以及背景很深的敌对投资人，创业家孙中山明智地选择了差异化竞争道路。所谓人家攀龙附凤、我就底层出动；人家自顶向下，我就地推打架。

之前不是说过太平天国失败后，大量天朝败兵、天地会兄弟逃难到南洋吗？数十年间，这些人早已把海外天地会发扬光大，当时华侨十之八九都是洪门中人，孙中山就是顺着这条线打造自己的募捐团队。

他在南洋的日常就是拉着海外天地会宣传"反清复明"，走起了会党路线。

像黄仲涵，人称印尼糖王，他爹黄志信就是厦门小刀会的人，事败之后逃亡海外；孙中山的好友，新加坡医生吴杰模，父亲则是福建小刀会败将。这些人都是革命铁粉，既是拉人，又是造势。一直熬到1905年左右，筹款终于慢慢有了起色。

毕竟创业这东西，讲究个日久见人心。刚开始大家都在画大饼。不过康有为筹到钱之后玩古董、炒房、置地、娶姨太太[②]，这就过分了。相比之下，孙中山的筹款全投了革命，辛亥革命前一直是个穷光蛋，"屡战屡败，屡败屡战"的事儿大家也看在眼里。

慢慢地，围绕在孙中山旁边的人越来越多，像之前说的胡子春，对清廷越来越失望，也开始投资到孙中山身上。

---

[①] 当时康有为雇佣了不少刺客，意图刺杀朝廷大员；在2014年拍卖的一批康有为文献中发现，他也曾经下令在美国刺杀孙中山。

[②] 康有为利用海外捐款在瑞典等地买房置业，还娶了五个姨太太。

徐悲鸿画的康有为和妻妾儿女

说到这里,大家是不是有筹款工作渐入佳境,革命胜利指日可待的感觉?显然不是如此。就算再努力,孙中山筹到的那点钱,比起革命需要的巨额开销来都是个零头。打仗实在是个无底洞,武器要钱,雇人打仗要钱,收买清兵要钱;打得好给奖励要钱,打败了安置、抚恤烈士还是要钱。同盟会几次起义,都因为钱没到位、不及时而出了大纰漏。

是因为同志们不努力吗?马来西亚的吴世荣,卖了房子捐钱;夏威夷的孙眉,支持他弟弟闹革命,一路从"茂宜岛王"捐到的差点破产;欧洲的张静江,卖了他在巴黎的店支持孙中山;新加坡的陈楚楠,捐钱捐到兄弟吵架分家……

北美洪门为了筹款还成立了"美洲洪门筹饷局",黄三德、司徒美堂老带着孙中山到处筹款。黄花岗起义前后,温哥华、蒙特利尔、多伦多、旧金山,各地洪门堂口都是抵押堂产捐款……

可以说,华侨捐钱,从金额是否足够来说是59分,但从努力程度来说是100分。只不过中国地大、政府势强。比起清政府海关一年3000多万两白银的收入来说,这毁家纾难的捐款实在不够。

所以孙中山说"革命尚未成功，同志仍需努力"不是一次两次了，面对投资方，他可以说是无言以对。第一次失败是没有经验，第二次失败是资金不到位，第三次失败是方法有问题，第四次失败是组织没有调整好……等到第八、第九次失败，所有人不免灰心丧气。

于是，1911年，孙中山奋力号召，以全部声望为赌注，发动第十次起义。寰宇华侨，纷纷倾囊响应；海内义士，个个集结广州。南洋革命青年写下绝命书，告别娇妻老父，追随黄兴亲赴前线，为中国的前途孤注一掷。

4月，被寄予厚望的黄花岗起义大败，同盟会年轻一代横死街头，那一场战斗，孙中山说"吾党菁华，付之一炬"，黄兴悲痛欲绝，一度想拿炸药包拼掉算了。

孙中山怎么办呢？他说，黄兴你还不能死，你死了自己倒轻松了，你死了谁去指挥起义？革命尚未成功，同志仍需努力。黄花岗起义之后，黄兴流亡香港，继续跑江湖；孙中山远赴美国，继续募捐，开始准备第十一次起义。革命者的神经，真是要比钢筋还粗。

## 军火买卖

当然，佩服归佩服，总结失败教训还是要的。让我们从实施层面看一眼，这就牵涉到了革命的第二要义，武器。

这个很容易理解，毕竟连大清都用上马克沁①了，革命党要是没点好武器，既不能与清政府打一场体面的战争，更没法支撑能上台面的势力。

那么请问武器从哪里来呢？是要冒险去军火库偷吗？是要从英国运吗？还是需要地下兵工厂仿制呢？全错，事实情况是，应该去找澳门地下军火商。

毕竟，"中国是全球最大的单一市场"这事儿也不是改革开放之后才有的，大清时期就已经是"四万万同胞"，人口全球第一了。②

---

① 清朝很早就在洋务派的主持下购买了马克沁机枪。
② 出自《中国历代户口、田地、田赋统计》，梁方仲著，中华书局，2008。

当年的中国，1000多万平方公里的土地上，到处是造反、内乱、贩毒、绑票、抢地盘。对平民来说，是"苟活乱世、命如草芥"；而对军火商则是"市场庞大、需求充足"。

全世界人口最多的国家，碰巧是全世界最混乱的社会，有着全世界最旺盛的军火需求。这种情况不过来赚一笔，简直愧对了"资本主义每个毛孔都滴着血"这句名言。

在太平天国时期，曾国藩的湘军和洪秀全太平军的军火都是洋人提供的。双方拿着同一家公司的长枪快炮互相杀戮。国人尸横遍野，军火贩子们卖完甲方卖乙方，赚得盆满钵满。

这种业务模式甚至一路延续到了大清和列强自己的战争。

通常的做法是，一方面号称中立，政府说"我们热爱和平，不方便参与到贵国和我们盟友的冲突中"。另一方面又塞一张名片："另外，我们在澳门有一个好朋友，虽然价格要稍微贵一点，但为人非常可靠，建议您常去走动走动。"非常老练。

比如中法战争期间，英德美一方面中立，一方面放任大清专员在香港私买洋枪6万多支、大炮500多门、鱼雷1200多枚……克虏伯、雷明顿大发横财。

按照军火商的思路，既然都是卖，那出点货给土匪也是可以的。当然，官方采购是不方便的，毕竟清政府是列强的好朋友，大家官方层面不好合作。但是，谁说军火贩子不能发展代理商了？"有钱不赚王八蛋"才是军火商的人生信条。

可以说，1900年前后的澳门，开军火全球化之先河，是整个东亚的走私军火集散地。英美一出什么新产品，个把月后澳门就可以弄到现货，转手到内地，价格再翻几倍。

1908年，香港当局军械招标，一支快枪7银元，而内地土匪能出到二十几银元，这种生意怎么可能拦得住。据估计，清末十年间港澳走私往大陆的枪支，毛估也有50万银元以上。①

尤其是靠近澳门的广东，群匪四起、武器精良。两广总督岑春煊上台三年

---

① 见丘捷、何文平《民国初年广东的民间武器》，何文平《全球化的挑战：清末澳门军火与华南社会动乱》，以及宋纤、魏明孔《暨南学报》的《晚清澳门军火走私贸易问题探析》等。

居然抓了1万多土匪。看起来好像政绩斐然，事实上只是九牛一毛，孙中山曾经跟日本人说，中国仅广东一地就有土匪30万人。

如果大家想对这种情况难以有一个直观认识的话，建议看看墨西哥、哥伦比亚的新闻，或者看一部讲毒贩子巴勃罗·埃斯科巴（Pablo Escobar）的连续剧《毒枭》。那里的部分地区满大街的毒贩子，毒品卡特尔①从隔壁美利坚买了武器和本地警察火并，跟清末一个剧本。

理解了这个大背景，你就能反应过来：革命党的枪和土匪的枪原来是一个供应商啊！

也就是说，一方面，军火管控照理是国家主权的高压线、社会治安的基本底线，连这都控制不了，这政府在列强看来就是个摆设了；另一方面，如果清政府真的能管控了，那革命党拿着长矛大刀对付装备克虏伯的清军，真是一点成功希望都没有。

孙中山与宫崎滔天　　　　　孙中山与梅屋庄吉夫妇

---

① 一个由独立毒贩组成、互相协调以控制毒品供应，维持市场价格的犯罪组织，在南美洲部分国家势力非常庞大。

从这个角度看，维护好和海外商人的关系，尤其是有路子搞到枪的军火商人，也属于革命党的重要工作。

比如之前说的孙中山的第一次起义，1895年广州起义，日本人梅屋庄吉（后来孙中山跟宋庆龄结婚就是在他家）就送了600支短枪；中国革命"白求恩"，日本浪人宫崎滔天同志，就是孙中山的追随者，长期为革命党牵头找军火商。

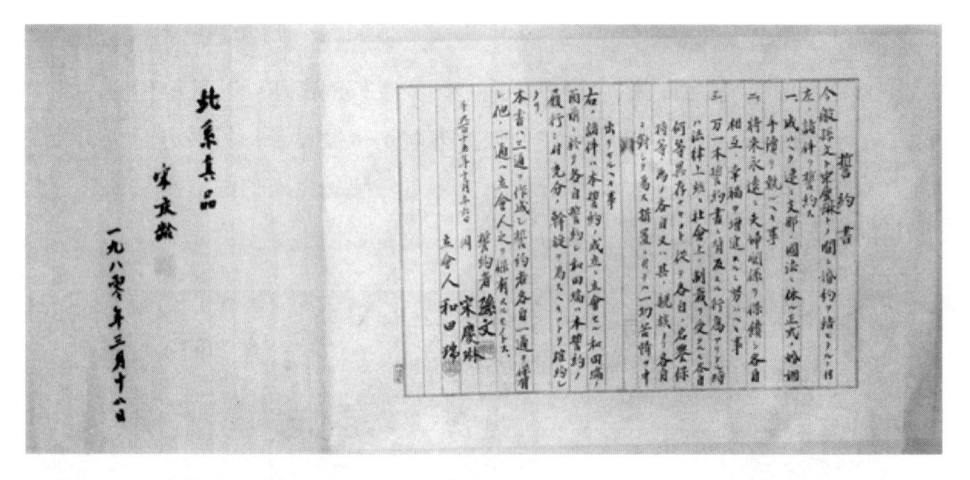

孙中山、宋庆龄结婚誓约书

为了理解更深刻一点，大家可以了解一下"二辰丸事件"。

事情本身很简单。1908年，澳门商人跑到日本搞了一批军火，想要偷运到澳门之后再卖到内地。广东水师打听到这是走私军火，怀疑他们是运给革命党的，所以就给截停没收了。照理说这完全属于主权国家正常执法，结果日本和葡萄牙跑到朝廷大闹一场，清政府说"好了好了，算我错了行不？这批货就当作我买了"。

如此主权丧失，民间自然一片义愤，发动了"抵制日货"行动。

大家看出来这种矛盾了吧。一方面，洋人这样欺负中国合法政府的确是让人无法接受，是可忍，孰不可忍；另一方面，按一些考据，很可能"二辰丸事件"里的那些枪支弹药，本身就是孙中山托日本人买了准备在广州起义用的。所以中国抵制日货，宫崎滔天还代表日本商社请孙中山帮忙居中调和，因为这事儿，孙中山还和黄兴大吵了一架。

"二辰丸"到底是在帮谁运货没那么重要，重要的是清末革命党的枪炮，的确是各种走私船偷运进来的。

展开来说，枪炮问题就是力量问题，也就是孙中山等人对待帝国主义的态度问题。从这个角度来说，大家务必要深刻理解"反帝同时反封建"和"先反封建后反帝"的重大区别。大家吵来吵去，争的不是"目标问题"，谁不希望中国自强？大家争的是"路线问题"，是有没有可能一下子完成两件事的问题。

在清末，大部分革命分子倾向于后者，先压着怒火承认不平等条约，专注于推翻大清创立民国，自强之后再把领土收复回来。毕竟那是帝国主义时代，国境线不像现如今那么稳定。

所以现在想想，中国共产党一开始就提出"反帝反封建"的口号，决定一次性解决两大难题，同时向两者宣战，可以说从根子上就是更彻底的革命。

说远了，我们回到革命的武器问题。作为书生怎么买军火呢？参考一下工程师创业跑市场就知道了。当初柳传志凑了20万元出来创业，一年内就被骗了14万元；任正非刚从技术转经理，就被骗200万元。

没办法，市场鱼龙混杂，刚开始不免要交点学费。更惨的是，老柳被骗还能找警察，革命党被骗连投诉的地方都没有。严格来说，孙中山他们搞枪的条件，连土匪都比不上。

毕竟土匪顶多鱼肉乡里，清廷并没有那么在乎，而革命是要掀他老巢，自然是重点缉捕对象；而且黑社会买枪，基本是零售，几十支枪也就够了，而革命党一买就是几百支，还得指定日期运送到目的地，这个难度可不是一般大。

让我们回到1900年惠州起义，这是孙中山第一次成功发动的起义。老办法，孙中山找钱，郑士良打仗，日本友人负责军火。革命党率领洪门、哥老会在广东打响了第一枪。

一开始还算顺利，起义军一度达到了2万人，结果很快就出事儿了，说好的枪来不了了。枪为啥来不了？这故事可就长了，毕竟所有的事儿一旦牵涉到细节，就变得鸡零狗碎。

不过考虑到这个故事非常有学习价值，一方面可以梳理到当时东亚革命的军火问题；另一方面可以了解孙中山的危机处理能力；顺便能对照一下，自己要是被放到那个年代，能不能受得了革命日常工作，所以我还是决定展开讲讲。

话说从 1571 年起，菲律宾一直是西班牙的殖民地，差不多被统治了 300 来年，当然了，菲律宾义士也反抗了 300 多年。后来西班牙帝国江河日下，到了 1898 年，新崛起的美国和西班牙打了一架，史称"美西战争"。

在亚洲战区的马尼拉，杜威将军率领美利坚亚洲舰队，大败西班牙马尼拉湾舰队。而菲律宾起义军也借着东风，打败西班牙驻军，解放了大部分国土。

一开始，淳朴的菲律宾起义军觉得美国人会支持自己，毕竟麦金利总统[①]说了："美国人民自己也是从反抗殖民地中站起来的，支持菲律宾人民打倒西班牙殖民统治，誓要带给菲律宾人民幸福、文明和基督教义。"可谓正气凛然。

结果一打败西班牙，美国就翻脸不认人，决心吞并菲律宾。当然，也不是不可以理解，毕竟菲律宾作为东亚大陆第一岛链，马尼拉湾又是东南亚头号良港，是个帝国就舍不得放弃。

那怎么办呢？继续打呗。一肚子火的菲律宾革命军跟麦克阿瑟（这位是朝鲜战争麦克阿瑟的父亲）开战。这就需要钱、武器、人，和中国革命一个道理。其中，菲律宾最缺的是枪。与此同时，伦敦绑票案之后，孙中山成了东亚革命的精神领袖，这么一来二去，菲律宾革命家彭西在 1899 年慕名来到日本，请孙中山协助筹措军火。

两边相谈甚欢，最后想出一个大计划，大致是菲律宾出钱，孙中山先协助他们革命，成功之后将菲律宾作为中国海外基地，以反攻大清。

于是孙中山一方面拿了菲律宾革命党的 10 万日元（之前说了，人家南洋那时候比我们有钱）发动惠州起义，一方面以彭西的名义张罗着"代购"军火。

既然是走私，那当然要找本地商人。

孙中山找的第一个人就是老朋友宫崎滔天，不过宫崎也不熟悉，便带着他去找犬养毅（对的，就是后来那个日本首相）。犬养毅自己也没思路，又向他们推荐了国会议员中村弥六，这位当时名声很好，跟日本政界、商界、军界都很熟。

一开始，事情看起来挺顺利的，中村弥六一方面找到军火商大仓商社搞

---

[①] 美国第 25 任总统。

到了一批枪械；之后又买了条三井物业的旧船"布引丸"运货。

好在一阵折腾，上下打点，布引丸终于出海。

可惜，菲律宾的同志们运气不好，船在宁波触礁，连带着几个日本国际主义战士全被抓了。丢了军火不说，关键是因为沉船事故，日本走私军火给菲律宾起义军的事儿被发现，美国人直接跑东京投诉了。

日本政府一方面当然是连连否认；另一方面也暂停军械船出海。这可就苦了菲律宾革命党了，第二批军火已经买好，放在了大仓商社，但没法运去南洋。

犬养毅和孙中山

现成的军火要物尽其用啊，惠州起义不是已经箭在弦上了嘛！孙中山就问彭西，这批军火能不能先给兴中会（那时候还没同盟会）用着，天下革命是一家嘛。彭西本着同舟共济的想法，也答应了。

然而高兴不过几天，出事儿了。孙中山满心欢喜去提枪，中村弥六顾左右而言他，反正就是不愿意发货。最后大仓商社双手一摊，承认了，他们没买军火，仓库里是一堆废铁，买枪的钱已经和中村弥六分了。

孙中山请黑龙会创办人头山满出面，对中村弥六一阵威逼利诱，最终讨回来二万元[1]，中村弥六还号称是拿房产作为抵押的。

---

[1] 其中关于关于布引丸事件，中村弥六的贪污参考多处文献，关于卖房子等细节，参考辛亥元老冯自由的《中华民国开国前革命史》，以及宫崎寅藏的《三十三年之梦》，其中既有说一万三千元的，也有二万元的，本书采用二万元这个数字。

最左头山满、中间犬养毅、右边蒋介石

日本方面对中村弥六和大仓商社有什么惩罚呢？日本《万朝报》揭露中村伪造孙中山的印章和签名，舆论哗然，一致谴责他和大仓商社；犬养毅把中村开除出党（日本的政党多如牛毛），然后就没了。

这事儿对惠州起义造成了毁灭性打击，其实当时孙中山计划了双保险，还指望日本驻台湾总督儿玉源太郎帮忙，结果日本内阁改组，伊藤博文怕惊动英美，叫停了合作，儿玉也不能支持了。

海外枪支供应出了问题，国内惠州实在是撑不住。郑士良弹尽粮绝，只好解散义军，流亡香港，一年后被朝廷毒死。惠州起义一败涂地。

你看，孙中山要资源有资源，要人脉有人脉，最后还被坑成这副样子，大家想想自己要是参加了革命，在那个年头能活几年吧。

当然，这个故事也并不是没有亮点。首先，可以看出来孙中山的确是国际革命领袖，有点"现实扭曲力场"了。他的影响力跨越国境，直到现在也仍然是整个东亚民族运动的偶像。

比如后来的胡志明，就深入研究了孙中山，创立了有越南特色的三民主义来，叫作："民族独立、民权自由、民生幸福"。而彭西，也并未因为中村弥六的事情和孙中山翻脸，双方一直都有来往。毕竟同一个行业，彼此都知道不容易。

不过还是那句话，亮点不能当饭吃，事实上军火的问题一直困扰着孙中山，包括后面的丁未防城之役、镇南关起义都是如此，日本军火、法国军火、香港转运军火，各种调配不灵，物流被清政府在全球范围内围追堵截。

革命党的日常就是：

"钱怎么还没到，快快快，日本人说钱再不到，货就给别人了。"

"货验过了吗？别忘了验货，老黄说上次的货一半是废品。"

"什么？武器又不让运了？法国那边还是日本那边？"

"什么？枪到了，子弹没到？怎么搞的？"

当然，交了学费，进步也是巨大的。到了黄花岗起义的时候，军火方面虽然仍然问题不断，但的确准备充分了很多。

爱国华侨从日本、越南、泰国等地采购到枪械，以香港为物流中心，统一存放在李煜堂的金利源药材行。之后，革命党又在广州租了四十来间房，作为起义军集合点和武器存放中心。

这次起义，革命党总共筹集到700多支枪，武器、仓储集结到位之后，大家以分批分次的方式偷运到广州，有的把枪支藏在梳妆台的暗格里、有的把子弹外包装涂上油漆装成罐头。

最让人佩服的，是黄兴后来的夫人徐宗汉、胡汉民的夫人陈淑子、冯自由的太太李自平，还有刘梅卿未来的妻子卓国华，这几个姑娘都是军火走私能手。因着一般清兵对女性不太提防，据说起义前徐宗汉藏枪的小船就被临检了，清兵进舱一瞧，是几个姑娘，没细看就放行了。

到了广州，几个姑娘又装作出嫁，敲锣打鼓放鞭炮，在花轿下藏着枪支弹药进城。她们后来被称为"革命新娘"，今天读来，这四个字真是让人热泪盈眶。

顺便说一句，张黎的电影《辛亥革命》里，李冰冰演的就是徐宗汉，他叔叔徐润是轮船招商局（也就是招商银行的前身）创始团队的，名列晚清"四大买办"之一，妥妥的贵二代。电影里起义失败后，她和黄兴抱头痛哭，现实中则是她和黄兴逃亡香港。也就是在逃难途中，他们结成了患难夫妻。

你看，现成的霸道总裁、富二代、大家闺秀私奔、浪迹天涯、枪林弹雨，偶像剧的关键词一个都没落下。

徐宗汉　　　　　卓国华

胡汉民、陈淑子

当然，形势比人强，再说一遍，黄花岗起义一败涂地，"吾党菁华，付之一炬"。

喻培伦，大阪化学研究所、千叶医学院，专攻炸弹制造，被俘后就义。
林觉民，庆应大学文学系，专攻革命宣传，被俘后枪决。
方声洞，东京成城学校陆军专业，负责军火走私，身中七弹而死。
……

这些可都是下一代的菁华啊，也难怪孙中山痛心疾首。毕竟钱，可以一点点凑；枪，总能慢慢买到；可人，没了就真没了。如果说有什么比搞钱、搞枪更让孙中山头疼的，那也就是搞人了。

　　人才是一切的根本，而同盟会最缺的，就是组织，就是人。

第五章

革命党菁华——人从哪里来

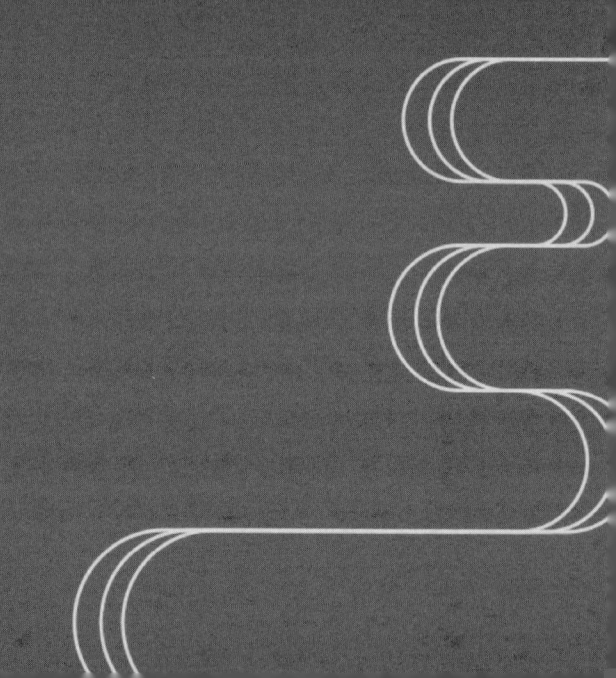

# "屠狗辈"与"负心人"[①]

关于人这事儿，说细了可以单独成为一个系列，但咱们这文章主要给大家梳理中国近代史框架，所以只能大概地讲讲。

首先明确一点，对于一个大型组织而言，要能够在残酷的竞争中胜出，基本上要靠几个层次的人：顶尖的叫领袖，其次为领导，往下是中层，再往下叫一线员工，企业要成功，这些人缺一不可。

从领袖的角度，做到开国元勋这个位置，不论哪个朝代，都是从尸山血海里摸爬滚打出来。比较著名的，比如汉高祖刘邦，一个基层公务员，硬是能让张良、韩王信这种能人心服口服、甘愿跟随，可以说是非常有领袖气质了。

就这点而言，孙中山还是非常合格的。比如当年他在香港上大学的时候，明明是学医，却发展出郑士良、陈少白这样的革命兄弟。之前咱们不是提到了革命三兄弟：谭嗣同、唐才常、毕永年嘛。

毕永年在大哥谭嗣同牺牲后，南下香港，跟孙中山见了一面，结果一见如故、惺惺相惜，从此开启了跟随孙中山闹革命的道路。

这几位还不算是特别著名，独立力量也不算强，算是领导。孙中山最厉害的是，很多人明明自己就是一把手，但交往之下，也常常对他"一见倾心"。比如黄兴，出自长沙名门，湖南革命派继谭嗣同、唐才常之

左边是唐才常，右边是毕永年

---

[①] 这个典故据说是出自明代曹学佺的对联"仗义每从屠狗辈，负心多是读书人"。

后的领袖人物，又有华兴会作为势力后盾。结果碰到孙中山，也是一见如故、惺惺相惜，从此成了孙中山的副手，不离不弃十几年。

不仅仅是国内，孙中山作为领袖，魅力可谓超越国界。之前讲军火那一章不是提到了日本人宫崎滔天吗，宫崎先生是没落武士出身，二天一流剑道高手，早稻田大学毕业生，也算是明治时期日本平民中的精英了。

他本来是拿着犬养毅的钱来中国研究黑社会，顺便干间谍工作的。结果对孙中山一见如故、惺惺相惜，从此成了孙中山的东瀛跟随者①。

孙中山在日本的关系网、在日本的军火网络、《伦敦蒙难记》的日文版，都是因宫崎先生的帮助才有的。他后来还写了一本书，叫《三十三年之梦》，一度畅销中国，里面说孙中山有四大"何其"："他的思想何其高尚！他的见识何其卓越！他的抱负何其远大！而他的情感又何其恳切！"崇拜之情跃然纸上。

黄兴

宫崎滔天与孙中山

近二十年鞍前马后，宫崎先生为中国革命事业呕心沥血，名字实在不应该就此埋没。顺便说一句，后来湖南革命领袖黄兴去世，回乡安葬，宫崎作为结拜兄弟从日本去长沙参加葬礼。应当地师范学校学生的邀请，顺道做了个题为"亚细亚的振兴，黄色人种的团结"的演讲。邀请他的学生就是我们的毛教员。

---

① 这段友情是跨越国家和时代的，宫崎滔天的故乡日本熊本县，曾经多次和中国一起举办纪念活动。

最后，孙中山作为一个国际革命领袖，当然也少不了白人粉丝。大家仔细看电影《辛亥革命》的话，里面有个捣鼓武器的外国人，他就是孙中山的头号白人拥趸荷马·李。李大侠在电影里人高马大，现实中其实身高一米六，且驼背、近视。虽然有这些问题，但他聪明过人，自小立志成为军事家。因身体原因被西点军校拒收后，他只好委曲求全去了斯坦福大学。

既然在本土没法实现军事家的梦想，李大侠转而选择来中国实现抱负。先是跟着康有为，成了戊戌变法里的洋人将军。可没几年就对康有为灰心了，毕竟领袖人物忙着纳妾和在南美洲买房。

辗转南北，他在香港见到了孙中山，于是一见如故、惺惺相惜，从此成了孙中山的头号拥趸。孙中山在美国的筹款很多都是李大侠完成的，他后来还成了中华民国的首届"首席军事顾问"。大家千万不要觉得这是因为他是孙中山的关系户，所以给个头衔聊表谢意。事实上，李大侠是相当不错的地缘政治学家，他写了本书，叫作《无知之勇》，提前三十余年预告美国要和日本开战，而且认定日本人会从太平洋攻击美军，甚至预言日本人进攻菲律宾的登陆点。

顺便再说一句，这位"革命早期的白求恩"，年轻时做梦自己成了武僧朱元璋，带领中国人推翻异族统治，死后穿着军装，葬在台湾阳明山，实在值得拍部传奇电影。

荷马·李　　　　　　《无知之勇——日美必战论》

这么一群精英都愿意跟着孙中山卖命，可见他的领袖气质。不过，表扬完优点，也要说说短板了。作为领袖，孙中山其实一直未能组成稳定的核心领导班子，具体表现就是，革命党上层一直内耗严重。

之前咱们不是说了光复会的章太炎、陶成章跟孙中山很不对付嘛。其实不对付的不止这帮人，清末革命党三大团体，浙江光复会、广东兴中会、湖南华兴会，各个都有想做老大的领导。

光复会就不用说了，1907年同盟会大分裂，章太炎在报纸上痛骂孙中山，势同水火；华兴会虽然没有这么出格，但其实动作也不算小。黄兴和孙中山因为国旗的事儿吵翻了天，黄兴的二把手宋教仁直接就自己拉队伍去了。以至于后来宋教仁遇刺，还有传言说是孙中山在背后指使。虽然这种说法是无稽之谈，但也从侧面说明了当年双方关系有多差。

要不是黄兴后来以大局为重，甘当子房卧龙，还不知道上层会闹出多大的乱子来。

当然，我的意思不是说绝对不能内斗，严格来说，社团稍微大一点了，要上层一团和气是不现实的，只不过内斗有内斗的底线和章法，好比毛教员三番五次被斗下去，他就气鼓鼓地在一旁抱怨没人来看他，调侃说连鬼都不上门看他。

然而国民党可就不一样了，闹僵了分分钟拉团伙单干，不爽就"宁汉分裂"[①]，有共同利益了就"宁汉合流"，进进出出，上上下下，跟坐公交车似的。

最著名的分裂团伙光复会，因为几千块钱经费的事情就跟孙中山撕扯，一直撕到在报纸上公开决裂，互泼脏水，自立门户为止。所以才有前面说的，光复会徐锡麟临刑前，人家问他是不是被孙文指使，徐答曰："孙文哪里指挥得动我。"英雄的确是英雄，不过多

宋教仁

---

[①] 指"四一二"反革命政变后，蒋介石背叛革命，和当时仍然处于国共合作期的汪精卫分别设立国民政府，一个在南京，一个在武汉，叫做"宁汉分裂"。后来汪精卫同样背叛革命，武汉、南京政府合并，史称"宁汉合流"。

少有点组织性不强。

孙中山和各位领导虽然互有矛盾，但大家的目标——推翻大清，还是一致的。谁去干呢，虽说孙中山和黄兴都有一定的前线经验，但不能次次都是领导直接上。作为一个组织，做大事非常需要的是中层干部和一线员工。

大家如果不是特别理解啥意思的话，看一看没做过业务的 MBA 创业就明白了。基本就是道理很多、市场分析很多，但落地就不行了，必须要找个能落地的帮手才行。找谁呢？基本是有谁用谁，团结一切可以团结的力量。

首先出场的是一线员工，我们文章已经伏笔了很久的"会党"成员们。清末是会党的春天，天地会、哥老会、青帮遍布大江南北，尤其是天地会，高举"反清复明"的大旗，可以说是革命党的天然同盟军。对孙中山而言，复明不复明可以晚点再说，反清才是要先解决的。

这么一来二去，以革命党为核心，以帮会分子为基层的想法就这么出现了，史称"会党路线"。

而从会党的角度，大家反清复明这么多年，一直不成气候。会党头目们也隐约意识到情况不一样了，需要新的力量。再加上兴中会里很多人本身就是三合会、哥老会成员，大家一拍即合。

1899 年，孙中山的同窗郑士良、陈少白联络广东天地会，毕永年联络湖南哥老会，成功组织了三会合一的"兴汉会"。当天，义士们斩鸡头、烧黄纸、歃血为盟，全票通过大会宗旨——"驱除鞑虏、恢复中华、创立合众政府"。

现场有诗为证：

毕永年：金石之交，生死不渝。至情所钟，题此襟裾。
陈少白：温温其人，形影相倚。昔有书绅，今昧此意。
哥老会山主辜人杰：负剑曾来海国游，英豪相聚小勾留。骊山一曲情何极，如此风光满目愁。

真是群豪万众一心，誓要江山变色。然而，这边赋诗完，那边麻烦很快就来了。

反清复明这个口号下面，首先是要解决的是"揾食"的问题。要革命？先拿钱来。于是孙中山各种奔走筹钱，革命党人等米下锅，史称"雇佣革命"。这个就比较麻烦了，大家看了"筹钱"那一章的话，应该还记得，革命早期，康有为才是最能募捐的。①

这导致了一个事儿，兴汉会才成立没几天，康有为出了个高价，半路截胡，几个哥老会头目就跑去支持保皇党了。哎？这不是刚"反清复明"吗，怎么转眼就开始"保皇，清君侧"了？

这事儿对毕永年的打击最大，当年他们革命三兄弟，老毕作为三弟倒是脑子最清醒，一直提醒大哥不可相信清政府。结果大哥菜市口人头落地，三弟江湖奔走报仇。辛辛苦苦这么多年，好不容易建了个联合，结果又跑去"保皇"了。一气之下，毕永年出家为僧，郁郁而终。

对剩下的人而言，气归气，革命还得继续。具体的对策就是"晓之以情义，动之以融资，保皇党和革命党互相和稀泥"，最终勉强保持了革命的大团结。大团结的结果，就是以谭嗣同的二弟唐才常为核心，组织出了极具中间路线特色的1900年"自立军起义"。

唐才常以两湖哥老会为底子，组织了十万余人的"自立军"。说是自立军，其实就是哥老会大堂口，既拿保皇党的钱，也拿革命党的钱。宗旨一方面是"君臣之义，如何能废"，另一方面是"非我族类，其心必异"，非常分裂。

当然，对"宗旨分裂"这个问题，这十万余会党成员也不是很在乎，反正有钱了就喝酒吃肉，没钱了就自立山头，收点保护费自谋出路，组织极其散漫。

结果自立军起义还没开动，要造反的消息就已经满天飞了。临到造反的时候，我们的"康圣人"②又没付说好的30万美金捐款③。没钱，哥老会自然不肯起兵。张之洞先下手为强，自立军一众"匪首"被斩首示众，唐二哥的头颅挂在城头，起义就这么戛然而止，热血三兄弟从此退出历史舞台。

中间路线不行，那革命的会党路线呢？也不行。自立军起义失败之后，郑士良以广东三合会为底子，发动了惠州起义。就是咱们在军火那章说的，被日本无良军火商坑了的那一次。革命的会党这次纪律方面大有提高，基本做到秋毫无

---

① 有兴趣的读者可以看桑兵先生的《庚子勤王与晚清政局》，以及香港大学校长、历史学家王赓武教授的书和访谈，比如《中国与海外华人》，对比早期保皇党和革命党的活动。

② 康有为自视极高，号称"南海圣人"。

③ 这里采用的是《中华民国开国前革命史》里的说法。

犯，不过军火粮饷一旦断绝，队伍自然就散去。没办法，梁山好汉闹革命是不成的。

讲到这里，我得多说一句。对这帮义士，我完全没有任何贬低的意思。事实情况是，我深深地觉得他们抛头颅、洒热血，是我们中华民族的勇士。

青天白日满地红，这些略带懵懂的烈士血洒神州，的确也当得起"满地红"这三个字。表扬英雄的故事大家随便拿本书都看得到，但应该意识到，形象伟大和组织力薄弱并不相悖，他们往往出现在同一群人身上。

严格来说，孙中山、黄兴、唐才常这些人，是一群现代人；他们想引导那些思想停留在中世纪的中国人民，来进行一场半近代半封建的起义。李鸿章说是"三千年未有之大变局"，啥叫三千年未有？三国到清末一千五百多年，中国的变化还没有鸦片战争到甲午战争这不到六十年大，这就叫三千年未有。

后面的1906年萍浏醴（江西、湖南两省交界）起义，有的会党老大坚持每次出兵前，杀人祭旗的程序必须要走；有的山主坚持进攻前要占卜算卦，看是否能得手；本来指挥部要放在"金刚头"，结果首领说"金刚"谐音"精光"，彩头不好，要放在"麻石"，这样才能坚如磐石。至于不按时出发，冲动之下就杀官举旗什么的，更是家常便饭。

指望清末的会党突然弄明白"民主共和"，比指望关二爷提起冲锋枪，从麦城突围，还不靠谱。毕竟大清在中法战争里就已经用上了加特林、马克沁了，可二十多年后，未庄的阿Q还是觉得革命党是在给崇祯戴孝。

实在是走私军火易，引进思想难，几千年来一贯如此。

然而，因为这些人思路过时了，他们就是所谓的"愚民"吗？

马福益，湘潭人，世代佃农。他身材魁梧、为人仗义、好打抱不平，是湖南哥老会大哥。在革命党人游说下，逐渐心服大义，加入华兴会，在各地联络会党起义。行事不密，途中被俘，结果利刃穿肩，铁链拖地，长沙街口流血盈丈，死前尤大骂清狗不止。

李金奇，醴陵人，打铁为生。他略通文墨，为人机警，是哥老会码头官，跟随大哥马福益准备起义。途中行踪泄露，被清兵围捕。李金奇武艺过人，跳窗入水，潜游在往来舟楫间，几近脱逃。可惜出水换气时被清兵发现，弹如雨下，当场被打死在湘江水中。

谁跟他们死在一起呢？

刘道一，湘潭人，自幼聪慧，考取官费生留日，入东京高等大同学校。在日结交秋瑾、冯自由，加入横滨洪门。1906年回国组织群雄，事败被俘，酷刑加身，威武不屈，赋诗："天地方兴三字狱，但期吾道不终孤。"浏阳门外被斩首，时年22岁，后来毛教员说，他小时候看革命党被斩首，"砍了四次才死，惨烈得很，官逼民反"①，说的就是这位宁死不屈的刘道一。

起义时，那帮迷信而笨拙的文盲会党，和满腹经纶而天真的书生站在一起，怀中揣着"同心同德，灭满兴汉"的血书，大喊着"为马帮主报仇"，冲锋陷阵，葬身炮火。同归一抔黄土，谁又能苛责这些人的口号不够漂亮，这些人的思想不够进步呢？

存亡之秋，屠狗辈和读书人的血流在一起，不分彼此。而所谓中华民族的脊梁，便是地无南北，人无老幼，纵然个个仍不免私心，但所有人都怀揣一个信念：

天道好还，中国有必伸之理；
人心效顺，匹夫无不报之仇。

## 留学生革命党

当然，感慨不能当饭吃，短时间内提高会党的素养也不太现实，早期起义几次失败下来后，领袖们也开始明白，雇佣革命是不行的了，要加强领导力。毕竟大家无论从文化上还是距离上，都相差太远。从这个角度来说，孙中山大半辈子喝洋墨水吃西餐，人又在国外，没法亲临一线，的确比较难以理解一线群众。

那怎么办呢？大家一致认为，需要培养一批革命的中坚力量，也就是企业里说的中层干部。那么清末的中层在哪里呢？中层是在思想先进的年轻知识分子那里。

---

① 毛泽东在1965年回忆少年时期的时候说的。

于是，同盟会瞄上了留学生、华侨两大团体。华侨就不用说了，孙中山的主阵地。虽然一开始有康有为这个对手，但清王朝"一蟹不如一蟹"①，康有为自己又贪污腐化，后期孙中山的影响力已经无人可比。

在留学生方面，孙中山一开始看上的是留欧学生，不过无论是欧洲还是美国，一来留学欧美费用太高，学生数量其实不多；二来欧美留学生通常忙着做学问，对政治没那么大兴趣。

比如，后来扑灭了1910年东北鼠疫的伍连德，就是剑桥大学毕业的；进小学课本的竺可桢，是哈佛大学毕业的；清华校长梅贻琦，是伍斯特理工学院毕业。大家都忙着做学问，没怎么参与辛亥革命。

反观日本，距离近、价格低，位置集中在东京，留学具有很高的性价比，相对容易组织。袁世凯废除科举制度后，大量知识分子没地方去，于是士绅阶级纷纷把孩子送出去留学博个功名（文凭）。于是有钱西游、没钱东渡，给革命储备了数量庞大的生力军。

袁大人无意间给大清的棺材板上敲了颗大钉子，也算是无心插柳了。

而且从当时来看，即便孙中山不去引导这帮学生，他们基本也是革命好苗子了。当时留日学生革命氛围浓厚到啥地步呢？

1903年，张之洞上疏朝廷说："伏查，游学日本学生，年少无识，惑于邪说，言动嚣张者固属不少，其循理守法潜心向学者亦颇不乏人。"意思就是虽然留日学生闹革命的很多，好好学习的当然也不少，也就是默认大量留日学生都在闹革命了。

到1905年，在东京留学的人数已经上万，大量留学生参加革命党，小型进步团体更是数不胜数。

比如最早的留日学生吴禄贞，早在1900年就建立了"励志会"，后来觉得励志会里保皇党太多，又解散励志会建了个"青年会"；秋瑾，跑到日本就参加了个女权团体"共爱会"；冯自由，在东京建了个"广东独立协会"，后来还在横滨建了个"日本三合会"，秋瑾也是会员。

至于留学生的传统组织，各地老乡会就更不用说了，浙江同乡会、广东同乡会……尤其是绍兴老乡会，简直就是革命党本部，蔡元培、陶成章、徐锡麟、秋瑾……以"单县城革命领袖密度"而言，唯一能比肩的就是广州了。

---

① 出自苏轼的典故，意思是一个不如一个，越来越差。

当年的老乡会可都是革命党忙着发展下线。比如黄兴，就是在湖南老乡会上大力发展华兴会；鲁迅第一次见到蔡元培就是在浙江老乡会上，后来又在日本成了秋瑾的迷弟。

秋瑾姑娘很能干，有话当面说，语气很坚决，不转弯抹角，所以有不少人怕她。她爱唱歌，好合群，性格爽朗，而且善豪饮，讲话精辟，又热心公益，所以很多人喜欢和她接近。虽然秋瑾姑娘生得秀气，但人品很高。①

秋瑾

我们现在耳熟的那帮民国要人，大多是日本留学生，刚才说的秋瑾、鲁迅、孙中山的二把手胡汉民、蒋委员长的拜把子大哥陈其美，甚至包括李大钊、阎锡山，都有留学日本参加革命的经历。

而且，以中国几千年的历史经验，耕读之家非常容易能想到，乱世出头要从军。所以当时日本军官学校招了很多中国学生，后来，这些人被统称为士官系。

比如潜伏北洋军的革命党吴禄贞，后来在蒙古各种闹腾的徐树铮，再造共和的蔡锷，都是日本陆军士官学校培养出来的。

当然，最为著名的还是蒋介石。

从革命情怀来说，孙中山和留日学生可谓一拍即合。当然，能这么快获得认可，也不得不承认孙中山在打开局面方面的能力。

右二为李大钊

---

① 这段话出自许钦文记录的鲁迅对秋瑾的评价。

现在大家一说起孙中山来，张口就是领袖、国父，但放到1900年，孙中山在大部分国人心中是"孙汶"。在"文"字旁边加个三点水，属于清廷的恶趣味，意思就是江洋大盗。比如大家比较熟悉的"刺马"案主角张文祥，大清就把他名字改成"张汶祥"，有那么点扎小人的意思。

普通学生心里，一般觉得这人就是个洪门会党，孙中山当时最出名的，就是1895年广州起义。兄弟陆皓东被杀，清政府的说法就是"三合会陆皓东枭首示众，匪首孙汶在逃"。

不过孙中山的确是有领袖气质。举个例子，后来国民党四大元老之一的吴稚晖自己回忆说，他自己本来是立宪派，跟随康有为，最早从康老师嘴里听说孙文这个人时，都说他是文盲兼江洋大盗。

后来搞清楚人家不是江洋大盗了，康老师又说这人天天讲什么共和，是个假洋鬼子，连个秀才都不是，没学问的。毕竟人家康梁或进士及第，或乡试中举。

结果在日本第一次看到孙中山后，吴稚晖猛然发现他破万卷书、行万里路、学贯中西，顿时一见如故、惺惺相惜，就这么追随了孙中山一辈子。

大头兵蒋志清标准照

孙文题字

不过当初在日本最能折腾的倒不是孙中山,毕竟他是个重点通缉对象,又要协调会党,又要满世界宣传筹款,具体事务还是黄兴、宋教仁他们在负责。既然革命团体、革命群众都不少了,那啥事儿最重要呢?自然是团结最重要。1905年,大佬们觉得人多力量大。华兴会、光复会、兴中会,决定三会合一,组建同盟会,既代表着革命党的联合,也代表湖南、浙江和两广的联合。而大会议程第一项,是选领导。三个会各有优势,湖南人兄弟多,浙江人秀才多,两广捐款多,各不相让。眼看着都吵到黄兴要退股了。

不过,黄兴在最后一刻,以大局为重,决定力挺孙中山。既然黄孙已经联合,那大家也就服气了。

从这个角度来说,希望以后大家都要记得这位伟大的"二把手"。在民国那个人人都是草头王,大家都想过领袖瘾的时代,黄兴这种能力强,又甘当配角的人真是弥足珍贵。可以说,是他一举维持了组织的基本稳定,保证了这是一场胜利的大会、团结的大会,意义非凡。

终于,1905年8月,整合中坚力量的同盟会成立。那么请问要如何加入呢?

倒也不复杂,找个介绍人,领导考察一番(主要是怕清廷内奸)。没问题的话,就画押盟书一份;之后左手拿盟书,举右手宣誓:"联盟人某某,当天发誓,驱除鞑虏,恢复中华,创立民国,平均地权,矢信矢忠,有始有卒。如或渝此,任众处罚。"

最后是暗号,通常是握手的时候拇指弯入手心,切口:

问:何处人?
答:汉人。
问:何物?
答:中国物。
问:何事?
答:天下事。

你看,歃血为盟、暗号是会党门道,举右手宣誓是基督特色,誓

当年的盟书

言中的"平均地权"显然是近代方向。三千年未有之大变局中,承上启下、中外合璧的风格可谓非常明显。

礼毕,领导(比如黄兴)祝贺曰:从今天起,你已经不是清朝的人了。

这可不是一句开玩笑的话。大家记住这点,这些画押证书几乎就是革命生死簿,当年陆皓东为了烧毁名册,导致撤退太晚,被清政府抓到砍头;后来秋瑾被捕的时候,名册差一点就落到清政府手头,要不是当时的县令李钟岳比较同情革命党,故意没去抄秋瑾闺房,绍兴革命党估计要被一网打尽。

后来秋瑾哥哥还因为这个特地去感谢李钟岳的儿子。

还是那句话,不论这帮人后来下场如何,如何让人扼腕长叹,但当时的少年,一腔热血,不由得人不敬佩。

回到当年的东京,联合既然成立,领袖都已经全部加入,一时间,同盟会成了爱国的代名词,留日学生纷纷以加入同盟会为荣。

眼看着大量腰部力量开始汇集,革命中层呼之欲出,是不是可以团结一致领导革命了呢?当然不是,8月同盟会成立,12月留日学生就又分裂了。而且分裂的原因令人唏嘘。之前不是提到,张之洞上报朝廷说留日学生不好好读书,天天在闹革命吗,朝廷就向日本政府投诉,要东京管管。

日本政府内心深处其实不太愿意管,毕竟中国越乱越好,闹革命显然是对日本有利;但完全不管也说不过去,东京都成了革命据点了。

再说,东京留学生林子太大,啥鸟都有,既有准备抛头颅、洒热血,为了中华崛起而读书的;也有开跑车、读野鸡大学的。

于是,管理学生的需求和清政府的压力在一起,日本政府颁布《取缔清国留学生规则》,简单来说,就是要管管留学生,规范办学、规范学生行为、提醒他们低调点闹革命。这下子就捅了马蜂窝了。

留日学生分成两派,激进派,如秋瑾,觉得日本政府欺我太甚,是可忍,孰不可忍,大家还读什么书,一起回家闹革命去;温和派,如鲁迅,认为读书不易,大家起码忍到学成,毕竟国家也需要知识建设。

很快,解决分歧的办法从扣"懦夫""汉奸"的帽子,一路升级到了不肯回国就对同胞大棍子伺候。棍棒相加的内斗,让日本新闻界嘲笑声一片,报纸揶揄中国留学生为"乌合之众"。结果,气愤、羞辱和绝望之下,陈天华(《猛回头》的作者)蹈海自尽。

教科书上说他是为了抗议日本,其实人家遗书都说了不是因为这个,主要

陈天华

还是想以死呼吁留学生团结。

有用吗？应该有点用的，但代价实在太大了。

1905年底到1906年初，2000多名激进派留日学生最终决定回国，其中包括秋瑾。在浙江留学生同乡会给秋先生的践行会上，她说："如有人回到祖国，投降满虏，卖友求荣，欺压汉人，吃我一刀。"

再后来，秋瑾回国一年，当年这个最激进的女侠，写信给曾经意见相左，留在日本继续学业的好友王时泽说："吾与君志相若也……君之志则在于忍辱以成其学，而吾则义不受辱以贻我祖国之羞……则辱世甚暂，而不辱其常矣。"

意思就是，是否1905年回国，是个人的选择，各有好处，大家都还是一路人。这比一开始的态度，那是缓和许多了。

没办法，底层的会党要成长，要有时间消化"共和"，最终才能形成钢铁洪流；中层也是一样，需要时间理解啥叫"革命的热情不能取代科学的方法"，啥叫"统一战线"。

人嘛，总要自己学着长大。

就这样，革命力量伴随着领导层、中间层、执行层的各种内耗，摇摇晃晃地继续前进。虽说内耗连连，但起义也遍地开花。

1906年，萍浏醴起义，黄兴主持，华兴会领导，哥老会为主体，最后起义失败，刘道一、杨卓林就义。

1907年，浙皖起义，徐锡麟主持，光复会领导，哥老会、青帮为主体。起义失败，徐锡麟、秋瑾就义。

1908年，岳王会起义，熊成基主持，光复会领导，新军为主体。起义失败，熊成基两年后刺杀载洵，就义。

这些都还只是大起义，小起义更是不胜枚举。

最大的一次，是孙中山主导的1907年粤桂滇大起义，广东、广西、福建、越南（你没看错，就是越南，具体参考会党那一章）四地天地会为主体，广东潮州、惠州、广西钦州、防城港、镇南关、廉州，云南河口先后起义，孙中山一度跑到越南坐镇，还去镇南关前线开了一炮。

结局大家也都知道了，起义沉重打击了清政府，换句话说：起义失败。

不得不说，革命先驱的人生，大多是不停重复失败的人生，这可不是我乱说，你看——

陶成章，刺杀慈禧失败、安庆起义失败，一辈子活在朝廷鹰犬的追杀中，四过家门不入，最后还被刺杀。

黄兴，萍浏醴起义失败、云南河口起义失败、镇南关起义失败。别急，未来等待他的还有汉口保卫战失败、北伐失败……人称常败将军。

至于广州起义失败、惠州起义失败、北伐失败、搞不定光复会、搞不定陈炯明、搞不定日本政府、搞不定法国政府，被赶出日本、赶出新加坡、赶出越南、赶出泰国，在整个东南亚无立锥之地，更是惨上加惨。

还记得之前说的吗？顶级革命家的神经，都像钢筋那么粗。碰到失败就跳楼，那就不要去革什么革命，创什么业了。

然而，神经粗只能算是基本素养。

在至暗时刻，不仅要有忍受失败的神经，还要有抛开痛苦，寻找失败教训的能力。套用一句维克多·弗兰克尔[①]的话：失败就是失败，失败本身毫无意义，从失败中学到的东西才有意义。

革命党在失败中，逐渐学会怎么筹钱，怎么走私军火，怎么跟会党打交道，怎么组织协调，怎么培养中层，怎么宣传思想。在粤桂滇大起义失败后，革命党"他们从地下爬起来，揩干净身上的血迹，掩埋好同伴的尸首"[②]，痛苦地思考，**希望在哪里**？

希望就在失败里。

清末，饿殍遍地，百姓虽有"好男不当兵"之说，但为了吃口饭，很多人加入军队。随着一起进入军队的，是底层的会党组织。

1905年，同盟会成立后，大批留日学生入会，其中包括了很多军校士官生。留日学生大分裂后，这些人大部分并未辍学革命。黄兴也常劝说大家不要

---

① 维克多·弗兰克，奥地利神经学家、精神病学家，犹太大屠杀幸存者，著有《活出生命的意义》。

② 引用毛泽东，中共七大《论联合政府》报告。

冲动,来日方长。他们学成回国后,加入了各地新军①。

好苗子和内应都在。

1907年,广西镇南关起义失败,但革命军人员损失很小。广西素来是三合会的地盘,军队中有很多会党的兄弟,对战双方在阵前呼喊:"同胞兄弟不打同胞兄弟"。互相通气,装腔作势,朝天开枪了事。

而清廷派来镇压起义的新军首领陆荣廷(就是后来的两广军阀大佬),自己就是同盟会成员。云南土司龙济光怀疑他通敌,派萧顺洪带兵督阵,传密令,若陆荣廷有异动,则阵前格杀。陆荣廷无奈开战,进逼之下,起义军大部分趁夜撤退到越南,损失仅数人。

新军军心不稳,革命党有机可乘。

1908年,安庆马炮营起义(也就是前面说的岳王会起义),熊成基领导新军马炮营围攻安庆。在没有会党支持、没有捐款支援的情况下,起义军围攻安庆一昼夜。

新军和会党执行力高下,一目了然。

什么叫"让听得见炮声的人做决策"?不仅仅意味着要倾听一线的声音,更意味着领导不要老是蹲在公司,要去那些听得到炮声的地方。革命形势瞬息万变,不听到炮声,怎么做出正确决策?

那讲了半天,到底什么才是当时正确的决策?让我们的解释从驳斥一个无耻的谣言开始:怯懦的鲁迅,以及想要砍他的秋瑾。

谣言的大意是革命党要鲁迅去做刺客,鲁迅先答应,之后又反悔了,问道"我死了,家中老母怎么办"。做刺客的事情因此不了了之。言下之意,鲁迅其实不算是个勇士。为了把故事编圆,往往还会补第二件事:当年秋瑾要留日学生回国革命,鲁迅怯懦不肯,于是秋瑾喝道:卖友求荣,吃我一刀。

考虑到历史老师一般也不太乐意讲细节,所以很多人相信这种谣言也不足为奇。毕竟鲁迅位置太高,忽然有鼻子有眼地来这么个说法,可以说非常劲爆。

我倒不是要开始翻史料证伪了,也不是对相信这故事的人做道德批判。而是说,从革命的方法论来说,这完全是违反逻辑的。

首先,革命党的领导们,比如孙中山和黄兴,很早就不赞成三天两头刺杀

---

① 为防大家读混了,新军一词专指清朝末年编练的近代化陆军。

要员了。为啥呢？倒不是说找不到人干，而是大家很快就发现，刺杀的投入产出比实在太差。

一来，刺杀的成功率太低。像史坚如，用近200斤炸弹都没干掉德寿，自己却被抓斩首；像吴樾，刺杀留洋五大臣，目标一个都没干掉，自己却粉身碎骨；像汪精卫，刺杀载沣，炸弹埋了半天，都还没引爆，自己倒是被逮住了，要不是运气好，那基本也是千刀万剐的命。

以血肉之躯，去冲破层层的防御，实在太难了。

二来，留住一个信念坚定的革命党人，可比打死一个朝廷大员重要太多了。要知道，史坚如家可是广州官宦巨富，爷爷做到翰林编修，门生故吏遍布广州。番禺有一条街，叫"继园东路"，这个"继园"就是他们家的园子。

这样的背景，帮着筹款、运军火、搞宣传，哪件事情不比杀个朝廷大员重要？

吴樾，他堂叔可是吴汝纶，曾国藩的幕僚。他自己在保定高等学堂读书，本来是毕业了保送北洋大学的（差不多是就读人大附中，毕业保送清华的意思）。这种人，进政府做内应，救一救被俘的革命党，策反一下军队，帮忙在北方联络联络会党，筹划起义，难道不好吗？

吴樾刺杀失败的惨状

刺客这种事儿，干个几次吓吓朝廷高官，关键时刻策应一下起义就差不多了，不能成为主要方式。

当然，有聪明人可能会指出，领导自己不去，可以骗小兄弟去啊。麻烦看清楚，我们是革命党。

再说一遍，孙中山他们的目标是要"自强"，年轻人都被抬出去送死了，那还拿什么自强？当年李四光（没错，就是中国地质学奠基人李四光）去日本读书的时候，满脑子的革命思想，居然以16岁的稚龄加入了同盟会。

你看，年纪轻、家里穷，非常适合搞刺杀工作。结果孙中山说：你年纪太小,不要跟我们打打杀杀的。等到革命成功,还要你建设国家呢。四十五年后,李四光回国,奠基中国地质学研究,他的理论间接指导晚辈们找到大庆油田,摘掉了中国"贫油"的帽子。

"努力向学,蔚为国用",孙中山送给李四光的这两句话,才是领袖们的态度。革命是危险的,也不该是由一个孩子承担的,不能为了这一代人的事儿,把下一代的好苗子全葬送了。

李四光

鲁迅在日本的时候,差不多20岁出头。以他这个年龄,决意刺杀,陶成章他们不会坚决阻拦。但你要是觉得他不去就会有人看不起,那就太小看革命党的气度了。

至于第二件事,那就更错了。首先,秋瑾那句话源自回国前的演讲,完全是断章取义,但这不重要,重要的是,秋瑾那个做法,本来就是错的。

1905年,秋瑾主张一万留日学生团结一致,集体退学回国革命。听起来很热血是不是?不过要是大家真这么玩,那大清还能多蹦跶几年。

1905年选择留在日本完成学业的有谁呢?

青年鲁迅

李烈钧，时年 24 岁，东京振武学校二年级，陆军士官学校毕业后，一路做到了云南讲武堂教官，各种暗中宣传革命，1911 年响应武昌起义，在江西九江新军起义后，他跑去做了总参谋长，后任总司令。

张凤翙，时年 24 岁，东京振武学校二年级，陆军士官学校毕业后，一路做到了陕西新军参谋兼营长。1911 年响应武昌起义，领导西安起义、陕西独立，号称秦陇复汉军大统领。

唐继尧，时年 22 岁，东京振武学校二年级，陆军士官学校毕业后，一路做到云南营长，1911 年响应武昌起义，与蔡锷一起领导了昆明武装起义、云南独立。

……

驳斥完谣言，不知道大家是否隐约猜到了，对抱有革命热情的同志，正确的打开方式应该是什么？

1899 年，孙中山见到了一个 19 岁的湖北人。他是张之洞所创立的"湖北武备学堂"优秀毕业生，因考入日本陆军士官学校第一期骑兵科，东渡日本留学。他对孙中山一见如故、惺惺相惜。同年，此人加入了兴中会。他叫吴禄贞。

1900 年，唐才常准备在湖北建自立军。为参与起义，当年 7 月，吴禄贞以省亲为名请假回国，负责领导安徽大通分部的会党。结果起义失败，仅以身免，又跑回日本继续读书去了。

1902 年，吴禄贞毕业回国。问题来了，请问对这种有案底的军人，张之洞大人是怎么处理的呢？张大人表示，知错就改就是好同志，至于是不是对大清不满？这有啥大不了的，唯才是举。大家如果不理解张大人为啥神经这么大条的话，请参考第一章"汉臣的崛起"。

于是，吴同学被张大人引为门生，一路做上了武备学堂总教习，后来还做了会办。请问革命分子做校长的日常操作是啥呢？当然是发展革命党啊。吴大人借着职位之便，创建"武昌花园山机关"，针砭时弊，讨论革命，吸引了大量"乱党"。宋教仁就是因为参加了这个机关，开始慢慢走上革命道路的。

大家是不是认为作为宋教仁的引路人已经很牛了？但给宋教仁引路只不过是他一个小小的贡献。最厉害的是，吴将军总结出了"运动新军"理论。按照吴教习暑假实习的经验，会党固然遍布天下，容易发动，但是组织散漫、满嘴跑火车、战斗力太弱。要成功还是要靠军队。

具体来说，就是"以最好之同志，投入军中当兵，渐次输入士兵对清政府之恶感情绪"。具体的做法称为"抬营主义"，秀才参军，以革命的知识分子扎

盖世之杰吴禄贞

根军营，宣传反清；不轻率举兵，而是在合适的时候，把整个军营调过来。

一时间，文弱书生群情激昂，以班超自勉，个个脱掉长衫撕个粉碎，投笔从戎矢志革命。比如曾经策划刺杀铁良的同盟会刘静庵、胡瑛，后来进了共和国政协的张难先、熊十力……都是在这个时候，拿着吴大人的推荐函，加入了新军。

对于这种新思路，孙中山一开始是抗拒的，毕竟作为洪门领袖[①]，会党才是他最熟悉的。然而，朱和中（吴禄贞学生）在比利时和孙中山据理力争，吵了三天三夜。最后孙中山同意"会党新军双线并举"。

到了1908年，会党起义反复失败，同盟会总部决定，从双线并举，变成"以新军为主，以会党为辅"。

让我们呼应一下之前说的——让听得见炮火的人参与决定。

吴禄贞的故事还没完。1903年，黄兴从日本回长沙闹革命，吴禄贞的结拜兄弟李叔城是同盟会创始成员之一，李叔城又是黄兴在日本的好同学。双方商议后，于1904年2月，吴禄贞前往长沙，参加华兴会成立大会，大家在一起日夜讨论长沙起义。

此时，北京来电，清政府开练新军（就是后来袁世凯的北洋军）。吴禄贞在日本的同学、好朋友、大清皇亲国戚良弼（记住这个人），推举吴禄贞北上练兵。

吴禄贞的内心是拒绝的，毕竟长沙起义马上就要开始了，他是重要参与人。但是某位同志说了一句大白话：与其"在外难以建树"，不如趁机"投身中央，伺隙而动"，将来"南北呼应，成功可期"。

吴禄贞被说服，遂北上。之后：

一边混官场——官场红人吴大人，左右逢源，跟朝廷权贵打成一片，一路做到北洋新军第六镇统制（相当于师长）。

一边发展革命党——同盟会辽东支部书记吴大人，大力发展东三省会员；

---

[①] 孙中山为了革命，加入了洪门。

后来的南京国民政府首任财政部部长，黄埔军校创始人之一的廖仲恺，就是他发展出来的。

一边从监狱里捞人——救生员吴大人，救过张难先、救过胡瑛、救过汪精卫，人称"捞人专业户"。

一边抵御日本鬼子——"间岛英雄"吴大人，在延吉抵御日本人蚕食，保住图们江领土。

还没完，武昌起义后，吴大人还准备和山西阎锡山联合，组织"燕晋联军"，北上组阁。可惜出师未捷身先死。1911年11月，革命形势一片大好之下，吴禄贞被宵小暗害，头颅被割下邀功，最终没能看到民国成立的那一天。

吴禄贞这一生，实在不枉"盖世之杰"（孙中山对他的评价）这四个字。

借上将军、大豪杰、总教习吴禄贞的话，总结一下革命打开的正确方式。

不要急着出动，要埋头苦干，不可浮躁，必须和各省同志取得一致行动。

再联系一下约三十年后毛教员在《论持久战》里教育大家的：既不要担心"失败主义亡国论"，也不要指望"抗日速胜论"，做好"打持久战"的准备，要"转入敌后""分散配置"。

好了，正确的运作方式有了，就看各方面的执行了。从领导方面，黄兴负责革命军官的招募培养工作。此外，他还建了个"铁血丈夫团"，专门联络同盟会在士官学校的积极分子，创始成员二十八名。著名的山西阎锡山，就是铁血丈夫团成员之一。

当然，黄兴毕竟是朝廷钦犯能做的有限，剩下的，就请各位义士回国后发挥主观能动性，日拱一卒，埋头苦干，进行新军路线的深化和落地工作了。具体怎么落地呢？这就不一而足了，当然是各显神通。

比如阎锡山，人称"宫斗能手"。回国之后去老家山西加入新军，慢慢做到了新军86标教练官（差不多就是86团副团长的样子）。当时朝廷不是在山西禁鸦片嘛，阎锡山就跟当地同盟会控制的报纸配合，捅出来山西巡抚丁宝铨谎报禁烟成绩，还在过程中打死乡民。一阵造势，成功扳倒

阎锡山

丁宝铨及其心腹 86 团团长夏学津，由阎锡山成功接任团长。

之后他大展拳脚，同盟会成员迅速上位，还塞了不少人去了隔壁的 85 团。话说山西新军几个团呢？就 85、86 两个。由此可见，阎锡山掌握了大部分军队。现在大家明白为啥武昌起义枪声一响，山西响应得如此迅速彻底了吧。

再比如赵声，人称革命偶像。赵大侠自小以清平天下为己任。十四岁就敢劫狱救人，十七岁就中秀才，十九岁以第一名的成绩考入江南水师学堂，二十二岁去日本考察，认识了黄兴，一见如故、惺惺相惜。

回国后赵声在军中宣传革命，每每以岳武穆、辛弃疾的故事激励将士，说到动情处，常常上下一心、泪流满面。他还常常带着学生登高豪饮，喝醉后，"按剑高歌于风吹细柳之下"（这是苏曼殊原文）。大家不妨欣赏一下他给士兵们写的《保国歌》（只是其中一小段）：

> 我今奋兴发大愿，民族主义大复仇，要与普天雪仇怨！
> 不为奴隶为国民，此是尚武真精神。野蛮政府共推倒，
> 大陆有主归华人！

那时候，他虽然不是广东新军的高官，但士兵敬爱无比，张口闭口就是"赵伯先"，实在是革命偶像。

蒋翊武，字伯夔，他倒是没去日本留学，不过胜在革命经验丰富，1904 年就参加宋教仁的长沙起义，对前线非常熟悉。后来又认识了吴禄贞的朋友刘静庵，深受"抬营主义"启发，决心参军。

1909 年，蒋翊武加入湖北新军，成了一名班长，你没看错，是个班长。

但就是这个班长，一年内把文学社的人数从 800 人发展到 3000 人。当时湖北新军，号称革命党三分之一、同情者三分之一，超额完成策反任务。更厉害的是，他在湖北新军中创造性地建立了士兵代表制度。

清末新军的基本组织结构是标营队，相当于现在的团营连。蒋翊武让革命党士兵选出了逐级代表，称为标代表、营代表，相当于嵌入了一个文学社组织架构，规定"专人负责，逐级领导，单线联系"。

赵伯先

代表们平时保证信息宣传到位，组织大家抗议军官克扣军饷、打骂士兵等行为，起义时则瞬间变成战斗指挥系统。

大家听起来是否耳熟？十七年后，毛教员在三湾进行红军改编，提出了将"支部建到连上"，把党组织一路深入到连队。同时建立士兵委员会，由士兵推选代表，以杜绝旧军队常见的虐待士兵的行为。

事实证明，同志们的智慧是无穷的。到了1911年，新军已经被渗透成了筛子。

李烈钧，云南讲武堂教官；阎锡山，山西新军标统；赵恒惕，广西新军协统；钟鼎基，广东新军师长……

中国，啊不对，人类历史上最大的无间道行动，至此已经获得了巨大的成功，所有的革命党，都在屏息等着一个爆发的机会。什么样的机会呢？如1910年的密信，《黄兴上孙中山论革命计划书》①里说的，只要起义军打下省城，坚持够久，各地一定纷纷起义，也就是信里说"谷中一鸣，众山皆应之象"。一个月，只要能坚持一个月，湖北、云南、浙江等地就能群起相应。

这就是埋葬大清的机会。

为啥要坚持一个月呢？也不难理解，虽然这些人的确都是同盟会的，但毕竟是在地下，组织上没有那么严密。无论是黄兴对将领们也好，还是将领对士兵们也好，掌控力都远远没那么强。真正的死硬派毕竟只是一部分，更何况大清还有巡防营，还有原来的旧军。

说白了，虽然大家都赞成革命，但没有人愿意站在输家那一边。

孙中山他们赌的，是用这一个月，暴露出大清这只纸老虎的虚弱。一旦败象显露，所有的反清力量就会有信心一拥而上，把它撕成碎片。

那选择哪里作为这一个月的基地呢？

1911年的广东广州！

蒋翊武

---

① 1910年阴历4月，黄兴发给孙中山的密函。

第六章

广东·广州·1911

1910年，革命党举起反清大旗已经十六年了。

就像我们的文章写的一样，先驱们奋力宣传革命；搏命刺杀权贵；在一次次起义中学会筹钱、运枪，一点点搭架构、建组织、发展会员；从雇佣革命、会党起义，到发展新军。筚路蓝缕，能力一路提升。

11月，孙文他们在马来西亚聚集，众人一致认为时机已到，决定用手头所有的力量，在广东给清廷致命一击。天下风云，齐聚广州。

1911年初，钱已筹到18万港元，枪已经在路上，均为历次起义准备最充分的一次；

广州新军中的宣传工作很成功，革命党士兵跃跃欲试；

起义总指挥、原新军统领赵声很有信心，计划成功后继续北伐；

黄兴已经带领先锋队潜入广州，会党云集；

华侨、留学生、新军、会党、黄兴、黄一欧（黄兴的大儿子，豪杰）、陈炯明、姚雨平、赵声、胡毅生（胡汉民弟弟）……同盟会压舱底的人都被拉了出来。

一个月，他们只需要在广州城坚持一个月。

4月27日，黄花岗起义爆发。

结果，倾注所有心血的黄花岗起义一败涂地。"是役也，碧血横飞，浩气四塞，草木为之含悲，风云因而变色。"①"吾党菁华，付之一炬。"不由让人长叹"时来天地皆同力，运去英雄不自由"。

行文至此，我们已经感慨了三次先烈之伟大，也该到了总结教训的时候了。从历史意义来看，黄花岗起义可谓是惊天地泣鬼神，功绩不可磨灭；但就实操而言，这次行动也实在是漏洞百出、一言难尽。

先是高层出了问题，1909年陶成章第二次倒孙，光复会彻底分家，章太炎诬陷孙文贪污，光复会嘲笑同盟会怕死的文章满天飞。汪精卫被刺激得一怒之

---

①

马上就要被绞死的黄花岗义士

下跑北京刺杀载沣,连带部分南洋的商人也开始对孙中山产生怀疑。

然后武器出了问题,枪支弹药一直到不了广州。部分武器好不容易到了日本,在转运香港时,清廷要上船检查,周来苏一惊之下把一百多支步枪、四千发子弹扔水里了,黄兴实在心痛不已。

当然,大家也别急着骂周来苏,他后来参加起义,身中两弹,侥幸没死,的确是一条好汉,只是当时武器匮乏,这个损失太让人可惜。

本来起义时间是4月13日,可是8日,温生才突然刺杀了广州将军孚琦。勇猛确乎勇猛,但时间不对,导致广州全城戒严,起义时间只好推迟到月底。结果这么一等,等出了事儿了,清政府把新军的弹药和枪械撞针给收了,还派了顺德巡防营来广州协防。

先驱温生才

于是执行团队起了纷争，干行政的陈炯明觉得架势不对，建议改期；带新军的姚雨平说改来改去就输定了，必须按时执行；而年轻同志比如喻培伦他们怒了，当初拿钱是说好了要起义的，现在突然取消，不守信用，以后还怎么在南洋筹钱？

吵得不可开交。

最后黄兴说同志不能白死，钱也不能白拿，你们撤，我自己带人去杀了张鸣岐。于是敢死队被遣散大半，乘机出城，同时发电香港的赵声、胡汉民，让他们别来了，只留下部分核心成员，起义改成了刺杀任务。

4月26日，姚雨平又传来好消息，原来这次清廷派来的顺德巡防营里都是同盟会的兄弟，愿意响应起义。于是，大家又决定把刺杀改回起义，不过已经遣散的人叫不回来了，城内就只剩下百把号敢死队了。

最终城内部署定为4月27日启动：

第一路黄兴，进攻总督府杀张鸣岐；

第二路姚雨平，打小北门，接应新军；

第三路陈炯明，打巡警教练所，一方面拿枪，一方面找巡警接应（黄一欧等四人已经提前考入广州巡警，宣传革命）；

第四路胡毅生，守大南门，接应巡防营进城。

同时发电香港，让赵声27日过来主持大局。香港那边一看，27日不就是明天吗？这哪里来得及，赶紧回电说能不能晚一天。但黄兴知道已经不能再改了，再改真的全乱套了。

4月27日中午，陈炯明向谭人凤抱怨革命准备仓促，谭人凤就跑去见黄兴，劝他：大家就这么点人，怎么可能成功，要不推迟吧？

黄兴说，大哥，箭在弦上，不得不发了，反正我们也不怕死。

谭人凤热血就涌上来了，说：

左上黄兴、右上姚雨平、左下陈炯明、右下胡毅生

"那我也要参加。"

黄兴吓了一跳:"大哥你别闹了(因为谭人凤已经 51 岁了),这是敢死队"。

谭人凤一听就火了,就你们敢死,老子就怕死?

黄兴拗不过,只好给了他一把枪。

老爷子激动地拿过枪,"砰"的一声,他太紧张,枪走火了①。

这下他知道自己只会添乱,只好郁闷离开,回到了陈炯明家。

27 日下午四点,黄花岗起义爆发,黄兴带领士兵猛攻总督府,虽然张鸣岐跑了,但总督府瞬间被拿下,敌人乱成一团。第一路任务基本完成,黄兴回头一看,怎么其他三路一点动静都没有?人都到哪里去了?

这时候没人弄得清啥情况,但黄兴随机应变,兵分三路继续执行其他三路的任务。

徐维扬带队负责第二路姚雨平的任务,打小北门,结果新军根本没准备好发动,无法接应;他们路遇清兵大部,全军覆没。

喻培伦负责攻打督练公所,结果碰到提督李准的水师,黄一欧去请巡警队帮忙,巡警一看苗头不对,不肯动手,喻培伦全军覆没。

黄兴继续第四路胡毅生的任务,守南大门,接应巡防营;巡防营倒是来了,可是手臂上没有缠白布,两军相遇,还没搞明白啥情况,黄兴这边的方声洞一枪打死了对面的指挥官,同盟会温带雄;结果自己人一阵混战,全部打散。

赵声他们紧赶慢赶来到广州城外,才知道起义已经失败了,只好又返回香港。

顺德会党也响应同盟会,组织会党起事,攻打佛山,结果清兵一个反扑,几天就被扑灭。

黄花岗起义一天都没撑下来,一败涂地。

---

① 此处及之后的武昌起义经过,可见《武昌革命真史》《辛亥革命史稿》等文献记载。

断了两根手指，气得吐血的黄兴勉强逃生后，写了份起义报告，大骂其他三路。

陈炯明说我听了香港电报，以为是明天起义，所以错过时间了；黄兴说胡说，谭人凤说你明明知道时间。陈炯明不说话了。

胡毅生说我是番禺人，你给我的手下是陈炯明那边的海陆丰人，我语言不通，指挥不了，所以就让陈炯明指挥，自己到城外联系去了；黄兴说你老说任务重，要走了十几支枪，老子自己都只有六支，你居然说语言不通就走了？胡毅生不说话了。

姚雨平说胡毅生根本没给我枪弹，我没法发动；胡毅生说我给了，你自己光顾着拿枪，忘了拿子弹；姚雨平说你胡说。

黄兴与大儿子黄一欧

大家吵成了一锅粥。

这种情形几乎就是当年革命的众生相：党派之争、地域之争不断；多头指挥，各有主见，不服从组织安排的事屡屡发生。

那吵完有啥用吗？没啥用。

黄兴愤而去组织暗杀了，一来是对起义极度失望，二来也是希望保持社会上的革命热度。

赵声没赶上黄花岗起义，又是自责，又是愤怒，忧愤成疾，病死了。

胡汉民因为弟弟胡毅生被骂，一怒之下撂挑子不干了，大家只好又去劝。

孙中山知道在南洋是很难筹到钱了，远渡重洋，跑美国去拉赞助。

悲观的情绪笼罩在各奔东西的领导们身上。大家普遍认为，革命成功至少还要两到三年，神州大地一片愁云惨雾。

站在那个时候，大家一定要理解这种寄予厚望却一败涂地，毕生心血付之东流，前途茫茫不知道何时是个头的痛苦。但也不要急，这次起义虽然输了，但成功的火种已经布下。

黄花岗起义失败后的一个月，谭人凤（就是擦枪走火的谭大爷）到了湖北武昌，发现蒋翊武他们居然发展得这么好，吓了一跳。再过两个月，老爷子在同盟会中部总会上说，起义应该在武昌发动，那里新军发展得相当不错。

然而，众人刚经历大败，应者寥寥无几。湘江水边，谭老爷子看着窗外，那是无边无际的漫漫长夜。看起来摇摇欲坠的大清，仍然如巨兽般，藏在黑暗之中。那是辛亥革命的至暗时刻，我们该如何面对巨大的挫折？谭人凤无法回答。

30多年后，中国抗日战争到了至暗时刻。那是在1944年4月，豫湘桂大战爆发。几个月内，日军横扫湖南，占领长沙、衡阳等重镇，国军一溃千里。此时，抗战已经到了第七个年头，打败日本鬼子却似乎仍然遥不可及。

但这次，有人对这个问题作出了回答，他说：

我们的同志在困难的时候，
要看到成绩，要看到光明，
要提高我们的勇气。

——《为人民服务》演讲，1944年9月，毛泽东

好了，行文至此，我们已经飞速扫过晚清的中华大地，从庙堂、江湖，一路讲到了革命。但大家要知道，正如抗日战争是全球反法西斯战争的一部分，无论愿意与否，20世纪的中国早已被卷入全球化。

现在，请读者们暂时超脱于这些芸芸众生，摆脱华夏大地千年历史的包袱，把自己想象成上帝，用他的视角穿越时空，俯瞰世界。毕竟，三千多年来，中国的"天下"只是四海之内的天下，并不是真正的天下。

下一篇，让我们摆脱引力，去看看那个真正的"天下"。毕竟，如果我们暂时找不到答案，那最好的办法就是，启程出发，去问问世界。

## 篇外・秋瑾

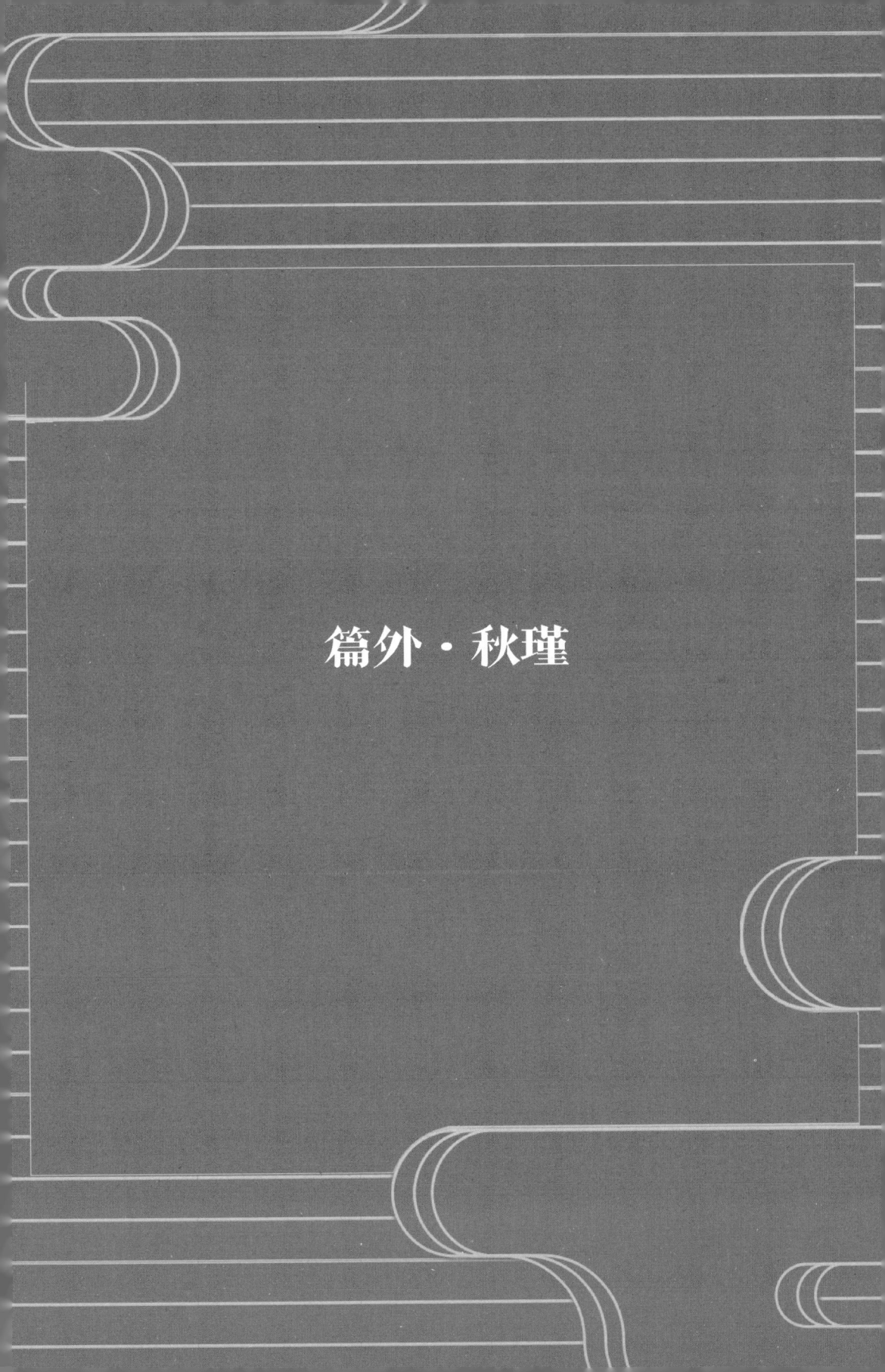

## 春①

我第一次见秋姐姐时，才 8 岁。之前，我从没想过姑娘家也能那样。

那是春天，草长莺飞，绍兴街上有股淡淡的黄酒香味，娘亲带我去秋家做客。进了门，刘伯说大小姐从萧山回来，秋家老爷和夫人出城去接，很快就回来了，让我们先等等。

我在堂前玩了一会儿，听到宅子外边有咯噔咯噔的马蹄声，跑去推门一看，正瞧见秋姐姐从马背上一跃而下。

曾宝荪②

她瘦瘦高高，穿着布衫，乌黑的头发上斜斜地插了根簪子。许是骑马的缘故，额头上微微冒了汗，脸上有些红晕，衬着亮亮的眼睛，好看极了。见我开了门，一点没有吃惊的样子，倒是微微一笑。

不知怎么的，我脸一下子红了。

刘伯跑出来牵了马，通报说是湘潭曾夫人带着闺女来坐坐，问道："没见着老爷和夫人吗？"姐姐笑笑，说"他们在后头，我嫌慢，先回来了"。

说毕，上来便牵了我的手，道："早就听说曾家的姑娘个个不是凡人，今日见到，果然了不得。"我听得心头欢喜，手上更是暖暖的，不自觉跟着走入前厅。娘亲迎了上来，刚照面，愣了一下。我顺着她眼光，才看到姐姐腰间挂了把短剑。她笑道："姨母，我在萧山习了两年剑，随身带惯了，失礼。"

娘亲忙笑道："不碍事，不碍事。"便一起坐下，聊了一会儿天。我在旁撑着头，听她们讲着萧山习武练字的趣事儿。说到兴处，姐姐便拿出文稿诗章给娘亲，说是请转交给父亲③指点指点，听得母亲连连点头。

不多会儿，官家回来，笑着留了饭，之后娘亲作别回家。路上念叨着："难怪秋家女儿名气这么大，也真是有些道理。还好是王家开的这个口，倒也的确

---

① "篇外·秋瑾"这一章是作者借用五个认识秋瑾的人的视角，来侧写秋瑾的人生经历。用这样想象中的第一人称的方式，能让读者更真切的感受到，他们不只是冷冰冰的历史人物，他们都曾有鲜活的人生。

② 曾宝荪是曾国藩的曾孙女。

③ 曾宝荪父亲曾重伯，光绪十五年（1889 年）进士，晚清著名诗人。

配得上。"之后，我便常常有机会到秋家走动。

一年后，父亲帮子芳①哥哥做媒，上门提了亲。

那时候，父亲写诗的名气已经很大了，但说起秋姐姐来，仍赞不绝口，常称道："诗词章句倒是小节，难得的是这股子精气神，不让须眉啊。王家可是找到宝了。"

再过一年，子芳哥哥大婚，全城轰动，王家怕是把半个湘潭的人都请来了。秋姐姐是新娘子，没法出面，大伯就在席间念起她的诗。宾客们满堂叫好，子芳哥哥一家高兴得脸泛红光。

王廷钧

我心里想，子芳哥哥在岳麓书院读书，家世好、长得秀气、性子又温和，也真只有他才配得上秋姐姐了。

之后我回湘潭，也常去做客，听她给我讲解词句。有时候，姐姐会吩咐些什么，子芳哥哥总是笑眯眯地答应。我想，琴瑟和鸣就是这个样子吧。

再之后，他们去了京城，我们见面就少了。

娘亲后来跟我爹说，世道不一样了，曾家以前都是男人在外头办事做官，往后啊，说不定也会有女孩子家出去做事的。现在就多出去走动、多读书，总是没错的。

我知道，她也一样，希望姑娘能活成秋姐姐那个样子。

# 夏

我第一次见到王夫人秋瑾，是在欧阳夫人府上。那时我随主人来京师已有半年，因为筹措女校的缘故，认识了不少妇女。我们定期在欧阳夫人家举办茶话会，教授些日本女子学校的书，也会聊些孔子的话题。

一日，欧阳女士问我是否肯见她的一位亲友，王夫人秋瑾。我自然是同意的。但人来之后，却让我有些吃惊。

---

① 也就是王廷钧，秋瑾的丈夫，王家是湘潭富商，是曾国藩曾家的世交、姻亲。

服部繁子①

她穿着怪异，身上是一件略大的蓝色西装，肥大的裤管塞在皮靴中，手中握着一根细细的手杖，乍一看，不知是男是女。

但细细端详，王夫人身材修长，高鼻薄唇，是位南方样貌的美人。尤其她的眼睛，蛾眉淡扫，眸若点漆，身上自然而然有股子英气。

刚坐下，她便问道："听闻老师是孔子的信徒？"我点头称是，她便大声说："那夫人便是'唯女子与小人难养'的信徒喽？"欧阳夫人在一旁，顿时面有难堪之意。

我便回答："孔子确实说过此话，但'女子'在春秋另有一番解释，并非夫子本意；不过，无论本意是否如此，此话也已经成了一句格言。但是，中国女子有勇气而好学，定能增加修养，提高学识，受人尊敬。我辈女子，更应相怜相爱，共同进步。"

她听罢，一声不吭，在我身边坐下。从此，我们便时常见面。

欧阳夫人告诉我，秋瑾的先生是个京官，爱她极深，甚少违逆妻子。所以秋瑾来去自由，甚至独去戏院看戏。

我觉得王夫人性子刚烈，偶有故作惊人的言行，但她样貌出众、心地纯良、意志坚定，我见她愈多，便愈是喜欢。只是她眉目间总有些不满之意。

一日，我说："秋瑾，你这名字让我想到了白乐天（白居易）的《秋槿》。'中庭有槿花，荣落同一晨。秋开已寂寞，夕陨何纷纷。'"

她说："我的名字便是由此而来，只是我不喜欢。槿花易老，美人终会迟暮。我要成为强者。所以将它改成了'瑾'字。"

我看着她，心想：以你的资质，倒也不愧了"瑾瑜，美玉也"的这个瑾字。便笑道："他们说子芳先生待你如崇拜女王一般，你不会是那个迟暮美人的。"

秋瑾却怒道："我倒是希望丈夫能更强暴一些，强暴而压迫我，因为如果

① 服部繁子当时是京师大学堂日本教习、东京帝国大学教授服部宇之吉的妻子，夫妻两都倾心孔子，服部繁子在北京时，致力于发展晚清的女性教育。

这样的话，我就能以更加坚强的决心对抗男子。"

顿了一顿，又说道："夫人，你带我去东京游学吧，我要看看日本是如何自强救国的，我要做成那些男子也不能干的事！"

这请求令我颇为踌躇，我知秋瑾原是要去美国游学的，她丈夫也颇为赞同。但日本却是个是非之地。听主人说，清朝的留日学生，日夜聚集谈论革命，竟如传染病一般。以秋瑾的刚强性子，去了只怕无法置身事外。

我既然心中有此疑虑，只得先含糊应对一番。

隔日，秋瑾丈夫造访。王先生样貌清秀，面相温和，只是眉宇间有些愁容。我以为他是来请我劝阻夫人的，想不到他却说："夫人，请求您带我太太去日本吧。"

我很意外，说："王夫人不是之前说要去美国吗？我亦觉得美国很适合她。"

他说："但是，夫人，我妻现在极热切地想到日本去，她说日本有救国之道。如果夫人一定不肯带她去，我妻将不知如何痛苦了，请你带她去吧。虽然我们已有了两个孩子，但她若能得偿所愿，我心中亦会更安宁一些。"

我心中仍然踌躇，但也难以拒绝。只好说："去日本也未尝不可，只是不能和那些革命分子混迹一起，那便是害了她。"

王先生似乎松了一口气，说道："不会的，她喜爱这双孩子胜过自己性命，断不至于做连累他们的事。"

于是，6月，秋瑾便同我一起离开京师，前往东京。临行时，王先生反复叮嘱，她也牵着孩子的手，眼中含泪。此时，她不再是位奇装女子，却是一位妻子、一位母亲。分别良久，再转身，还能看到王先生翘首而望，他牵着的一双孩子，发辫在空中凌乱，让人心中一阵抑郁。

但等到了海上，碧波千里，海风拂面，秋瑾终于慢慢开朗起来。我见她站在船头的样子，长身玉立、英姿飒爽，眼中满是希望。

我想，有着这样的人物，中国女性自有扬眉吐气的一日，也许，我无意间帮助了中国的岸田俊子[①]也未可知。

一时间，我自己也充满了希望。

---

① 岸田俊子是日本最早的女性解放运动倡导者。

## 秋

秋瑾长我 8 岁，我们在横滨时，相认为姊妹。

光绪二十九年（1903 年），我 19 岁。那年，章叔叔和邹弟弟因《苏报》案入狱，父亲也被通缉，全家仓皇逃难日本。一年后，在东京湖南同乡集会上，我见到了秋姊姊。

她当时正在台上讲话，我已想不起说了些什么，只记得她身材修长，皮肤雪白，一望便有亲近之感；只是讲话时柳眉微蹙、杏眼圆睁，时而肃穆、时而慷慨，又让人生敬。

陈撷芬[①]

那是 10 月，东京秋意正浓，枫叶漫天，阳光透过红叶，在她脸上影影绰绰，把高高的发髻染上一层红晕。

他们跟我说，秋姊姊是京师二品诰命夫人，抛家弃子来日本参加革命。我那时正想筹措"共爱会"[②]，便上前请她帮忙。姊姊一口应允，拉着我的手道："女学不兴，种族不强。你要带着共爱会，解放天下女性！"我们便这样熟识起来。

姊姊极少谈及家事，她性情慷慨，革命党人但有所相求，总是倾囊相助，我亦常受她资助。每次千金散尽，便请家中帮忙，如此数次。

一日，听她恨恨道："子芳吝啬如此，占我钱财，真是禽兽不如。"我方才知道，子芳便是她做京官的丈夫。

父亲听我说起此事，默然不语，少顷叹道："革命便似个无底洞，王家再有钱，怎经得起这种折腾；她在湘潭尚有一双儿女，万一株连蔓引，如何是好。只是夫人心高气傲，王先生想用这个法子逼她回去，怕是没有用的。"

我当时虽已矢志革命，自许生死置之度外，但心知父亲因《苏报》几近家破人亡，也不免心中悲凉，对姊夫亦有些同情。

两年后，邹容弟弟瘐死狱中，我愈是恨清政府入骨。秋姊姊知我决意参加

---

① 陈撷芬，中国最早的女主笔之一，主办《女学报》，她父亲陈范就是《苏报》主人。1903 年《苏报》抨击清廷被查抄，章太炎、邹容（《革命军》作者）被捕，陈家倾家荡产，逃亡日本。1905 年，邹容病逝于狱中，年仅 20 岁。

② "共爱会"是陈撷芬在日本组建的女性团体，她是会长，秋瑾是招待。

革命，便介绍我加入了横滨天地会。

那日夜间，我被带至健华①家中。屋内昏暗，只见堂前供着"洪"字牌位，两侧各烧了支惨白的蜡烛。牌位前，横挂了一匹白布，上面用朱笔写了"反清复明"四个大字。

蜡烛影影绰绰，映得牌位忽明忽暗。惊惧之下，我背后冷汗直流。

此时，有人喝道"跪下"，我不由自主地拜倒在地，颈背便被架上一柄钢刀。刀身沉重，刀锋嵌入肌肤，冰凉刺骨，我一身冷汗，不禁浑身颤抖起来。姊姊见此，一声不吭地在我身旁跪下，牵住我手。

她的手平稳温润，我也终于慢慢平复过来。

此时，健华厉声道："你忠不忠心？"

我答："忠心。"

又问："如果不忠心，怎么办？"

我答："上山逢虎咬，出外遇强人。"

于是大家刺破手指，喝下血酒，从此与清廷势不两立。

当日回屋后，我和姊姊对酌至深夜，大醉。

秋姊姊突然说，她年前已经回到湘潭，和夫婿斩断关系，从此不再怕连累孩子和王家了。言及此，已是泪流满面。我想起邹哥哥屈死，父亲入狱，自己有家难回，悲从心来，不由跟着嚎啕大哭。

我们相拥而泣，一夜无眠，从此便以姊妹相称。

次年，"取缔清国留学生"事件爆发，同学于"退学"或是"复课"内讧不休，甚至棍棒互殴，徒为日人讥笑。秋姊姊认定日本辱我中华太甚，时不我待，应集体退学，归国革命；而我坚持革命不可一蹴而就，学业有成而归，岂非帮助更大。

我们各执一词、互不相让，乃至恶语相加，一怒之下，我摔门而去，不复相见。

延至12月，星台②见大家争执不休，又为日人报纸羞为"乌合之众"，伤心欲绝，竟蹈海自尽，欲以身唤起团结之精神。追悼会中，克强（黄兴）念起

---

① 冯自由，字健华，革命元老，出生于日本横滨，创立横滨三合会（也就是天地会），秋瑾是白扇（军师）。
② 也就是陈天华，他因此事蹈海自尽。

《绝命书》，言中规劝大家"取缔规则问题可了则了，切勿固执，力求振作之方"。众人不禁落泪。

秋姊姊素与星台交厚，登台喝道："星台以身殉国，我辈当不负其志，岂能贪生怕死，不愿归国？如有人回到祖国，投降满虏，卖友求荣，欺压汉人，吃我一刀。"言毕，一把拔出腰刀，猛插于讲台。

我见此，心中不禁黯然。

再次听到姊姊消息，已是深秋。一日，同乡告我曰，姊姊去意已决，已带领一众同乡，回国革命。我知此别之后，不知何年相见，赶紧奔往码头。

到岸边，却见秋姊姊已立于船舷，她远远见我奔到，挥手大呼。人声鼎沸，汽笛高鸣，我听不清她说什么，只能举手大喊"姊姊、姊姊"。

海风刺骨，扑面有如刀割，姊姊脸庞清瘦，黑发随风舞动。她不再大呼，只是奋力挥手示意，隔海对我微笑。

我泪如雨下。

## 冬

李协康

我8岁那年，爷爷[①]自尽了。

我知道，爷爷自尽是因为秋瑾先生的缘故。

爷爷是光绪二十四年中的进士，我从小听他讲书，解释"孔曰成仁，孟曰取义"。空暇时，他也教我念诗，一次读到：

驰驱戎马中原梦，破碎山河故国羞。
领海无权悲索莫，磨刀有日快恩仇。

不禁反复吟哦，对着我感慨："如今山河破碎，外辱内忧，正是要吾辈奋发图强，重整河山。这诗，好就好在这股精气神，女中豪杰啊。"这首诗，便是山阴人秋瑾先生所作的。

---

[①] 李钟岳，光绪二十四年（1898年）进士，先在浙江江山为官，后来调任绍兴府山阴，因秋瑾一案，自缢身亡。

光绪三十三年（1907年）正月，爷爷升任绍兴府山阴知县。之前在江山①为官时，他捐俸办学、兴修水利，颇有些清名。

调任既发，山阴县民得知消息后颇是松了口气。适逢新年，县城里张灯结彩，黄酒飘香；府上宾客往来，络绎不绝。我高兴地跑进跑出，招福追得又累又急。爷爷新官上任，自然更是踌躇满志，颇想有一番作为。李家上下一派喜气洋洋。

不想，半年未到，安庆突生变故，说是巡警学堂会办，竟刺杀巡抚恩铭，举兵谋反。过得几日，消息传来，事主徐锡麟便是山阴县名绅徐凤鸣之子，且传言大通学堂亦有牵连。一时间，流言四起，人心惶惶。

果然，没几日，知府帖子传来，说大通学堂蓄谋造反，要爷爷克日查抄，一并缉捕会办秋瑾。

之后，爷爷称病在家，却又不停找人商谈。来者个个行色匆匆，迎入后堂后，相谈多时才出来。到得门口，客人往往长揖谢道："多谢先生成全。"爷爷亦回礼："自当竭尽所能！"

如此数日后，爷爷整装出门，从此一连几日彻夜不归，连父亲都见不得他一面。全家上下绝口不提为何，只是个个愁容日盛。我虽小，却也知道家中出了极大变故，整日和招福在一起，不敢胡闹。

一日清晨，我正在堂前吃早点，忽然听到招福在门外大喊，"老爷回来了"，我急忙奔了出去。晨雾里，爷爷远远走来，他低着头，垂着手，走得极慢。我奔去，叫了声爷爷，他抬头看了我，一声不吭，只是牵了我手回家。

进得门里，父亲、伯伯都站在了一旁，看到爷爷这副样子，谁也不敢多问。只有奶奶轻声说："这都是命里注定，老爷你可千万别往心里去。"说完，眼泪便流了下来。爷爷也没答应，转身进了卧房，从此闭门谢客，寻常见不得一面，只是听他日夜唏嘘。

我问父亲为何，父亲却只是叹气；我问招福，招福也支支吾吾，不愿多讲。

直到一天夜里，我看见招福偷偷在墙角烧纸，边烧边念道："救苦救难观世音菩萨，你保佑秋瑾大人早早投胎，我家老爷只是监斩，与她无冤无仇，求求你让她放过我家老爷吧。"

---

① 作者说：江山是浙江的一个小县城，我的故乡，李钟岳创立的江山中学，就是我的母校。

我听得心惊肉跳。

谋反的不都是些江湖汉子吗？为什么女人也会谋反？爷爷既然敬佩先生，却又为何监斩？

翻来覆去间，闭上眼，就仿佛看见有女鬼披头散发向爷爷索命，一夜未眠。

半个月后，绍兴府出了敕令，说爷爷"包庇反贼，不堪再用，即刻罢官"。爷爷不是监斩了反贼吗，怎么又包庇反贼？我实在不懂。闻此噩耗，家里却出奇平静，只是听到大伯和父亲商议，说秋瑾在本地颇有声望，此番遇害，恐怕县里不容，还是尽早回乡去为好。

于是大家埋头收拾衣物，装好藏书，准备及早离去。

那日清晨，我们早早出发。一推开大门，却见到门口早已一片缟素。几个读书人模样的，披着白衣，带着一众人站在门口，我们一时不知所措。

那为首的清瘦汉子，看到我们开门，缓步走来，一下子跪到爷爷面前，大声道："多谢申甫先生成全家姐，大恩大德，永志不忘，请受宗章一拜。"

爷爷嘴里念道："我又有何恩，我又有何恩……"言未竟，眼眶却已红了。他扶起这汉子，从自己怀里取出一幅字，说道："这是秋瑾先生的遗言，可惜，如何豪杰，我竟不能保全。"

那汉子深深一躬，双手接过，展开，只见那纸上，用朱笔写了"秋风秋雨愁煞人"七个大字，铁画银钩，字如刀削。他双手捧字，跪倒在地，大哭起来。

大门内外，登时哭声一片。

那日，山阴乡民依依不舍，送着我们，直到三十里外方才离去。

路上，我再问父亲，他已不再隐瞒。原来，秋瑾先生事发，爷爷有心包庇，称病百般拖延，好让大通学堂师生及早离去。哪知秋瑾先生不肯贪生，只愿以身殉国，唤醒革命，终于还是被捕。

狱中，爷爷相待先生以礼，又上下奔走，竭力开脱。只可惜绍兴知府一意孤行，非要置她于死地，爷爷最终还是回天无力。

那个汉子，就是秋瑾先生的胞弟，他虽为朝廷通缉，但感念爷爷恩德，还是涉险来送爷爷。言到此处，不由摇头叹息。

我问父亲：他为何要说感谢爷爷成全？

父亲沉默半晌，说道："孔曰成仁，孟曰取义。秋先生是当世豪杰，不愿偷生于乱世。你爷爷虽不能救她性命，但先生又岂是在乎这条性命的人。她这一死，虽弃尸荒野，但朝野震动，天下缟素，正是成全她舍生取义的志向啊。"

我听得似懂非懂，脑中来来回回只有"成全"二字。

光绪三十三年，九月廿三，爷爷悬梁自尽。我哭得天昏地暗，早已想不起那几个月如何度过，只记得灵堂前吊唁不绝，鸣冤的帖子铺天盖地。

再过几年，民国成立，我也长大了。孙大总统题字，说要建一座女侠祠纪念先烈。秋瑾先生胞弟宗章，就是那位清瘦汉子，来请爷爷的神位，说想要和秋先生的神位放在一起。父亲自然应允。

摆进祠堂的那天，我也去了。那日，是一位吴姓女士①主持，她轻声述说秋瑾先生生平，动情处，泪流满面，很多人一身缟素，站在堂前，跟着默默流泪。就像五年前的清晨一样。

那时，我忽然明白了，秋先生就义，只为天下苍生，是成全；爷爷舍生殉义，也是为了成全。

孔曰成仁，孟曰取义，最终，豪侠在世，只不过"成全"二字而已。

大清亡了，民国来了，许是这些人，成全了自己，成全了天下。

## 又一春

曾宝荪给王灿芝

灿芝，我第一次见到你母亲的时候，才8岁，就跟你第一次见到我的年纪一样。

那时，你母亲已经遇害，邓妈把你从北京接回了湘潭。我还记得你那时候的样子，个子小小，面黄肌瘦，头发乱作一团。子芳哥哥见到这副样子，悲从心来，抱着你大哭。我和你曾伯伯在旁边也忍不住垂泪。

反倒是你自己，咬牙抿嘴，泪水在眼眶里直打转，却最终没有落下。我那时便想，你跟秋姐姐，真像。

王灿芝像

再后来，子芳哥哥伤心过度，也跟着姐姐走了。你幼年失怙，跟着祖母，每日习文练字，我便看着你一点点长大。

---

① 吴芝瑛，曾国藩幕僚吴汝纶的堂侄女，秋瑾挚友，刺杀五大臣的吴樾就是他的堂弟。

那时候，你老缠着我问秋姐姐的事儿，可我也不敢多讲，怕你年纪还小，和外人说起徒增事端。有一次，你恨恨地跟我说，"姥姥为何总不愿告诉我娘亲的事，一定是嫌弃我妈造反，连累了她王家！"

我的眼泪便一下子流了下来，抱着你直哭。那天，你知道了秋姐姐惊心动魄的往事，知道了她为了不连累亲人，宁愿和王家脱离骨肉亲情；也知道了你姥姥冒着官府株连的风险，硬是把姐姐的遗体从绍兴迁回湘潭，和子芳哥哥合葬一处。

我们两个，虽然差了十几岁，可那天抱在一起，哭得跟姐妹一般。

分别时，我看你的眼神，仿佛一日间大了几岁，心里便知，你已决心要活成秋姐姐的样子。

过了几年，你不愿在我的艺芳女中读书，执意要去上海。我当时虽然生气，心中却也知道，你本就是样样有主见的人。果然，再过几年，你独自负笈美国，学航空、学飞行，特立独行，真是应了"小女侠"这个称号。

前些日子看报，上面说你已经学成回国，是"中国第一女飞行员"[1]，想起你驾飞机的模样，我便忍不住微笑，心想，如果秋姐姐还在世，不知会有多高兴。

我已不再年轻了，这辈子熬走了皇帝，盼来了民国，可民国也没有一天安生日子。回头看看，家国颠沛，我这辈子谈得上报国的，也就是这间女校，这几百个学生。

只盼，等你不再年轻的时候，做的事情比我更多一些。

我8岁那年见到你母亲，你8岁那年见到我。天道好还，有秋姐姐这样的人，这世道，总归一日一日会变好罢。

---

[1] 王灿芝，纽约大学航空专科毕业，回国后是民国航空学校教官。

# 第二篇 天下

中国人的天下，是一个模糊的概念。有时候指的是王朝统治的疆域，如"溥天之下，莫非王土；率土之滨，莫非王臣"。有时候指的是中国几千年的文化，如"保天下者，匹夫之贱，与有责焉耳矣"。也有时候索性就是百姓的代词，如"乐以天下，忧以天下，然而不王者，未之有也"。

但无论哪一个天下，对于世界而言，仍然只是很小的一部分。那些天下之外的，我们往往统称为四夷。清末，四夷群集，破坏了中国几千年的天下观，带来了让我们屈辱的近代史。

对于这段演变，大家比较熟悉的说法自然是洋人倾销鸦片、中国白银外流、林则徐虎门销烟；1840年，英国人出现在了广州城外，官僚贪生怕死，大清一败涂地，中国从此进入了半殖民地半封建社会。

这么讲固然没错，但显然并不能解释一些显而易见的问题。比较典型的包括：

为什么是英国人，不是法国、西班牙、俄国人？
为什么清政府打得这么烂，不是有80万军队吗，怎么被人家万把号人打成这个样子？
如果清朝不腐败，将士用命，是不是就打得过英国了？
为什么我们武器总是落后，不能买吗？
打完以后呢，英国到底啥好处，为啥不直接统治，把大清变成第二个印度？

这些都是非常好的问题，但这些也都是我们古代的"天下"之外的问题，是"世界"这个新的"天下"的问题。而无法理解新的天下，就无法回答"革命要往何处去"。

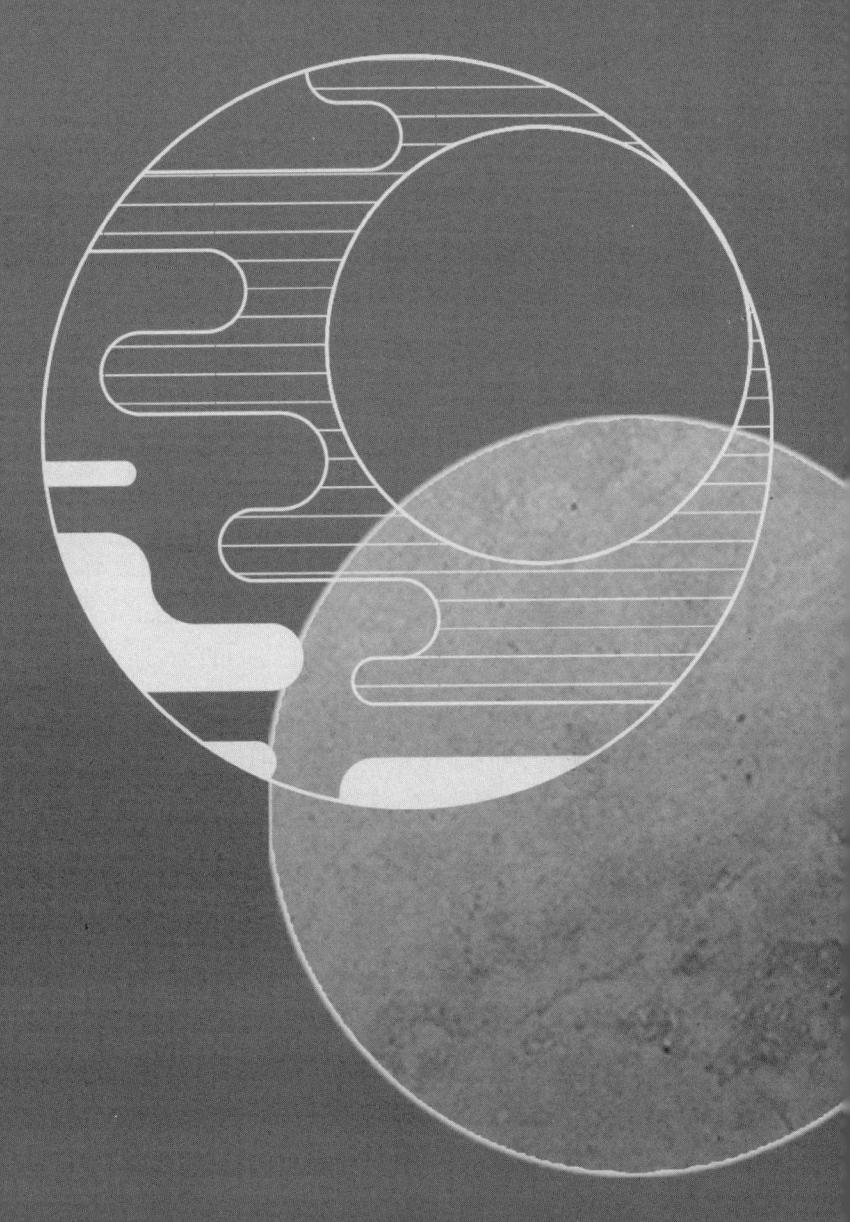

# 第一章

## 洋人来了

1840年6月，当英国东印度公司"复仇女神号"靠近舟山海防的时候，宁波军营军械监制龚振麟惊呆了。

那是一艘长57米、高25米的庞然大物，船身矗立一根粗管，时时冒出浓烟，外部包着黑色铁甲，两侧的巨型水轮不断拍击水面。虽然船体庞大，却移动迅捷、调转灵活，即便海上无风，也可以行动自如。舟山海防的主力快蟹船，在这黑色巨轮面前，几乎不堪一击。

龚振麟回想起林则徐大人对洋人的描述，洋船"至口内则运棹不灵，一遇水浅沙胶，万难转动"，洋将"一进虎门，惊吓破胆，回澳身死"。话语间，充满轻蔑。可眼前的景象却全非钦差大人所述，洋船进退自如，将士战斗英勇。

他冷汗直流，心里不断重复着一句话：洋人来了，洋人来了……

复仇女神号

# 白银时代

龚振麟所说的吧，对也不对。

洋人是来了，1840年，"复仇女神号"在南海的出现，预示着东亚近代史的发端。从这一年开始，一系列的打击和屈辱接踵而至，除了日本通过明治维新跻身列强之外，其余东亚诸国家的灾难，将绵延百年，甚至到今天都仍未完全结束。

在龚振麟看来，这群人是突然出现、如鬼魅般打破大清海域的宁静。事实当然并非如此，只不过晚清自闭百年、迟钝不堪，这个古老的帝国早已忘记，洋人其实早就来了，甚至可以说，他们从来没有离开过。

让时间回溯到两千多年前的大汉，那时候的中国人已经穿过塔里木盆地，翻过帕米尔高原（那时候叫作葱岭），饮马中亚的河间地区（阿姆河和锡尔河，当时叫作妫水和药杀水），与欧亚大陆的中、西部分联系在一起，从未中断。

这条通道便是大家耳熟能详的丝绸之路，几千年来，中国制造，全球消费，瓷器、丝绸和茶叶行销整个欧亚大陆。

具体谁在消费呢？不固定，一般谁有钱谁消费。

比如罗马崛起后，巅峰时期的统治远至西班牙、北非、中东、安纳托利亚，把地中海称作 Mare Nostrum，意思是"我们的海"，简直就当作罗马的内海了。他们宫廷里用的就是各种汉代丝绸。那时棉织物还不流行，而比起当时的毛织物和亚麻来说，丝绸实在舒服多了。丝绸的流行造成了帝国贵金属外流，以至于元老院一度发布命令，说"丝绸太过贴身，穿着有伤风化，公开场合必须禁止"。

再比如一千多年后，奥斯曼在安纳托利亚崛起，帝国横跨欧亚，星月旗几乎插上维也纳圣史蒂芬大教堂。伟大的苏丹穆罕默德二世，用乌尔班大炮轰开了千年帝国拜占庭的首都——君士坦丁堡，成了罗马帝国的继承人。他志得意满地宣布"寡人注定要成为两洲（欧洲和亚洲）和两海（地中海和黑海）的主人"，说完端起青花瓷器，喝了一口果子露（sherbet）。

杯子是正宗大明进口货，花色繁多、样式精美，颇能体现皇家风度①。

当然，反过来，我们对世界各地的商品也有不小的需求。中亚的骏马、印度的香料和象牙、阿富汗的青金石、希腊的珠宝、非洲的黑奴、波斯的美女，都可以在中国找到市场。比如唐代有钱人就喜欢买个僧祇奴（南洋奴隶）作为随身侍从，力大无穷且脾气温和。

总体来说，这些交易的体量都不算大，大部分时间里对国民经济影响有限，但双方可以说是有来有往，其乐融融。

中唐壁画里的僧祇奴（最下）

不过到了明朝，事情起了变化。1492年，明弘治五年，虔诚的西班牙基督徒锲而不舍，花了将近八百年时间，终于把穆斯林赶出了伊比利亚半岛。同年，哥伦布发现了新大陆。西班牙的探险家们发现，南美这片处女地上，除了土著和丛林以外，有着上帝对他们的奖励②（至少他们自己是这么认为的）——人类历史上最大的银矿。

南美洲天量的白银，打造了人类历史上硬通货最富裕的国家——西班牙。在16和17世纪，美洲白银产量分别占据了世界白银总产量的75%、84.4%。

我们对比一下，二战以后美国经济独步天下，黄金储备多到可以支撑布雷顿森林体系，把美元和黄金直接挂钩。当时他的黄金储备占世界多少呢？75%。

大家自行感受一下西班牙这种"我交朋友不在乎有钱没钱，反正都没我有钱"的霸气。既然如此霸气，怎么能不享受一下世界之巅的威风。王室毫不犹豫地把天量的财富投入了三个无底洞：打仗、宗教和奢侈品。巅峰时期，西班

---

① 奥斯曼帝国的皇宫托普卡帕宫现在仍然收藏了超过12000件中国瓷器。
② 当时西班牙是全欧洲全虔诚的国家，笃信这个观点。

牙维系了欧洲最强的陆军——西班牙大方阵，最大的海军——无敌舰队，和最穷奢极侈的皇室——西班牙哈布斯堡王朝；西班牙统治者以天主教守护者自居，全国密布宗教裁判所，四面出击攻打穆斯林和欧洲新教徒，人称"救世主帝国主义"。

而王室如流水般的消费，在欧洲产生了"价格革命"，输入型通胀让欧洲物价平均涨了三倍，所有人都在为西班牙打工，荷兰、英格兰、法国的工商业，尤其造船业，都得到了巨大发展。

而对明朝来说，最受影响的是，暴富的西班牙极其热爱远东的奢侈品。

发现新大陆二十多年后，1521年，为西班牙国王效力的葡萄牙人麦哲伦，绕过美洲最南端的海峡，来到了东南亚。他登陆了一个小岛，那个地方现在属于菲律宾，之后为了贸易所建立的城市，叫做"马尼拉"。

菲律宾本地没有金银，特产肉桂的贸易无法支撑昂贵的跨洋商业。但很快，西班牙人发现了明朝和菲律宾群岛的贸易路线。1575年，中国和西班牙直接接触，地球上最大的暴发户和最大的制造国在东南亚胜利会师。

之后的故事，大家应该可以猜到，中国疯狂上产能，西班牙、葡萄牙疯狂挖矿，一船船银子运进来，一船船丝绸运出去。皮鞭下，千万美洲土著死在墨西哥、秘鲁的矿山中，他们用命换来的三亿两白银[1]注入中国经济，促使大明巩固了银本位的金融制度。

那是一个探险的年代、变革的年代、疯狂的年代、残忍的年代、伟大的年代。

而对大明，那是一个白银时代。

每年3月，在墨西哥阿尔普尔科港口，因为严重水银中毒[2]而浑身红斑的印第安人，嘴里咀嚼着古柯叶[3]，缓缓将一箱箱白银送上大帆船"车夫号"。

"车夫号"借着东北风，先向西南，然后向西。三个月后来到菲律宾马尼拉，航行期间船员4名落海、3名得血痢病故，货物完整无缺，可以说是非常顺利。此时，中国福州商人的"福字号"已经等候多时。被太阳晒得黝黑的菲

---

[1] 对于明代全球白银输入量的问题，历史学家多有争论，数字从2亿两到4亿两不等，具体可以参考张翼和蒋晓宇的《1550—1830年中国白银流入及其影响》，我们这里采用的是李隆生《明末白银存量的估计》的2.95亿两的数据。

[2] 汞齐化炼银法极容易造成重金属中毒。

[3] 古柯叶含兴奋性毒品可卡因，西班牙人刻意让他们古柯上瘾，好没日没夜工作。

律宾人、华人劳工,一起卸下白银,换上丝绸、毛毯、瓷器、雨伞、茶叶、工艺品(比如屏风)。

之后福建人检查好货仓,搬入本地的肉桂,顺着东南季风一路回到广东、福建。这些白银的一部分流向北京,继而转到山海关,成为边防军的军饷;这中间又有一部分,按惯例孝敬魏公公,藏在九千岁的银仓;再过几年,又有一小部分,转给了张震[①]。

而"车夫号"载满货物,做好维修,等到6月份西南季风吹起,启航北上,接着沿着北太平洋暖流一路向西,到北美洲的西海岸。最终靠着西北风和洋流南下,5个月后,回到墨西哥西海岸的阿尔普尔科港。路上,3名船员落水,11名船员病死,1位船员没有遵守饮水配额制,把自己活活渴死。好在货物完好无缺,旅程圆满完成。

在这里,翘首以盼的西班牙分销商、放贷者、保险公司热泪盈眶,赞美上帝。骨瘦如柴、牙齿松动的水手,拿到35磅年薪,12磅奖励,这超过当时普通女仆5年的工资。他们对天发誓,永远不再当水手。

三个月后,吃喝嫖赌挥霍一空,这些人将一贫如洗,又重回到大帆船上。

而分销商则蜂拥而上,把这些货物继续运往秘鲁、阿根廷甚至北美。其中一部分,沿着崎岖的山路,从西海岸来到东海岸维拉克鲁斯港。从这儿出发,固定往返的商船将把这些货物送到西班牙的塞维利亚港。

日月星辰,周而往复,这样的大帆船,有上千艘。

这些船,带来胡椒、洋酒;带来了在百年后促进清朝人口大增长的玉米、土豆、番薯[②]。但最重要的是,他们带来巨量的白银,最终催生了大明这个白银帝国。他们预示着一个全新的世界:一个地缘政治国际化、经济全球化的世界。

什么是地缘政治国际化呢,那就是相隔一万公里,几千年来都八竿子打不着的国家,打在了一起。

---

[①] 这是个小小的冷笑话,参见近些年很火的武侠片《绣春刀》,里面魏忠贤为了逃命,贿赂张震所饰演的锦衣卫沈炼,考虑到九千岁那几年雁过拔毛,什么事情都要收"常例钱",这个笑话应该非常合理。

[②] 这些源自美洲,耐旱、适应盐碱地的新型农作物是在明朝中后期被引入中国的,很多学者认为是他们促进了清代的人口大增长。

1521 年，明、葡萄牙屯门之战，明朝胜。

1522 年，明、葡萄牙西草湾之战，明朝胜。

1548 年，明、葡萄牙双屿之战，明朝胜。

1549 年，明、葡萄牙走马溪之战，明朝胜。

1604 年，明、荷兰澎湖对峙，荷兰不战而退。

1624 年，明、荷兰澎湖海战，明朝胜。

另外，1576 年，西班牙驻菲律宾总督桑德建议国王菲利普二世派遣 4000 到 6000 名士兵，征服中国。大家也不要觉得自尊心受到了侮辱，毕竟 6 年前，西班牙船长阿蒂达的计划是 80 人征服明朝，而再之前的计划是 60 个[①]。桑德离任后，新总督维拉可能觉得原计划太离谱了。1580 年，他再次抛出新的融（作）资（战）计划，这次是 12000 名西班牙士兵，外加 6000 名日本人，以及同等数量的印度人。据说是经过严肃地思考和计算。

其实我也可以理解这种亢奋，毕竟 169 人征服印加帝国、600 人征服阿兹特克帝国的光辉往事也刚过去不到百年，这种目中无人的大无畏精神还是值得赞许的。菲利普二世表示非常鼓励这种进取的精神，然后就没然后了。毕竟作为国王，他知道南美洲是一群土著，而大明可是刚打败他堂弟葡萄牙的。

当然，如果这场入侵真的展开，对中国而言，其实也是一件好事。对于低烈度的地缘政治冲突，我们要始终抱有健康向上的心态。为什么这么说呢？

让我们回到 1521 年 8 月，明武宗朱厚照刚死在"豹房"还没几个月，广东按察使汪鋐率部驱逐占据屯门修筑工事的葡萄牙人，屯门大战开打。葡萄牙人火铳齐发，汪鋐大败。之后我方迅速开展谍报工作，找到善于制造火器的汉人杨三，开始仿制火器，史称"佛郎机火铳"。40 天后，汪鋐反攻，以仿制的佛郎机火铳为主力，配合水路战船，明军大胜。葡萄牙人大部被歼，营垒被焚毁，剩余逃亡海外。次年，葡萄牙人卷土重来，再次大败。

8 年后，汪鋐上疏《奏陈愚见以弭边患事》，建议在国防领域推广佛郎机火铳。再过一年，嘉靖任命汪鋐为兵部尚书，杨三为铸炮专家，以南京为生产基地，开始全面推广。之后，赵士桢、戚继光陆续将佛郎机火铳升级换代，成功研发了从 1000 斤的大将军佛郎机到 7 斤的子母铳等一整套"佛郎机系列"火器。

---

[①] 详情可以参考 E. H. Blair 写的 *The Philippine Islands, 1493–1803*。

表 1 《武备志》载各型号佛郎机

| 佛郎机型号 | 长度（明尺） | 长度（单位：厘米） | 铅子重（明斤） | 铅子重（单位：克） | 火药用量（单位：丸） | 火药用量（单位：克/丸） | 子铳个数 |
|---|---|---|---|---|---|---|---|
| 一号佛郎机 | 8—9 尺 | 256—288 | 1 斤 | 596.8 | 1 斤 | 596.8 | 9 |
| 二号佛郎机 | 6—7 尺 | 192—224 | 10 两 | 373 | 11 两 | 410.3 | 9 |
| 三号佛郎机 | 4—5 尺 | 128—160 | 5 两 | 186.5 | 6 两 | 223.8 | 9 |
| 四号佛郎机 | 2—3 尺 | 64—96 | 3 两 | 111.9 | 3.5 两 | 130.55 | 9 |
| 五号佛郎机 | 1 尺 | 32 | 3 钱 | 11.19 | 5 钱 | 18.65 | 9 |

表格引自论文《明代佛郎机铳核心技术特征及其转变研究》，作者赵凤翔。

1607，万历三十五年，徐光启已经在翻译利玛窦带来的《几何原本》，开始研究如何用数学来提高大炮的射击精度。而在广东沿海的官员，也感受到了葡萄牙、荷兰红夷大炮"洞裂石城，震数十里"的威力。不过朝廷对此并不在意，我泱泱大国刚刚结束了万历三大征，宁夏镇压哮拜造反、贵州打服土司民变、朝鲜击退丰臣秀吉，自我感觉非常良好，根本看不起这种新玩意儿。

12 年后，1619 年，万历四十七年，明军在萨尔浒之战大败，5 万精兵被努尔哈赤全歼，朝野大震；1621 年后，天启元年，徐光启引进红衣大炮，并主持了改良工作。1626 年后，袁崇焕在宁远城头，指挥 11 门红衣大炮猛轰努尔哈赤，清军大败，史称"宁远大捷"。

之后徐光启继续主持大炮改进，清军则想尽办法从明朝挖火炮技术员。1636 年，满蒙联军攻打朝鲜，红衣大炮在南汉山城把李氏朝鲜轰得目瞪口呆，国王出门三跪九叩皇太极[1]。

再过几年，徐光启他们研究出来铜铁复合红衣大炮，比原来葡萄牙的铸铜大炮更为优良，于是葡萄牙人在澳门招募中国工匠去了果阿（在印度），帮助他们学会了铸铁红衣大炮[2]。

明亡，清初，大清早期国防压力巨大，朝廷不遗余力地大力发展火器，康熙平定准噶尔时，拿着俄国火器的准噶尔和拿着仿制明朝火器的清军对轰，准噶

---

[1] 大家有兴趣可以看看描述这段历史的韩国电影《南汉山城》。
[2] 有兴趣的可以看看台湾学者黄一农的相关研究，如《天主教徒孙元化与明末传华的西洋火炮》一文。

尔大败。大清平定准噶尔，巩固新疆，创立了东方这个巨大的"火药帝国"[1]。

傲慢使人退步，危机让人进步，而愚昧则会要了你的命。

哪有什么天赋异禀，从来都只有面对竞争压力时的艰苦求胜。地缘冲突不仅仅是斗争，更是学习、是机会、是进步。你看，洋人在明朝就来了，只不过在门外兜了一圈，吃了几场败仗，于是选择"诚实劳动，合法经营"；而大明则引进红衣大炮，学会了西洋算法，还翻译了《几何原本》。

讲完了地缘政治国际化后，那什么又是经济全球化呢？

## 残暴的欢愉

16世纪，"诚实劳动，合法经营"的欧洲与日本商人带动了明朝商品的全球销售，几十年下来，大约3亿两白银注入中国经济体，大明商品经济蓬勃发展，张居正一条鞭法卓有成效，大明颇有中兴之气。然而——

这些残暴的欢愉，

终将以残暴结局。

所有这些繁荣，代价是新大陆的累累尸骨。在西班牙人到达美洲的一个世纪内，钢铁、枪炮、病菌，叠加上原有政治体系的瓦解，玛雅文明区人口从2500万减少到150万，印加文明区人口从900万减少到60万。秘鲁的一个银矿，就夺去了800万条人命。整个美洲的死亡人口接近一个亿。[2]

---

[1] 该词源自芝加哥大学的马歇尔·霍奇森和威廉·麦克尼尔的著作《火药帝国时代》，他们认为16世纪中叶到18世纪初期，从奥斯曼帝国、萨法维帝国到莫卧儿帝国在内的国家，通过大规模使用新发明的火器，尤其是大炮，征服了大片领土，这个概念也被引申到了大量使用火器的清朝，甚至包括通过和明朝作战获得火器的安南。

[2] 关于美洲各地区在哥伦布之前的人口数量以及之后损失的人口数，因为估算困难，各研究的数字差异较大，此处采用的是 Sherburne F. Cook 和 Woodrow Borah 写的 *Essays in Population History, Volume 1: Mexico and the Caribbean*，同时也可以参考了 David E·Stannard 的 *American Holocaust, Columbus and the Conquest of the New World*；关于波托西银矿死亡人数，参考罗伯特·B·马克斯的《现代世界的起源》，爱德华多·加莱亚诺的《拉丁美洲被切开的血管》。

这些亡灵，在明晃晃的白银黄金上，给西班牙带去了深深的诅咒——家里有矿的西班牙，彻底染上白银依赖症。

国内疯狂通胀，制造业成本剧增，手工业者破产？没关系，我有白银。

和英国、法国、荷兰同时开战，无敌舰队被英国打败？没关系，我有白银。

物价高涨，民不聊生？不关我的事儿，我们王室有白银。

资本外流，周围国家制造业、银行业高速增长？还是没关系，我有白银。

1618年，全欧洲的大战"三十年战争"开始，西班牙以天主教守护者的名义，向新教开战。第二年，美洲白银突然减产，从一年200万杜卡特[①]瞬间跌到80万杜卡特。这场战整整打了三十年，哈布斯堡王朝破产，欧洲损失500万人口，德意志区被打成废墟。

1648年，三十年战争结束，西班牙帝国大败，初代日不落帝国走向没落。52年后，近亲通婚的产物，大舌头、癫痫、半残废、阳痿的卡洛斯二世去世，哈布斯堡王朝西班牙分支绝嗣。

战争结束后，在首任日不落帝国的地基上，荷兰继承了西班牙的海洋霸权，成为新一代全球商业和金融领袖，号称"海上马车夫"；法国继承西班牙的陆地霸权，红衣主教黎塞留纵横捭阖，成就了他欧洲大陆的霸业，为太阳王路易十四的出场铺平了道路。

在欧洲大陆专心互斗时，岛国英格兰在没干扰的情况下专心打完了英格兰内战。1642年到1651年，保皇党"骑士党"和议会派"圆颅党"大打出手。最终，克伦威尔的"新模范军"打倒查理一世骑士军队，国王权力被大大缩减，新的社会制度看起乱七八糟，但在未来的300年，它将帮助英国成为巨人。

而在遥远的东方，明朝感受到了大洋彼岸蝴蝶扇动的翅膀。

白银减产、欧洲打仗、不健康的贸易逆

卡洛斯二世

---

[①] 杜卡特，也叫达克特，是一种欧洲中世纪后期流通的金币，一枚西班牙杜卡特约含黄金3.4克黄金。

差三者合一，导致了第一次全球经济通缩，中西大帆船贸易戛然而止，日本禁止白银出口。明朝一下子从输入通胀变成输入通缩，货币市场完全紊乱。货币危机成了压倒重病骆驼的其中一根稻草①，1644年，崇祯回天乏术，吊死在了煤山歪脖子树上。

你看，遥远西方的一场危机，助力了一万公里外一个庞大帝国的灭亡，这就是经济全球化。

应该说，虽然大明灭亡了，但对中国而言，在16世纪到17世纪这场早期的全球化运动中，无论是在地缘政治还是经济博弈方面，中国从来没有落到下风，反而收益巨大。

1661年，在南京大败一场的郑成功决心收复台湾作为根据地，南明遗孤对荷兰占据的台湾棱堡要塞（就是热兰遮城）开战。郑成功25000名士兵在台湾登陆，不过马上就陷入危机。打荷兰人倒是问题不大，但是台湾太穷，养不活他的军队。于是只好留3000人围城，剩下的屯田、借粮去了。

热兰遮城棱堡要塞模型，开花弹发明前，是进攻方的噩梦

---

① 这个观点是美国历史学家 William S. Atwell 提出的，但现在也有一些不同的观点，有兴趣的可以参考袁灿兴博士所写的《朝贡、战争与贸易》。

就这么耗了几个月，荷兰援军从巴达维亚（就是现在印度尼西亚的雅加达）赶来，双方台江海战，大炮对轰，郑成功再次大胜。1662 年 1 月，在一个日耳曼逃兵拉迪斯（Hans Jurgen Radis）的帮助下，郑军修起了欧式工事，25 日发动总攻，50 门炮对着热兰遮城的附属堡垒乌特勒支碉堡开火，一天打出了 2500 发炮弹，附堡陷落。

附堡于次日陷落，守军终于绝望，以"携带武器，自由离开"为条件，投降了事。经营近四十年的要塞就这样没了，荷兰人损失超过 120 万荷兰盾。总督揆一回去就被流放，在印度尼西亚坐牢十几年才被允许回国，之后写了《被遗误的台湾》，大骂荷兰东印度公司官僚主义害死人。

收复台湾，是鸦片战争之前，中国王朝和欧洲国家之间的最后一场大型武装冲突，热兰遮城的硝烟，是大明帝国最后的荣光。在那之后，中国迎来了新的统治者：大清。

1644 年，清军入关。

此后的 150 年间，清朝给人的形象就是：武德充沛，锲而不舍。

1662 年，南明永历皇帝被杀，中国基本统一，即便如此，清军面临的挑战并不小。北方，是虎视眈眈的俄国；东南，是孤悬海外的台湾；吴三桂、耿精忠、尚可喜，三藩占据云南、福建、广东，把南方变成了半独立王国；蒙古族准噶尔汗国在西北崛起，巅峰时期地盘超过 400 万平方公里，回想起来，他们的祖先可是曾经消灭了清朝祖先金国的成吉思汗黄金家族。一切似乎又要重演。

所以清朝初年，朝廷的主要工作就是个"打"字。

1681 年，平定三藩之乱后，康熙令比利时传教士南怀仁制造能适应南方地形特点的小型火炮，数年间，共造轻型火炮 900 多门。

1685 年，第一次雅克萨战役中，俄国造的雅克萨城为木城，清廷调炮手 50 名、鸟枪手 80 名，6 磅火炮齐射，俄军不能抵挡；到第二次雅克萨战役，俄国将木城改为简易棱堡，康熙调炮手 540 名，野战炮连射一昼夜，但轻型炮仍然不能攻破城墙。虽然该战役最后以围城、和谈、签订《尼布楚条约》结束，但无法破城被记录在案，因此康熙命令南怀仁研发武成永固大将军炮，重 1800—3500 公斤，可发射重达 22 磅的炮弹。

历经康熙、雍正、乾隆三代的准噶尔汗国之战，是大清武德的巅峰，也是 17 至 18 世纪先进武器决战的巅峰。准噶尔一方面利用中亚渠道，学习奥斯曼的火枪战术，一方面从俄国购买各种军火，部署赞巴拉克枪。1731年，清军在和通泊大败，损失精兵7000多人，京城几乎家家披麻戴孝，清将岳钟琪总结说："贼中大鸟枪（就是赞巴拉克枪）甚多，击远更过于子母炮，且行走便捷。"

当年10月，北京迅速开始试制"大鸟枪"，成功后马上"仿造3000支"，到乾隆年间，甚至一次性造枪

一路从萨法维王朝传入的赞巴拉克枪

6000支，并配合子母炮等火器，全面实行八旗军精锐部队的近代化。

在17世纪前后一百多年里，东亚的战场上，早已不仅仅是箭如雨下，更是硝烟弥漫。戚家军用佛郎机鸟铳在战车的掩护下在蓟州横扫蒙古骑兵，而装备着火器的大清"巴图鲁"[①]们，更从伊犁一路打到尼泊尔。

火器埋葬了成吉思汗黄金家族的荣光，枪炮帮助大清消灭了人类历史上最后一个游牧帝国——准噶尔汗国，人间从此不再有草原帝国。

行文至此，大家应该更加深刻地理解了本章的标题"洋人来了"。洋人不是1840年来的，洋人早就来了。而我们，正是洋人东进、东西方交流的巨大受益者；我们，在第一次全球化浪潮的博弈中，不落下风。

即便到了1792年，清军还打出了"廓尔喀之役"，福康安大军打到尼泊尔首都加德满都（当时叫作阳布），逼得廓王投降，成为乾隆"十全武功"的收官之战。

此时，如果有人跟你说，欧洲西边的那个人口千把万的英国，将会在"廓尔喀之役"约五十年后，把道光打得割地求和，你一定会觉得这是天方夜谭。

一个如此强大的帝国，怎么会在短短五十年后打出那种窝囊仗？

严格来说，这个问题有两种问法：第一种，清朝是如何在竞争中快速落后的？标准答案大家非常熟悉。

官僚体系腐败，这玩意儿在王朝晚期几乎不可避免；文字狱对思想的严

---

① 满族语勇士的意思。

酷镇压，明朝也有，但罗织之严、思想禁锢之深，的确没有哪个朝代比得上清朝；乾隆之后的武备废弛，鸦片战争时期的红衣大炮，射程精度还比不上明末，但明朝连自己最强的火器营都无法维持，居然会叛逃大清[①]，也实在是让人无语……

大家吵来吵去，无非是吵 1840 年的清朝，比起历朝政权晚期，尤其是明末，到底是哪一家更差。有的坚持认为大清是头号罪人、换成明朝反而尚可一救，有的说清末已经算是矮个子里拔高个，换成明朝情况恐怕更不乐观。

但在我看来，这个问题根本不值得讨论，更值得深思的，是短短一百多年，欧洲怎么突然间就一骑绝尘，把其他国家远远抛在身后？无论是大清还是大明，在绝对的优势面前都不值一提。毕竟所有曾经的强国在此时的欧洲国家面前，都毫无还手之力。

奥斯曼帝国，当年曾把基督徒打出了心理阴影——解体。

北非，就是阿尔及利亚、突尼斯那些地方，当年是跟罗马叫板的迦太基，后来是地中海的武装海盗，一度以劫掠欧洲商船为生——灭国。

缅甸，当初乾隆四次清缅战争都未能征服——灭国。

阿富汗，一度北打伊朗，南踢印度——被打成蕞尔小国。

你看，他们都曾经风头无限，他们也都惨败收场。胜利者如此成功，原因何在？

用上帝视角，抛开所有爱国情感，你得承认，大英帝国在那个时代，的确是奇迹般地存在。大部分国人，这辈子至少要听几百次"第一次鸦片战争"，脑子里甚至已产生定势，似乎这是一件非常正常的事情。但站在全球的视角，这件事简直太不正常了，清朝，怎么可能被英国打败？

首先，大清和英国之间，几乎是已知世界里最远的距离，稍微懂一点军事的就知道，这种距离完全是后勤的噩梦。之前提到，西班牙的菲律宾总督申请用 2.4 万人征服大明，菲利普二世只能表示无奈。

2.4 万人，先问问一路上要死多少人。

整个大帆船贸易的时代，水手死亡率在 30% 以上。欧洲当年是雇佣兵制

---

[①] 明末吴桥兵变，孔有德造反投降清军，导致清军火器武力大增，而明朝军事火器改革的先锋、基督徒孙元化因此被处死，西方军事化由此淡出明朝军队。

度,千里参军只为钱,这种死亡率,士兵会不会哗变自己心里算。

那个年代,军队的远程投放能力就那么一点。比如台湾,作为荷兰的东亚贸易网络中心,巅峰时期也就1800名士兵,后来郑成功围城,雅加达来支援的也就1000人不到。但这在远洋殖民体系看来,已经是很大的一队人马了。

其次,打仗需要花钱,远征清朝,军费有没有着落?2.4万人,起码准备一年半的军费。有钱如西班牙王室,也曾经破产七次,每次违约都意味着下一次利率大涨,荷兰银行团报价已经到了14%,涨了几乎三倍。

再次,即便打下来,谁也不知道该怎么管。几亿人口,1000多万平方公里,殖民者根本没有统治的经验。当初之所以能打下美洲巨大的土地,是因为新大陆实在太过纯净,没有被病菌侵袭过。天花、麻疹、伤寒,随便哪一个就能把整个部落灭族。人死了自然也就不用管理了,留下肥沃而空旷的土地,正好有从非洲批量运来的黑奴,直接进行大庄园生产。

最后一个问题,大队人马去打仗了,本土怎么办?欧洲内斗几百年,稍不注意就有人上门趁火打劫。西班牙和法国争霸,英国人趁火打劫;荷兰人和英国人争霸,法国人趁火打劫;法国人和英国人打仗,俄国人趁火打劫。

你想想大量部队在中国打仗,突然接到消息,母国在欧洲被人偷袭的那种绝望。

所有这些加在一起,就是一个巨大的问题:英国人,是如何在上百年时间里,取得如此巨大优势的?

答案不仅仅在军事中,坚船利炮的背后,是商业、金融、地缘政治和国家性质的巨大变迁。大清其实根本没搞明白,到底是什么力量,把他打得如此一败涂地。

在正式开启"天下"这一篇的旅程之前,让我们再次回到标题"洋人来了",也许,这一章更好的标题是:

盘踞在大清门口的,到底是什么?

# 第二章

## 三强争霸之海上马车夫

## 旧世界，新世界

开始之前，先讲个段子。如果你从 7 世纪到 17 世纪这 1000 年间，抓一个英国人来到现代，他会被吓得尿裤子。这个世界对他来说是无法理解的：国王呢？领主呢？雇佣兵呢？宗教法庭呢？居然有人敢周末不做礼拜？

最头疼的是，他会发现他的词汇量严重匮乏，无法和人正常沟通。什么是"宪法"？什么叫"革命"？什么叫"传媒"？你们在说英语吗？他需要极长的时间来理解这个世界，也许是 3 年，也许是 5 年，也许是一辈子。

但仅仅 100 年后，如果你从 18 到 19 世纪这 100 多年里抓一个英国人来现代，他也会震惊、恐惧，但没过多久，他就会发现，21 世纪和他所处的世界，相同之处远远超过不同之处。

不出三个月，他就会问：本地博物馆在哪里？大英博物馆于 1759 年对公众开放；法国卢浮宫博物馆 1793 年对公众开放；而美国博物馆系统"史密森尼学会"则创建于 1846 年；在这 100 年间，西方国家几乎都开始建立自己的国家博物馆，成为"协助市民提高见识"的有效手段。

他会打开推特，一开始可能震惊于形式的新颖，不过很快就意识到，这不就是另类的《世界新闻报》吗？ 1810 年左右，印刷技术的革新让报纸成本大幅下降，之前针对有钱人的报纸，逐渐成了大众消费品。1843 年创刊的《世界新闻报》，两年后销量就达到了 3 万份。不过你现在已经看不到了，168 年后，2011 年，它因电话窃听丑闻而被默多克停刊。当然，如果你抓的是位品位高尚的英国绅士，他会把 iPad 扔到一边，嘲笑说："要让大众媒体品位提高，168 年恐怕还远远不够。"是的，当年的小报和推特一样，也在打色情、暴力的擦边球，也同样热爱耸人听闻的标题，168 年来毫无长进。

作为一个绅士,他会更喜欢维基百科,毕竟《大英百科全书》初版于 1768 年,是高尚家庭必备的点缀,以至于《大英百科全书》销售员成了一项专门的职业。通过维基百科,他会很容易理解什么是"联合国"。显然这就是 1815 年"维也纳体系"的现代版,俄、英、普、奥、法是欧洲五强,只要把普鲁士和奥地利换成中国和美国就行了。

至于为什么美国能够取代英国而成为第一强国,他大概率能猜到,是"工业化(industrialization)"的结果,毕竟英国自己也是这么起来的。这个词的词源是拉丁语 industria(勤奋),我们现在所理解的意义,出现于 19 世纪。

他会认为自己应该是"中产阶级(middle-class)",他可能觉得中国是一个优秀的"民族(nation)",他会感叹于高铁是"铁路(railway)"的升级版……没错,这些词都是开始于那个时代。

这意味着,7 到 17 世纪这 1000 年间,中西方都可以算作"古代世界";而短短 100 年后,19 世纪的西方,却已经一只脚踏入了现代社会。"西方文明"在一个世纪里给人类带来的政治、经济、文化变革,比过去 1000 年的还要大,对了,"西方文明"这个概念也是那个时候被发明的。

毫无疑问,我们所生活的世界成型于 19 世纪。过去 1000 年的历史轨迹,在 100 年内走上快车道。车道所指,是当代世界的雏形。

> 这是一个最好的时代,也是一个最坏的时代;
> 这是一个智慧的年代,这是一个愚蠢的年代;
> 这是一个光明的季节,这是一个黑暗的季节;
> 人们面前应有尽有,人们面前一无所有;
> 人们正踏上天堂之路,人们正走向地狱之门。
>
> ——《双城记》,狄更斯,1859

1648 年到 1848 年这 200 年,是埋葬旧世界的 200 年,孕育新世界的 200 年,也是中国不知不觉落后的 200 年。这种差距在 1648 年如涓涓细流,在 1688 年似滂沱大雨,在 1789 年像山洪暴发,在 1812 年成山崩海啸,终于在 1840 年重创了大清。

1644 年,吴三桂引清军入关,大明江山易主;4 年后,欧洲三十年战争结束,初代日不落帝国西班牙走向衰落。在西班牙的带领下,欧洲的触角已伸向全球。西班牙的衰败，开启了欧洲的三国演义，荷兰、法国、英国轮番上阵，在随后的150年里争斗不休，终于斗出了一个全新的世界。

三强争霸的战火，将从欧洲开始，遍及东南亚的菲律宾（马尼拉）、印度尼西亚（巴达维亚）；次大陆的印度（孟买、加尔各答）、斯里兰卡（锡兰）；非洲的南非（好望角）、北非（阿尔及利亚）；美洲大陆的美国（纽约）、加拿大、巴西；加勒比海的海地、巴巴多斯……

而斗争的方式，也从简单的武装部队战争，演化成经济战、信息战、金融战、科技战、文化战、外交战，最终一路升级成了全方位、无死角的民族间全面战争。

三强争霸的历史，就是孕育19世纪的历史。

## 荷兰登场

**首先登场的是"海上马车夫"：荷兰。**

**国家口号：要钱没有，要命一条。**

**祖传手艺：造船。**

作为欧洲的"低地国家"，荷兰一半国土海拔低于1米，修坝和造船属于全民运动。当年的阿姆斯特丹，船厂超过100家，年产量500艘船，充分体现了规模经济的优势。

被俄国人赞颂了几百年的"沙皇欧洲微服私访记"就是彼得大帝，跑到荷兰去学造船的故事。

**荷兰霸权倚靠：全球最大的物流商贸体系。**

荷兰以帮领主哈布斯堡王朝（统治西班牙、葡萄牙等）做航运起家，配合上造船和全民经商的天赋。顶峰时期，欧洲商船共20000艘，15000艘是荷兰的；荷兰东印度公司（简称VOC）营业额是欧洲贸易额的一半以上。除了在台湾被郑成功打败，荷兰在其他地方往往是所向披靡。

到1648年，荷兰的贸易站从东南亚的巴达维亚（印尼的雅加达）、马六甲（新加坡），到锡兰（斯里兰卡）；东亚的台湾、日本；南非的好望角；北美的新尼德兰（纽约）；南美的部分加勒比海岛屿、部分巴西地区……俨然是个小型日不落帝国。

**自带加速包：纯粹的资本主义。**

荷兰以商会起家，以资本主义制度为立国之本。区区 300 万人口，在海南岛那么大的一块地盘，搞出来人类——

荷兰东印度公司（VOC）旗帜

第一个股票交易所，阿姆斯特丹证券交易所；

第一个中央银行，阿姆斯特丹银行；

第一个现代意义的有限责任、股份制、公开发行、全民参股公司，荷兰东印度公司；

第一个全球金融中心阿姆斯特丹；

当然还有第一个金融风暴"郁金香泡沫"。

可以说，把资本主义的好处坏处都体验了个遍，可谓资本主义先驱。

1648 年的荷兰，整个国家就是一家超级贸易公司，政府思考问题的方式和

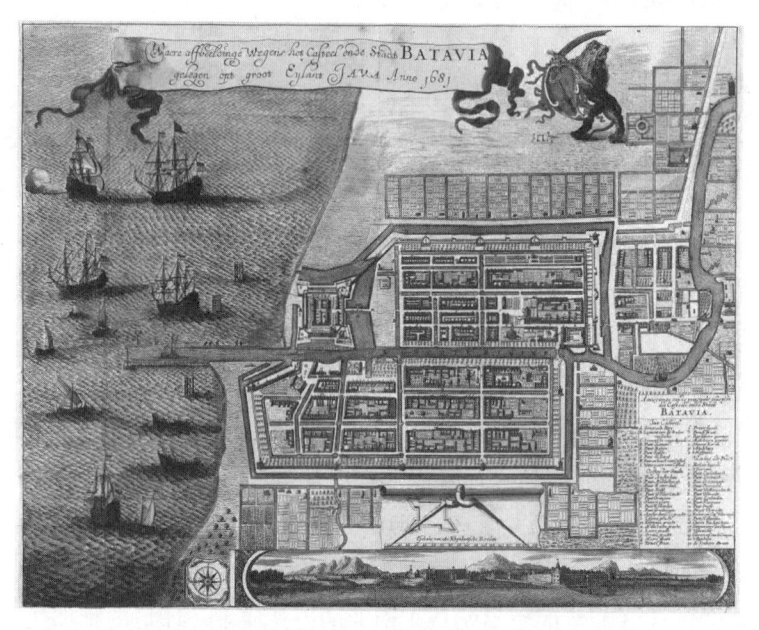

荷兰东印度公司东南亚总部巴达维亚（雅加达）地图

现在的上市公司 CEO 没啥两样，如果那年头也有类似于《巴菲特致股东信》的话，大概率是这样：

1648 年致股东的信

Kloveniersburgwal 48[①]

阿姆斯特丹，荷兰

1643 年 2 月 31 日[②]

尊敬的先生们：

1642 年，是硕果累累的一年，荷兰东印度公司的贸易收益为 26%[③]，投资收益为 40%，总股息达到 32%。新的一年里，我们将再接再厉，回报股东。

首先，公司将继续深入挖掘各大陆的产品需求，巩固阿姆斯特丹作为世界物流转运中心的地位。

欧洲、中东和日本的有钱人将继续需要福建、广东、台湾以及加勒比海殖民地的蔗糖；将仍然需要景德镇的瓷器、江苏的丝绸来点缀他们优雅的生活；非洲的国（酋）王（长）们仍需要欧洲的军火来进行部落战争，要朗姆酒配合狂欢仪式，要彩色布料来打扮自己的新娘；美洲殖民地庄（奴）园（隶）主仍将需要非洲健康的黑人，瑞典（以铁矿闻名）的斧头、锄头和砍刀；波兰需要北海的鲱鱼；意大利想要莱顿（荷兰城市）的呢绒。

而本公司将一如既往地满足全世界的需求，我们的口号是："荷兰商船从不空仓。"

唯一的问题在明朝，这帮人觉得自己啥都有，啥都不要；只出不进，偏偏又打不过，的确让人非常头疼。我们只能希望公司在台湾岛的根据地长治久安，逐步成为亚洲贸易的中心。

其次，本公司即将开始下财年的物流规划。

目前，阿姆斯特丹港口日常停泊的商船为 3000 艘，我们预测转运业务将继续高速发展，船只需求量将持续扩大。因此，木头的供应至关重要，西

---

[①] 这个地址，现在就叫东印度公司大厦。
[②] 这个就是我瞎编的了。
[③] 这是一个估计数字，有兴趣的可以看看经济历史学家洛德韦克·彼得拉对东印度公司的研究《全球首家交易所史话》。

在战舰保护下的荷兰著名的捕鱼船

欧森林的砍伐成本太高，已经弃用；挪威的木材也出现枯竭迹象，公司需要向波罗的海沿岸推进，但同俄国人做生意需要注意，大量的烈酒和军火必不可少。

具体船只方面，北海鲱鱼的捕捞量仍然很大。轻巧快速、储藏空间够大的捕鱼船"鲱鱼巴士（Herring Buss）"急需补充。

就物流业全球竞争而言，本公司和葡萄牙在东方的竞争已是尾声，不出意料的话，本公司将独占整个东印度香料、茶叶和蔗糖贸易，跨洋大帆船的规划需要排上议程。有情报显示，我们在西印度（就是美洲）的黑人奴隶、蔗糖以及烟草贸易仍然不是英国、法国和葡萄牙的对手，鉴于该业务利润丰厚，我们认为有必要加大竞争力度。荷兰西印度公司的大型战船预算需要尽快通过。

当然，这并不意味着我们就要和英法交恶，毕竟本公司在英法投资额巨大，拥有欧洲最多的炼糖厂。蔗糖生意的扩大，将会进一步增强我们的制造能力。

第三，这些日常业务之外，本公司最重要的工作，无疑是要盯紧阿姆斯特丹银行和证券交易所，做好收益管理，为股东创造超额利润，给出漂亮的财报。目前，本公司股票价格为票面值溢价约 300%，流动性良好，本董事会对此深感欣慰。

风险提示：

本公司在英国做了大量投资，考虑到和英国的业务竞争关系，有财经媒体指出，这种投资未来可能会削弱我们实体业务的竞争力。我们不否认存在这个可能性，但财报季马上就要来了，我们需要优先保证本财年股东的回报。投资英国、法国的殖民地、工业项目，年回报率极高，如果去掉这一项，将对股价产生非常重大的影响。我们认为，在找到更好的投资标的之前，该业务仍然会是我们投资组合中的重要部分。

衷心感谢各位股东对本公司的支持。

荷兰共和国万岁

董事会

Vereenigde Oostindische Compagnie[①]

荷兰是如此的成功，以至于荷兰盾成为全欧洲的硬通货，阿姆斯特丹银行汇票等同于现金，荷兰信用天下无敌。荷兰公民，有钱到令人发指，人称"黄金时代"。

富到啥程度呢？1642 年，伦勃朗画了一幅画，叫作《夜巡》，现在是阿姆斯特丹国立博物馆镇馆之宝。伦勃朗这画是给私人的，收费 1600 荷兰盾，而当时中产一年的生活费是 350 荷兰盾。

更厉害的是，购买者是阿姆斯特丹城射手连队的队长和 15 名成员，差不多就是荷兰首都一个公安分局局长和手下凑了 100 万元人民币买了一幅画的意思。这事儿放现在还算正常，但考虑到那是三百多年前，同时代的英法乞丐满街走，大明朝正在"人相食"，印度动不动就大饥荒，而几个荷兰中产居然能花巨款买画，真是匪夷所思。

---

[①] 荷兰东印度公司 VOC 的荷兰语全称。

《夜巡》局部

　　一个这么小的国家，居然这么有钱，你觉得英法不眼红吗？当然眼红啊！尤其是英国，海洋霸权已经逐渐成为大英立国之本，你在我眼皮子底下捕鱼、做贸易、建殖民地当然会采取措施。

　　1648 年，欧洲三十年战争结束；一年后，查理一世人头落地，君主立宪制度在英国初现雏形。奥利佛·克伦威尔代表新兴资产阶级，以"独裁官"的架势开始清理门户；3 年后，独裁政权的"新模范军"征服苏格兰、爱尔兰，终于完成英伦三岛的统一。

　　1652 年，完成"安内"任务的英国，发动了第一次英荷战争，之后是第二次、第三次、第四次。

　　而法国趁着两国拼命的机会，在荷兰背后捅了一刀。1672 年，第三次英荷战争打了一半，法国入侵荷兰，法荷战争爆发，荷兰史称：灾难年。

　　夹攻之下，荷兰难以支撑，1678 年，法荷战争结束，荷兰大败。

　　三强争霸，荷兰第一个出局。

# 荷兰退场

不是制度先进吗？不是富得流油吗？如此强大的国家，为什么会失败？

荷兰的成功，在于贸易和资本主义；荷兰的失败，也正因它是"纯粹"的贸易和资本主义。

一百多年前，是殖民主义 1.0 的时代，以西班牙为代表，满脑子的烧杀劫掠、黄金白银；而 1648 年，荷兰所依托的，是殖民主义 2.0 的时代，它满地球地造物流贸易中心，全世界地贱买贵卖。"海上马车夫"，也就是"地球村的头号倒爷"。这就意味着，荷兰本国市场几乎可以忽略不计，占有的殖民地更多是物流中心，而无实际控制的市场。经济都指望在"国际贸易"上。

1652 年，英国釜底抽薪，颁布《航海条例》，规定英国及其殖民地的货物，只能用英国船只来运货，实施"贸易保护"。法国一看，这办法不错，有样学样地开始推行"重商主义"。注意，这个词不是重视商业的意思，而是国家采取行政力量，用拉高关税等方式来鼓励出口，同时保护本国商业，以尽可能多地积累黄金白银。路易十四在 CFO 柯尔贝尔[①]的协助下，设计了"惩罚性关税"，把荷兰的工业制品挡在国门之外。

如果大家觉得这方法耳熟的话，那是因为美国人在这件事儿上对全世界人民的反复教育：优势产品必须号召"自由贸易"，劣势产品必须投诉"反倾销"，一个思路的。

于是，"国际贸易"受阻于"国家保护主义"，荷兰的市场规模急剧萎缩。那么请问它这个资本主义国家如何应对呢？

15000 条商船在手，资本家们是奋发进取，投入国防建设，牺牲短期利益，放手一搏，来赢（攻）取（占）更大的殖民市场，保护本国工商业发展呢？还是直接躺平，反正人家市场大，自己干工商业多累啊，我们直接海外投资难道不好吗？

---

[①] "一位好的税务官应该把征缴税款当做拔鹅毛，登峰造极的手法是既能揪下最多的鹅毛，又能把鹅的痛苦叫声压得最低"这句名言就是他说的，后被大家简化为"税收这种技术，就是拔最多的鹅毛，听最少的鹅叫"。

作为纯种资本主义传人，荷兰当局半推半就地选择了后者。3.4 亿荷兰盾被投入欧洲国家的海外殖民拓展；英国每年向荷兰支付的公债利息高达 2500 万荷兰盾；即便曾被法国欺负成那样，荷兰人民照样借了 3000 万荷兰盾给法国。

荷兰，用自己的财富，帮助英法做了基础建设，打下了腾飞的基础。

然而，没有国家实力支撑的资本，财富终究只是个数字；而没有实体经济支持的金融中心，终归无法抵挡新的挑战者。1780 年，第四次英荷战争爆发，荷兰大败，伦敦终于成为新一代金融中心。这个结局，早在百年前已经注定。

好了，第一代霸主翻篇了，地球村的其他同学从中学到了什么呢？

大清啥也没学到，1662 年大清和荷兰结盟，共同对付雄踞台湾的郑成功政权，不过没过几年，合作就因为清朝执意执行之前说的"迁界令"①而破裂。10 年后的 1672 年，荷兰被英法合围，次年，三藩作乱割据中国南方。康熙忙得焦头烂额，实在没关注一个遥远小国发生的变化。

认真学习的是英国。

英国，素来就是荷兰最好的学生。17 世纪初，西班牙镇压荷兰独立时，大量工匠逃难到英国，伊丽莎白女王慷慨地提供了保护，而条件是：每一个荷兰工匠，必须带一个英国学徒。整个 17 世纪，英国的这种学习从未间断。低地国家的农业专家教会英国新的轮种制度；荷兰水利工程师，帮助抽干了英格兰东部的大沼泽；阿姆斯特丹工厂技术员，传授了如何进行呢绒印染。

1688 年，曾经的荷兰执政威廉三世和他妻子玛丽，被英国权贵邀请成为英国国王。1.6 万大军渡过英吉利海峡，登陆英国，兵不血刃地推翻了封建派詹姆斯二世的统治，史称"光荣革命"。从此，英国彻底形成了"君主立宪"政体，叠加荷兰的资本主义制度，形成了几百年不动摇的"限制王权"基本国策。

几年间，英国光速引进荷兰先进的商业、金融、贸易制度。天量的荷兰资本投往英国；1694 年，英国中央银行英格兰银行成立，开展政府融资、国际商业汇票业务；1698 年，约翰·卡斯塔因（John Castaing）开始在乔纳森咖啡馆发布股票和大宗商品信息，它就是伦敦证券交易所的前身。

---

① 详细见之前《会党》那个章节。

当然，臭毛病也学了不少，1720年，伦敦股票市场爆发"南海泡沫"。这次金融风暴和"郁金香泡沫"颇为神似。英国中产疯狂追高，终于为梦想窒息，亏了个底朝天，其中包括牛顿。不过，往好处说，这也给了英国一个近距离观察、理解金融泡沫的机会，这将在未来给他巨大的先发优势。

17世纪末，荷兰大败于英法，军队被打残、市场份额被抢、贸易路线易手，荷兰黄金时代终结。

东方，康熙即将面对清帝国最大的挑战：准噶尔蒙古部落。东亚最大的陆地强权国家在用火器武装了八旗子弟之后，准备给人类史上最后一个游牧帝国以致命一击。

西方，英国光荣革命结束，继承了荷兰资本主义制度和海洋霸权的英国跃跃欲试。不过他暂时还不是欧洲的领头羊，荷兰沦为了二线，但获利的还有另一个国家。

法荷战争，让路易十四拿到了梦寐以求的欧洲大陆霸权。大英帝国的敌人——三强争霸的二号霸主，高卢雄鸡法兰西，出场了。

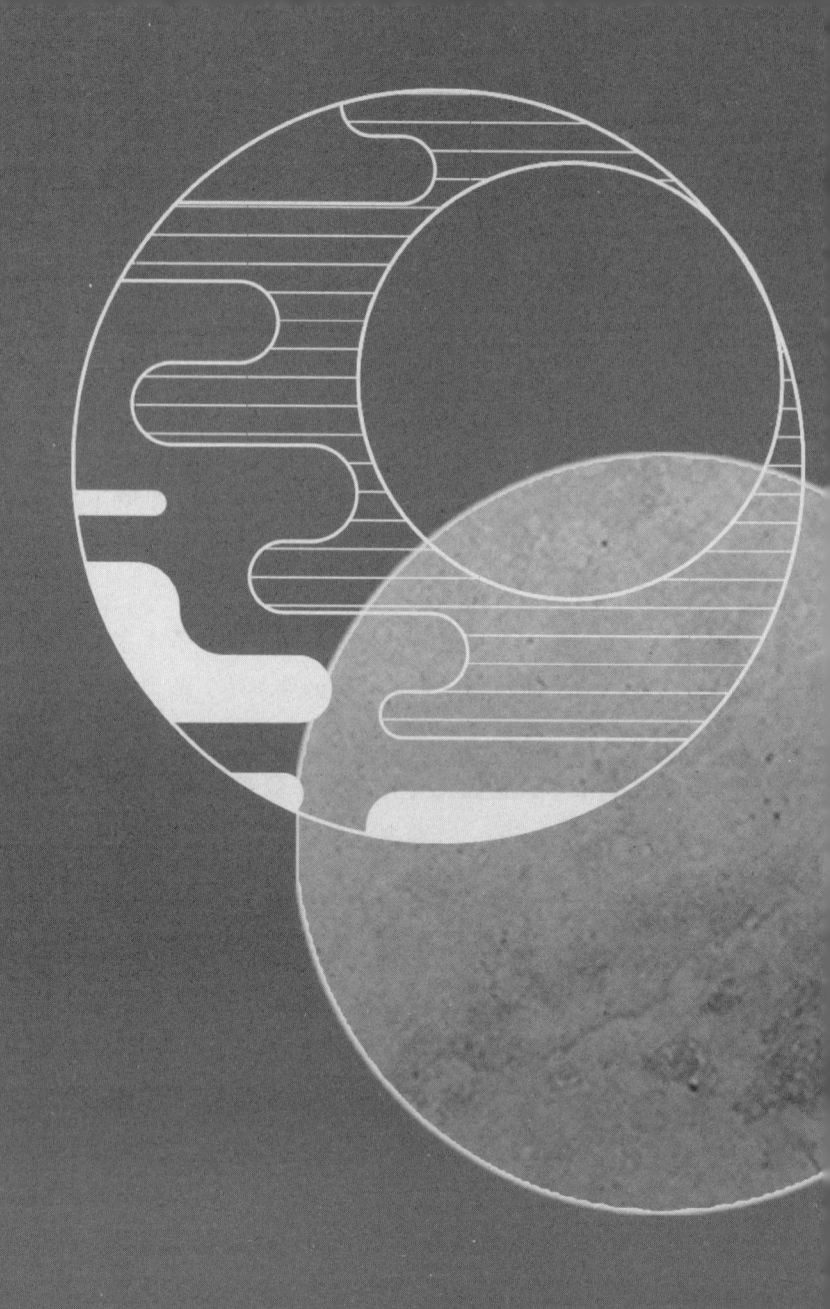

# 第三章

## 三强争霸之民族国家的诞生

# 法兰西登场

**第二位出场的是**：法兰西
**国家口号**：光荣属于法兰西。
**传统手艺**：人多地广。

法国，欧洲大陆第一大国。历代法兰西国王纵横捭阖，攒下来欧洲最大的一块地盘。在大清入关时，法国人口 1800 万，是英国的 3 倍多，常备军 20 万到 40 万，相当于欧洲其他国家陆军的总和。

**前期技能包：欧洲封建集权王朝的顶峰。**
拥有传统盛世三件套——
一个明君：路易十四，精明强干、励精图治，专治各种不服。
一帮贤臣：文有柯尔贝尔、武有卢福瓦。
一个向上的经济周期：地理大发现带来的广袤殖民地，极大助长了本国经济。
三者合一，带来了欧洲版的康乾盛世。
**后期技能包：革命。**
1789 年，法国大革命；"自由平等博爱"至今在全球回响；大革命的孩子，"高卢恺撒"拿破仑·波拿巴，横扫四方，带给了法国人民三百年的荣誉资本，直到现在，马克龙还在用拿破仑树立法国信心。

不过革命此时离法国还远，1688 年的法国，还是那个横扫八方的法兰西王国。

1661 年，23 岁的路易十四亲政，把素来不服管的法国贵族收拾得服服帖帖；主教博须埃负责统一思想，宣传"君权神授"和"绝对王权"；财政大臣柯尔贝尔、军备大臣卢福瓦、外交大臣塞吉埃，四大重臣上下一心，整顿吏治,训练士兵。于是国势蒸蒸日上,形势一片大好,路易十四挥鞭欧洲。1667年,西班牙遗产战争,打败哈布斯堡王朝;1672年,法荷战争,战胜荷兰;1688年大同盟战争,险胜神圣罗马帝国等反法同盟。

高卢雄鸡从此成了欧洲大陆头号强权。

1688年,盛世的象征,凡尔赛宫主体建筑完毕;他的主人,是那个时代最伟大的国王,同时也是17世纪最能显摆的人。宫前,是他手持盾牌、模仿太阳神阿波罗的雕像;墙上,是他"十全武功"的壁画。以至于大臣私下说,这种排场,难道不会引起其他国家的仇视吗?显然,天之骄子不在乎。30年来,路易十四狂飙突进,是欧洲无可争议的霸主,人称"天之子·太阳王·阿波罗"。法国成了欧洲的经济、文化、艺术中心;法语成了欧洲的上层官方语言。托尔斯泰的《战争与和平》中,俄国贵族聊天,就不时飚两句法语。

1688年的世界已经不一样了,那不再是单纯比谁在欧洲的地盘大、谁的搜刮能力强、谁能彻底中央集权的时代了。让我们把目光暂时从欧洲移开,投向广阔的海洋,投向彼岸的新世界。

1688年,英国占据了加勒比海的巴巴多斯、牙买加、巴哈马、新英格兰……法国占据了北美的加拿大、南美加勒比的圭亚那、圣基茨、海地(那时候叫作法属圣多明戈)……

外围殖民地对欧洲核心的经济影响,已经越来越大。只不过,随着金银产量日渐稀少,贵金属已无法支撑新兴国家对财富的渴望。在葡萄牙的首创下,新时代的殖民者纷纷在新大陆肥沃的土地上搞大生产,世界已经进入了创业、生产、资本全部开始全球化的殖民地3.0时代。咖啡、烟草、可可,这些高利润奢侈品都在新大陆开始种植。然而,这些东西虽好,但多少美中不足。

咖啡,市场小众,且还有茶叶这个强劲对手;烟草,易上瘾,但作为一种不良嗜好,它不时就要被政府缴重税;可可,只能作为饮料存在,直到1828年才开始有固态巧克力,普及太慢了。

然而,糖,这种晶体白色、容易水解、几乎和任何食物都能亲密合作的神奇玩意儿,人类对他的热爱简直难以描述。蔗糖,在16世纪到18世纪,以势如破竹的气势,成为全球第一大经济作物。

1550年,这玩意儿还是欧洲贵族宴会上的装腔利器;到1584年,John Partridge 出版的菜谱 *The Good-hulwives Clofet of provifion, for the health of her Houfbold*(《家庭主妇的橱柜——为了您丈夫的健康》),已经开始教中产阶级太太如何做白糖烤鸡了。

再到 1650 年，由甘蔗残渣发酵、蒸馏制成的甜味朗姆酒已经是海盗必备，在拿骚、开曼群岛、英属维尔京群岛横冲直撞。这种事情，水手之国不列颠岂能落后。1655 年，英国皇家海军用朗姆酒取代白兰地，作为标准配给，水手欢声一片。到了 1700 年，不列颠年人均消费蔗糖已经达到 4 磅。

海地的蔗糖、巴西的咖啡、墨西哥的可可、弗吉尼亚的烟草，在欧洲找到了巨大的市场。他们，叠加上百年累积的资本，在旧世界掀起第二轮造富的浪潮。现在唯一的问题就是：谁能尽可能多、尽可能便宜地种出这些产品呢？

《家庭主妇的橱柜——为了您丈夫的健康》

印第安人已经死得差不多了；白种人大多生长自温带，在殖民地的死亡率高得惊人；黄种人看起来倒是挺合适，可惜大明王朝闭关自守；那剩下的就只有黑人了。

非洲的黑人，很不幸地同时拥有身强力壮、耐热抗病、内斗不止三大特点，成为种植园劳动力的不二之选。蔗糖，造就了人类历史上最丧心病狂的欧洲、非洲、美洲"三角贸易"。

碧蓝的大西洋上，荷兰商船首先从利物浦出发，往南来到刚果，把英国的枪支弹药、工业品卖给国（酋）王（长）；接着，在空仓中塞入几百名酋长掳掠来的奴隶，向西跨越大西洋，卖给海地的白人甘蔗种植园主；最后，再用蔗糖和烟草堆满货仓，运回到利物浦一次三角贸易，利润率好的时候可以翻好几倍。日月星辰、周而复始，商船从不空仓。

对黑人而言，那是一个悲惨的时代。倒不是说之前就没有奴隶贸易了，非洲大陆坚持内战至少 1000 年，战俘卖作奴隶是日常操作。但资本，毫无感情的资本，强化了这种内噬力量，非洲、南美洲、欧洲，在互动中形成了强大的经济活力，碾碎了落后地区原有的平衡。

在三角贸易之前，非洲大陆虽然战争从不间断，但战争需要本地生产力，大规模的贩奴会削弱生产力，这就维持了一个"不能做太绝"的简单平衡；在南

甘蔗种植园的黑人

美洲，如果用欧洲穷苦白人和罪犯作为生产力，人力补充不足，种植园主将不得不签署基本劳动契约，白人苦工通过积累，很可能自己也成了小型庄园主，同样有个"做事不能太绝"的动态平衡；而在欧洲，蔗糖价格高昂、手工制品市场不够，两者消费不足，发展受限，产品竞争力不够，始终在低水平缓慢进化。

三角贸易之后，欧洲的军火、工业品源源不断地输入非洲，枪支、火药、烈酒、锁链、绸缎、蔗糖……非洲的国（酋）王（长）们逐渐发现，靠发展本部落生产力，已无法在竞争中胜利，要"成功"，需要尽可能购入欧洲的军火。为了不被贩为奴隶，需要战斗胜利；为了胜利，需要大量进口军火；为了进口军火，要大量捕获奴隶；为了捕获奴隶，更需要更多的战斗胜利。抓捕奴隶，就这样从手段变成了目的。

1600年之后的250年内，2000万支枪被卖到非洲，非洲内战分秒不停。如果大家不理解这有多惨烈，请自行搜索关键字"非洲""血钻""黄金"和"资源诅咒"，这样悲惨的故事到现在还在继续。大量非洲黑人被输入南美洲，种植园主意识到，这才是完美的"生产资料"。养老、保险、健康、存活率？完全不需要考虑，只需要一条皮鞭，死了再买一批就好。"加速折旧"才是让财报漂亮的根本之道。

这些"生产资料"日夜劳作在甘蔗地里、炼糖厂中。收获的季节，黑人一天工作20个小时、半昏迷地站在榨糖机旁，以至于有经验的奴隶会在身边放把斧子，万一手被夹住，他同样悲惨的朋友可以及时帮他砍断，以免整条胳膊被卷入。一个完美的奴隶，就应该身强力壮、百病不侵，从 14 岁干到 34 岁，然后在效率降低之前死掉，新的"生产资料"重新上岗。

而在欧洲，廉价蔗糖如潮水般的涌入，带来了全民消费大升级；天量的资本涌入工厂，带来了生产力的飞跃。三块陆地的互动，让恐怖的"飞轮效应"[①]开始加速。

加勒比的蔗糖产地上，残暴对待黑奴才能提高生产率，提高生产率才能卖出更多蔗糖，卖出更多蔗糖就能扩大生产，这就需要"补充"更多奴隶；而为了更多奴隶，则需要卖更多枪给非洲；在那里，更多的枪才能打赢更多的仗，更多的仗可以俘获更多的奴隶，更多的奴隶可以置换更多欧洲的工业品；更多的工业品需要欧洲加大生产力，加大生产力就会产生更多财富，更多财富就需要更多享受，更多享受就需要更多的蔗糖。

人们正踏上天堂之路，
人们正走向地狱之门。

试图挡住这种自我强化的，只有人类的良心。然而，高额的利润率面前，良心简直不值一提。探险家们，比如乔治·贝斯特（George Best），卖力宣传非洲黑人的原始崇拜、溺婴、食人。虽然《圣经》上明确记载，人类都是"亚当和夏娃的孩子"，但却有修道士考据说，黑人的祖先就是《圣经》里挪亚的次子"含"，因为看到父亲裸体却不恭敬，因此被诅咒"必给你的弟兄作为奴仆"——这就是为什么他的后代，黑人，应该世代为奴隶。这个理论被称为"含的诅咒（The curse of Ham）[②]"，一直到 19 世纪，仍在美国被用来为蓄奴制做辩护。

---

① "飞轮效应"由吉姆·柯林斯提出，指为了使静止的飞轮转动起来，一开始你必须使很大的力气，一圈一圈反复地推，每转一圈都很费力，但是每一圈的努力都不会白费，飞轮每转一圈都会形成其自身的势能，飞轮会转动得越来越快。达到某一临界点后，飞轮的势能会成为推动力的一部分。这时你无须再费更大的力气，飞轮依旧会快速转动，而且不停地转动。
② 有兴趣的朋友可以参考历史学家 David Mark Whitford 写的 *The Curse of Ham in the Early Modern Era: The Bible and the Justifications for Slavery* 这本书，讲述了人们如何系统性地利用宗教来为蓄奴辩护。这书的第五章提到了 George Best，一个船长，写过 *A True Discourse of the Late Voyages of Discoverie for the Finding of a Passage to Cathaya*，他关于黑人是含的后代的观点，在后世被反复引用。

最终，高贵的种植园主们欣然得出结论，让黑人做奴隶既是上天安排，也是把他们从非洲恐怖的生存方式中拯救出来的唯一办法，这是"白人的负担"。不要奇怪，大家以后会反复听到"白人的负担"这个说法。对象一路从印第安人、非洲人、印度人、菲律宾人到中国人。所有需要被侵略的国家，都需要被拯救，都是白人的负担。

有反对的吗？当然有，人类历史上最伟大的作家之一，欧洲的良心，维克多·雨果说"美国必须放弃奴隶制，或者放弃自由"。[1] 然而，言语如风，而利益坚如磐石。

400 年内，运到殖民地的黑人有 1200 万到 1400 万，运输途中"货物损坏"200 万，在非洲内陆"捕获商品"过程中死亡 6000 万，非洲大陆损失人口 1 个亿[2]。

这些生命，换来的是庞大的市场和需求；是资本积累、工业进步；是大规模生产组织能力的提升；是天量的财富；是欧洲大国之间竞争方式的彻底改变。

让我们的目光从"蔗糖的故事"回到欧洲大陆的法兰西帝国。1700 年的路易十四没有意识到，法兰西天下无敌的时代，也正是殖民地经济扩张的年代，是海洋霸权开始取代大陆霸权的时代。"太阳王"并非不爱殖民地，只是他的第一优先级，仍然在欧洲大陆。

---

[1] 在 1851 年 7 月 6 日，雨果写给美国废奴主义者 Maria Weston Chapman 的信里说"Slavery in the United States! It is the duty of this republic to set such a bad example no longer...The United States must renounce slavery, or they must renounce liberty."

[2] 关于贩卖的奴隶数量，数据源于 David Eltis 和 Stephen Behrendt 创建的 *The Trans-Atlantic Slave Trade Database*，这是一个关于大西洋奴隶贸易的全球性合作项目，学者们利用数十年来的研究成果，统计了数万次奴隶船运输的具体情况，该项目网址为 www.slavevoyages.org，其统计数量还在保持不断的更新中；其中"一个亿的人口损失"指的是在没有黑人奴隶贸易的假设下，非洲人口的预估自然增长数和现实情况之间的差额，1978 年 1 月 31 日到 2 月 4 日，联合国教科文组织于海地太子港举行了关于 15 到 19 世纪非洲奴隶贸易的专家会议，最后的总结报告认为非洲人口损失可达 2.1 亿，不过这个数字应该是高估了的，目前估计的数量从数千万到超过一亿不等，比如 Patrick Manning 的计算为 5000 万，此处取一个中间值；关于利润率的问题，各个统计口径的数字差别极大，如吴秉真的《非洲奴隶贸易四百年始末》提到利润率最高达到 1000%，William Darity Jr 在 *The Numbers game and the profitability of the British Trade in Slaves* 提到利润率为 25%，Guillaume Daudin 在 *Profitability of slave and long distance trading in context: the case of eighteenth-century France* 中提到为 8%~30%，可以认为总体利润率争议较大，在各个时期的波动也很高。但是，奴隶贸易对资本主义发展起到巨大推进作用，且利润率很多时候极高，这一点是确定的。

1700年，西班牙哈布斯堡王朝绝嗣；次年，西班牙王位继承战争爆发。路易十四为了让孙子菲利普五世登上西班牙王位，和大半个欧洲开战。9年的战火荼毒后，法国人口从2100万缩减到1900万；国家财政濒临破产。最严重的是，法国始终将优先级放在了大陆。维哥湾海战，法国和西班牙联军全军覆没，英国大获全胜。

1715年，路易十四去世，生命的最后几年，他保住了大陆霸权，保住了孙子的王位，但永远失去了制海权，而失去殖民地，已经只是时间问题。法国在他手上失去了19世纪称霸世界的可能，而不列颠，将踩在几百万身处地狱的奴隶肩上，首先进入"天堂"。

当然，路易大帝也别以为自己的经历是独一份，他的东方"继承人"，爱新觉罗·弘历，已在他死前4年呱呱坠地。1715年去世的法国"绝对君主"在位72年；1711年出生的这位，将统治中国63年[①]。乾隆，将扩张东方帝国的版图，巩固清朝的绝对统治；也将加强海禁，实施《防夷五事》，改江浙闽粤四大海关为广州"一口通商"；将用"十全老人"这个称谓，表明自己才是18世纪最能显摆的皇帝。他将把帝国的荣光带到高点，并同样在死后留下一屁股烂账。

路易十四之后，法国仍然是欧洲第一大国，波旁王朝仍站在潮流之巅，王公贵族仍然以混迹凡尔赛宫为荣。1737年，法国财政状况改善，全国公路网完成，沿海商业增加了4倍，路易十五在波兰王位继承战争中吞并了洛林。形势一片大好，法兰西王者归来。

但繁荣之下，暗潮涌动，胜利的天平，已从2500万人口的法国，慢慢转向了600万人口的英国。

路易十五和他的儿子，其实都不算坏皇帝，他们只是生错了年代，他们面临的，是"千年

凡尔赛宫的舞会

---

① 乾隆虽在1796年退位，但到死都是清朝的实际统治者。

未见的大变局"。英法的竞争，已经不是王朝的竞争，而是海洋和大陆的竞争，是全世界范围内生产能力的竞争，最终，它是封建制度和立宪制度的竞争。

1755年，在殖民地和海外贸易路线助攻下，英国税收720万英镑（pound sterling），同期法国税收2.53亿里弗（livre），折合约1138万英镑。大不列颠以20%的人口，做到竞争对手的60%[①]。单纯从经济总量来看，英国仍不是法国的对手，不过，大家忘记"君主立宪"和"荷兰先进制度"加持了吗？

路易十五和路易十六时期，英法争霸继续，战争开支疯涨。七年战争期间，贷款占英国战争总开支的80%，法国则是65%，税务收入的60%左右都用在还债[②]。然而，法国王室的信用远远低于英国。

绝对君权嘛，扩建一下凡尔赛又怎么了？稍微挪用一点海军军费又怎么了？临时手头紧，借一点年息18%的短期高利贷又怎么了？真没钱了？可以加税啊，可以卖官啊，可以封爵位啊。自我控制？财务平衡？不存在的，逼急了皇帝违约，"朕即国家"，绝对王权没听过吗？

1715年至1770年间，法国5次违约，国王的信用等级还不如国内的商团。以至于路易十五为了节约利息，要通过国内商团作为中间人借钱，类似于美国政府通过苹果公司来借钱。各种神奇的操作，让法国的贷款利息飙到7.5%[③]，荷兰财团宁愿打折出售法国公债也不要这个赔本货。资金回收之后投资哪里呢？英国。

1776年，亚当·斯密发表《国富论》，经济研究从此成了一门科学。毫无疑问，和火药、钢铁一样，它既是一门增加本国财富的学科，更是一件打击敌对国家的利器。不过亚当·斯密既宣称"自由贸易"是增加财富的不二法门，同时也夸奖"打击自由贸易"，并称赞限制荷兰发展的"航海条例"是"英国历史上最为明智的法令"。这不冲突，再说一遍，优势产品"自由贸易"，弱势产品"保护主义"，算是常规操作。师承荷兰的资本主义制度，从此在英国成为一门科学，一项专业，一件大规模杀伤性武器。

---

[①] 英国的人口数字来自 The Cambridge Social History of Britain, 1750-1950，法国1755年的人口数据来自 Louis Henry 的 La population de la France de 1740 à 1860 中的预估。
[②] 七年战争期间法国和英国的财政收入以及利率主要参考熊芳芳教授的《再论法国大革命的财政起源》，以及 Roger Morriss 的 The Foundations of British Maritime Ascendancy 的数据。
[③] 这是法国历史学家 François Crouzet 估算的。

20英镑上的亚当·斯密

同时，君主立宪让英国拥有了一个全国性的议会，精英阶层广泛参与政治，税收和信贷都需要国会批准，很好地增加了税基，约束了不理性开支；英国的中央银行英格兰银行，让投资人理解英国的财政健康状况，对大英的长远胜利充满信心。大不列颠国债200年从不违约。

所有因素叠加，大英帝国贷款利息3.8%，相当于全欧洲的投资人都在帮着英国打法国。顺便说一句，1911年美国国债3.98%，与其说上帝保佑美利坚，不如说是金融财团保佑美国；而当年袁世凯善后大借款，实际（因为有本金打折）年息6%，还加了一堆苛刻的条款。①

回到英法争霸的主线，基准利率上浮200%的炒房，怎么赚得过基准利率85折的。法国没有败在军队，而是败在大海、败在贸易、败在金融、败在经济。

1763年，欧洲七年战争结束，英国大获全胜，法国大量海外殖民地易手，包括美洲的加拿大、佛罗里达，法国势力被逐出美洲和印度半岛。最严重的是，在遥远的印度，法国据点被连根拔除，英国一家独大，为全面吞并"大英帝国的奶牛"②作好准备。

高傲的高卢雄鸡能咽下这口气吗？当然不能了。1775年，美国独立战争爆发，3年后，法国参战；4年后西班牙参战；5年后荷兰参战。北美十三州，幸运地迎来了欧洲国家集体围攻大英帝国的良好国际环境，终于在1783年迎来独立。

---

① 美国1911年10年期国债利率3.98%，数据来自美国政府网站。清末的债券利率数据来自西南财经大学货币金融博物馆的《近现代债券发行史简介》及许毅的《清代外债史论》。中国2020年40亿欧元主权债券收益率详见中国政府网站。

② 这是当时对印度的说法。

1780年，第四次英荷战争爆发，日薄西山的荷兰被彻底打败，荷兰东印度公司破产，势力被逐出东印度，欧洲金融中心易手。先不要感叹，荷兰的沦落只不过历史中的小小浪花，人类历史上最重要的政治事件，此时正缓缓拉开序幕。1788年，成功打击世仇英国的路易十六，根本没有时间享受胜利的喜悦，战争开销让法国国债飙升到40亿里弗尔，财政收入早已入不敷出；1788年，法国农作物歉收，经济崩溃。

之后的事情大家都知道了，1789年，法国大革命爆发。你听，那是人民嘹亮的歌声。

## "千年未有之大变局"

1789年7月14日，义军攻占巴士底狱；1792年9月22日，法兰西第一共和国成立，是为共和国元年；次年，第一次反法同盟成立，奥地利、萨丁尼亚、普鲁士、英国、荷兰、西班牙合剿新生的共和国。1793年，普鲁士军队兵临巴黎城下，贵族将军夏尔·弗朗索瓦·迪穆里埃阵前投敌，鼓励奥地利进攻祖国以恢复君主制。

新生的共和国在风雨飘摇中，露出了锋利的獠牙。

1793年1月21日，路易十六被押上断头台——"路易必须死，因为共和国必须生"①；5月，罗伯斯庇尔上台；6月，《法兰西1793年宪法》通过，规定了人类历史上第一次男性普选权；9月，吉伦特派21位领导人被集体处决。

革命，锻造出锋利的双刃剑，砍倒了旧世界，也砍向了自己。一年之内，法国全境处决了约4万名②"革命的敌人"，巴黎的断头台日夜不停，头颅如麦子般被割下，其中包括罗伯斯庇尔自己。大革命催生了普选，但也催生了巨大的混乱，史称"恐怖统治"。

然而，也在这一年内，全民普选的法兰西共和国开始了人类历史上第一次

---

① 出自罗伯斯庇尔审判路易十六的演讲。

② 这是历史学家Marisa Linton估算的。

"总体战"——"征兵制"让十万公民穿上军装;"配给制"集合国内所有资源;"共和制"把固化的阶级打得粉碎,让公民愿意为国家而战,让有天赋的平民能成为将军、部长、领袖,以民族国家为基座的现代国家,开始崭露头角。

拉扎尔·卡诺,律师的儿子,数学家,后来的巴黎科学院院士,在大革命后得到进入政界的机会。他以科学的方法,在极短时间内,改革法国的后勤体系、军团体系、新兵训练体系,把"总体战"从理论变成现实。10万法兰西共和国公民,戴上自由帽①,举起三色旗,在"自由、平等、博爱"的口号中,无所畏惧,奔赴前线。

共和国的敌人怎么看这支军队呢?大欧洲几百年来,当兵的都是吃粮打仗,靠的是军饷足额、士卒干练,法国临时征募些平民上战场,欧洲的贵族将军们纷纷笑掉了大牙。第一次反法同盟中,普鲁士统帅对手下说:国王陛下的勇士们,我们现在要去和律师、医生和农夫打仗了。现场哄堂大笑,里里外外充满了欢乐的气氛。

1792年,训练有素的普鲁士职业军人入侵法国,在巴黎东南的瓦尔密,与刚刚穿上军服、严重缺乏训练的法国青年义勇军迎头相遇。凯勒曼将军坚决应战,振臂高呼:"共和国万岁。"于是法国革命军,这支普鲁士布伦瑞克将军眼中的乌合之众,发出了怒吼:

法兰西万岁!
共和国万岁!
Vive la France!
Vive la République!

一天之内,3.6万人民的军队,打败了旧世界的"战斗精英",新生的共和国浴火重生。布伦瑞克酸溜溜地说:"这不是我的战场。"撤退。瓦尔密战役的胜利,将彻底改变战争和国家的组织形式。

2天后,法兰西第一共和国成立,平民英雄的时代、总体战的时代、征兵制的时代,来临了。在未来的20年内,共和国将武装史无前例的260万部队,推翻一个个国王,横扫欧洲的封建制度。

---

① 法国人把这个叫做Bonnet de la liberté,又叫做"佛里几亚无边便帽"。

大革命的号角声，吓坏了欧洲封建君主，这号角声如此嘹亮，以至于漂洋过海，通过在大清传教的耶稣会传教士，传到了"十全老人"的耳中。乾隆作为东亚皇权统治的核心，听到会是什么感觉呢？

不知道。

按照传教士钱德明的说法，乾隆对把皇帝砍头这种事儿表现出了极大的恐惧，因此取消了原定派往法国的使团；按照英国大使马戛尔尼的说法，法国的动荡让清廷"敌视任何改革"；甚至有说法，正因为法国大革命，导致了乾隆对白莲教的残酷镇压，继而引发了乾隆末年的"白莲教大起义"。但事实就是，没有人知道乾隆在想什么，白莲教从来都是镇压对象；闭关锁国是东亚文明当时几乎一致的选择；有没有法国大革命，那一千年的惯性都不紧不慢地踱着方步。

乾隆了解西方世界，甚至颇为喜欢这些"奇技淫巧"。他在宫中藏着法国佩剑、英国火枪；他把西洋铜版画"十全武功图"当作礼物送给大臣；他的墙上挂着世界地图；他想要在圆明园里按照凡尔赛宫的样式造喷泉①。但是，如果是一个生活在7世纪到17世纪的中年男人，他能听懂下面这些尚待发明的词汇吗？

**革命**？"汤武革命""革除天命"（这是革命两个字在中国的词源），是造反的意思，那新皇帝是谁？什么，怎么能没有皇帝？

**平等**？我懂了，"众生平等"，看来法国是佛教徒起义？什么，是公民，公民是什么？

**博爱**（fraternity）？实在太难翻译，本意是"兄弟情谊"的意思；兄弟情谊，"闻于义则同志"，难道是指江湖义气？

在乾隆生命最后的10年里，他没有留下任何一句关于法国大革命的评价。在人类历史最重要的时刻面前，东方帝国如死水一般沉寂②。

爱新觉罗王朝可以装作什么都没听见；波旁王朝可就跑不掉了。1789年，凡尔赛宫被暴民洗劫；4年后，宫内藏品被迁往卢浮宫，凡尔赛宫从此被废弃40年；等它1833年重生时，有了一个新的名字：凡尔赛宫历史博物馆。从凡尔赛到圆明园，这些皇家花园的历史，都将随着皇家的消失随风而逝。

1799年，法国巴黎，拿破仑登上"法兰西第一共和国执政官"宝座，结束

---

① 圆明园大水法是法国人按照凡尔赛喷泉设计的。
② 随着近几年清宫档案的解密，有大量新的研究成果出现，可以确定乾隆对西方世界有较深的理解，但他同时也对中原地区的官僚进行了刻意的信息阻隔，有兴趣的可以关注一下哥伦比亚大学历史系孔令伟的相关研究。

了大革命 10 年后法国政治一片混乱的局面。共和国曾在《博爱法令》中许诺"帮助全世界所有希望重获自由的人民",现在,他拥有实现这个目标的力量了。新的社会军事制度、狂热的革命热情,叠加上拿破仑不世出的军事天才,让欧洲感受到了法兰西革命的暴击。1806 年,拿破仑瓦解第四次反法同盟,普鲁士大军全军覆没,拿破仑攻占柏林,欧洲大陆再无对手。

除了海洋,那片早在路易十四手中就失去的海洋。一年前,特拉法加海战,法国、西班牙联合舰队全军覆没,法国,终究是个陆地强国。

于是,失去制海权的拿破仑皇帝,决心"把英国人溺死在他最如鱼得水的地方",欧洲大陆的封锁计划开始。——哦,对了,此时我们得称呼他"皇帝陛下"了。拿破仑已经不是"共和国之矛""蓝白红的旗手",毕竟没几年就要改选的总统,哪有终身执政的皇帝过瘾。

1804 年,拿破仑·波拿巴登基为法兰西皇帝,他这个皇帝既不同于路易十四的"君权神授",也有异于乾隆的"受命于天"。法兰西第一帝国的皇帝,是"民选皇帝",是 350 万张公民赞成票[1]选出来的皇帝。12 月 2 日的加冕礼,是新旧体制结合的闹剧,庇护七世为打着呵欠[2]的新皇帝涂上"圣油"——这是皇家旧例;拿破仑给自己戴上皇冠[3],表明自己的权力不来自宗教,而是来自人民——这又是共和国新规。

当然,皇帝虽然是个不一样的皇帝,但登基之后,那股子横征暴敛、穷奢极欲、亲戚被"分封"到各个小国做国王、全家鸡犬升天的劲头,大有路易十四遗风。

嘉庆十一年(1806 年),柏林,拿破仑诏曰:"我欧洲大陆,打今儿起,英国商船一概不得入境,英国洋行货物一体充公,敢有违反者,交刑部论罪。拿破仑大帝,千秋万代,永享太平。"有反对意见吗?当然有,不过不容他人置疑。

欧洲版的闭关锁国,开始了。

结果大家应该都猜到了,"棍棒打不倒经济学",人类用强权对抗经济规律,这不是第一次,也不是最后一次。迄今为止,经济规律完胜,强权完败。大陆封锁之下,英国靠着殖民地 3.0 时代,巨量的海外市场,勉力支撑,但欧洲大陆的经济已经一落千丈。俄国带头抵抗,拒绝配合。

---

[1] 当时法国选民约为 400 万。
[2] 拿破仑习惯熬夜,加冕典礼的参与者说皇帝一直在打呵欠。
[3] 这是拿破仑和教宗互相协商同意的,所以后来画作上教宗的惊讶表情,应该并不存在。

1812年，为了教训俄国沙皇亚历山大一世，61万人的欧洲多国部队，在法兰西皇帝的带领下入侵俄国，包括10万对拿破仑忠心耿耿的波兰外籍军团。他们死在了曼涅河，死在了莫斯科；他们死于寒冷，死于饥饿；回国时，还剩不到6万人。一代精英消耗殆尽。

1815年6月18日，夜间9点，滑铁卢之战，法国的军队在普鲁士军团猛攻下崩溃，千秋万代终于成了迷梦。和拿破仑一起崩溃的，是西班牙国王约瑟夫·波拿巴，荷兰国王路易·波拿巴，西伐利亚（在德国）国王杰罗姆·波拿巴……世间再无波拿巴王朝。

1815年，法兰西共和国的执政官、法兰西第一帝国的皇帝，旧王朝的灾星、新暴发户王朝的创建者，无套裤汉的解放者、底层人民的压迫者，封建制度的粉碎机、奴隶起义的刽子手，巨人、矮子——拿破仑，流放圣赫勒拿岛，从此再也没能踏上欧洲大陆。

1821年5月5日，拿破仑咽气，被草草葬在天竺葵山谷中，被打怕了的英国人甚至不允许在墓碑上刻下他的全名，而只允许写"N·波拿巴"①。在生命的最后几年里，他成了个普普通通的老囚犯，深受胃病折磨，每日精神恍惚，絮叨着旧日的荣光。

1814年4月20日，刚退位的拿破仑在枫丹白露宫告别近卫军

---

① 因此，皇后一怒之下，决定墓碑上不写任何名字。

有意思的是,他常念叨的不是皇帝加冕仪式的盛大,不是教皇庇护七世亲自来巴黎的尊贵,不是历史上最接近统一欧洲的庞大王朝。他不停重复的,是在土伦港,他大败英军,捍卫共和;是翻越阿尔卑斯山,打败奥地利,维护祖国法兰西;是当选共和国执政官那天,巴黎天空高高抛起的自由帽,城中飘扬如大海的三色旗。

那是成为恶龙之前,屠龙少年最光辉的岁月。他想说服世界,包括自己,他一直都是"自由平等博爱"的执剑人,而不是旧王朝的拙劣模仿者。

我真正的光荣并非打了四十多次胜仗,滑铁卢之战抹去了关于一切的记忆。但是有一样东西是不会被人忘记的,那就是我的《民法典》。

——拿破仑·波拿巴

他说得没错,滑铁卢抹去了一切记忆,欧洲掀起了复辟大潮,封建统治者纷纷归位,似乎一夜间回到了100年前。但等待这些国王的,将是一个大革命之后的世界。

《民法典》第8条,"所有法国人都享有民事权利";翻译过来就是法律面前一律平等。

《民法典》第488条,"满21岁为成年人,享有平等民事行为能力";翻译过来就是成年后一切自主。

《民法典》第544条,"所有权是对于物有绝对无限制地使用、收益及处分的权利";翻译过来,国家保护私有财产。

如果你觉得耳熟的话,那是因为包括《中华人民共和国民法典》在内的一切欧陆法系国家民法,都有法国《民法典》的影子。

1840年12月,在反复交涉下,拿破仑的灵柩终于被送回法国,"七月王朝"①统治下的90万巴黎市民,怀揣着自由帽,在严寒中默默迎接他的遗骨——他们是在迎接皇帝,但他们也是在迎接消灭皇帝的统帅。仅仅8年后,二月革命爆发,"1848年革命"席卷欧洲,七月王朝被推翻,法兰西第二共和国成立。Vive la France! Vive la République!

---

① 又叫做"奥尔良王朝",国王是路易-菲利普一世,波旁王朝的分支,奥尔良家族的后代。

拿破仑终于明白，剑，终有折断的一天；但思想，将代代流传。

思想去哪里了呢？

委内瑞拉，弗朗西斯科·德·米兰达，军官，1792 年参加法国大革命，在瓦尔密战场抗击普鲁士，回国后领导委内瑞拉革命，史称"委内瑞拉国父"。

委内瑞拉，西蒙·玻利瓦尔，军官，1804 年任拿破仑随从官，回到拉丁美洲后，创建"大哥伦比亚共和国"，包括现在的委内瑞拉、哥伦比亚、巴拿马等地，史称"南美洲解放者"。

巴西，席尔瓦·沙维尔，牙医，1780 年开始，受到卢梭等法国启蒙运动思想家影响，1789 年起义革命，纲领是：推翻殖民统治，创建巴西共和国，史称"巴西革命之父"。

墨西哥，米克尔·伊达尔哥·科斯蒂亚，神父，1770 年开始接受启蒙思想，1810 年发动墨西哥独立战争，史称"墨西哥国父"。

如果还不理解思想的威力，我们可以看看海地独立战争的历史，稍微有点绕，请大家注意力集中。

1789 年，法国大革命爆发；1791 年，海地奴隶起义爆发，4000 多名白人被杀。

1793 年，法国革命委员会决定向海地派遣军队——不是去镇压，而是去平息抗争，保障黑人公民的权利；新任总督代表法兰西共和国，废除海地北部奴隶制，与南方的白人种植园主开战——这是共和国的高光时刻；同年，英国和西班牙入侵海地，所到之处，奴隶制重新恢复。

1794 年，法兰西共和国宪法宣布，废除殖民地一切奴隶制度；同年，西班牙宣布拒绝废奴。于是，海地人民和法国士兵，这对曾经的敌人，站在一起，奋战 5 年，击退了入侵的英国和西班牙军队。

1801 年，海地宣布自治。

1802 年，拿破仑露出他的獠牙，为了保持殖民地收入，维护法国和法国上层阶级的关系，他宣布恢复奴隶制，并派遣大军重新征服海地。这是大革命羞耻的一幕，而海地人民决不屈服，第二次与法国开战。

让我们不要忘记 1802 年，海地人民坚守 Crête-à-Pierrot 堡垒（中文翻译可能是克里特阿皮耶罗堡垒）的那一幕。革命法国的反殖民地革命军队围困堡垒，日夜炮轰、攻城，革命法国所教育的反法国的革命黑人起义军唱着《马赛曲》，高喊"自由万岁，平等万岁，共和国万岁"打退了一次次革命法军的反革命进攻。

法国军队心理崩溃了,士兵质问军官:为什么千里迢迢参加战斗却是为了镇压自由人民?你看,公民打仗就是这么麻烦,居然还要合情合理,拿破仑皇帝表示很头疼。很多为了革命理想而加入法军的波兰志愿军,直接叛逃加入了海地人民,波兰因此被海地尊称为:欧洲的黑人。

这就是思想的威力,战士会死去,将军会老迈,皇帝会被推翻,但思想,将永远成为压迫者的噩梦——即便那压迫来自革命发源地本身。

1804 年,海地成立最早的黑色共和国,废除奴隶制。

1819 年,哥伦比亚独立,废除奴隶制。

1821 年,委内瑞拉、墨西哥独立,废除奴隶制。

共和国已死,共和国万岁。

南美洲,殖民地 3.0 的剥削和掠夺制度,开始分崩离析。

1833 年,英国宣布在所有殖民地废除奴隶制,大英帝国虽然慢一拍,但总能跟上时代潮流,倒是法国 1848 年才废除;至于美国,还得再过 32 年。

回到 1812 年,法国远征军惨败于冰天雪地的俄罗斯,拿破仑皇帝虽然还在位,但法国的命运其实已经注定。高卢霸主已经翻篇,这一次,大家又学到了什么呢?

大清还是啥都没学到。

1799 年,法国大革命第 10 年,拿破仑成为共和国执政官,同年 2 月,乾隆驾崩,此时的川楚白莲教起义正如火如荼,清廷无力镇压。嘉庆亲政后,抄没和珅家产,并根据龚景瀚的《坚壁清野议》,开放汉人团练。什么三级会议,什么公民,什么革命?不存在的,大清朝不是顺民就是反贼;普天之下莫非王土,率土之滨莫非王臣,没有中间路线。

学到最多的谁呢?还是英国,三强争霸最后的胜利者,大英帝国。

第四章

三强争霸之日不落帝国

## 英国登场

**最后一位出场的是：英国。**

**霸权倚靠：海军全球第一。**

作为岛国，大英帝国省了不少陆地国防的钱；不列颠子民素来以海洋为家，有着全欧洲最多的水手。女王大喊一声出海了，300个酒吧里能跑出3000个专业水手来。

**传家宝：祖传一道天堑。**

历任国王、女王，坚持"欧洲大陆均势"政策，按照丘吉尔的说法，"……英国四百年来的对外政策，就是反对大陆上出现最大、最富于侵略性和最霸道的国家……"[1] 具体来说，就是一方面保证英国海军的绝对优势，仗着祖传天堑英吉利海峡保护本土安全；另一方面，谁在欧洲冒头称霸，就铁了心联合其他国家进行打压。几百年中，纵横捭阖、拉帮结派，无所不用其极，人称"打地鼠专业户"。口号是"没有永恒的朋友，也没有永恒的敌人，只有永恒的利益"。

**核心技能包："君主立宪"。**

趁着欧洲三十年战争乱哄哄的时候，英国人干净利落地把自己国王给砍了。鉴于查理一世在被砍头时，表现镇定、仪态端庄，砍完以后英国人又觉得有点不好意思，围观群众纷纷落泪。[2]

当然，不好意思归不好意思，英国人还是坚定地走在了限制王权的路上。到1688年光荣革命，英国完全确认了"君主立宪"政体，一举保证了几百年的社会稳定，可谓功德无量。

---

[1] 摘选自《丘吉尔：第二次世界大战回忆录》，温斯顿·丘吉尔著，广东人民出版社，2019。
[2] 史载查理一世被砍头时，仪表非常庄严，群众纷纷落泪。

**加速包：工业革命。**

18 世纪中，英国喜提"工业革命"大礼包，奠定了当代世界的基础，人类从此上了快车道。它和法国，一个负责思想解放，一个负责生产力解放，史称"双元革命"，可谓功莫大焉。

让我们回到主线，1815 年，滑铁卢战役后，法国跌下霸主宝座，英国又一次占了大便宜。不过和当初努力学习荷兰不同，他这次继承前代霸主的遗产，多少有点不情不愿的味道。共和国的改革春风既然能吹到南美，英国自然也无法置身事外。1817 年，"自由平等博爱"的思潮飘过英吉利海峡，75 万英国人签名要求扩大选举权。

议院当然是断然拒绝。1819 年，6 万多市民在曼彻斯特集会，当天，"英勇"的皇家轻骑兵果断发起冲锋，当场打死 11 人，600 余人受伤，史称"彼得卢大屠杀"。1830 年，法国七月革命，尝过自由味道的法国人民再次起义，推翻了复辟的波旁王朝，第二次掀起革命巨浪。1832 年，英国议院第三次否决扩大选举权的《改革方案》，英国大乱，史称"Days of May"。

彼得卢大屠杀

于是，民众示威，商户闭市，银行挤兑，伦敦黑云压城，"扩大选举权运动"的领袖托马斯·阿特伍德（Thomas Attwood）说，他可以在一个钟头之内把全国工人动员起来。英国处于革命的边缘。

白金汉宫里,皇后阿德莱德·阿米莉亚·路易丝·特蕾莎·卡洛琳恐惧万分地问她老公——国王威廉四世:"伦敦是不是也要造反了?他们是不是要把我们砍头了?我会不会是下一个玛丽·安托瓦内特[①]?"

6月,在断头台的威吓下,《改革法案》终于被通过,英国有选举权的人口从1%提升到了7%。法国大革命,硬生生吓出了英国的政治改革。

共和国已死,共和国万岁!

法国断头台——英国革命推动者

1814年,法俄战争,拿破仑战败。沙俄大军攻入巴黎,征服法兰西。结果一转眼,那些征服者反过来被"自由平等博爱"给征服了,感受了共和春风的俄罗斯贵族军官纷纷表示要向法国学习。他们回国后组织了南方协会,还草拟出一个《俄罗斯法典》,要建立俄罗斯共和国。

1825年,得到列宁同志高度评价的贵族军官领导的"十二月党人起义"爆发。沙皇尼古拉一世果断镇压,大炮向战斗英雄们开火,1271人被杀。起义失

---

① 路易十六的王后,一起被砍头了。

败，首领被绞死，剩下的流放西伯利亚。"十二月党人"忠诚的妻子们纷纷写信给沙皇，希望"小爸爸"（沙皇号称是人民的小爸爸）宽恕，否则就只好跟着丈夫们去流放了。沙皇表示，那你们就都去流放吧。

"凡是自愿跟随丈夫到西伯利亚去的，立即剥夺贵族特权，永远不能返回莫斯科或彼得堡。"于是，养尊处优的贵妇们放弃美丽的莫斯科，亲吻镣铐，陪丈夫来到苦寒之地西伯利亚。十二月党人的妻子最终成了俄罗斯忠贞的象征。

所以，从长远来看，1832年改革削弱了英国土地贵族和金融贵族的势力，让势不可挡的工业资本进入议会，并最终带来的现代政治制度，保证了英国政局的稳定。16年后，欧洲1848年革命，法国人民发动"二月革命"，赶跑皇帝，成立"法兰西第二共和国"。德国、匈牙利、奥地利市民纷纷揭竿而起，整个欧洲大陆再次掀起革命大潮，除了英国。英国百姓排队投票，政府云淡风轻地撑过了这场席卷欧洲的大风暴，而且还在印度打赢了"第二次英国锡克战争"，吞并了旁遮普地区，稳定了英属印度的西北边境，并吸收了不少锡克士兵进入军队。

从这个角度来说，英国皇室今天还好端端地住在白金汉宫，要感谢1832年改革，要感谢法国断头台的威慑，也要感谢威廉四世不那么硬核。

政治改革的红利被英国捏着鼻子吞下，而更中头奖的是，在瓜分庞大波拿巴王朝的"维也纳会议"上，英国的"欧洲均势"以及"海洋第一"国策，彻底完成。当然有人想乘机肢解法国，但"共和国义勇军"的力量实在太让人恐惧，你敢瓜分法兰西，他们再来一次全民总动员，再来一次共和国的奋起，谁去挡？

沙皇？你想再尝尝莫斯科大火吗？

普鲁士国王？上一次柏林陷落花了18天，你猜猜这次需要多久？

英国？俄国已经成了"欧洲宪兵"，如果肢解制衡它的法国，你猜俄国多久会成为欧洲的新霸主？

再说了，你猜猜如果残酷镇压的话，共和分子会不会继续输出革命？各位觉得后院起火需要多久？在这种恐惧下，《维也纳协议》一方面形成了压制革命的共识，另一方面，也第一次达成了"欧洲协调"机制，战败的法兰西保留了自己的大国身份，欧洲政治框架被基本确定。奥、英、俄、普、法五国形成了欧洲的大国平衡。

从《维也纳协议》开始，小型冲突和谈判，成了沟通的主要方式。协议之前，欧洲随随便便就是"百年"战争、"八十年"战争、"三十年"战争，"七年"战争，内斗得不亦乐乎，大海上到处都是以国家名义打劫的"英国皇家海盗""法国皇家海盗"。协议之后的百年内，欧洲本土几乎没有什么像样的大战，规模最大的英法对俄国的克里米亚战争，也就打了3年不到。

商船不再需要战舰护航，跨洋运输成本极大降低，洲际贸易蓬勃发展；英、俄、法三大列强，不再担心争夺殖民地时后背被袭，可以腾出手专心经营全球殖民地扩张了。1815年，嘉庆二十年，《维也纳协议》最终达成，它敲响了西方世界进军全球的号角。

欧洲，金融和资本主义制度、全球物流和贸易网络、殖民地大生产、地缘政治稳定。

大清，打败准噶尔汗国，消除北方游牧民族威胁、巩固疆域。

此时，距离1840年还有25年，留给中国的时间不多了。不过大清好像不太紧张，嘉庆二十年，捻子（打死僧格林沁的捻军前身）开始零星出现，不过荡平似乎也并不费劲，至少各地官员的捷报是这么说的；嘉庆颁旨"查禁鸦片"，各地官员已经记不起来这是第几次查禁了，毕竟从1729年雍正的禁烟诏令后，比较著名的禁烟令就包括1796年嘉庆禁烟，1800年嘉庆禁止国内栽种罂粟，1813年禁止吸食鸦片等，总之后来差不多隔几年就号称要"禁烟"，大家也就当他随便说说了。

毕竟大烟生意一本万利，是各地官府的行贿大户，皇帝的命令，随便抓几个给朝廷交差就行，何必当真。天朝上国一片祥和。唯一有点意外的是，这一年，廓尔喀被英国打了，来向大清求援。对的，就是那个入侵西藏，结果被大将福安康一路打到首都加德满都的廓尔喀。

对于这种不安分守己的藩属国，嘉庆表示很不耐烦：你们肯定又不知轻重了对不对？你们蛮夷之间的破事儿自己解决。至于万里之外的英国，为啥和廓尔喀打起来了，还居然能打赢，大清既想不明白，也不想弄明白。不过，为了保险起见，大清还是派成都将军赛冲阿向尼泊尔边境增了兵。一年后，英国战胜廓尔喀，但却是一场艰难的胜利。显然，英国在印度次大陆的优势还没完全确立。

权衡再三，英国驻孟加拉总督，黑斯廷斯侯爵，还是决定不去招惹东方大国，放弃了彻底征服廓尔喀的计划。于是，大清保住了宗主国的体面，尼泊尔继续保持大清藩属国身份。一切恢复原样，就好像什么都没发生过一样。

1815 年，旧时代结束，新时代开始，东西方的大船在廓尔喀打了个照面，然后顺着自己的轨道继续前行。

大清这艘船沿着老路，继续行驶。不出意外的话，两百年内，土地兼并、官僚腐败，然后某条好汉会喊出"王侯将相宁有种乎"的口号、举起"驱除鞑虏"的大旗，用新的王朝将他取代。

而大英这条船，则有点奇怪，他的甲板上、货舱里，甚至船长室中，都堆满了一种轻盈的白色农作物。它蓬松而坚韧，保暖而轻盈，简单而易变，它是人类历史上最重要的农产品，大英帝国腾飞的燃料，马克思主义灵感的源泉——棉花，大英帝国，是棉花的帝国。

人们面前将应有尽有，

人们面前将一无所有。

## 棉花帝国

1859 年，查尔斯·狄更斯的《双城记》首版，这本以法国大革命为时代背景的伟大著作，把故事放在了双城：巴黎和伦敦。故事里，"主角"之一：巴黎，正在经历着山崩海啸般的人民起义；而和攻占巴士底狱一样，另一个主角伦敦也在经历着深入骨髓的革命。但和喧嚣的巴黎革命不同，伦敦革命的发起者却悄无声息，他就是人畜无害的"棉花"。它不如黄金白银那般耀眼，但却有着无穷无尽、跨越全球的市场。无论你是男是女，是奴隶还是贵族，你永远需要棉花，需要棉布。衣不遮体的想要保暖，保暖之后想要美观。

秘鲁的金矿算什么，棉花才是人类世界真正的金矿。而伦敦，是全球"挖矿"的中心。

回到 1766 年的世界，中国和印度牢牢占据着全球棉纺织生产中心的地位。心灵手巧的百姓，在作坊里产出全球 70% 的布匹。东方的棉布，无论是质量、数量还是多样性，都远超欧洲。中国更多的是自给自足，而印度则是出口全球。当年，印度的棉花出口占据英国东印度公司业务的 75%，占据了除英国本土外的全球市场：非洲、美国、加拿大、巴西……

为什么除英国本土外呢？因为不列颠是个有意识保护民族工商业的主权国家。1774 年，议会要求在英国销售的棉布必须完全在本土纺织而成，以彻底保护民族工商业。再来一遍，优势产品"自由贸易"，弱势产品"保护主义"，都懂得。

不仅如此，英国政府鼓励纺织业创新，鼓励本土工业向印度学习，鼓励民族工业在海外市场和印度竞争。国内市场保护、产品全球竞争、早期的资本积累、资本主义制度、海外殖民市场……所有因素结合在一起，终于点燃了伦敦那场静悄悄的革命——18 世纪中，英国，工业革命开始了。

1755 年开始，焦炭炼钢、水力鼓风机等被发明，炼钢成本大幅下降。

1764 年，珍妮纺纱机出现。

1785 年，瓦特改良的蒸汽机投入使用。

人类的历史在这一刻冲上了快车道，跟着一起的是大英的国运。1780 年到 1800 年，英国纺织品出口年平均增长率 14%，20 年内增长近 16 倍；[①] 纺织品占经济增加值的比例从 2.6% 增加到 17%，近 40 万人从事纺织业。

1790 年，一个印度纺纱工 5 万个小时纺 100 磅原棉[②]。在机械的帮助下，同样的工作，一个英国工人只需要 1000 个小时；5 年后，是 300 个小时；30 年后，是 135 个小时，效率是印度工人的 370 倍。

在棉花面前，只能通过扩大规模来扩大生产的蔗糖，成了经济发展的鸡肋；棉花所带来的，是扩大生产的全新方式。

---

[①] 对比一下，中国改革开放 40 年，出口总值的平均年增长率 15%，大家自行感受一下。

[②] "5 万个小时纺 100 磅原棉"这个说法看起来很不合理，这是因为该数字是来自 Harold Catling 在 1970 年的专著 The Spinning Mule，原文是"如果要制造支数为 80 支的纱线，估计即便印度能够生产，也要花费估计 5 万小时的时间。事实上，在发明骡机之前，英国也不会生产。"80 支的精棉是相当高的支数了，到现在这还是高质量棉布，Harold 的本意是，纺 100 磅原棉花 5 万小时是一种假设，而当时根本不会去生产这种支数的棉布。这个数字被 S. D. Chapman 在 1972 年出版的 The Cotton Industry in the Industrial Revolution 中被引用；再之后在斯文·贝克特的《棉花帝国》中二次引用。在引用过程中，原文的"假设性说法"变成了一种实际发生的情况，这带来误导作用，特此批注。

摩尔定律：

集成电路上可以容纳的晶体管数目大约每经过 18 个月便会增加一倍。换言之，处理器的性能每隔两年翻一倍。

——英特尔，戈登·摩尔

纺织业所经历的，就是那个年代的摩尔定律，它揭露了工业世界的基础规律：

（1）效率的提升永无止境，从珍妮纺纱机、水力纺纱机、骡机、蒸汽纺纱机，每一代都把效率提升一个台阶；技术的投入可以获得竞争力，并产出超额的利润。

（2）在对利率无止境的追逐下，在企业家创业精神的驱动下，在君主立宪政府对本国工商业的保护下，技术发展成为工业的驱动力，世界经济暗潮涌动。

我们总是高估未来两年世界将发生的变化，而低估未来十年将发生的变化。

——比尔·盖茨

站在 18 世纪，没有人能猜到棉花的威力，但就是棉花，彻底改变了世界。1780 年，伦敦，机械带来的效率飞速提升，让棉纱厂的加工能力超过了市场上原棉的供应能力；原有的棉花供应商，如奥斯曼的伊兹密尔、孟加拉，即便再扩大生产也无法满足那些轰鸣的怪兽所消耗的原材料。伦敦原棉价格暴涨，侵蚀了企业主的利润；人类历史上，第一次出现了因为生产力太强大而出现危机的行业。

在欧洲工厂的巨大需求促进下，圣多明各原有的烟草和蔗糖种植，逐渐让位给了棉花。殖民地 3.0 时代，大种植园经济所积累的经验，慢慢被转移到了棉花种植身上，海地从"糖岛"，慢慢成了"棉岛"。同样发生这种缓慢变化的，还有蔗糖产区巴巴多斯、多巴哥岛、巴西……其中最重要的，是美国。

佐治亚、阿拉巴马、南卡罗来纳……这些地方的种植园主意识到，棉花市场即将井喷。1781 年，英国颁布规定，禁止出口机械化纺纱的技术；而在这之前，已经有规定技术工人出国超过 6 个月，家产直接没收。显然，唐宁街 10 号[①]已经明显意识到，科技才是核心竞争力。

然而，技术的扩散无法阻挡，几十年内，英国的纺纱技术将会传到整个欧

---

① 英国首相官邸地名。

洲，包括美国。1787 年，美国国父亚历山大·汉密尔顿高价公开招募英国技术工人和商业间谍，盗窃英国的纺纱机设计图；虽屡败屡试，终于在 1812 年，由弗朗西斯·卡伯特·洛厄尔成功获取了专利机密。所以，汉密尔顿既是美国国父，同时也是著名知识产权大盗，一点都不违和。

当然，英国人的技术有不少也是从印度来的，大英帝国出版，《班加罗尔纺织品加工及当地人丝、棉染色流程记录》[①] 了解一下。

10 美元上的汉密尔顿

1791 年，海地革命，大起义打碎了黑奴身上的锁链；1804 年，海地独立，同年，大屠杀发生，除了"欧洲的白色黑人"波兰人外，4000 多名海地白人被残酷杀害，海地彻底自我隔绝于世界经济。

一方面，因为失去海地产区，全球原棉价格飙升；另一方面，海地经济彻底崩溃，从此再也没有恢复。

再说一遍，"棍棒打不倒经济学"，强权打不赢经济规律。至于这强权正义与否，经济规律毫不在意——这就是为什么我们说这是"规律"，规律不讲道德。

黑人为几百年来受到的欺凌报复白人，合理吗？当然合理，"以眼还眼，以牙还牙"，有啥不能理解的。有啥用吗？没啥用。经济规律不会因为你"很

---

[①] Account of the Manufactures carried on at Bangalore, and the Processes employed by the Natives in Dyeing Silk and Cotton.

合理"而放过你。无论海地、南非，都是如此。动荡之下，海地的法国农场主纷纷移民到美国，带去了大种植园生产经验、技术，当然还有教训，并非"不要奴役黑人"，而是"奴役黑人要有技巧"。

伴随着棉花大生产的，是美国南方大开发；是《印第安迁徙法》；是武力驱逐印第安原住民；是北美广阔平原成为棉花种植园；是野牛的灭绝；是天量的黑人奴隶。是《燃情岁月》《与狼共舞》《为奴十二年》[①]里的愤怒和无奈。

美国，抓住了海地崩溃的机会，迅速地融入全球经济体系中，成为当年"WTO"光荣的一员。

一方面，美国承接了全球贸易中的低附加值部分——原棉生产；另一方面，美国奋力发展科技，全力提高自己的工业水平，比如"模仿"大英的纺织业知识产权。

当然，工业发展的成果是不能普惠到黑奴身上的，毕竟种植园主说了：

美国的奴隶劳工给世界带来了难以估量的福祉，如果福祉想要继续，奴隶劳动也必须继续……

——《美国棉花种植者》，1853

于是，英国的工厂、世界各地（尤其是美国南方）的原棉、全欧洲投资人对工业化的巨额投入，重塑了全球经济。印度棉花出口在10年内萎缩到原来的五分之一，纺织工人死于饥饿；20年内，本土棉纺织手工业将被摧毁，印度彻底成为原材料产地，同样被摧毁的，是整个印度次大陆的古典经济。

那么请问印度为什么不像英国人一样保护本地民族产业，也来一个次大陆版的"印度人穿的棉花必须在印度生产"呢？难道印度人不知道工业化才是未来吗？

大家应该猜到了，一个被打掉门牙的国家还想提高关税？"自由贸易"懂不懂？"殖民地"懂不懂？洋枪洋炮懂不懂？你不买大英帝国的工业品，想造

---

① 这三部电影里涉及了美国对印第安部落和黑人的残酷统治。

甘地

反不成？从这个角度来说，大家要理解为啥后来甘地执着于要"回到过去"[①]，反对工业化、反对铁路，要搞手摇纺纱机，因为反工业化，就是反大英帝国。

那什么叫主权国家？1816年，美国颁布保护性关税，工业品进口税率64%；普鲁士1818年跟进；俄国1820年跟进；法国1842年直接宣布不允许任何英国纺织品进口。

敢让我们"自由贸易"？先问问我们手里的枪。

大家可以对比一下宋子文的著名语录："外国进口的盘尼西林（青霉素）用都用不完，中国何必要自己生产？"感受一下两者的差别。

1773年到1815年，英国有1.5亿英镑纺织品出口，政府财政收入增加近20倍。它还将继续投入、生产、改进、增长，一直到全世界都是大英帝国的市场和原料产地，都是英国工业的客户。如果不愿意的话，工业化的枪炮将打开你闭紧的大门，那些无力保护自己的国家，将在伦敦的工厂面前赤身裸体。

棉花，重塑了全球经济，它代表着新的全球经济制度，殖民地4.0制度。这种制度下，全世界的原料涌向英国；而大英帝国出品的工业品，则销往全球。到1870年，英国工业品生产占全球的30%，这个数字还会攀升。英国人不需要奴隶制度，只要他的工业霸权还在，只要别人无法关闭国门，他们都将

---

[①] 甘地的非暴力不合作运动重要的一点，就是要发展自给自足的棉花经济，希望走自给自足的农村经济道路；有意思的是，他的政治资产继承人尼赫鲁是坚持印度要走现代化和工业化道路的。

是大英帝国的奴隶。

　　1815年，欧洲的三强争霸赛决出了胜负，英国从前辈荷兰、法国吸取了经验和教训，叠加自己的创造，在不知不觉中确定了全球霸主的地位——这地位当时也许还不那么清晰，但回头来看，它对大清绝对的竞争优势，在那个康乾盛世的时代里，已经注定。

　　那个我们熟悉的现代世界，已经在欧洲首先诞生。西方世界，出现了。

# 第五章

# 创造西方

## 开门，送自由

1816年，嘉庆二十一年。

8月13日，英国的威廉·皮特·阿美士德勋爵带领使团来到中国，求见清仁宗嘉庆。天朝上国按照惯例，要求他三跪九叩。于是，23年前英国马戛尔尼使团和乾隆见面的矛盾再次重演。大清说，你一定得跪；使团说我不跪。一阵"外交折冲"，好不容易谈妥了"单膝下跪"，结果使团抵达北京，临门一脚的时候又出了"官服还没送到"这种纠纷。

现场一片混乱，最后嘉庆说："那就别见了，哪儿来回哪儿去吧。什么增加通商口岸、自由贸易，什么解释你们为啥要打廓尔喀，朕都不听了。"

于是，耗资10万英镑的外交访问全面失败，英国使团打道回府，大清成功保住了自己最能摆谱的美名。考虑到英国人居然这么"蛮夷"，嘉庆决定让阿美士德绕个路，不从附近的天津出海，而是横跨内地从广州回英国，好顺道见识一下我大清的地大物博、山川险阻，以阻遏他们的"狼子野心"。

9月，大英使团从北京出发，沿着大运河一路向南，途经德州、南京、扬州、南昌、赣州……最终来到广州，整整走了四个月。四个月的旅程，让他们得出一个共同的结论：这个国家真弱啊……

在使团的日记里，大清破败不堪，到处是贫穷和腐朽的证据。年久失修的房屋随处可见，公共建筑一塌糊涂，根本没有清洁用水，小孩光着屁股跑来跑去；而每当腐烂的蔬菜、肉类被抛下船，总有一堆人跑来抢；表情温顺，如动物般听话的人民；穿着破烂的士兵，拿着原始的弓箭和生锈的火枪，士兵和军官都看起来非常"幼稚"（原文是 naive）。当然，也并非没有美丽的场景，他们提到了岸边的摇橹，夕阳下穿梭在运河上的粮船，以及看起来颇为健康的"江西男子"……

使团画家笔下，日出中的大运河。

　　阿美士德使团这四个月的旅行，在闭关锁国的清朝大门上，打开了一条细缝。英国人发现，马可·波罗笔下繁华惊人、不可一世的古老帝国，原来早就一片破败。大英帝国的报纸一片嘲笑声，而嘲笑的背后，是升腾的欲望和自信。

　　至于大清，感觉良好，嘉庆断然拒绝了派使团去英国参观的提议。当然，即便真派人去了，八成也会不以为意。伦敦上空终年弥漫着黑魆魆的煤烟，巨大的工厂发出难以忍受的噪音；城市里污水横流，女工一周6天，一天工作12个小时；十来岁的童工随处可见，他们一天要吃两顿打，好学会守规矩；而肥头大耳的资本家在股票、期货交易所里大吼大叫，汗流浃背。

　　按照嘉庆的认知，这种场景只会更加坚定他天朝上国的自信。然而，你我都知道，那难以忍受的喧嚣中，才是统治世界的权力。

　　1815年，《维也纳协议》签订，欧洲地缘政治开始稳定。

　　次年，英尼战争结束，尼泊尔割让北部，廓尔喀军团成为英国兵源之一。

　　1818年，第三次马拉塔战争，英国拿下印度半岛最强王朝。

　　1824年，第一次英缅战争爆发，缅甸割让北部省份。

　　1839年，英阿战争爆发，英国4个月内攻占坎大哈，8个月内推翻阿富汗多斯特·穆罕默德王朝。

1839年,英国占领亚丁,控制红海的咽喉。

1839年,英国从荷兰手中拿到了马六甲海峡,并在两年后,将新加坡、槟城、马六甲组成海峡殖民地。

到1840年前,英国事实上已完成了在中亚和东亚的布局,对清朝完成了地缘战略合围,中国南方边境的邻居们,都已在大英帝国武力的辐射之内。

最明显的信号来自1818年,英国和印度教的马拉塔联盟开战,帝国已经有能力在印度次大陆聚集包括孟加拉军、德干军等本地傀儡军团在内的12万人,以对抗马拉塔联盟的8万部队。战争由孟加拉本地财团融资,英国的战船运输,大炮和燧发枪成为战场的主要武器。一年之内,战争结束,统治印度次大陆最大的一块绊脚石被踢开。野心勃勃的英国,已经成为大清西南方向最危险的势力;而我们仍然觉得洋人不喝茶就会因大便不通而胀死。①

然而,比起这些大清目所能及的变化,更大的危险来自那些根本看不见的角落。

第一个信号是,1807年,在废奴人士的努力下,英国颁布《废除奴隶贩卖法案》,帝国境内奴隶贸易被定为非法;1833年,《废奴法案》通过,帝国及其殖民地的奴隶制被统一废除,所有奴隶解放。

这是人道主义的一次伟大胜利,让我们记住威廉·威伯福斯、托马斯·巴克斯顿,奥拉达·艾奎亚诺……记住海地、哥伦比亚、委内瑞拉那些为自由而战的勇士。没有他们共同的努力,废奴将遥遥无期。

但同时,别忘记,这也是英国经济转型的重大胜利。当一个素以精明著称的国家,开始刻意放弃一些表面利益的时候,小心了,它通常有着更深层次、更长远的价值判断——可能是经济上的,可能是意识形态上的。

18世纪末,原棉生产日益从加勒比海群岛转向美国南方,英国从海岛进口的棉花,从巅峰的70%跌到1830年的7%;同时,英属巴巴多斯的蔗糖生意逐渐输给了法国,而为了保护本国蔗糖经济所付出的代价越来越高。西印度群岛的奴隶制经济已经越来越无利可图,种植园主的腰杆子硬不起来了。大英帝国新的命脉,是纺织工业,它的背后,是自由劳动者、机器大生产和工业资本家。

那些让童工一天"自由地工作12个钟头"的新时代资本家,才是帝国的

---

① 当时清朝的官僚普遍认为洋人之所以在大清买这么多茶叶、大黄,是因为不吃这些就"无以为命",有"塞肠之患",天朝只要禁运就可以置他们于死地。

未来，而这些人不需要奴隶，或者说，已经找到更好的奴役方法。于是，维持奴隶制的经济动力，已经越来越不足以弥补镇压所需要的成本和邪恶制度带来的道德压力。

换句话说，英国经济，已经强大到不需要奴隶制度，先进生产力开始碾压落后产能，而废奴的义旗，开始给帝国带来道德优势。

更明显的信号是，1840年左右，英国开始在全世界推行"自由贸易"政策。大英帝国高举亚当·斯密的大旗，坚定地宣传"自由贸易，开放市场"，要求所有国家打开国门，降低关税。

1846年，英国废除《谷物法》[①]，放弃对进口谷物征收高关税，国内市场门户洞开。这代表着自由贸易成为帝国经济的核心原则。大英帝国，已经不怕任何竞争。我们暂时不管废奴在法理上的不证自明，以及经济学家如何用公式推理"自由贸易为财富的根基"，只看看落后国家对这两杆大旗的反应。

当年谁是落后国家呢？美利坚合众国。

对于废奴这种功德无量、符合基督教义、体现人类道德高峰的运动；对于"自由贸易"这种能增加财富、促进和平、加强交流的政策，"山巅之城"是啥态度呢？

当然是坚决地抵制了。1833年，美国出口产品60%以上都是棉花；美国北方工业化还在努力爬坡，南方原棉生产撑起了美国的经济，种植园主个个有钱有势。你让美国废奴？

同样，英国三分之一的人口受雇于制造业，美国是六分之一；人均GDP高出美国30%；蒸汽动力水平全球第一；铁路里程数全球第一；城市化人口全球第一；工业效率全球第一。面对这种经济体，鬼才愿意跟你自由贸易。美国工业品进口关税长期都是60%，严格保护本国工商业。

于是北方要求废奴，要提高关税，保护纽约、芝加哥的那些英国纺织业的竞争对手；南方要求蓄奴，降低关税，降低工业品成本，也就是降低种植园经济的成本，安心做大英的原材料产地。剧烈的经济撕扯，是南北战争爆发的主因。这场伤亡达到人口10%的超级内战，让美国走上工业国家的道路。

战斗最激烈的时候，南方邦联的代表游说英国出兵干涉——再不来的话，

---

[①] 《谷物法》是英国于1815年通过的一项法案，禁止进口低于设定价格的谷物，以保护本国的农民和地主。

南方的棉花可就没了,想想对你经济的影响;北方联邦代表说服英国不要出兵——南方棉花没了,你可以去孟加拉、印度、埃及,千万别来掺和,让我们的南方经济崩溃好了。

所以说,淘汰落后生产力,不仅仅需要道德,还需要更先进的生产力。铁甲船、后膛枪、加农炮,厉害吗?当然厉害,但再厉害也厉害不过工厂、矿山、钢铁,厉害不过强劲的工业。

好比美国,啥时候开始废奴呢?奴隶制度开始阻碍北方工业发展的时候。

啥时候开始支持自由贸易呢? 1930 年,美国的工业水平已经领先全球,自由贸易的呼声开始抬头;1940 年,美国经济总量独步天下,开始大幅降低关税;1945 年,二战结束,美利坚继承大英帝国的接力棒,开始建立自己的帝国,自由贸易终于成为"基本国策"。

回到 1833 年,大英还是天字第一号强国。废奴运动和自由贸易,代表着大英帝国工业的强势崛起。伦敦的浓烟下,是英伦岛国强劲的经济脉搏,洋枪洋炮固然可怕,工业和贸易,才是她最强大的武器。

资本主义(capitalism)、生产效率(productivity)、企业家(entrepreneur)、证券交易(stock exchange)、重商主义(mercantile)……这些词汇对于大清高官来说,显得遥远而陌生。还要很多年后,他们才能体会到"洋枪洋炮"的威力,才会考虑"师夷长技以制夷",才会知道汪鋐几周内仿照出"佛朗机炮"的故事已无法重演,才会知道"棉花制造业"带来的巨大威力。

在 1833 年,大清还觉得自己是天朝上国:

物产丰盈,无所不有,原不借外夷货物,以通有无。

——乾隆

而以英国为首的欧洲国家,在经济强大、政治开明、军备无敌的自信下;在见识到东方世界的落后、贫穷之后;在底层革命、废除奴隶制、民族主义浪潮的感召下,"西方"这个词汇,逐渐从一个简单的方位名词,演变成了"艺术、法律、科技、战争技能"等一系列抽象概念的综合体,"西方"成了"东方"的二元对立面。[1]

---

[1] "The West": A Conceptual Exploration,Riccardo Bavaj,Europäische Geschichte Online,2011。

# 假汝之名

新的世界里，西班牙人那种借着天主教的大旗，"要么信教，要么去死"的统治方法已经过时了；新时代的殖民主义，以"传播文明"为大旗，以"自由""正义""平等"为宣传口号。毕竟欧洲大部分国家已经立宪，开始学着法国搞"全民征兵"，你如果不给一个过硬的理由，当兵的阵前问出："人家又没招我惹我，为什么要千里迢迢来为有钱人送死？"这种灵魂拷问，大家多尴尬。

必须用爱国热情、传播文明、推广开化这种观点来激发公民的使命感。你看，我们在非洲制止食人；给中国带去了进步；在印度禁止寡妇陪葬；在苏丹国禁止贩奴，三角贸易是很（刚）早（刚）以（结）前（束）的事儿了……

我们，是野蛮民族的救星。

维多利亚时代的人，深深相信，大英帝国的胜利，不是侵略者的胜利、贪婪者的胜利，是"高贵灵魂的胜利，是文明对野蛮的胜利"。

为了加深大家的印象，让我们欣赏一下著名诗篇《白人的负担》吧。

挑起白种男人的负担，
把你们最优秀的品种送出去，
捆绑起你们的儿子们，将他们放逐出去，
去替你们的奴隶服务，
挑起白种男人的负担，
让他们背负着沉重马缰，
去伺候那些刚被抓到，
又急躁，又野蛮，又愠怒，
一半像邪魔，一半像小孩一样的人们；
挑起白种男人的负担，
坚持着耐心，
掩饰起恐惧，
隐藏起骄傲，

用公开与简易的语言，
不厌其烦地说清楚，
去替别人谋福利，
去为别人争利益。

你以为作者是个哗众取宠的写手吗？错，那是鲁德亚德·吉卜林，诺贝尔文学奖获得者，当年以人道主义、热爱印度民众著称。也就是说，他是一位善良、高贵、优秀的绅士。

白人的负担

吉卜林的想法，代表着几代西方人的真实想法——这不是侵略，我们是来帮你的。我们之间是自由贸易，"自由"！明白了吗？是啊，印度是装上电报了，理论上也不准烧寡妇了；非洲也铺上铁路了，黑人穿着大英帝国进口的廉价棉布，也不能明目张胆逼他们做奴隶了。

但代价是什么呢？孟加拉一场饥荒就饿死1000万人；中国百姓纷纷破产，流离失所，鸦片瘾缠身；印第安人成片死亡，孩子被强制送进孤儿院；刚果被比利时国王利奥波德二世残害得不成模样，几百万人被断肢。

文明，多少罪恶假汝之名。

当然，这些都不是列强们的责任，这只是"文明的代价"，毕竟温斯顿·丘吉尔大人说了：印度饥荒是因为他们"繁殖得像兔子一样快"。

难怪吉卜林的偶像马克·吐温，忍不住写了一篇《给坐在黑暗中的人》讽刺自己的粉丝，原文实在太过瘾，忍不住摘录两段：

我们是继续把我们的文明赐予那些坐在黑暗中的民族呢，还是让那些可怜的东西歇息一会儿为妙？

……把文明之福推广到我们的坐在黑暗中的兄弟，总的来看，向来都是个很赚钱的好买卖；要是精心在意地来经营，还可以再挤点油水呢。

……爱、法律、正义、自由……私底下说句心腹话,这也就是外面的一层包皮,花哨,好看,迷人,摆出了我们留给本国人享受的文明的特别花样,藏在那里面的,才是那位坐在黑暗中的主顾用鲜血、眼泪、土地与自由来换的那个实在东西。

伟大作家骂得好吗?好,文章引起了大量反响;有啥用吗?没啥用,该侵略还是侵略,该吸血还是吸血。道德的批判,挡不住滚滚的红利和资本主义的车轮;至于负罪感,人们总有办法解决,毕竟:

没有人愿意看到事实的全部,人们往往只希望看到自己想看的现实。
——盖乌斯·尤利乌斯·恺撒《内战记》

铁路、轮船、司法制度、商业文明,这才是大英帝国眼中的"事实",不列颠的绝对自信。侵略?不存在的,我们是文明的传播者。而最令人光火的,这话居然还有三分道理。要知道,被人骂最令人光火的,恰恰就是人家骂对了的那部分。

他要是张口就是"中国人懒惰而愚蠢",那大家哈哈一笑就完了。然而,他骂大清"落后、封闭、野蛮而不开化",那真是让人痛入骨髓,毕竟,中国那时候的确是这个样。

正是这种矛盾,在随后的近百年中,让国人愤怒、钦佩、羡慕、纠结,还有割裂……就像我们后一章要提到的,晚清海关带给中国人的复杂感受一样。

这长得像卖床垫老头的,就是大名鼎鼎的晚清海关总税务司、大英帝国在华利益的基石、太子少保、钦赐黄马褂罗伯特·赫德。

是他,带来了晚清最高

罗伯特·赫德

效的行政机构——海关，促成中国第一个邮政系统，支持了中国第一条铁路，资助了大清第一个外交使团，甚至带着中国第一次参加了世博会；但也是他，长期把持中国海关，维持着超低关税，倾销鸦片和优势商品，让中国成了那个"坐在黑暗中的兄弟"，并且希望我们永远那样。

如何面对？如何应付？如何评价？如何利用赫德？

是给大清续命，把海关收入增加七倍的功臣？是镇压起义的刽子手，赤裸裸的侵略者？还是一个值得研究、值得利用，但需要警惕的竞争对手？这是近代中国的一个压轴难题。

当然，1840年的中国还没意识到自己将会面临这道考题。在广东屯门海战，明朝大胜葡萄牙的三百多年后，洋人又来了。但大清并未意识到，这次，洋人已经不一样了。

经济、武器、地缘优势、民族共识建设，所有这些，汇总在一起，形成了西方世界对东方帝国的绝对优势。"武装到牙齿"根本不足以描述侵略军。大英帝国的军队，是用武器装备四肢，以经济构建躯干，以文化优越性强化心灵的巨无霸。

1840年，洋人又来了。

这次，中国所面对的英国，代表着哥伦布发现新大陆以来，300多年间欧洲政治、经济、文化的遗产，代表着一个崭新的全球体系。它的身上，继承了西班牙地理大发现的广阔市场、荷兰共和国的资本制度和工匠技能、法国的进步思想和全民体制，以及英国自身工业革命的巨大动力。

中国面对的——是密西西比河两岸日夜采摘棉花的黑奴、曼彻斯特遮天蔽日的烟囱；是印度和南美庞大的工业品消费人群；是伦敦金融街热闹的股票期货交易市场，那里代表着全球原材料的定价权，交易员的几张纸条，决定了上万里外原材料市场的价格；是工厂、大学里日夜苦思改进技术的工程师和研究员；是为了几块钱就加入英军的印度贱民。

这不是大清对抗英国，而是公元7到17世纪的古代东方，对抗19世纪的现代世界，只是东方的代表，恰好是腐朽的清政府。

洋人带来的最大打击，并非坚船利炮。还记得本篇最开头的宁波军营军械监制龚振麟吗？

1840年，在目睹了"坚船利炮"之后，龚振麟迅速开始了对铁甲船的仿造之路。两年后，当发动扬子江战役的"复仇女神号"抵达长江口，对上海吴淞的清军发动进攻时,大清仿造品"车轮船"已经投入使用。新式轮船"以人易火",用人力取代无法短期复制的蒸汽机,其内部各种齿轮设计之精妙,让英国舰长颇为赞叹。

同年,大清战争机器也开始启动,林则徐购买大量西式大炮,仅在虎门就购置300门;龚振麟编写《铸炮铁模图说》,短短几年里督造新型火炮120门,新式大炮进步巨大,时人说:"浙江铸炮,益工益巧,光滑灵动,不下西洋。"还记得"佛郎机炮"吗?放到300多年前,龚振麟可不就是大清朝的汪鋐吗。然而,改进的车轮船一败涂地;终其一生,龚振麟都无法解决原材料、生产制度、推广成本等一系列问题。

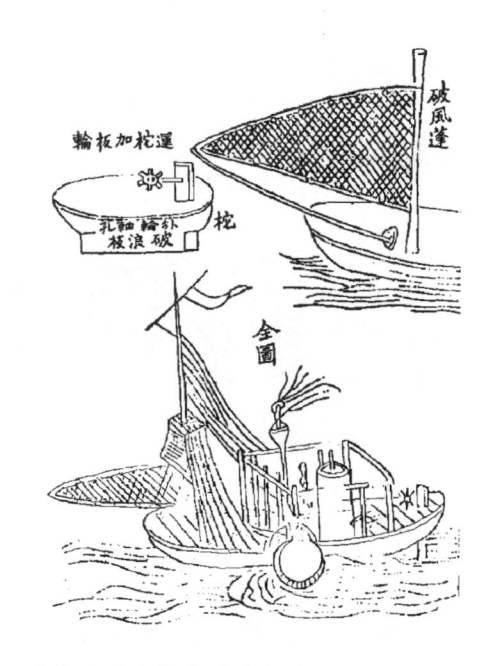

《海国图志》中的火轮船图

时代变了,大人,时代变了。

坚船利炮固然可怕,但洋人带来的最大打击,是把大清这个天字第一号的农业封建国家,硬生生地拖进了经济工业化、政治现代化、国家竞争民族化的当代世界。所以,让我们回答这一篇最早的问题:为什么大英帝国能够压着大清打。

(1)距离方面

蒸汽船的加持下,英国本土运兵3个月,差不多也就是大清跨省调兵的时间;何况,干嘛全部用英国兵,隔壁就是印度兵、锡克兵、尼泊尔兵,都可以派上用场。东印度公司旗下的印度裔士兵早就超过了英国兵,两次鸦片战争加上八国联军侵华,次次都有印度军团。要不是1962年新中国差点把新德里给解放了,人家恐怕到现在还觉得自己对中国是三战三捷呢。至于后勤,马六甲、印度、孟加拉、缅甸,哪一个大英帝国海军基地不比你大清牛拉驴驮更方便?

(2)军费方面

发达的金融体系,年息3%的公债市场了解一下?打开中国市场,一年的

左四就是八国联军中的印度兵

贸易税收就赚回来了，这种生意哪里找去。更何况，现代国家的财务费用非常合理，整个鸦片战争，英国长途奔袭，军费1200万两，大清呢？军费3000万两。

毕竟大清自有国情在，雁过拔毛有之；吃空饷有之；只存在账本上的假军队有之；1000两银子的军费，能有700两用到实处已经是有良心了，相当于战争融资成本30%。你有见过用30%的利率去炒房的吗？

（3）管理方面

谁说管理一定是直接统治？七管八管，管出起义怎么办？管出民族暴动怎么办？反正大清海关在我们手上，收购点原材料，卖点工业品，吃差价难道不好吗？占那么大地盘还不是为了赚钱。

至于大清为啥不发动全民抵抗？

拉倒吧，人家欧洲也是法国大革命之后才学会这招的，你指望快饿死的农民来保卫大清，睡醒了没？你大清敢提民族主义吗？敢提君主立宪吗？敢提发展民族工商业吗？你不敢提是吧，那你拿啥来动员全民抵抗？

大清挨的这顿暴击，是对200多年来故步自封的暴击，是对中央帝国傲慢的暴击，是对落后的暴击。老实说，这顿打其实真不算狠。《南京条约》里2100万银元的赔款，以大清的经济体量而言并不算高；增加点通商口岸这事儿本来就该干了；割了香港，海关关税要双方议定，丢脸归丢脸，但并不伤筋动骨，以后改回来就行。

至于吃败仗本身，那更是没啥了不起的。哪个国家不吃败仗？百年战争英国被法国打得满地找牙，俄法战争法国被俄国打得满地找牙，克里米亚战争俄国被英法打得满地找牙。大家都吃败仗，吃了败仗才能有长进。那为啥1840年让我们如此屈辱呢？

因为挨打不算啥，白挨打才丢人！

第一次鸦片战争后16年，清政府忙着镇压天国起义，输给英国的事儿就像从来没发生过似的。

第二次鸦片战争后30多年，圆明园都被一把火烧了，还想着搞点洋枪洋炮糊弄过去就算了，"祖宗之法不可变"，从火车、电报、一路抵制到立宪。

甚至输给了隔壁日本，所有人都看不下去之后，还拖拖拉拉、遮遮掩掩，指望着能挨一天是一天，能骗一点是一点……

一步慢，步步慢，终于把自己给慢死了。

纵观天下，大清之亡，不是亡在败仗，是亡在他始终把爱新觉罗家的好处，高高放在国家利益之上；是亡在榆木脑袋始终看不清浩浩汤汤的世界大潮。推翻大清的最大帮手，是时代的巨轮，更是步履蹒跚的大清自己。

好了，天下这一篇行文至此，已飞快地聊完了全球新时代的降临，讲完了世界帝国的崛起，我希望大家在欧洲这几百年狂飙猛进的演化中，隐隐感受到一丝问题的答案。现在，让中国几千年历史的重力，再次把我们拉回到神州大地，拉回到冷酷的现实。

还记得第一篇"众生"吗？我们在那里看到大清内部不同力量的崛起，看到锲而不舍的革命志士。那一篇的最后，是以黄花岗起义的大败为告终。很多革命志士心灰意冷，对成功丧失信心。

但大家别忘记，革命成功的要素，志士们的努力奋斗只占一半，革命对象腐朽不堪的作用要占另一半。下一篇，革命党成功最大的助力——大清，即将粉墨登场。

# 篇外・帝国

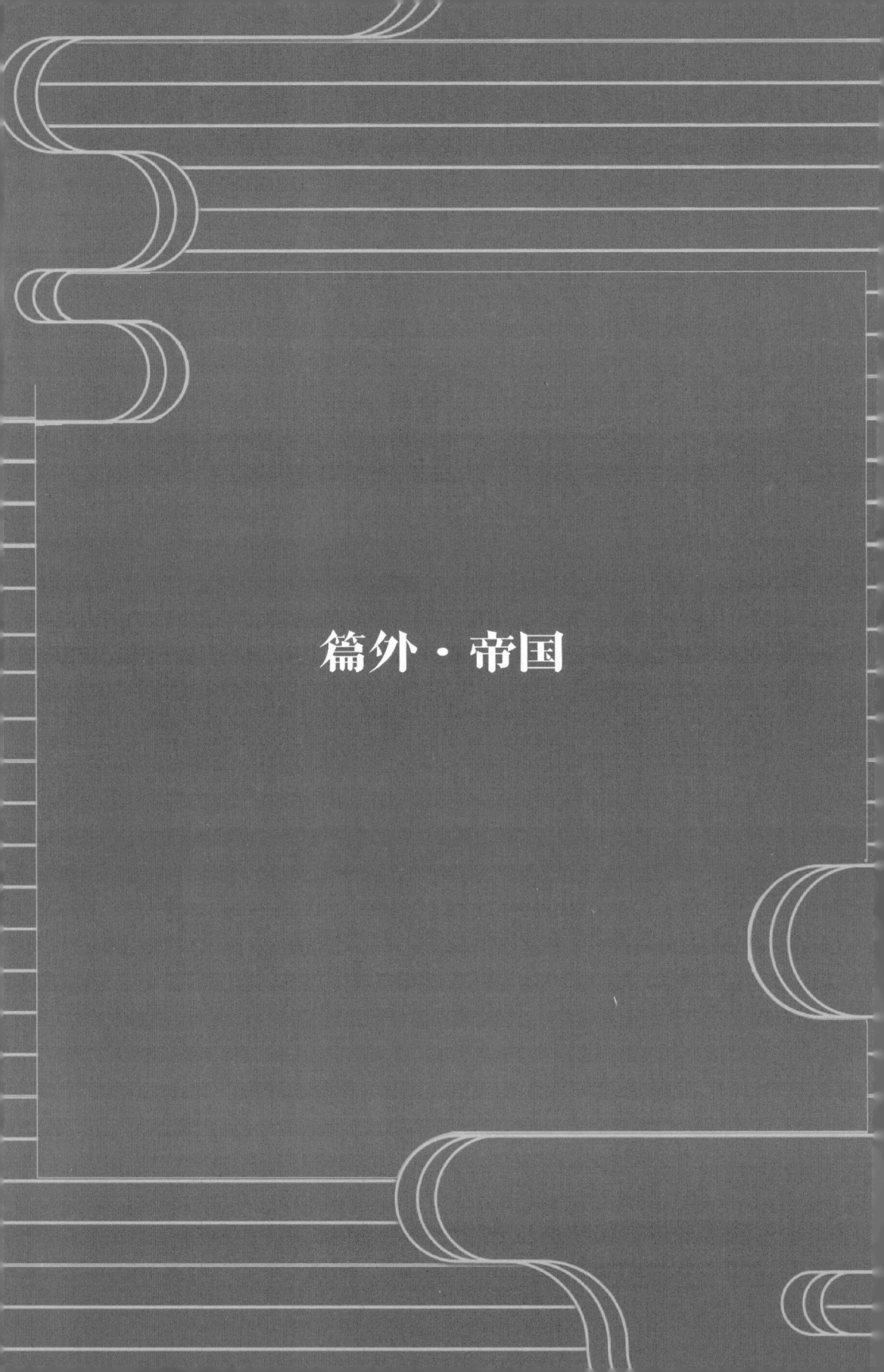

我一直认为，单纯的文字和历史描述，很难让人把握某个特定时代的脉搏。还得去看相关的小说、戏剧、社论、电影，才能真正感知到不一样的气息。否则，就会陷入"以今度古"的陷阱。

比如现在，很多人说起英国，第一反应是"卷福""腐国"；谈到美国，就是"黑命贵""零元购"。已经很难想象 100 多年前，大英帝国横行天下、白种人优越论热火朝天的神奇景象了。

几万字的"天下"篇只能作为西方崛起的脉络，要实际理解，还得增加阅读和体验，比如通过电影。于是就有了"篇外·帝国"这篇文章。

这里串起了几部电影，让大家在光影中，感受一下大英帝国的味道，强烈推荐大家在看完以下几部电影后再阅读本文，至少，请先看完《英国病人》。[①]

《环游世界八十天》，皮尔斯·布鲁斯南，1989，豆瓣 8.0 分

《祖鲁战争》，斯坦利·贝克，1964，豆瓣 7.4 分

《国王迷》，肖恩·康纳利，1975，豆瓣 7.7 分

《四根羽毛》，希斯·莱杰，2002，豆瓣 7.4 分

《阿拉伯的劳伦斯》，彼得·奥图尔，1962，豆瓣 8.7 分

《英国病人》，拉尔夫·费因斯，1996，豆瓣 8.5 分

闲话到此，正文开始。

2022 年 9 月 8 日下午 3 点 10 分，在苏格拉的巴尔莫勒尔城堡，一位老妇人平静去世。女王伊丽莎白二世，享年 96 岁，在位 70 年。

这是一个多事之秋，全球疫情、俄乌战争、中美贸易战……以至于这消息的热度只维持了一周，就被那些更让人震惊的新闻掩盖。

---

① 由于不能放电影海报和剧情与人物截图，这部分光看文字容易懵，因此就更建议大家先看看电影了。

对她的去世，大部分人的反应都是：福尔摩斯和007的故乡，遥远的"腐国"，有个女王，现在她去世了。直到一条不起眼的小新闻，加拿大宣布，确认一个远在万里之外的二婚老头，查理三世，为国家元首，大家才想起来，伊丽莎白二世还是英联邦的元首。

但很快，又会觉得稀里糊涂。何为"英联邦（Commonwealth of Nations）"，何为"英联邦王国（Commonwealth Realm）"；为啥同为英联邦，加拿大遥奉查理三世为元首，而印度却在激烈讨论如何去英国要回被抢的钻石"光明之山"……

《八十天环游地球》1873年版

这也不奇怪。不知不觉中，大英帝国消失的时间已经和女王的年龄一样长了。那些光荣、梦想、自信和堕落，留在建筑、故事和光影中，记录着那个曾经不一样的世界。

女王逝世150年前，1872年10月2日晚上，菲利亚·福格先生在改良俱乐部，和他的三个牌友打了个赌——他能够在80天内环游地球，赌注是3万英镑，折合人民币2300万元左右。朋友们接受了他的赌注，传奇在当晚9点整准时开始，成就了我们耳熟能详的故事《八十天环游地球》。

那是最让英国人怀念的时代。19世纪，不列颠引领的工业革命结出了让世界震惊的果实，在越洋电报、跨洋物流、全球资本，当然还有长枪大炮的加持下，大英帝国开足马力，掀起了第一次全球化的浪潮。百年的积累下，日不落帝国以最高效的政府，掌管着人类史上最大的殖民地，输出全球近一半的工业品，统治着世界上最强大的金融中心，当然，更是培养着独此一家的绅士文化。

这是维多利亚女王的时代、伟大的时代、富足的时代，是英国人的时代。

皮尔斯·布鲁斯南在电影《八十天环游地球》中所塑造的，是大英帝国精英的楷模：他对先进技术——铁路、火轮船，当然还有各种枪械了如指掌；对落后的世界——轿子、大象、雪橇——也不陌生；他立足于伦敦，就像书里说的,"他从来不离开伦敦"但随时放眼于世界,也像书里描述的,10月2日打了赌,当晚就可以启程。

伦敦,就是世界的中心——科技、金融、政治、当然,更是"修养和道德"的中心。

政治上,福格所在的俱乐部是改良俱乐部,以其85000册藏书闻名,由倡导议会制度、代表新兴资产阶级利益的英国辉格党人创建,正是这个辉格党,大力支持了《1832年改革法案》,扩大下议院选民基础,平民阶级逐渐成为国家政治生活的重要力量,成为帝国政治稳定的基石。

经济上,他不需要工作,正如书里说的,他既不参加任何行政管理委员会,也不搞工业农业,既非律师医生,更非行商坐贾。然而,他却非常富有,凭着信用的代名词——巴林银行的存款,就可以安稳度日。毕竟,1872年,英镑是全球硬通货,而当年英国对外投资高达10亿英镑,年化收益率10%,帝国的有产绅士,当然完全可以不事生产。

政治上,他所经过的路线,地中海的咽喉,埃及和苏伊士运河;南亚的明珠,印度;东南亚最坚固的堡垒,马六甲海峡的新加坡;东北亚的桥头堡,香港;蛮荒之地,旧金山……无一不在帝国影响力的辐射之下。

这一路,不仅仅是福格先生赢得赌注之路,跟各色人等的桥牌之路[①],更是帝国文明传播之路:在印度,他拯救了即将被烧死的寡妇;在香港,他看到的是堕落的东方人所热爱的大烟馆;而即便是欣欣向荣的美国,也只不过是一个粗鲁本地人和印第安人之间互相伤害的荒原。

不过,这些丝毫不会影响到福格先生,他永远守时、沉着、慷慨,但对原则毫不退让——一如理想中的大英帝国。

《八十天环游地球》是大英帝国精英的神话。在这样的时代里,他们自信满满,昂首阔步,自认天生就该统治世界,把白种人的文明、财富和秩序撒向全球。

当然,即便帝国最忠诚的号手,也不得不承认,文明的播撒也伴随着暴力,不过,谁又能否定,这不是文明必由之路呢?从北非的埃及、南亚的印度到东北亚的大清,无论未开化民族愿意与否,他们都将支付血淋淋的文明的学费。

最新一个在缴费名单上的,是南非的祖鲁王国。

---

① 故事里福格喜欢打桥牌,一路都在教人、找人打桥牌。

福格环球旅行后两年，1874年，殖民地大臣亨利·赫伯特伯爵决定在南非推进联邦制度，要求本地政权以联邦的形式并入英联邦，以巩固帝国对于南部非洲，这个优质钻石产区（当时还没发现黄金）和劳动力供应市场的影响力。

3年后，亨利·巴特·弗雷尔男爵被任命为南非高级专员。赫伯特伯爵许诺他，如果完成任务，男爵将被任命为南非联邦的第一任英国总督。于是，强大而不愿成为附庸的南非祖鲁王国变成了帝国伟业的绊脚石。

1878年，能干的弗雷尔男爵随便找了点边境冲突为理由，便向国王塞奇瓦约·卡姆潘德发出了毫无诚意的最后通牒。次年，祖鲁战争爆发。

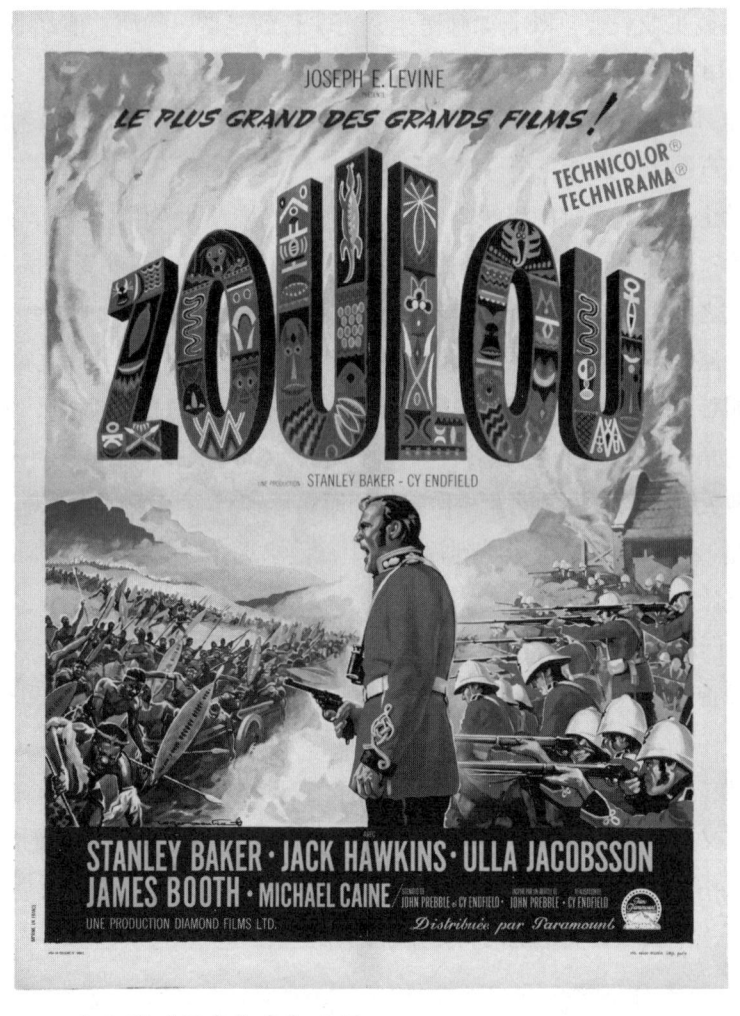

1964年电影《祖鲁战争》海报

1879年1月22日，在罗克渡口，还没成为蝙蝠侠管家的迈克尔·凯恩（扮演布鲁姆海德中尉），和他的长官查德中尉接到消息，一支4000人组成的祖鲁大军正在向他们逼近。

考虑到撤退需要穿过大片开阔地带，极有可能被追击歼灭，中尉决定带领这支102人的部队，利用地形优势就地防御。1964年电影《祖鲁战争》，就此在英国兵紧张的准备中，徐徐展开。

那是帝国急速膨胀的时代，1875年，英国从埃及政府手中买入苏伊士运河，并在七年后完成对埃及的统治；1878年，从奥斯曼帝国手中拿到塞浦路斯，并迅速成为影响近东的军事基地；同年，第二次阿富汗战争打响，与俄罗斯争夺中亚的"大博弈"如火如荼。

扩张并非一帆风顺，1842年的阿富汗大溃败，4500名印度士兵在兴都库什山中几乎全军覆没。但凭借坚定的意志、先进的武器和专业的指挥，帝国的步伐将继续稳步推进。正如在这部电影中，罗克渡口将要发生的一样——即便1300名英国士兵刚在伊散德尔瓦纳战役中全军覆没，但不列颠的旗帜仍将在祖鲁的土地上飘扬。

电影里，英国兵们虽然平时各种玩笑，俊俏的副指挥时常耍宝，但所有人身上，都还刻着帝国的自信和骄傲的印记。

102名士兵对4000名祖鲁土著，帝国捍卫者在面对潮水般的进攻时镇定自若，排枪齐射、刺刀飞舞，在几个钟头的激战后，祖鲁士兵留下了800具尸体，黯然撤退。

夕阳下，战场尸横遍野。即将撤退的祖鲁士兵，在远处唱起了古老的战歌，那是蛮族勇士对大英武士的致敬。当然，这一幕无疑是帝国的意淫，现实中，愤怒的祖鲁武士肢解了英国伤员，而同样暴躁的英军则杀光了所有战俘。

但现实的丑陋并不影响帝国的自我认知。罗克渡口的守军中，有11名获得了维多利亚十字勋章。一年之内，祖鲁国王被俘，王国被并入联邦。就像在印度、尼泊尔、缅甸、阿富汗以及大清发生过的一样，面对着异教徒的"蛮族"，"文明"终将获胜。

《祖鲁战争》的时代，是扩张的时代、进步的时代，是西方将世界其他地区远远抛在身后的时代。来自文明世界的冒险家们，矢志依靠着技术、知识和勇气，探寻最后一寸未被了解的土地。

在一片乐观、无畏和自信的空气中，诺贝尔文学奖获得者，本书之前提及的,《奇幻森林》和《白人的负担》的作者,鲁德亚德·吉卜林写了一本小说《要做国王的人》,1975 年被改编为电影《国王迷》。

故事发生在罗克渡口战役三年后,1882 年,两位非典型英国绅士踏上了冒险的旅程。又是迈克尔·凯恩,这次,他和肖恩·康纳利扮演英国底层军官,梦想从蛮荒之地寻找光荣和财富。

两位带点痞气的主角,乐观到愚蠢、勇敢到莽撞、自信到天真。他们跨过兴都库什雪山、穿过荒原、来到文明的边疆。按照书上的说法:自公元前 300 年亚历山大大帝东征以来,这是第一次有白种人踏上这片土地。在这里,他们是淘金者、是雇佣兵,或者按他们的说法,是"英国人,仅次于神",因为英国人像神一样,"把光明、知识带给地球上未开化的地区"。

《要做国王的人》1899 年版

在这里,肖恩·康奈利老练地介入部落内斗,推翻野蛮土司,甚至阴差阳错之下,真的被当成"神"而继承了被埋葬千年的巨大财富。你看,钢铁、智慧、勇气,叠加一点点运气,就足以让一个英国人成为国王。

在吉卜林的想象中,正是这些勇敢、莽撞,而充满冒险精神的绅士,把帝国的边疆往前推进。他们可能失败、可能死去,但高贵的绅士精神永不磨灭,一如他所热爱的帝国。

然而,世界真是如此吗?在西方世界里,19 世纪是美利坚的"镀金时代"、维多利亚女王的"黄金时代"、法兰西的"美好时代"[①]。然而,那也是中国人的"殖民时代"、非洲的"黑暗时代"。

《祖鲁战争》发生一年后,1880 年,帝国在阿富汗遇到了重大挫折,在迈万德战役中,接近 1000 名士兵丧命。更重要的是,英国虽然赢得了第二次阿富汗战争,但帝国扩张的代价已经开始日益失控。

当源源不断的讣告开始提醒所有人战争的残酷时,有人开始提问:为什

---

① 这些不同的说法是各个国家对 19 世纪的称呼,比如法国的"漂亮时代"(Belle Époque),指的就是 19 世纪末到一战前的生活优越时代,比如《红磨坊》就是这个时代的。

么？为什么要征服那些不想被征服的，为什么要杀戮那些远隔万里的，为什么自诩为文明的使者，却又如此被人憎恨。

这种论调，在一片"女王万岁，大英帝国万岁"的欢呼声中显得格格不入。但怀疑的种子既然已经埋下，总会在一轮轮无辜之血的浇灌中，生根发芽。

《国王迷》中肖恩·康纳利混成国王的那一年，非洲苏丹马赫迪起义早已爆发。神职人员穆罕默德·艾哈迈德，以马赫迪（伊斯兰教中救世主的意思）的名义开始暴动。

以对奥斯曼的憎恨为纽带，以恢复纯洁伊斯兰教为核心，以消除英国严苛的人头税、恢复奴隶贸易为诉求，北非部族们纷纷加入起义。

大家如果对马赫迪起义的诉求是"恢复奴隶贸易"有点吃惊的话，这一点也不奇怪。苏丹首府喀土穆是非洲奴隶贸易的集散地，一半以上的经济活动基于向非洲南部掠夺奴隶。"文明"？那是大英帝国的文明，不是苏丹的文明。

强制废除奴隶制和增加人头税，就像是帝国这枚硬币的正反面——文明是他的正面，也是乐于展示给世界的一面；而掠夺，则是必不可少的另一面。

几年内，马赫迪起义席卷苏丹。1884年，圣战士兵围攻喀土穆。曾帮着清军镇压太平天国的著名将军，外号"中国人"的查理·乔治·戈登，坚守帝国军官的荣誉，拒绝撤离而被重重围困，危在旦夕。同年，一支英国军队应召前往苏丹，执行拯救任务。

英国作家A. E. W. 梅森以此为背景，写出了《四根羽毛》，2002年改编为同名电影。后来因扮演了《蝙蝠侠》中小丑一角而名扬天下的希斯·莱杰在这里扮演一名军官，为了躲开拯救行动而提出辞呈。三个好友和未婚妻都鄙视这种行为，分别给他寄送了代表懦弱的白色羽毛。

《四根羽毛》的故事，就在主角内心的挣扎和怀疑中开始。

什么是勇敢？什么是文明？是不是代表着女皇屠杀土著是证明勇气的唯一道路？主角无法回答这个问题。

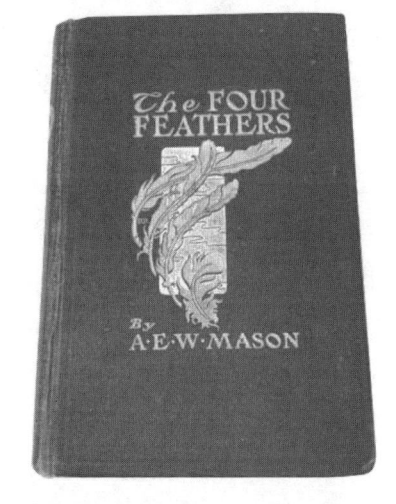

《四根羽毛》1904年版

1884年，这个迷失的年轻人走上了冒险、探索和自我救赎的道路。他化妆成为聋哑阿拉伯人，深入沙漠。而与此同时，英国援军被马赫迪部队包围、消灭，三个好友，一个瞎了眼睛，两个被投入大牢，而戈登的脑袋，则被高高挂在喀土穆的城墙之上。

在故事的最后，希斯·莱杰在本地人的帮助下，送瞎眼的同伴回到营地，救出被俘的好友，和未婚妻完成了婚约，完成了自我的救赎。但是，大英帝国的救赎又在哪里呢？

马赫迪起义自然是反抗英国压迫的正义之师，但攻破喀土穆之后，4000名本地人以真主的名义被屠杀，剩下的全部被贩为奴隶，蓄奴制度一直遮遮掩掩地延续了很久。难道这就是"救世主"许诺的乐土？

戈登自然是镇压起义的刽子手，但他同时又是大英帝国在非洲废除奴隶制度的执行人。吊诡的是，在慎重研究之后，这位帝国最忠诚的追随者，偏偏还建议英国政府恢复奴隶制，以重建本地经济、抵御马赫迪，甚至不惜提出让权势熏天的奴隶贩子佐拜尔统治苏丹。

漫漫黄沙之下，所有人的面孔都变得模糊而陌生。

宗教狂？圣人？帝国反抗军？还是奴隶贩子？

解放者？邪恶帝国的刽子手？捍卫者？还是一个历史巨轮下的职业官僚？

作为个人，希斯·莱杰的救赎有了答案：勇敢不是来自盲从，而是来自对正义、友情的坚持。但大英，却始终无法找到救赎之路。领土还在扩张、反抗仍被扑灭，但帝国的柱石已不再坚不可摧，一次次"蛮族"的起义，给白金汉宫的统治，投下了越来越厚重的阴影。

在喀土穆陷落15年后，1899年，第二次布尔战争爆发。3年苦战后，《弗里尼欣条约》签订，继祖鲁人之后，布尔人也成了大英帝国的臣民。这次条约，带来广阔的南非领土、全球最大的金矿，进一步巩固了大英帝国在全球范围内的殖民和金融霸权。

但在故事的另外一面，战争总计投入2.5亿英镑天价军费，45万的士兵，其中2.1万人战死沙场；为了对付布尔人的游击战策略，超过20万布尔平民被关入集中营，其中2.8万平民因饥饿、疾病而死，包括2.4万儿童；而女英雄艾米丽·霍布豪斯，因为揭露集中营惨状的，被英国政府宣布为"祖国的敌人"。

当然，帝国的焦点不在这些小人物上。这场战争中，年轻英俊的随军记者,温斯顿·丘吉尔爵士被俘。在大胆甚至有些鲁莽地策划后,他独自越狱成功,一举成为家喻户晓的战斗英雄。这次冒险为丘吉尔的政治生涯铺平了道路;也为焦头烂额的大英政府带来了转移公众视线的遮羞布。

只不过,欢呼之下,每一具南非大陆的尸体,都在帝国的基石上蚀入一道裂痕。

第二次布尔战争,让大英帝国在世人面前疲态尽显。而紧盯着这场失败的,是新兴德意志帝国阴冷的双眼,如果区区布尔人就能让英国如此狼狈,那他怎么还有能力阻止德皇威廉二世夺取"阳光下的地盘"呢?

1914年,在布尔战争"胜利"12年后,第一次世界大战爆发,德意志帝国联合奥匈帝国、奥斯曼帝国,对英国领导的协约国发起挑战。欧洲血流成河,仅仅一场马恩河战役,就阵亡了超过6万士兵。

而看起来摇摇欲坠的奥斯曼帝国,展现了令人惊讶的倔强。在伊斯坦布尔南部的加里波利半岛,50万协约国士兵奋战11个月,在留下5万多具尸体后,被土耳其民族英雄凯末尔赶下大海;在巴格达以南的库特,13000英国士兵在被围147天之后,抛下武器投降,成了"英国军事史上最羞辱的投降"。协约国的南部战线陷入绝望。

1914年,一位牛津大学现代历史系的高材生怀揣绝密任务,被派往奥斯曼帝国的腹地,阿拉伯半岛。这位高材生是一位男爵的私生子,以通晓阿拉伯文化、憎恨等级制度和不守规矩而著称。

他的绝密任务,是以支持建立统一国家为条件,换取阿拉伯人的协助,帮英国把奥斯曼帝国的势力赶出中东。此人名叫T. E. 劳伦斯,他的自传《智慧的七大支柱》于1962年被改编成获得七项奥斯卡奖的电影《阿拉伯的劳伦斯》。

在先知穆罕默德的直系子孙、"圣裔"费萨尔·伊本·侯赛因的帐篷里,老酋长发出了灵魂的拷问:"你是真心帮助阿拉伯人吗?还是像其他英国人一样,觉得我们

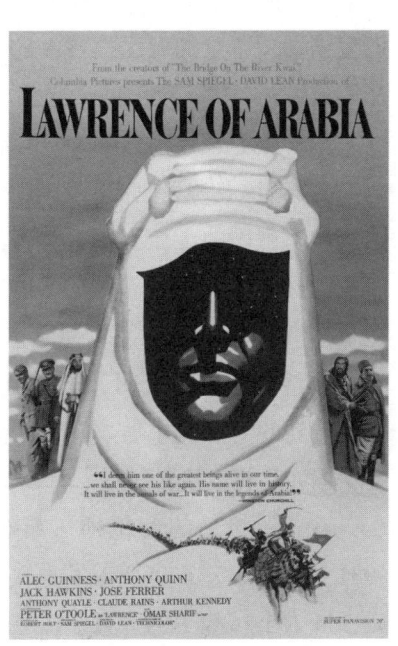

1962年电影《阿拉伯的劳伦斯》海报

贪婪、愚蠢而又残忍？"劳伦斯是真诚的，这位"精神上的阿拉伯人"真心希望解放阿拉伯，给半岛带来和平。他直视先知穆罕默德的后代，以大英帝国的名义，给出"建立统一阿拉伯国家"的庄严承诺。

于是，在劳伦斯的建议和策动下，圣裔家族以先知的名义发起伊斯兰圣战。起义军北上奔袭，炸毁土耳其汉志铁路，占领亚喀巴。1918年10月，他们攻陷了当年阿拉伯帝国的首都大马士革。经历400年的统治后，突厥人被赶出了阿拉伯半岛。

一句承诺、一批军火，就完成了加里波利50万士兵都无法完成的任务，劳伦斯是绅士、学者、间谍、军官，他的身后，是帝国百年的光环。

然而很快，巨大的阴谋露出了水面，在巴黎和会的谈判桌上，劳伦斯绝望地发现，相比帝国的利益，承诺轻如尘埃。列强各有所图，法国人要叙利亚、黎巴嫩，英国人要伊拉克、苏伊士运河，犹太人想要巴勒斯坦……这些诞生于谈判桌的"人造国家"，把阿拉伯半岛切割得支离破碎，为之后的百年混乱埋下了伏笔。

作为历史学家，劳伦斯当然知道这种切割意味着血腥的混乱，他在巴黎和会上为了阿拉伯利益大声疾呼，他放弃了总督职位、拒绝了国王授予的爵位、把畅销书《智慧的七大支柱》的版权收入全都捐给了慈善机构。但所有这些，都无法弥补他内心巨大的负罪感。

尽管圣裔家族再三邀请，劳伦斯再也没有踏足中东。

1918年，一战结束，英国大获全胜。在德意志帝国、奥斯曼帝国、奥匈帝国、沙皇俄国的废墟上，大英帝国再添1300万人口，470万平方公里的土地，面积达到了令人瞠目结舌的3467万平方公里。白金汉宫的主角们在百万尸体上举杯相庆。

显然，梦想着文明、正义与平等的劳伦斯已经不再是帝国的代言人；短视、贪婪的官僚们才是。只不过，钟声即将响起，舞会就要结束，而这场残暴的欢愉，终将以残暴结局。

在"阿拉伯的劳伦斯"黯然离开巴黎和会，开始隐居生活的12年后，1931年，九·一八事变爆发，软弱的国联除了谴责外束手无策，这场远东的侵略，成为全球战争的先导。6年后，七七事变爆发；8年后，波兰被德国和苏联瓜分，二战彻底爆发。

战火从远东的满洲里，一路烧到了太平洋西南的新几内亚；从炎热的北非沙漠，一路打到了北冰洋的巴伦支海；至少2000多万士兵战死，4000多万平民丧生，致残数以千万，这还不包括那些心理创伤者。

这几千万残疾人中，有一位全身严重烧伤。他记不得自己的名字，但知识渊博，手上还拿着本希罗多德的《历史》。围绕着他，几个人留在了佛罗伦萨的修道院：痛失所爱的法裔加拿大护士汉娜，被切断手指的加拿大小偷卡拉瓦乔，改名为基普的印度人吉帕尔·辛格。他们把这位被烧伤的人叫作"英国病人"。

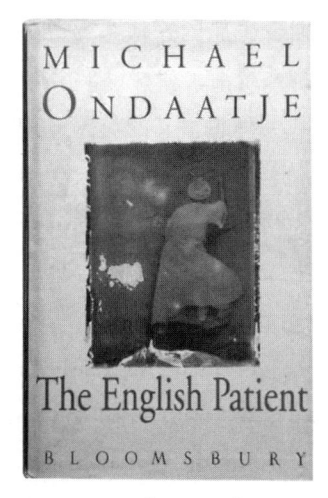

在世外桃源般的修道院里，这群并非英国人的回忆，挖掘了一个悲伤的爱情故事。1996年，这故事被改编成了获得9项奥斯卡奖的电影——《英国病人》。爱情的主线下，是对二战后世界的一个隐喻。

《英国病人》1992年版

英国病人不是英国人，他个考古学家，来自布达佩斯，那曾经是奥匈帝国的首都，茨威格笔下美好的"昨日世界"[①]；他随身携带的是西方最早的历史书，讲述了古老的东西方战争"波希战争"；照顾他的是法裔护士；而想要杀他的是加拿大间谍。

回忆是从皇家地理学会在撒哈拉沙漠深处的考古和测绘展开，而资助这次"科学"考察的，是英国情报局；考古学家找到人类远古文明的足迹，却目睹了现代文明最残酷的暴行；主角因为口音被冤枉为德国间谍，为了拯救爱人却又不得不真正成为间谍。

英国病人请印度人读的书，是帝国主义色彩浓厚的、吉卜林的《吉姆》。病人热爱书中那种韵律和节奏，所以说"吉卜林的书要慢慢地读"；但印度人从中读到的却是帝国的傲慢和民族的觉醒，这让他读起来像是"噎在喉咙一般"，因为这书显然是认为"印度人最好由英国人来统治"。

最纯粹和天真的，是主角的好友麦多克斯，他以为科学真的能够跨越政治和边境，而最为愧疚的却也是他。在乱世之中，选边站是唯一的生存之道。

这些隐喻的背后，是大英帝国最后的辉煌。二战之后，独立运动风起云

---

[①] 奥地利作家茨威格的《昨日的世界：一个欧洲人的会议》。

涌，民族国家体系蓬勃发展；废墟般的英格兰，已经成了"英国病人"，无力维系统治，就像这部电影的结局一样。

理想主义的英国地理学家麦多克斯因为愧疚而自杀；独立意识萌发的印度人辛格第一个离去；受到伤害的加拿大人卡拉瓦乔选择原谅；代表旧世界的匈牙利贵族，终于永远沉睡；在一支支吗啡注入身体时，唯一还陪伴他的法裔护士，念出了女主角的遗言：

I want all this marked on my body.
We are the real countries.
Not the boundaries drawn on maps,
The names of powerful men.
…………
That's all I've wanted,
To walk in such a place with you, with friends.
An earth without maps.
The lamp's gone out,
And I'm writing……in the darkness.

把这爱永远铭刻在我身体之上。
我们才是实在的国度。
无需画在地图上的边境；
也不用强人的命名。
我已别无所求，
只想和你，和朋友，走在那片乐土。
走在一个没有地图的世界。
…………
灯熄了，
我仍未停笔……黑暗来了。

英国病人死了，在女主角的遗言中，在对旧日世界的缅怀里沉沉睡去。跟着他们一起埋葬在撒哈拉沙漠的，是人类的爱恨，强权的起落。只有电影里那个考古洞穴，仍默默存在，那是文明的记忆，一代一代，看着帝国的兴起和衰亡。

"英国病人"死去两年后，印度独立；同年，乔治六世放弃印度皇帝头衔，英国不再有皇帝和女皇①；再之后，是缅甸、斯里兰卡、马来西亚、马耳他……硝烟散去后，旧日的世界分崩离析，大英帝国如明日黄花。

在银幕上，那群曾经统治世界的绅士们，从《阿拉伯的劳伦斯》中踏实改变世界的勇士，变成了《王牌特工》里的"漫画式幻想英雄"；《八十天环游地球》被改编成了功夫闹剧，福格先生成了成龙的"捧哏"；而影响世界的王室，则成了花边小报的主角。

大英帝国终于成了一段逐渐落上灰尘的记忆，在光影里讲述过去的荣光，提醒我们，世上不会有永恒的王国。

当然，现任帝国不会相信那一天终会到来，那就让我们唱起人类世界永恒不变的颂歌：

　　国王已死，
　　国王万岁。

　　帝国已死，
　　帝国万岁。

---

① 英国皇帝这个头衔是从印度继承来的，印度独立后，英国皇帝就成了"国王"。

# 第三篇 朝廷

我们一路从大清内部各路势力的发展，讲到了革命党人的艰苦奋斗；再从明末世界格局的剧变，讲到了大清如何在近代远远落在了世界的后头。现在，我们要再回过头，来讲大清面对"三千年未有之大变局"时的应对。

就像我们一直强调的，大清不是亡于革命党，而是亡于自身腐朽。至于如何腐朽，那是要放到全球竞争中去看的。

"一切真历史都是当代史"，而国家的竞争从来都是当代竞争，你跟一群亡了几百年的鬼魂有什么好争的。

所以从这部分开始，我们开始新的一篇——朝廷，看看一个末代政权如何艰难地挣扎求生、如何无奈错过。

# 第一章

## 样板工程

# 两条小常识

在讨论大清之前,我们先普及两条生活小常识。

**第一条常识叫作:所有人都是爱国的——从他自己的角度。**

这事儿也不难理解,比如慈禧太后,过个生日能用掉北洋水师一年军费,可谓穷奢极侈。但你要问她,她肯定觉得自己非常爱国。显然,把生日办得体体面面,体现大国气派,绝对能扬我国威,让洋大人对天朝上国刮目相看。

更何况,北洋水师要不是我同意,你李鸿章能搞起来?甲午海战开打,我还从内帑里挪了银子给海军,你们这些人还想怎样?但如果你说,那请问这些内帑又是从哪里来的呢?回答自然是"祖宗定法",不是我不想改,而是历来都有成例,我们遵守传统,那是万万不能动的。

你看,逻辑严密,无法反驳。

显然,大家都觉得自己是爱国的。

回到大清的最后几年,几乎所有人都知道再不自强,那就要亡国了,于是,"爱国自强"成了那个时代的主旋律——以自己的方式。比如光绪帝师——状元郎翁同龢,专业打压洋务派二十年,绝不允许李鸿章做大。甚至甲午战争最紧急的时候,都在忙着给北洋水师挖坑。为啥这样呢?那自然是因为他爱国啊。毕竟地方军阀坐大,危及中央国本,李鸿章又是被称为"后党"的人,跟光绪皇帝的"帝党"是两个阵营的。作为大清股肱之臣,当然要时刻不忘打压破坏国之根本之人,简直忠君爱国,感天动地。

再比如大清重臣刚毅,就是那个清廉刚正、为杨乃武与小白菜平反、监斩戊戌六君子、拍胸脯保证义和团"民心可用"的那位。他每次南下上海,都要以报答皇恩的名义,对当地企业敲诈勒索,像轮船招商局、电报局、纺织厂,都被他整得死去活来。

这对中国实现工业化当然不是好事，但人家勒索是为了充实国库，奋力为朝廷续命，你敢说他不是爱国自强？人家最终陪太后"西（逃）狩（亡）"，活活拉肚子拉死在任上，还不够为国尽忠吗？

再比如盛宣怀，又是搞实业，创建轮船招商局；又是搞教育，捣鼓出南洋公学（上海交大的前身）、北洋大学堂（天津大学前身）；顺便还搞出了中国第一条电报线路，可谓奠基了中国电报业。不过一转身，事业做得大，贪污做得也大。在上海租界的房产就值白银千万两，名下当铺十几家，从公司里抽调资金稀松平常，还跟着汇丰银行的那帮买办一起围猎了民族企业家胡雪岩。

他过世后，儿子盛恩颐，搓麻将一晚上输掉上百套房子，大家感受一下这个富二代的豪气。但你要问他，人家必然是爱国的啊。

毕竟这些钱虽然是从公司里薅出来的，但按照他的逻辑：自己不薅，就被朝廷官员敲诈挥霍了，与其如此，那还不如自己贪掉，起码还能投资实业，拉动经济。

所以你看，晚清啥都缺，缺钱、缺翻译、缺技术、缺人才……唯独不缺"爱国"。毕竟，人人都爱国嘛——以自己的方式，或者，再说直白一点，以符合自己利益的方式。

慈禧已经老了，只求能高兴一天是一天，名言是"谁要让我这个生日过得不舒坦，我就让他一辈子不舒坦"。翁同龢是光绪皇帝的拥趸，荣华富贵来自爱新觉罗家，靠的可不是"中国"这个虚无缥缈的名词；刚毅全名"他塔拉·刚毅"，人家是镶蓝旗人，你们搞工厂，他不代表朝廷抽头，难道指望你

刚毅

盛宣怀

一百年后工业大发展吗；至于盛宣怀，老子干了那么多事儿，顺便发点财有什么不对吗？李鸿章、张之洞、袁世凯，一品大员谁不发财，你们老是盯着我一个底层技术官僚干吗？

恺撒大帝千年前就把这事儿给看透了："没有人愿意看到事实的全部，人们往往只希望看到自己想看的现实。"

所以在大清，人人都爱国，人人要自强——再强调一遍，以自己的方式。

那么理解了第一条，你就能够深刻地理解第二条，叫作"触动利益比触及灵魂还难"。

我们常在书上看到，晚清大臣"食古不化，思想保守，抵制现代化"，好像面对的是一个可怜的灵魂，在传统文化的重压下难以挣脱，还让人颇感同情。不过，若是大家因此就判断晚清缺的是心灵解放、爱国教育，那八成会被现实疯狂打脸。

举个例子吧，大家都知道，大清挨的第一击叫作"鸦片战争"。晚清几十年里，大家对鸦片危害的认知简直是深入骨髓。什么"无可用之兵""无可筹之饷"，绝对是"触及灵魂"了吧。各地官员深受皇恩，无不对鸦片盛行和鸦片贸易痛心疾首。

不过没几年，同一拨人很快发现"咦，这玩意儿很来钱呀"。鸦片集易种植、单价高、运输方便、容易分割、销量稳定，还尤其适合官员贪污等诸多"优点"于一身。除了会害死四万万同胞，其他简直就是完美的创收利器。

于是，各地官员深受皇恩，无不对国人"只吸食洋鸦片而不抽本地货"表达了极大的担心——包括在虎门硬核硝烟的林则徐大人。林大人在鸦片战争之后任陕甘总督，写信说："鄙意亦以内地栽种罂粟，于事无妨。所恨者，内地之民嗜洋烟而不嗜土烟。"

正在面朝黄土背朝天地种植鸦片的农民

所以你看，《白鹿原》里的西安大户白嘉轩大种罂粟，也算是响应朝廷号召了。很快，各地开展了轰轰烈烈的鸦片大生产运动，第二次鸦片结束后的 20 年内，土烟市占率稳步上升，一路达到 80% 以上。四川出品鸦片行销全国，种植面积一度占了本省耕地的 16%，彻底打败了洋烟。

当然，后果也很严重，大烟馆处处开花，百姓烟瘾缠身，士兵成了"双枪兵"，甚至连西方传教士都看不下去了，1874 年居然搞了个"英华禁止鸦片贸易协会"，还出了本《在华宣教士禁烟言论集》，号召传教士们在各自国家游说政府，禁止向中国输出鸦片，简直是把大清的脸都丢光了。

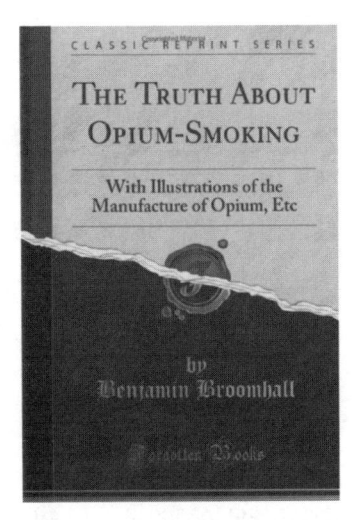

传教士呼吁禁烟的文集

面对这种局面，朝廷能忍吗？当然不能，不过没钱显然更不能忍啊，最后大家搞出来一个"寓禁于征"，意思就是课以重税，抬高烟价，以达到禁烟的目的。结果也可想而知，一番操作，地方官员左手禁烟，抬高烟价；右手收钱，盘剥种罂粟的农民。税的确越收越多，鸦片也越禁越广，可以说是非常有晚清特色了。

随口说一句，"寓禁于征"的把戏在民国居然又玩了一次。蒋委员长提倡"新生活"，坚决禁毒，各地纷纷表示"寓禁于征"是个好办法。于是委员长从善如流，大烟贩子和各地军头，比如杜月笙、阎锡山什么的，赚得盆满钵满，这两个政权还真是一个模子出来的。

有了这两个基本常识，大家就可以理解晚清现场各色人等的表演了。当年的时代主题，跟我们现在居然也差不多，曰"自强"、曰"现代化"，当然，那会儿应该叫作"近代化"。

1860 年，第二次鸦片战争结束，咸丰"北（逃）狩（亡）"热河，洋人一把火烧了圆明园。在这之后，即便是榆木脑袋，也明白世道变了，祖宗之法不变是不行了。毕竟大清当年纵横东亚，现在居然被羞辱成这样，的确很难向列祖列宗交代。

那具体怎么学呢？那肯定是向优等生——世界列强学习。这就牵涉到一个问题，美、英、法、俄，各个国家发展路径都不一样，到底怎么学才能把自己也变强？更麻烦的是，这些国家都花了百把年才达到今天的位置，一时半会儿还真搞不清楚该怎么跟上。

不要慌，现成的例子就摆在面前，第二鸦片战争结束 4 年后，就在曾国藩、李鸿章琢磨洋务运动怎么开展的时候，居然有一个新的列强，在英、法、俄的眼皮子底下发家——德意志帝国崛起了。曾经的容克地主、农业国普鲁士，居然一跃成了拳打英法、脚踢沙俄、统一德意志民族的欧洲新列强，真可谓是学习的楷模，一时间成为各个落后国家的指路明灯。

## 新列强登场

说起德意志，大家一定要有个常识，"德国"这个名称，在当年还是个地理名词。严格来说，叫作"日耳曼（Germania）"地区，就跟我们现在说"非洲"似的。英文的德国（German），就是从这个词里演化出来的，德国人则把自己国家叫作 Deutschland。德国最多的时候有百把个王国、公国、侯国……就跟非洲的部落一样。

德语里"公国（Stammesherzogtum）"的词源就是"部落（Stamm）"。我们现在听到的德国的地名，比如符腾堡、巴伐利亚、图林根什么的，都是当年部落名字。那些地方的人是不是觉得自己是"德国人"呢？一半一半，也并不是所有日耳曼人都赞成搞出个"德国"来。

比如拿破仑时代的梅特涅，他正是那个时代的奥地利帝国外交官，主导了确定欧洲秩序、共同维持欧洲封建统治的"维也纳会议"，后来还当了奥地利首相。而奥地利人，属于日耳曼的一支。你看二战之前，希特勒入侵奥地利，铁蹄开进维也纳，当场受到人民群众的夹道欢迎，百姓喜极而泣，纷纷觉得终于回到了德意志民族的大家庭了，史称"鲜花战争"。

梅特涅是个"保皇派"，特别反感民族主义、德国建国什么的。不止一次强调，"Germania 就是个地理名词，你们搞什么 Deutschland，乱弹琴；还有，你们意大利也是个地理名称，搞什么民族国家"。

地盘既然如此碎了一地，那邻居们自然要好好修理这帮人了。整个中世

感受一下马赛克似的德意志

纪，德国人被法国、西班牙、教会、拿破仑什么的，反复折磨，可谓又穷又惨。可就是这么个民族，在普鲁士的带领下，于第二次鸦片战争四年后，开始了崛起之路。

1864 年，德意志统一的"王朝战争"开打。六年后，普鲁士军团在色当大败老牌帝国法国，活捉皇帝拿破仑三世，报了当年他叔叔拿破仑一世打败普鲁士的一箭之仇。

1871 年，日耳曼大军在巴黎凯旋门阅兵，普鲁士国王威廉一世在凡尔赛宫

奥地利人民热烈欢迎纳粹

镜厅宣布成立德意志第二帝国，全球博弈的牌桌上就此多了个叫"德意志帝国"的大玩家。

这是啥意思呢？畅想一下大清洋务运动三十年后，甲午战争一举全歼日本联合舰队，淮军登陆对马岛，活捉亲征的睦仁；次年，光绪皇帝在东京千代田阅兵，之后进入门牌号1-1的日本皇宫，在松之阁宣布即位。

大家自行感受一下那股子气焰。

有了这种亮眼成绩，德国自然一下子成为当年东亚清国的偶像，比如大清李鸿章、日本伊藤博文，都是俾斯麦的拥趸。那问题来了，请问德国是怎么就突然之间暴走了呢？如果大家仔细看我前几章西方崛起的故事，那就会感受到

踩着法兰西第二帝国尸体上位的德意志帝国

我的疯狂暗示，一个近代国家富强的四大要素：

一支像样的军队。
统一市场和商业网络。
专业的金融能力。
优秀的国民素质和广泛的民族认同感。

我们一点一点地聊啊。

**第一，一支像样的军事力量以捍卫国家主权。**

大家一听到这，首先反应就是普鲁士应该不缺这个，日耳曼人早年的日常工作就是当雇佣兵，普鲁士的先祖是条顿骑士团，这伙人经常是祖上十代当兵，可谓战争老油子了。那是不是可以说他们就不用搞军事了呢？并不是，再厉害的封建军队，在近代军队面前都是不堪一击的。

让我们把时间往前拉一拉，回到 70 年前。1806 年，嘉庆十一年，东方的封建皇帝镇压了白莲教起义，正志得意满；而西方的皇帝也攀上了人生巅峰，拿破仑带领着法国义务兵，与普鲁士大军——封建王朝的样板军团，在耶拿狠狠打了一仗。

结果，以武立国的普鲁士全军覆没，柏林沦陷，地盘被抢了一半，国王威廉三世北（出）狩（逃）俄罗斯，一路狂奔 1800 公里，比八国联军攻陷北京后，一路从京师跑到西安的慈禧太后跑得还远，简直是被打到怀疑人生。之后，拿破仑开进柏林，在普鲁士的民族偶像——腓特烈大帝的墓前狠狠地抖了一把威风，说：

"如果这个人还活着，我们就不可能站在这里了。"

大家感受一下普鲁士军官团那种集体把祖宗的脸全丢光的羞耻。普鲁士是痛定思痛，开始改革军事。名字带"冯"的沙恩霍斯特从法国战俘营被释放后，任军事改革委员会主席，建立普鲁士总参谋部，搞征兵制，更新武器装备，破除贵族才能当军官的传统，实行国民军事训练和建立全民预备役。

后来那个写了《战争论》的克劳塞维茨，就是沙恩霍斯特的学生，并在信里说"他是我精神上的父亲和朋友"，有那么点东乡平八郎"一生拜服王阳明"的意思。

当然，这可是实打实的历史，克劳塞维茨继承和发扬了老师的理论和实践，铸成了现代战争艺术的基石。

沙恩霍斯特奠定了日耳曼军事改革的基础。7年后，略有小成的普鲁士军队参加第六次反法联盟，和俄罗斯、奥地利、瑞典、英国一起大败拿破仑，站队成功，咸鱼翻身，终于收回国土。

以他命名的纳粹"沙恩霍斯特号"战列舰

虽然打赢了法国，但普鲁士远远没到大杀四方的水平。打败拿破仑后，在划定欧洲势力范围的维也纳会议中，唱主角的还是老牌大国奥地利、英国和俄罗斯，以普鲁士的实力，想要跑到外面去抢殖民地显然实力还是不够的。不过抢地盘虽然还力有不逮，但关起门来求发展倒是绰绰有余了。

毕竟在国家的起步期，军队也不用太强大，只要不被隔壁的大国欺负就行，或者说，让大国觉得欺负自己的投入产出比太低就行，毕竟全世界软柿子国家这么多，干吗非要和刺头较劲儿。那么请问啥叫不被大国欺负呢？当然是指有能力保护本国的经济利益了。

大英帝国以"自由贸易"为本，工业品价廉物美、独步全球，你居然敢关闭国门，说要收 33% 关税，是可忍孰不可忍。要是没有一支能挡住英国人的军队，那人家还不一脚踹飞大门，直接帮助你"自由贸易"了？

从这个角度来说，有一支像样的军队保护算是初始条件，目标还是本国"经济利益"。注意啊，经济利益的意思不是说国门一关，坚持"两三亩地一头牛"的自然经济，这种打法，神仙军队也没法保护。军队把守国门，目的是安心发展工商业，拉高本国的经济实力，如何提高呢？这就是第二个要素。

第二，全国统一市场和商业网络。

关于这一条，顶尖高手如英国当然是构建全球（W）商业（T）网络（O），日不落帝国就是个日不落的全球市场。不过对后起之秀而言，搭建这个的难度太大，不过好在只要埋头苦干，先把自己国家从商业层面联系在一起，也完全够用了。

德意志帝国的崛起，一般人就记得那个奥托·冯·俾斯麦，这位在普鲁士议会大声疾呼："当前的种种重大问题不是演说词与多数决议所能解决的……要解决它只有用铁与血。"

多么硬核，搞得很多人以为普鲁士以武服人，解决问题就是靠着"铁（武器）"和"血（战争）"，这简直不能再错了。政治人物的演讲素来是真假参半，事实上，俾斯麦比谁都清楚，德意志立国，恰恰就是一轮轮的演说和会议的结果。

在铁血宰相的背后，是德国人献给经济落后国家的礼物，经济历史学派先驱，弗里德里希·李斯特——"举国体制"的早期倡导者。

作为一个坚定的民族主义者，李斯特并不完全认可亚当·斯密的自由国际贸易主张。毕竟他是个经济"历史"学派，而英国经济政策史被李斯特看了个透，什么自由贸易？当年谁在用《航海条例》围堵荷兰？谁带头搞"重商主义"？

李斯特继承的是美国汉密尔顿的那套"举国体制"和"工商业立国"。简单来说，就是后发国家在初期，绝不能跟先进生产国搞什么"完全的自由贸易"。而应该对内统一市场，鼓励商业；对外提高关税壁垒，阻挡外国工业品，以保护本国弱小的民族工业。然后国家鼓励企业出口、对外竞争，并随着本国工业的发展，逐步降低关税壁垒，以强者的身份融入世界经济。

也就是说，"保护制度是使那些在文明上远远落后的国家，与一个强大国家处于经济平等地位的唯一手

李斯特

段……"①

如果大家觉得这个策略很耳熟的话,那是因为咱们东亚几个国家都借鉴了不少这种策略。

早在 1819 年,他就开始宣传德意志关税同盟;1832 年,开始推动日耳曼地区的铁路网建设;1834 年,倡导成立"德意志关税同盟",把 38 个德意志邦的市场联系在了一起;1841 年,出版《政治经济学的国民体系》,提出了"幼稚工业保护论"。

但这些意义深远的成就并没有给李斯特带来荣誉和财富,他的资产在 1837 年的经济危机中消耗殆尽,他的独子在外籍军团服役中丧生,他的理论在德国一直无法得到实现。1846 年,深陷抑郁症的李斯特自杀身亡,没看到德国统一的那一天,但他的书,摆在铁血宰相俾斯麦的床头,成为德意志经济政策的理论基础。

在这种理论的影响下,普鲁士首先逐步废除了本王国的内部关税,在日耳曼地区首次形成了一个统一市场,而在这之前,普鲁士作为一个典型的封建国家,内部关卡林立,雁过拔毛,就跟晚清似的。

之后,普鲁士以市场和关税为诱饵和大棒,开始拉人入伙。普鲁士的外交官、商业谈判代表各种唾沫四溅,在 15 年后,终于打造出之前说的"德意志关税同盟",把 38 个小邦国拉到一起。靠着同盟,日耳曼地区消除内部关税,形成统一市场;拉高关税壁垒,保护民族工业;疯狂造铁路,降低内部沟通成本。

德国(虽然那时候还没有这个国家)开始走上了快速工业化的道路,快速地将工业化和经济一体化,催生了统一的意识和需求,继而带来了铁路、钢铁、大炮和无产阶级。

到了 1839 年,德意志各邦铁路长度已经超过法国;1860 年,长度已经和英国平起平坐;克虏伯钢铁厂成为普鲁士御用武器提供商,钢铁物美价廉,产品独步全球。

这有啥结果呢？1870 年,普法战争爆发,法国将军们还沉浸在拿破仑大帝耶拿战役的荣光中,根本看不起普鲁士这个落后国家。结果,靠着铁路,德国总参谋部一周之内移动 50 万部队到前线;克虏伯钢铁厂制造的"后膛钢炮"把法国的"前装青铜炮"打开了花。

铁与血的背后,是口水与会议,是铁轨与合同,是发展的第二条:健全的

---

① 《政治经济学的国民体系》,弗里德里希·李斯特著,陈万煦译,商务印书馆,1997。

国内商业体系。

不过健全的商业体系可不是靠说就能建立起来的，德国人建的那些工业，无论是铁路网、克虏伯的钢铁厂，还是法本的巨型化工厂，无一不是依靠天量的资金。而更困难的是，基础商业追上法国还可以，但要赶上头号强国大英，就不是内部做点生意，搞点重工业那么容易了。德意志立国晚，高科技积累不够，靠什么赶英超美呢？

当然是工业大发展的助推器，下一个知识点：金融。

**第三，专业的金融能力。**

用马克思的原话来说："假如必须等待积累去使某个资本增长到能够修铁路的程度，那么恐怕直到今天世界上还没有铁路。"

金融，就是发展的加速器。它提供融资、帮助交易、协调资源分配，如果够强的话，还能跑到人家地盘上收割一把，可谓是发展经济的超级装备。

德意志开始崛起的那个年头，国际贸易的硬通货是英镑，欧洲大陆的硬通货是法郎，而日耳曼地区有几十个中央银行、几十种货币。对比英法，国内金融体系又穷又乱，想搞金本位没钱做货币锚定，货币信誉不足。不过普鲁士不是打败法国了吗？它当年就发了笔横财，法国赔款50亿法郎，折合2亿英镑，差不多12亿两白银的样子，比大清历年赔款加起来还多。

赚得盆满钵满的德国利用这些钱确立了金本位制度，在2年后推出了金马克，成为德国的法定货币，号称永不贬值，迈向了金融强权的星辰大海。

顺便说一句，俾斯麦那时候估计这50亿法郎，法国要赔个20年才能还清，足够压制高卢雄鸡一阵子了。没想到法国人恢复共和制，创建法兰西第三共和国，开始发行赔款国债，定息5%。拿破仑之

*金马克，当年的硬通货*

后的法国政府本来就信誉不错，百姓富裕，金融体系也比较发达；政府大力宣传买国债就是爱国，一时间到处都是爱国漫画，我们小学课本里都德的《最后一课》，就是在那个时候写出来被广为宣传的。

又爱国，又有钱赚，法国人民对购买国债热情高涨，居然2年时间就把12亿两白银给还清了，没有伤到国家元气，大家感受一下金融的霸气能力。

话虽如此，德国人也算是赚大了。在大赔款之后，德国的金融体系开始

法国爱国明信片，法兰西女神被普鲁士凌辱

发力，在 1871 年前后，陆续成立了德意志银行、德国商业银行、德勒斯登银行三大帝国银行。之前不是提到了李斯特的经济理论吗？德意志集中力量办大事的特色又来了，德国形成"全能银行"的混业经营模式。金融巨头紧绑着德国工业，从吸储、放贷、融资、跨国贸易，一路做到风险投资、企业合并和牵头组建产业垄断联盟（也就是卡特尔），实行一条龙服务。比如，今天的欧洲第一大银行德意志银行，就是在 1870 年成立，30 年间吞并 32 家银行，成为德国金融巨无霸，然后猛攻重工业的[1]。

德国建的胶济铁路——青岛站

---

[1] 可参考 Caroline Fohlin 写的 *Finance Capitalism and Germany's Rise to Industrial Power*，详细记叙了金融业如何推动了德意志帝国的工业发展。

它帮着克虏伯（普鲁士武器第一大供应商）发债券；帮着拜耳（就是拜耳制药的前身）上市；通过在全球设立分支（人家1872年就跑到上海开分支了），给德国公司提供跨国结算、汇兑、贴现服务。

天时地利之下，德意志银行出了一个改变世界的人物——乔治·冯·西门子。如果大家觉得这名字非常耳熟的话，那是因为他那个发明家的叔叔在1847年创立了"西门子与哈尔斯克公司"，也就是现代"西门子公司"的前身。而西门子公司，是德意志乃至全球电气化革命的领头羊之一。

虽然乔治·冯·西门子和他父亲一样，是法律专业的，却对新技术有着精准的判断力。这也不奇怪，毕竟当年他叔叔创业，第一笔融资也是乔治他那个做审判长的父亲给的；而乔治在海德堡大学法律系毕业后，也干了很多年西门子公司的法律顾问和部门经理。可以说他对当年的高新技术——电气化，非常熟悉。

在德意志银行几十年的职业生涯中，乔治·西门子牵头投资了当年的高科技行业：发电厂、化工颜料、合成药、铁路，甚至跑到美国投资了爱迪生通用电气公司（也就是现在的GE）和北太平洋铁路。伴随着这些投资和德国工业品的成长，德意志银行在1914年成长为全球最大的银行。

在强大的金融实力的助力下，德意志帝国的高科技行业得到持续输血，在第二次产业革命中成功超过大英，和美国并列成为新经济的领头羊。巴斯夫化工、克虏伯钢铁、西门子电报电气、拜耳化工制药以强大的竞争力，走在了世界前列。

而所谓的强大竞争力，就是大家骂归骂，但谁也离不开。比如，我们的旅顺炮台，大清洋务运动建海防，买的是克虏伯大炮；甲午战争日本人进攻旅顺港，用的是克虏伯大炮；后来日俄战争双方在旅顺城墙下打攻坚战，对轰时双方用的还是克虏伯大炮，可谓胜负通吃，一本万利。

这，就叫强大竞争力。

当然，有资本、工业了还是不够，毕竟那年头已经是总体战的时代了，武器再好也要人用，近代化的国家还需要最后一件法宝。

**第四，优秀的国民素质和广泛的民族认同感。**

这一点非常抽象，但我们可以用一个小小的例子解释一下。我们一说起甲午战争，重点战役就是黄海海战，好像海战打败就输光了一样。凭良心说，黄海海战虽然输了，但已经算是打得不错的了，虽然自损一千，但起码还伤敌六百了。之后日本登陆大连湾，攻克金州，开始进攻旅顺。

克虏伯大炮

日军缴获的被清军丢弃的鱼雷

作为防御重镇，大连湾顶尖武器一箩筐。防御体系由德国人汉纳根设计，海防炮台 5 座、陆防炮台 1 座，巨炮 38 门，克虏伯大口径海岸炮就有 24 门，其中 6 门还是全球最先进的"全方位炮"。

更别说营房里还有营炮 129 门、炮弹 246 万枚、加特林重机枪 6 门，加上 3000 名守军，不敢说固若金汤，起码也是值得一搏。这些事日军当然也知道，毕竟他们的教官也是德国人。于是进攻前，日军统筹好海军炮火支援，准备好作战任务，纷纷表示："以死报效天皇时候到了。"

大家喝下清酒，擦干武士刀，缠上咸鸭蛋头巾，赤红着眼睛，一阵"板载"冲锋到了城下。

结果发现清军已经跑了个干净，整个大连湾战役日本鬼子伤亡为零。更让人崩溃的是，守城赵怀业跑得太急，连海防水雷图都没来得及销毁，被日本人看了个干净。日本军舰开入大连湾，连拆水雷的功夫都省了，简直惊呆一众观战列强。

正面例子是啥呢？

2个月后，日军攻打威海，围攻摩天岭炮台。炮台营炮8门、士兵500名，防卫体系还是临时修的。就是这群人，在营官周家恩的带领下，打退了3次密集进攻，打死几百敌寇。最后，日军靠着舰炮火力覆盖，500名清军士兵全部殉国，才算攻了下来。

占领摩天岭炮台后，指挥进攻的团长大寺安纯少将志得意满，登山拍照打卡留念，结果被北洋水师"来远"舰一炮炸死，成了日军在甲午战争中被打死的最高级军官。

对此，大家一定要有清醒的认识，第一次鸦片战争，我们的武器的确不如英国，但远远没有大家想象中差距那么大。差距最大的，反而是战斗意志。在白刃战中，英国士兵列队、上刺刀、冲锋，然后大清士兵就跑光了，可谓屡试不爽。

最离谱的是，当年八国联军打紫禁城，连登城墙的梯子都是老百姓帮着

拼死抵抗的摩天岭炮台

搭的，还有一堆民众忙着上去卖水果。毕竟八国联军买东西付钱，比连打带抢的大清兵勇靠谱多了。大家感受一下这大清国民的认同感和素质。当然，这也没啥奇怪的，老祖宗孟子早就说了，"君之视臣如土芥，则臣视君如寇仇"嘛。大家不是一路人，可不就被人"分而治之"了。

想象一下大清这拉胯的民众动员能力，如果真的参加了列强逐鹿的第一次世界大战，会是如何结局。索姆河战役中，德、法、英士兵在爱国热情驱动下，如自杀般冲向装备着马克沁机枪和铁丝网的敌人，仅仅 4 个月的战斗就伤亡 130 万人，最多时候一天被打死 6 万人。这种战损下，军队居然能够不崩溃，民族国家的战斗意志对于封建王朝来说，简直就是奇迹。在这种地狱级别的难度下，估计大清士兵 5 分钟都撑不住。

那么，要怎么样才能修炼出顽强的国民意志呢？怎么样才能有合格的国民去使用这些武器呢？前文已经说了，普遍的国家认同感、高素质的国民——教育、分配、公民权。

让我们把进度往前拉一拉，再次回到第一个要素：一支像样的军队。在

给八国联军搭梯子的百姓

那一节我们不是讲了耶拿战役失败，沙恩霍斯特改革普鲁士军队吗？如果只是创建总参谋部、打造征兵制，那沙恩霍斯特就是个"军事改革家"，没法成为克劳塞维茨的"精神父亲"。在军事改革之上，是他对普鲁士政治制度的思考。

雇佣兵制度下的普鲁士军队，是"国王的军队"，士兵的管理方式就是体罚和肉刑；而他们的敌人，法国的军队，是"民众的军队"，士兵在共和国的旗帜下为祖国而战，就像沙恩霍斯特说的：

当国家像雅各宾党人一样，知道求助于人民的精神时，我们就胜利了。

那么德意志民族的精神在哪里呢？在马克思的思想导师黑格尔那里，在现代大学之父洪堡那里。耶拿战役的炮火声中，黑格尔在耶拿大学断言，普鲁士的封建制度这回算是玩完了：

从此，大革命正式传到了德意志的土地上，而它在实践中部分完成的，将在思想上也同样实现……历史终结了。

这还不算，他居然还说：

我看到了皇帝（指拿破仑），那世界的精神，骑马穿过城市……他的思想辐射到了整个世界。

而与之呼应的是威廉·冯·洪堡，人家认为："普鲁士的教育体系是灾难性的。"作为1789年法国大革命的亲历者，这位名字带"冯"的贵族认为：

是摄政者和贵族联合对人民的压迫，带来了贵族的末日……人类为了从一个极端（贵族统治）中解救自己，而走向了另一个极端（罗伯斯庇尔的断头台统治）。

听到这种说法，高高在上的普鲁士国王，腓特烈大帝的传人，被猛揭伤疤的威廉三世是准备把赞美敌人的普奸黑格尔抓进班房呢？还是把蛊惑人心的洪堡拉出去枪毙呢？当然没有，北狩莫斯科的威廉三世痛定思痛，认为："这个国家在物质上的损失，必须从精神上的力量来弥补。"

于是，为了对付拿破仑的刺刀、大革命的星星之火和德意志地区的农民起义，普鲁士被迫进行了资本主义社会改造，废除农奴制，打破社会阶层壁垒。阻力嘛，当然有，早说了，触及利益可比触及灵魂难多了，普鲁士贵族对改革自然是各种抵制。然而并没有什么用，拿破仑的刺刀、1848年欧洲大革命带来的恐惧、高素质工人的增加、义务兵役制下对士兵忠诚度的依赖，各种要素最终让社会改革冲破了封建制度的束缚。

1883年，德意志帝国成立12年后，俾斯麦通过了一系列的社会保险法令，首创现代国家社会保障制度。比社会改造更早进行的是教育改革，大约1809年，洪堡出任普鲁士内政部文化及教育司司长，主持教育革新。他废除原来死板的教学理念，提倡健全人格的"全人教育"；搞全民义务教育；设定小学、中学、大学3个层级的教育体系，并创建了人类历史上第一所研究型大学"柏林洪堡大学"，也就是产生了57位诺贝尔奖获得者的柏林大学。

而吹捧拿破仑的黑格尔，1818年受到了威廉三世文教部大臣的邀请，前往柏林大学任教，并在11年后成为柏林大学校长。100年后，德意志帝国中学有1476所，学生数超过40万人；波恩大学、慕尼黑大学等研究型大学纷纷建立，有教授3000人，在校大学生超过5万人。

这带来的是工人识字率几乎100%，素质全球第一；科学家数量比英法加起来还多。伴随而来的是创新、专利、产业升级和适当其时的第二次工业革命。

1905年，光绪三十一年，当大清终于废除了科举制，磨磨蹭蹭地开始派五大臣留洋"考察宪政"的时候，爱因斯坦正在忙着发表他的《论动体的电动力学》，提出了狭义相对论。大家感受一下这种令人绝望的差距。

为啥这样呢，大清不是也改革了吗？

1861年，大清开始搞洋务运动；20多年后，1886年，英国传教士李提摩太来到北京，劝李鸿章花钱搞教育改革，实行全民教育。

李鸿章问：这得花多少钱？

李提摩太说：一年100万两白银。

李鸿章说：这太多了，我们没钱。

李提摩太说：这是种子钱，少不了的，以后会有百倍的回报。

李鸿章问：以后是多久。

李提摩太说：20年。

李鸿章说：我们等不了20年。

李鸿章，人称"东方俾斯麦"？名不副实。

那谁愿意出这个种子钱呢？1934年，红军反"围剿"失败，开始长征。翻雪山、过草地、穿越重重包围，进入我党最灰暗的时刻。就是这样，指导员有一项任务也从来没停过：教士兵识字。

政委们组织学习比赛，教小战士用木棍在沙地上练字，编识字歌，甚至还组织识字测验①。1945年，当国共战争开始时，在识字率为10%的旧中国，解放军士兵的识字率是多少呢？70%。② 所以，大家看《亮剑》里，楚云飞老是文绉绉，说什么"在下""兄台"，而李云龙满嘴"他娘的"，显得国军很有文化似的。

红军的识字课本

现实是，国民党基层士兵识字率不到20%。解放军打国军，实在是文化军队对文盲军队的降维打击。

教育和认同，是最后一条，也是崛起的最后一条，也是最重要的一条，它是文明的种子，是复兴的希望，是一切的源泉。

国家崛起是一个庞杂的系统性工程。四大要素互相加强：军队保护工商业，工商业催生金融，金融加速产业升级，产业升级需要现代教育，现代教育

---

① 有兴趣的可以看看埃德加·斯诺写的《红星照耀中国》，里面提到了大量的红军扫盲场景。
② 根据晏阳初所领导的"中华平民教育促进会"于1927年在河北定县的统计，当地识字率约为83%；到30年代，民国的各省统计数据来看，河南约为12%，安徽约为10%；根据张瑞德教授的《山河动：抗战时期国民政府的军队战力》，以及 F. F. Liu 的 *A Military History of Modern China, 1924-1949*，抗战时期国民政府军队的识字率很多甚至不到10%；而根据《西行漫记》中斯诺的统计，红军60%~70%的士兵是有文化的，这里的有文化是指"能够写简单的信件、文章、标语、传单等"，同样的观察在杰克·贝尔登的《中国震撼世界》中也有提到。

反哺工商业，工商业需要军队保护，军队又反过来需要国民教育和民族认同，国民认同和教育又需要工商业的支持……

所有要素缺一不可，他们共同进步、互为扶持，让这个国家螺旋上升，最终把德意志帝国推上列强的牌桌。大清羡慕吗？当然羡慕。

想学吗？这就不好说了。现在的人可以很单纯地认为：想啥呢？成绩差就得好好学习啊？

呃，这个……

学习从来不是一件单纯的事儿，学习从来都是一件很得罪人的事儿。

学习让人睁开眼睛，让赚瞎子钱的人断了财路。

学习让人想要公平，让以压迫为生的统治者成本增加。

学习让人挣脱束缚，让造枷锁的人无所适从。

# 第二章

# 中　兴

## 三条改革实用小技巧

讲完了德意志帝国的崛起，我们终于回到了大清的主线——学习。当然，那个时候有个比较文雅的说法，"师夷长技以制夷"。毕竟输给谁也清楚了，要学习的案例也有了，剩下的就是学习了。

"学习"这两个字看起来人畜无害，但真要做起来，那可就得罪人了。毕竟学完了得行动；既然行动，那就把"学习"变成了"改革"。而搞改革在中国的几千年历史上，大多没啥好下场，更何况这次是要从军队、商业，一路改到金融和国民教育，基本是洗心革面、重新做人了，难度之大可想而知。

不过意外的是，大清的改革一开始还挺顺利的。

广大读者如果有参与大型企业转型的经历，就可以体会到，要领导一个大型组织成功转型，除了诸如"重塑文化""再造商业模式""建立敏捷组织"等高大上的道理之外，还需要几个非常实用的小技巧。

**首先，要有顶层保护。**

在所有实行等级制度的组织里，在缺乏领导保护的情况下搞改革，和找死基本上没啥区别。注意，我说的不是"支持"，而是"保护"。"支持"是公对公，"保护"才是对私人的。"支持"是老板觉得这事儿应该做；"保护"是你惹上麻烦了，他愿意为你得罪人。

毕竟改革这种改变利益分配的事儿，一帆风顺的少，磕磕碰碰的多，有点小意外的时候没有老板保护着你，分分钟被群起而攻之。而哪天如果老板临时改变主意，不保护你了，那你也和死人差不多了。比如当年商鞅在秦朝搞改革，折腾得热火朝天，结果他的保护伞秦孝公一升天，秦惠文王上台，没几天他就被车裂了；吴起在楚国搞变法，他老板楚悼王驾崩，他也分分钟被对手干掉。

至于晁错这种倒霉蛋，帮着汉景帝推行改革、搞削藩，结果反对派硬刚，闹出了"七国之乱"。领导当然"支持"你削藩，但领导可没说一定会"保护"你啊。于是，晁大人瞬间成了背锅侠，落得个腰斩弃市收场。

大家感受一下"保护"这两个字的重要性。

**其次，要从压力最大的部门开始。**

这个非常好理解，业绩考核压力大的部门才会想改革。所以，国家改革通常从军队开始，毕竟"战报会说谎，战线不会"。

比如二战的时候，日本海军图文并茂地向天皇以及全体日本国民详细解释为啥"中途岛海战击沉航母2艘，消灭战机120架，大日本帝国大获全胜"。讲得头头是道，以至于虽然我们都知道中途岛海战是美国获胜、是太平洋战争的转折点，但当年东京庆祝得比华盛顿还热烈。

但是要日本大将要向国民解释，为何一胜再胜，可是打啊打啊的，战线都从中途岛打到菲律宾去了？这就很难办了。所以，像李悝，他原来就是在魏国西边对付秦国的，每天压力山大，改革欲望强烈；而吴起投奔楚国的时候，楚悼王刚败于韩、魏、赵，几乎丢光了整个河南，看到打赢过秦国的吴大将军，自然是激动不已。

**最后，要迅速有些小胜利。**

这一点不论如何强调都不过分。画饼的时候，你大可以说"给我10年，还你一个强大的俄罗斯"。但实际操作的时候，没有人会真的等你10年。普京上台，直接打赢了车臣战争，俄罗斯更强大了吗？不见得，但的确是看到了强大的曙光。

这就叫作"小小的胜利"。

让老板放心、让支持者找到组织、让群众看到希望，三者叠加，才能够顺利启动改革。

所以你看人家郭士纳，在IBM最拉胯、最黑暗的时候，跑去搞改革，要"让大象能够跳舞"。先是在董事会各种造势，虽然他内心很想离开RJR Nabisco[①]，但表面上还是一副"我其实不想来，但是你们非要我来"的架势，把大家绑到一条船上；然后提出"拥抱客户"，重整销售团队，毕竟销售是前线部队嘛；接着猛砍业务线，坚决要公司在第一年盈利，这叫"小小的胜利"。

---

① 美国的烟草巨头，郭士纳当时在此公司。

三板斧下去，稳固基本盘，然后才开始着手业务转型、文化建设、流程再造这些长远规划，可以说是改革的标准操作了。

回到当年大清改革的现场，洋务派当年可以说是开了个亮光闪闪的好头。

1860年，对咸丰来说，这可不是个好年头。5月，太平军第二次端了清军江南大营；6月，又听说太平军要第二次西征；10月，英法联军打下北京，火烧圆明园；好不容易和英、法、俄商量好割地赔款的价码，洋人又非要"面呈国书"，割地好说，洋人不肯三叩九拜那真是要彻底打碎天朝上国的朝贡体系了。

《谁说大象不能跳舞？》

当然，回想奕詝这辈子，他的确从来没安生过。当皇子的时候，担心位置被老六（奕䜣）抢；当上了皇帝，又是捻乱、天地会造反、太平天国、第二次鸦片战争……事事不顺。偏偏以他的才能，一件都搞不定。不过我觉得茅海建老先生由此说他是"苦命天子"[①]，也不至于。平民碰到实在搞不定的事儿，只能跳楼，他却可以躲到避暑山庄直接躺平躲避现实，酗酒、听戏，实在看不出苦命在哪里。

既然天子已经在承德"躺平"，回京城的事儿自然也就从1860年拖到了1861年，因为过年，2月又改成3月，一拖再拖，拖到8月，玩了一年的咸丰重病将死，彻底回不去，也不用再去躲那些他搞不定的破事儿了。

咸丰死后三个月内，慈禧联合小叔子奕䜣政变，八个顾命大臣一个砍头、两个上吊、一个充军，剩下四个撤职，慈禧迅速建立了以两宫太后和奕䜣为核心的顶层架构。

政变成功，下一步该怎么办呢？

《苦命天子》

---

[①] 茅海建老师写了一本关于晚清的书，叫做《苦命天子》。

显然，咸丰留下的大清一塌糊涂，再不换个玩法就要倒台了，必须搞改革；奕䜣本来就倾向搞洋务，而慈禧自己政变上台，根基不稳，小叔子和地方实力派，比如曾国藩，都是她的重点拉拢对象。

一时间，朝廷高层颇有点洋务派当道的意思。一举解决了"高层支持"这个先决条件。

所以，你看《走向共和》里的开头，李鸿章对军国大事淡定无比，一听说准备送给慈禧的鹦鹉生病了却紧张得不行。站在道德的高度，这自然是荒谬无比，但站在推动洋务的角度，鹦鹉的确比北洋那几艘炮舰重要多了，老佛爷是洋务运动的"保护伞"嘛，既"保"洋务又"保"命，可不是重中之重嘛。

那么有了"高层支持"，"压力最大的部门"又是哪里呢？

1861年，洋人已经吃饱喝足离开北京；捻军又是那种不太成气候的流寇；那压力最大的，自然就是在南方对付洪秀全的"团练系"了。而不能用PPT来对付年终总结的团练派们很早就知道：洋枪洋炮，真香。

谁普及了这个重要常识呢？对面的太平军。

如果大家穿越回到1856年，会惊喜地发现，中国的军队里，最有现代武器意识的，是太平天国的将士。这也不奇怪，太平军的核心骨干是矿工，早期核心成员石达开，手头带领的就是4000名银矿工人。他们擅长挖地道、搞爆破，在当年算是拥有工业技能的人。相比当时还在担心引进"洋枪洋炮"会"以夷变夏"的曾国藩，可以说走在了时代的前列。

打下了南京后，天国努力恢复生产，大力鼓励民间生产生丝，搞国际贸易赚取外汇。手头不差钱后，接着开始建湖口火药局、吉安船炮局之类的兵工厂，努力推广装备近代化。

而且，太平天国信奉拜上帝教，算是基督教的野生兄弟。洪仁玕（洪秀全的弟弟，写了《资政新篇》的那个）一度利用这种身份大做文章，在上海和西方私下沟通，颇有点能取得国际社会认可的苗头。

英法一度搞不清楚支持谁更能占便宜，怎么办呢？保持中立。

这么一来，谁能弄到枪呢？当然是手头掌握生丝国际贸易、体制灵活、能出高价的太平军了。一支短枪在上海卖20块，到了苏州能卖100块，还能顺道收购生丝转手回英国，再赚一倍。大家想想这种致命的吸引力。

于是，胆子大的洋行纷纷开始做起了军火走私的生意，手法从"圣经里装手枪"，到"雨伞中夹步枪"，可以说非常有创新精神。比如美国的琼记洋行，就在上海和小刀会打得火热，牵线卖了数以吨计的军火。洋行大班罗伯特·费伦写信给总部得意地说，太平军对军火是"有多少买多少"。

至于大清的缉私队，大家都懂得，哪个敢真的惹洋大人？这一部分大家可以去翻翻前面的"军火"那一章，感受这种一脉相承的传统。

"有多少买多少"的结果就是太平军火力碾压清军，尤其是忠王李秀成，日常都是万人洋枪队，横扫清军，而湘军曾国荃被各种火力压制，只能叹息："贼之火器精利于我百倍。"三天两头写信给他哥哥曾国藩要军火。

那么请问是谁这么倒霉，要去对付李秀成的万人洋枪队呢？当然是那个最要求进步的李鸿章大人了。所以说，不是李大人天赋异禀，要求进步，主动搞军事改革；而是：

如果你在竞争中忘记什么，不用担心，你的对手会提醒你的。

大家理解了当时的情况，就能理解1861年之后的变化有多大。这一年，大清卖国协议签完，列强完成和大清的利益绑定；搞改革的慈禧和奕䜣上台，加快放开了团练派的手脚；38岁的李鸿章回到合肥招募淮军，并在随后前往上海，承接了对付李秀成洋枪洋炮的任务。

**大清的改革开始。**

而那个曾经奋起反抗清朝的英雄洪秀全，现在除了偶尔表演上帝附身外，主要的时间都花在内斗以及后宫那88位夫人身上了。他不知道，死对头咸丰驾崩的这一年，清朝正在迎头赶上，而太平天国的命运在这一刻已经被注定。

一年之内，英、法、俄彻底倒向大清。毕竟刚刚获得巨额赔偿，打开了4万万人的巨大市场，得到了5%的超低关税，英国人成了清朝海关总税务司一把手（那时候还不是赫德，是李泰国），俄国人还轻松吞了40万平方公里的地盘。西方实在是有太强的动力去保护爱新觉罗家族这个条约的执行人。

很快，武器禁运被甩到一边，大量军火销往广州、上海。比起太平军来路不明的混搭枪支，以及不稳定的走私渠道，原厂直销的军火供应充足、批量发送，兼具说明书和培训，逐渐在武器对抗中占了上风。

看出苗头来的曾国藩、李鸿章开始和西方全面合作。湘军开始推广洋枪，而更激进的李鸿章，逐渐把淮军改造成中国境内装备最好的军队，注意，我是说装备最好的军队，不是最现代化的军队。

《投名状》里，李连杰饰演的庞青云是因为打了胜仗，所以大刀长矛换成了洋枪洋炮。现实中，是国际局势的变化，导致了双方力量对比的逐渐改变。虽然说电影这个部分不符合历史，但拐点发生的地方倒是选对了，那个时代军事改革的关键之地，就在上海和苏州之间。

岔开主线一点点，让我们回到当年的上海青浦，看一看华尔、白齐文、戈登、呤唎这四个外国人的命运，感受一下时代的车轮。

1860年，忠王李秀成攻占苏州。同年，为求自保，苏松太道吴煦（差不多上海市市长的意思）出面，上海买办富商杨坊出资，建了一支杂牌雇佣军部队。这就是历史课本里的"洋枪队"，后来所谓的"常胜军"。队长华尔、副队长白齐文，这两个人是什么背景呢？

华尔，在诺威奇大学（一个美国军事学院）待了几个月[①]，既是个经验丰富的船员，也是个在英法大战俄国的克里米亚战争时，因和上司冲突而退役的中尉。他娶了个上海老婆，就是前述富商杨坊的女儿。

白齐文，美国前军官的儿子，克里米亚战争中华尔的战友，英勇勋章的获奖者。

简单来说，一个不服管教的下级军官，和一个勇敢莽撞的大头兵，带着一群冒险家和雇佣兵在上海这个"冒险家的乐园"做刀口舔血的生意，可谓标准的好莱坞电影中雇佣兵的人设。他们的后辈包括西班牙外籍军团、古巴佣兵和海湾战争的黑水公司[②]。

这些杂牌雇佣兵军纪一塌糊涂，冲锋靠赏银；休闲靠酗酒；攻城例行抢劫，非常少儿不宜。

更有意思的是，洋枪队刚建立没多久，队长华尔就因为违反西方"中立条约"，被英国人抓了，毕竟那时候英法还没想明白帮谁。结果这老兄当场表白，说自己不是美国人，是中国人，上海女婿的求生欲果然非常强。

同样在1860年，英国人呤唎和他夫人葡萄牙人玛丽，加入了太平天国。

呤唎，英国驻港海军下级军官，在走私生丝的时候，发现被清政府妖魔化的太平天国真诚而充满理想；倒是清兵野蛮而残忍。由于对满口"基督教责

---

[①] 指把外地螃蟹放入阳澄湖浸泡一段时间，冒充"阳澄湖大闸蟹"的行为。
[②] 美国的一家著名的私人军事、安全顾问公司。

李秀成发给呤唎的通行证

任"的虚伪政府充满失望，在见完李秀成后，呤唎加入了太平天国，为李秀成走私军火、训练士兵。

简单来说，呤唎是一个国际主义战士，就跟他的前辈拜伦、后辈荷马·李、海明威、白求恩一样。

反正大家都不是什么正规军，狭路相逢勇者胜。1860年8月，李秀成大破洋枪队、重伤华尔，一路猛攻到了上海城下，要不是英法炮舰干涉，可能就解放浦西了。

然而，这也成了太平天国的绝响。三年后，洋务运动的军事改革加速进行。上海战场上，华尔战死，大家熟悉的刽子手戈登登场。

对比底层的呤唎、华尔和白齐文，戈登是英国陆军将军的儿子，职业军人家族的第五代，皇家军事学院毕业生，为人正直、勇敢、战斗经验丰富；之前辗转大英帝国的全球战场，当然也包括克里米亚。

简单来说，他出身武官世家，是一个大英帝国主义军人楷模。

信件里，他既记录了太平天国运动带来的残破，也承认清兵不是什么好东西。比起曾国藩这种日常屠城的，他算是有底线的。但你要说他有多同情中国人，那只是附会之说，毕竟人家首先是帝国利益的捍卫者。

戈登不重要，戈登代表的力量才重要。大英帝国既然派出了正式官员，就代表着西方社会立场的改变，而立场改变，带来的是武器、装备和训练。

到了1863年，新的局势已经确定，李秀成兵败、苏州失陷、天京被围，太平天国的各位们，已经在火光中看到了自己的结局。

这一年，呤唎参与了九洑洲之战，抵抗湘军水师。奋战三日，夫人玛丽牺牲，自己身受重伤，守城太平军全军覆没，天京陷入绝境；但即便如此，他居然还有本事从列强眼皮子底下偷了"萤火虫号"蒸汽军舰卖给李秀成，可以说仁至义尽了。

白齐文因为绑架杨坊索要军饷，队长位子丢给了戈登，之后居然愤然改投太平军。再后来，因不得重用且对战局悲观，他又投降戈登。而戈登接手常胜军，背靠英国这个军火大户，第一战就以重炮轰击围攻常熟的太平军，成功为清军解围，从此搭上了朝廷的战车，一路从上尉升到中校。

至于李鸿章苏州杀降，违背军人的底线，戈登气得要杀他。显然，生气不妨碍他继续和淮军合作，更不妨碍李鸿章奏请朝廷，封戈登常州提督、子爵、御赐黄马褂。毕竟为谁战斗，不是他戈登说了算，戈登的枪口，只能是大英帝国利益指明的方向。

历史的车轮继续向前，2年后，白齐文郁郁不得志，居然又试图重回太平军，消息泄露被俘；李鸿章偷偷把他淹死，对美国谎称落水溺毙，被白齐文搞得非常难堪的美国人心领神会，也不追究。戈登打下常州后，常胜军旋即被解散，李鸿章也顺便收编了其中他最需要的炮兵。戈登以"中国人戈登"的名号返回英国，并在约20年后，奔赴苏丹对付马赫迪起义[1]。这次，他没那么好运，兵败被杀，枭首示众。

而呤唎，受伤后返回英国，写了本《太平天国革命亲历记》记载了在他中国的时光，在里面大夸太平天国。之后的岁月里，他始终称呼自己"太平天国上校"。死后，他的墓碑上写着"中国人的朋友，压迫者的敌人"（Friend of China, enemy of oppression）[2]。

4个老兵，除了呤唎，其他都客死他乡；4种人，4种性格，4个命运。

然而再传奇的际遇在历史的车轮前都不重要了，无论是佣兵、战士、将军，还是游侠，他们所有人的命运，都不过是历史进程的小小注脚；而在无数人命运的背后，是大清洋务运动的第一轮改革：军备现代化。

到1865年湘军奉命剿捻时，大刀长矛和原来的破烂"大鸟枪"，那是基本不用了，6万人的部队已经有洋枪4万支、12磅拿破仑炮几十门，还有不少24磅重炮。1866年，李鸿章接办剿捻，他自己就成了军火专家，奏折里从恩菲尔德、夏塞波一路谈到雷明顿，采购业务非常纯熟。

当然，大清还未走上军事现代化的道路。但洋务派的那帮大臣们，也的确熟悉了现代武器战术，比如搞炮兵营、设立工程兵、做西式操练。在西方列强

---

[1] 苏丹的宗教大起义，马赫迪就是救世主的意思。
[2] 目前史学界认为呤唎在这本书中有不少夸大的成分，很多"亲历"其实也不是真正的亲历，但它仍然有很强的史料价值，而呤唎对太平天国的帮助和真挚感情也是毋庸置疑的。

的加持下，1864 年，天京陷落，太平天国运动失败，洋务派获得了一个小小胜利。

至此，洋务运动在中央有慈禧和奕䜣撑腰；各地团练系在纷纷搞洋务，整军备，搞出了湘军、淮军这种半近代化军队；短短几年平定了朝廷的心腹大患，有了继续改革的政治资本。

晚清自强改革之路算是开了一个亮闪闪的好头。

## 高光时刻

1864 年新疆回乱，浩罕国将领阿古柏趁机入侵新疆，非常老练地先立傀儡，再取而代之，在 1867 年建立了政教合一的毕杜勒特汗国（洪福汗国），自称埃米尔，差不多就是"大公"或者总督的意思。英国人希望通过支持他来对付疯狂扩张的俄国人；俄国人在吞并了浩罕汗国之后，希望通过他来攫取新疆利益；大清忙着各地平叛，力量无法触及新疆。

在大国的夹缝中，阿古柏手持英国女王亲切问候的亲笔信，拿着英、俄、奥斯曼 3 个帝国赞助的军火，甚至还在英国人的帮助下，在喀什搞了个小兵工厂，就这么整整统治了新疆 12 年，眼看这剧本就要向既成事实一路狂奔了。

后来的故事大家就比较熟悉了，左宗棠抬着棺材西征，消灭阿古柏，收复了新疆。兰州到乌鲁木齐相距 1500 公里以上，当年大清对付准噶尔，康熙、雍正、乾隆，整整三代人，打得血流成河才总算成功，大家觉得朝廷还有可能支撑一场约 70 年的战争吗？

那除了左大人的决心，还需要什么呢？

回顾一下上一章，1870 年，色当，普鲁士大败军事强国法兰西，震惊世界。克虏伯大炮在此一炮打响，德意志帝国的武德威名一路传到了中国。左宗棠在信件里说，德国人的枪："近又改用后膛进子之法，进口大，而出口翻小……布国（就是普鲁士）新制大炮及七响洋枪……子满膛口而出，毫无偏倚。"

字里行间都是对德意志军火深深的热爱。热爱之下，就是一方面在兰州搞

刚欣赏完机枪砍树的大清官员

军工厂，仿造开花弹、后膛螺丝大炮、后膛七响枪；另一方面派胡雪岩在上海大力采购军火，从德莱赛步枪、克虏伯大炮，一路买到了加特林机枪。

当然，买军火只是红顶商人日常的一部分，还要准备各种损耗、配件、几千公里的运输、使用培训、技术转让、仿造机械……从这个角度来说，胡雪岩的功绩与"与前敌将领无殊"。

不仅如此，打仗就是花钱，慈禧太后给予政策保护可以，但让她把钱给够是不可能的，预算 2000 万两，中央就补贴了四分之一不到。剩下的从哪里出呢？按照惯例，不外乎两个途径：卖官，加税。

洋务派学到的新方法是借钱，或者叫作"积极向全球资本市场融资，平滑资金的短期波动风险"。胡雪岩从华商、洋行，一路借到了外国银行。尤其是汇丰银行，他利用买办席正甫（记住这个名字，后面要用）牵线，从汇丰银行手上拿到了超过 1000 万两白银，金额很给力，但利息从 10% 到 18%，也非常吓人。

当然，利息虽然高，但怎么也比前两条路好得多。

有了军火，有了银子，这还没完，还得营造合适的国际形势，争取全球舆论支持，即便打败阿古柏，还得继续谈判，积极参加全球地缘博弈。

1876 年，洋务派郭嵩焘作为大清第一任公使，出使欧洲，努力与英国政府周旋；2 年之后，曾纪泽（曾国藩的二儿子）取代郭嵩焘，继续努力睁眼看世界，学着在列强中争取最大的利益。

那什么叫作睁眼看世界呢？

1878年，左宗棠剿灭阿古柏，收复新疆大部分地区，但伊犁还在俄国手上。3年后，曾纪泽出使俄国，想要从谈判桌上收回这2万多平方公里的地盘。沙俄的一贯套路，自然是死不松口，于是面子上，又是在伊犁增兵，又是铁甲舰开往远东，一副你敢来要地盘，老子就要全面开战的架势；不过看看里子，沙俄刚刚经过第十次俄土战争，已是财力枯竭，国内矛盾激化，甚至发生了刺杀沙皇的事件[①]。

于是曾纪泽一方面拉着俄国的老对手英国协调、找到德国人搞装备升级；一方面强调大清已经在全力购买军火、武装朝鲜，准备打持久战。他威胁俄国："中国百姓未必不愿与俄一战……中国地方最大，虽十数年亦能支持，想贵国不能无损。"

为什么敢说这话，因为他知道"俄国自攻克土耳其后，财殚力竭，雅不欲再启衅端"，也知道俾斯麦"乐于利用中国像水蛭一样吸住沙皇不放，把它耗得筋疲力尽"。当然他也知道俄国毕竟是强国，如若轻易开启战端，我们的确还不是对手。

所以，知利害，有进退，善于利用国际形势为自己争取最大利益，这才叫作"睁眼看世界"。

最终，1881年，《伊犁条约》签订，虽然还是个不平等条约，但毕竟要回了几乎失去的战略要地：伊犁。

收复新疆全境，是晚清的高光时刻。以左宗棠为代表的洋务派，拿着德国的先进武器，利用了全球资本市场，巧妙通过国际博弈，在一次严重的地缘冲突中，用英国资本家的钱，打赢了英国政府支持的分裂势力，比起20多年前的迂腐形象，可以说是有质的飞跃了。

从这个角度说，洋务运动可谓居功甚伟。

然而，所有这些，只是改革"开了个好头"。回想第一任公使郭嵩焘回国，公议鼎沸，"汉奸""勾结洋妖"的大字报从码头一路贴到他湖南老家；而等到第二任公使曾纪泽回国的时候，保守派的非议就少了很多。

这前进的一小步，成功营造了一个改革的氛围。

同样，在普鲁士改革的现场，沙恩霍斯特军事改革，创建"总参谋部"、

---

① 1881年，俄国发生了沙皇亚历山大二世遇刺身亡事件。

推行"征兵制"厉害吗？当然厉害，但更厉害的是，改革并未止步于军队，这里再重复一次，"当国家像雅各宾党人一样，知道求助于人民的精神时，我们就胜利了"。

什么叫求助于人民的精神？深化改革、坚持开放、带动社会的进步，这就叫作求助于人民的精神。

1877年，左宗棠用德国的德莱赛针发步枪打败了阿古柏；但很快，法国优化了夏塞波步枪，采用橡胶圈密封，让射程提高到800米以上；没两年，德国又搞出了毛瑟1884步枪，使用黑火药定制弹，射程1400米；然后是法国勒贝尔1886、Gew 88……

如果大家觉得赶不上这更新速度的话，要知道，步枪只是小头，之后还有马克沁、后膛炮、铁甲舰……显然，一直买下去非破产不可。市场换技术，自己造才是正经。

于是，1865年，金陵制造局成立，仿造洋枪、子弹；同年，江南制造局成立，仿造洋炮；1866年，福州船政局成立，仿造铁甲舰，那个甲午海战中的小型战舰平远舰，就是他们造的；1874年，广州机器局成立，仿造火轮。乍一看，热闹非凡，可问题是，所有这些公司，有且只有一个客户：大清；主要工作是"交差"，造出来就行。至于良品率、国产化率、上下游配套、性能改进、打入国际市场……这些现代企业天天盯的事儿，没人在乎。

创立工厂有用吗，当然有用，总比全部买入强。但军工是不可能独立生存的，就像军队不能独立生存一样。一支步枪，牵涉到的就有化工冶炼、钢铁生产、机床设计、产业工人培养……大清可以作为兵工厂的唯一客户，但他能成为所有工厂的唯一客户吗？

晚清改革的深水区，不在于是不是造枪，而在于"求助于人民"，求助于人民的精神、人民的工业、人民的经济、人民的教育。这些知识在哪里呢？在西方、在工厂、在大学、在市井。

1881年，伊犁收复，这是晚清的高光时刻。

同年，原定15年的深化改革行动："留美幼童"计划临时中断。这120名留美幼童，家庭背景纷杂，有官员、商人、农民、矿工、渔夫、教会成员；这群孩子在美国学习经济、土木、机械、冶矿，也有法律、政治；一切顺利的话，他们将带着技术、理念回来改变中国。不过麻烦的是，他们也在那里剪掉了辫子、踢上了足球、谈了恋爱。按照当年的说法，这些行为简直是"性情乖

留美幼童

戾、不知自好"。

1881年,朝廷对这些不爱国的行为忍无可忍,一声令下,所有人中断学业,统统回国。而同年,隔壁日本的外派留学生,早已一年超过千人。就像太平天国起义中的那4个外国人一样,这120个孩子的命运,只不过是时代小小的波澜,在举国欢庆"中兴"的喝彩声中,毫无痕迹。

1881年,同光中兴,内外修好,天下太平。

但天下,真的太平吗?

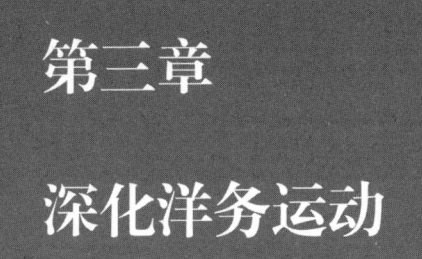

# 第三章

## 深化洋务运动

# 如何在晚清经商

1868年，是非常重要的一年。

这一年的日本京都，明治天皇颁布《王政复古大号令》，宣布明治维新的开始。

美国新泽西，托马斯·爱迪生获得了他人生第一份专利——电子投票计数器。

而中国扬州，打死僧格林沁的长毛"余孽"、太平天国最后的虎将赖文光，被凌迟处死。

三个国家都各得其所，平和安详。

尤其是大清，处理完这些闹心事儿，两宫太后算是睡了个安稳觉。洋务运动旗开得胜，欣欣向荣；按照这个逻辑，那自然是再接再厉、深化改革，把工业化进行到底了。

当然，现实永远比较残酷。

这一年，一位叫作"张禄升"的读书人决定弃文从商搞实业，也许是因为有感于洋人的火轮船侵蚀国人沿海航运生意，他想要迎头赶上；也许是觉得西人"以商立国"，他感到了时代的潮流。总之，他头脑一热，买了艘轮船，决定搞航运。很快，这个倒霉蛋在胶州湾被当局扣押，以"惊扰居民"的理由被"革去功名"，打回原籍。

这位读书人后来怎么样？没人知道，他就此消失在茫茫史海之中[1]，连个泡泡都没有激起。

19世纪中叶，长江和沿海航线的轮船上清一色的中国水手，但船上却飘扬

---

[1] 张禄升事件见载于聂宝璋、朱荫贵合编的《中国近代航运史料》。

着"血与金"的西班牙国旗,不要奇怪,这种做法叫作"诡寄经营",属于普遍操作。

流行的手法是,中国商人先在香港买船;再到澳门花 100 块钱找个洋人,宣誓该船为其所有,并以其所在国家注册——通常是西班牙,因为西班牙人比较便宜;然后以 45 块钱一个月的价码雇个洋人做"名义船长",不用上班,肯借护照就行;最后是以 10 块钱一次的价码,让他代为露脸办理各种手续,比如报关、纳税。

当然,这种方式简单粗暴有风险,只适合小船东,那大船东怎么办呢?一般是找个洋人的船运公司挂靠,华人运作,洋人分润;或者直接注资到西方船运公司,比如琼记洋行。没错,就是上一章里说给太平军卖军火的洋行,他大股东之一就是旗昌洋行买办陈竹坪。

所以当年洋人来中国做生意,只要带一点点钱就够了,靠着"洋皮",他可以拉到一堆中国人来"附股"。

很显然,这种吃里扒外、给洋人输送利益的方式,必然被爱国者所不齿。但等等,为啥挺正常的国人,一搞船运就要开始卖国呢?

1904 年,福建每日商船 300 艘,英法美西葡等,遍布全球,就是没有大清龙旗。不挂龙旗,难道厦门船老大都是卖国贼吗?答案很简单,1868 年的中国,不是只有一个张禄升,这成百上千的张禄升很快就发现,你要是不挂个洋旗,那就等破产吧。

守旧官员三天两头扣押,奇葩的理由包括而不限于"殊属冒昧""其言绝悖",甚至包括李鸿章大人的"不必另树一帜",可以说是花样翻新;各地关卡林立,有税、有捐、有厘金、有好处费,哪一个都是得罪不起的大爷;更无语的是,沿岸海盗多如牛毛,挂大清龙旗,你指望本地"军爷"帮你打海盗?

可一旦挂了洋旗,故事就不一样了。官老爷不敢随便扣留;关税只要华船的十分之一,而且一口价搞定,各地衙门摸不清底牌,也不敢随意加税;更离谱的是,洋人居然还真的保护商船、反击海盗,比如 1858 年,英国人就攻入"勺凹浦",剿灭广东海盗,抢回了怡和洋行的白糖,可以说是非常卖力。

这种情况下,商户更倾向于挂洋旗。

大清知道吗?当然也知道,广州一度搞出了"忠君爱国用龙旗,一次申请终身免手续费"①这种促销活动。有啥用吗？没啥用，50两银子的手续费，抵得上一个关卡的厘金吗？请问你指挥得动牛气哄哄的大清水师吗？都不行？那我挂龙旗不是还得破产。

张禄升的命运，就是千万无权无势的清末小商人的命运。当然，对这帮人来说，守旧官员的滋扰只是艰难求生的第一步。

第二大挑战，是著名的"厘金"，这个东西说白了就是"临时性质"的商业税。当然，我大清自有国情在，一临时就临时了几十年，一直到民国政府蒋委员"裁厘改统"，这才算废除了，可以说是很有时代特色了。

1853年，朝廷要镇压太平天国，没钱，于是给了个政策，让各地实力派自己搞钱。到哪里搞呢？农业税抽多了要造反，关税得罪不起洋人，变相的商业苛捐杂税"厘金"应运而生。所谓"逢关纳税，遇卡抽厘"，各地督抚纷纷修关设卡，向过往商人伸手，从过桥、过路税，到产地税、销售税，收了个不亦乐乎。

好处非常明显，各地团练搞到了钱，招兵买马打垮了太平军；坏处也很明显，市场被切成了一块块，劣币驱逐良币；各地政府纷纷利用这个搞刮地皮、玩地方保护，整个商业环境一塌糊涂。

朝廷想废除吗？当然也想。一来，以德国为师，要消除割据、形成统一市场；二来，刮地皮这种事情朝廷可以忍，但是瞒着他刮地皮就不能忍了，厘金这种"临时"属性，缺乏统一标准的税种，中央两眼一抹黑，各地上下其手各种瞒报，朝廷不愿做这个冤大头。

然而，想归想，却实在搞不定。厘金收入已经成了大清的财政支柱，多的时候几乎达到了20%，你要禁止厘金，财政窟窿从哪里补？

想提高关税，洋人他不敢得罪；想搞统一大市场，各地督抚又不配合，再次请大家注意，1860年，太平天国端了江南大营，清军最后的直属军团已经没了，实力派不配合，难道让李鸿章的淮军去打内战吗？

勉强熬到1903年，搞个印花税，又去填了"禁止鸦片"的财政窟窿。总之每次改革的结果都是厘金没改掉，新税倒是改出了不少，实在让商户苦不堪言。然而，大家如果觉得"车匪路霸"式的厘金已经够狠了，那就太小看在清末搞民营经济的难度了。作为地狱级难度，害死商品经济的还有一个大杀器，

---

① 当年的确有这个活动，但这个口号是作者开玩笑的。

曰"大清海关"。

简单来说，经过两次鸦片战争、一次太平天国起义，以及大清官僚的各种神助攻，英国人连哄带骗地把大清海关控制权搞到了手，注意，我指的不是上海海关，而是全中国，南至福建、北到天津的所有海关，这个巨大机构的"总经理"就是：

太子少保、赏三代正一品封典、爵士、御赐双龙勋章（那时候叫作宝星）、大英帝国圣乔治十字勋章、大清权贵的好朋友、业余外交达人、中国邮政发起者、英国在华利益的基石、大清总税务司，赫德。

我列这么一大串名字，当然就是在疯狂暗示赫德左右逢源的这种双重身份。也正是因为这种双重身份，赫德在各个公众号上的形象可以说非常割裂。

有的人大赞海关是中国近代最为廉洁的部门，津津乐道在赫德同志的努力下，海关税收从496万两一路升到2000多万两；他还支持洋务搞开放，在列强环伺中帮着大清周旋，推动中国走向现代化，可以说是功莫大焉。

有鉴于此，在外滩给他立个铜像可谓实至名归。

有的人骂赫德表面清廉，背地里也上下其手、任人唯亲。关税收入猛增，可不就是列强对中国的抽血更严重了吗？

这一点当然也说得非常到点上，让我们回顾一下普鲁士国家发展的样板工程，

曾经在外滩的赫德铜像，写着"立不朽之功"

李斯特提出的第一件事情就是提高关税，保护脆弱的普鲁士民族工商业，工业品税率通常高达40%。

那请问大清海关关税是多少呢？晚清70年，坚持关税5%不动摇，叠加上白银贬值，实际税率几乎只有2.5%，基本就是自由港的水平。所以你看，现在浙江方言的"洋火"就是火柴，"洋钉"就是铁钉，四川方言"洋马"，就是自行车，全部都是"洋"货。

在赫德和他英国同胞的不断努力下，总税务司增加了"子口税"，意思是洋货进口后，再抽2.5%，就可在内地通行无阻，避开那些多如牛毛的厘金。真是让一众民族资本家嫉妒得眼放红光。

想改吗？当然想，李鸿章各种谈；想把洋货进口关税提到13%；之前提到的曾纪泽，国外转了一圈，就说洋人"非民生所必不可少者，莫不被倍征其税"，想要学西方，把海关给抢回来，以至于赫德一度写信说老曾这个人"最坏了"。

当然，现实相当残酷，洋大人表示，关于税率，最多7.5%，再多没有了。当然，李大人也很有"收获"，列强可是对中国人民纷纷表示同情。

好了，讲完了官员骚扰、厘金和超低关税，这晚清"张禄升"们的三大地狱级挑战，那商人们是不是就无路可走了呢？也不是，大家应该感受到了，正常生意活不下去了，那想要混出头，只能抱大腿。

而晚清的大腿，不外乎两根：官僚和洋人，便是所谓"红顶商人"和"买办"。红顶商人靠高官庇护吃饭，言谈间不外乎昨天见了哪个领导、前天和谁的秘书一起吃饭；买办帮着洋人打点生意，三句不离沙逊先生跟我一起打了高尔夫、渣甸和我玩了马球。

于是，胡雪岩傍左宗棠，盛宣怀傍李鸿章，席正甫傍汇丰，唐廷枢傍怡和……大家都在抱大腿。这个也不奇怪，只会"诚实劳动、合法经营"实在做不大，那可不就只剩下这两类人了嘛。既然是抱大腿，那就非常容易理解了，大腿能有多粗，自己就能飞多高，大腿一旦完蛋，那他自然就跟着倒霉了。

比如一些人的偶像"红顶商人"胡雪岩，从"红顶"这个角度看，老胡帮助左宗棠又是筹款又是买枪，虽然中介费收得狠了点，但毕竟是把事情办成了，也算做了点实事；但从"商人"的这个角度来看，那他那点业务能力不值一提。

毕竟胡大人的重要业务就是上下打点各级官僚，让他们把公款存到自己的钱庄，然后借给那些没政府关系的小商户，放贷赚利差一本万利。你要问他精细化运营、产品创新、工艺改进、推动生产力，甚至搞研发，他一窍不通，那种苦活累活胡大人怎么看得上，打通朝廷的资源，吃政策红利，赚快钱才是人家的核心竞争力。

1883年金融危机，胡雪岩投机生丝失败，上亿资产的帝国瞬间分崩离析；朝廷管你红顶不红顶，黄马褂算什么，即刻革职抄家。

而盛宣怀就滑头很多，毕竟人家曾经是李鸿章的幕僚，眼光很准。甲午海战之后，一看李大人苗头不对要背黑锅，就跑去投靠了张之洞。

相比之下，洋人这条大腿还持续得久那么一点。"铁打的洋人，流水的官"。上海道台换了不知道多少茬了，怡和、汇丰岿然不倒，业务一路从贩鸦片、卖军火、发行国债到进口洋糖、自行车。

而只要洋商在，买办就少不了。毕竟中国地盘大、封闭久、各地情况殊异，外国商人在很长一段时间完全摸不着头脑。张家口的皮毛、苏州的生丝、景德镇的瓷器、福建的茶叶……各有各的模式、特色和人脉。

更不用说铺设渠道、赊账抵押、供应链抵押、商业承兑等洋货销售的业务了。买办作为外国商品和内地市场的桥梁，作用可不是一点点大。旧中国100年，买办从杨坊（就是华尔他岳父）、唐廷枢到何东（赌王何鸿燊伯公）、虞洽卿（蒋介石赞助人）……只要业绩好，这伙人的日子就过得下去。

何况，在铁甲舰、先进生产力、赫德海关、大清，还有后来的民国政府助攻下，业绩怎么可能不好呢？比如汇丰银行上海买办席正甫，就是之前说借钱给左宗棠的那个：一方面，业绩爆棚，短短几年建立了上海最有影响力的银行——汇丰银行上海分行，政商两侧手眼通天；另一方面，全家沾光，二弟席缙华是华俄道胜银行买办，幼弟席素恒是新沙逊洋行买办，退休后儿子席立功继续在汇丰做买办，之后还将位置传给了孙子席鹿笙，真正实现了"家族传承"。

不过呢，这个光明的职业也有个巨大的缺点。

中国读书人，从小四书五经，听惯了岳飞、于谦、王阳明，都讲究"修身齐家治国平天下"，做买办固然有名有利，但说起"报国"来，很多买办都有那么点"意难平"的味道。

红顶商人和买办，都不够完美。在这种情况下，"裱糊匠"李鸿章想出个好主意。对大清来说，"重农抑商"是传统，投钱注资、扶持民营经济这种事情，对朝廷实在是太超前了；但没有商人参与，不仅官僚自己没有运营能力，而且大清一贯财政紧张，纯粹国家投资搞工业，资本金也实在不够。

**"官督商办"由此应运而生。**从股本来说，政府投部分资金办厂，商人出钱入股，形成股份制公司；从运作上，官员参与监督，商人负责运营；从营销上，政府提供垄断市场、税务保护，商人努力提高生产力。

官员通过官督商办扩大了实力、加强国家工业化，有了政绩；商人获得了官府的庇护，拥有了创建民族工业的光荣身份；股东从工业化改造中赚了股息。可以说既利用了政府的行政保护力量，又充分调动了商人的资金和积极性，所有参与方各得其所，简直完美。

一时间，新模式颇为流行，1873年的轮船招商局（现在的招商局集团）；1876年的开平煤矿（现在的开滦集团）；1878年的上海机器织布局（现在的上海纺织博物馆）……大家现在叫得出名字的晚清大企业，基本上都是这个模式。

而大量的红顶商人和洋买办，各怀心事，也应邀去了这些地方。比如轮船招商局，红顶商人盛宣怀很早就开始参与；而晚清四大买办，参加官督商办的就有3个：徐润负责轮船招商局，唐廷枢主要精力在开平煤矿，郑观应建了上海机器织布局。

伴随着他们而来的，自然是江浙沪民间的人才和资本，国际公司的先进运营理念，以及朝廷的政策扶持。

三花聚顶，前途一片光明。

比如轮船招商局，原来半死不活的，1873年改组为"官督商办"后，唐廷枢任总买办，一年之后就开始盈利，1874—1883年约10年间，除了10%的固定利息之外，通常还能发5%左右的股息，非常赚钱；1876年，在轮船招商局的基础上又成立中国第一家保险公司"仁和保险"，成功扩大了业务版图。

而在国际竞争上，长江内河航运原来是旗昌、太古（大家喝咖啡用的白糖就是他们家的）、怡和（现在华南地区的7-11便利店就是他们家的）3家洋行的垄断也被打破。船运公司嘛，价格就是竞争力，招商局入局后，带头大打价格战，规模第一的旗昌洋行巨额亏损，第一个撑不住。

1877年，招商局蛇吞象，借款收购旗昌洋行，市场份额一跃而至40%，并开始在菲律宾、泰国进行国际化布局。

可以说，短短10年不到，投资人赚了钱；买办转型为爱国企业家；李鸿章成功插手上海到天津的干线运输。各得其所，实现共赢，"官督商办"模式一战成名，全面开花。

## "和尚摸得，我摸不得？"

不过故事是不是太美好了一点？

翻开轮船招商局的财报，你会发现，之所以一炮而红，很大的原因就是"超国民待遇"。作为李鸿章的"亲儿子"，招商局首先就拿到了漕运订单，拿下清廷一年50万石上海到天津的粮食承运项目；其次是免厘金，几千公里的长江内河，李大人保驾护航，争取到了和洋人同等的待遇。

最后，设定准入门槛，消灭国内竞争对手。还记得之前的"不必别树一帜"吗？宁波的"五金大王"叶澄衷，想要搞个"广运局"做船运生意，李大人批了"不必另树一帜"这6个字，直接就否了，非常护犊子。

从现代意义来看，这种做法显然是不遵守市场规律的。但放到那个年头，倒也不能说完全错误。航运公司规模优势明显，这种行业政府牵头做大做强，抵御外国经济侵略的策略很常见，效果也不见得就差了；而放在那个年头，厘金问题短期不能解决的情况下，用行政命令来消除市场壁垒，也算是个权宜之计。

不过问题在于，"权宜之计"只能"权宜"，按照现在的说法"扶上马，帮一程"是可以，但不能保你"做大做强"。老是挥舞权力的大棒，难道你还能打倒经济学不成？

显然，权力的大棒可以打跑国内竞争对手，但没法逼消费者买单啊。

举个例子，1882年，洋布在中国销量日增，李鸿章奏请朝廷为"上海机器织布局"大开绿灯，准备和"洋布"竞争一番。

既然到了李大人手上，"官督商办"的老三套又来了：太古轮船公司买办郑观应（就是写《盛世危言》的那个）担任总办；国家给予税收优惠；然后给了"十年专利权",10年之内,民间商人只能附股(也就是入股),不能自己建厂。

大家感受一下,10年之内全中国只允许此一家纺织厂存在这种政策。

这种做法连垄断利益的获得者自身都觉得不可思议,织布厂的第二任总办马建忠(他四哥马相伯就是复旦大学第一任校长)就说,上海织布局织机300张,一年产布18万匹,而当时大清每年进口洋布1500万匹,这点产量连2%都不到,你怎么跟外国人竞争。

为了一家公司,限制一个市场的玩法,值吗?李大人觉得很值。毕竟产品竞争这种事儿虚无缥缈,他治下的公司销路不愁,利益是实实在在的。

大家一定要有一个基本的认识:权力是把双刃剑,而不受控制的权力可以毁掉所有人,包括权力本身。

如果大家觉得官僚权力只是玩玩垄断,那就太天真了。官督商办,当"商"利用"官"的权力来垄断市场的时候,自然乐得其成。但聪明人都应该问2个问题:第一,既然"官"可以帮你随意地垄断市场,那这种不受限制的权力,是不是能干其他的?第二,如果"商"只会靠垄断市场赚钱,那请问这个"商"还有什么用呢?

很快,官督商办的一片光明开始有了巨大的阴影。

既然政策都是官定的,那安插点人怎么了?领导推荐个人,即便能力不行,但你难道好意思拒绝?实在没地方放,那挂个名号光领工资不干活,人称"干薪"①,也总比得罪了官老爷强。

既然朝廷"恩准"你办企业,帮你压制竞争对手,那你孝敬孝敬,交点保护费又怎么了?注意,不是缴税,缴税是对公,是企业为搭建国家公共资源所给出的费用;孝敬是对私,在清末叫作"报效",是对个人、对某个阶层,花些钱用来继续维护自己商业利益的好处费。

至于"报效"的由头,可以说是包罗万象。河南灾荒、边疆打仗,为了国家利益,总要出点钱吧,可以理解;洋务派要办新实业,关联公司资金周转,为了领导政绩,总要搭把手吧,也行;慈禧太后生日,修个园子颐养天年,这个面子总得给吧……

就这么一样一样报效下来,到后来,轮船招商局的财务报表索性直接列了

---

① "干薪"在当时属于普遍做法,轮船招商局的花名册上是直接注明了的。

"报效"一项，基本算是公开化了。

当然，从"大清爱国者"的角度来看，这点报效是远远不够的，比如当年刚毅代表朝廷南下收保护费，就大骂这伙人"不知忠君爱国"，交个钱居然还磨磨蹭蹭的。

而那个著名大学士，看到任何洋货都要发火的大清"爱国老人"徐桐，直接就提出来：既然轮船招商局这么赚钱，那干吗不直接收回国有算了？果然是"爱国"的狠人。

如果仅仅只是这些，那你就想错了。

当年，你如果在轮船招商局办点事儿，很快就会发现说不来粤语，简直寸步难行。这个也不奇怪，毕竟总经理是广东人唐廷枢和徐润，在引以为豪的"圈子"文化下，塞满自己亲戚也算是题中应有之义。

有谁不讲粤语呢？

船长不讲粤语，讲英语。从船长、大副、二副……一路向下，全是洋人，事实上，不仅船上的高级岗位是洋人，维护、修理、改造什么的技术岗位也全是洋人。一直到怡和洋行都开始用华人做船长了，招商局的船长还是清一色的洋人，非常不"民族企业"。

原因何在？那年头培养一个船长比现在培养一个机长还复杂，这种投资长、见效慢的活儿，的确不符合"短平快"的思路。

1872年有人提要开始培养船长，搞技术研发，公司高层的回复是：见效慢，而且保险费可能增加，暂时不搞；10年过去：见效慢，而且保险费可能增加，暂时不搞；20年过去了，到1892年，还是这句话。

隔海看看日本，1875年日本三菱搞邮船公司，10年后已经80%是本国船长了。

当然，如果仅仅是从"眼光不够"这种视角来批判，那就又太天真了。大家都懂一个道理"晚清人人都爱国，但要在不损害自己利益的前提下爱国"。同样，"官督民办"的总办们不是没有长远眼光，而是在没有长远利益绑定的前提下，谁也不愿意投资未来。

既然朝廷随便找个理由就能来打秋风、抽资本金，那请问总办们会对公司章程有敬畏之心吗？

"和尚摸得，我摸不得？"①

一方面是朝廷要"报效"，另一方面是各路官员也忙着侵吞资金。当年的唐廷枢、徐润，都拿了轮船招商局的资金在外面兼并土地、搞金融投机，快钱赚得不亦乐乎。

1883年，徐润在上海囤了3000多亩地、2000多间房，光房子就几百万两的身价，简直人生巅峰，你说他能有多少时间去管航运这种精细活儿？而且吧，既然徐大人如此家大业大，稍微"腾挪"点招商局的资本金又怎么了？他又不是还不起。16万两而已，现金充裕的时候补上不就好了。

结果，1883年，大清金融危机爆发，胡雪岩破产，叠加中法战争爆发，上海房价大跌，徐润血亏。李鸿章派"官督"盛宣怀查账，抖出了那16万两挪用，于是"商办"徐润被扫地出门。

挪用公款，撤职查办当然不冤。

但是盛宣怀接手之后，每年额外给朝廷6万两"报效"，冤不冤？慈禧60大寿，公款10万两的孝敬，冤不冤？不经过股东同意，一句话就挪出8万两办学校、帮领导搞政绩，冤不冤？而盛宣怀自己左手"爱国总办"，右手继续开钱庄、兼并土地挪用公款，冤不冤？

那谁最冤呢？当然是那些相信这些公司能"实业救国"、发展航运、与列强一较长短的民间投资人最冤。毕竟这些事儿都得要长远打算，而当一个公司谁都可以来侵占一把的时候，没有管理人愿意长远规划。

革新技术、培养船长？不存在的，在被其他人捞完之前先自己吃饱才实在。

于是，20年后，曾经轰轰烈烈的官督商办虽然还是洋务派引以为豪的政绩，但这些公司早已不复当年的锐气。企业半死不活，靠着垄断苟延残喘；商人偷偷撤资，毕竟做生意不是为了给老佛爷过生日的；官员上下其手，生怕错过了自己那份。

至于大清帝国工业化的使命，谁还关心这种事儿。市场是分割的、行业是垄断的、关税保护是没有的、企业精神是扼杀的。朝廷可以请到普鲁士教官、装配克虏伯大炮、按德国的方式操练新军，但是学不来德意志帝国的商业精神。

有人看出大清的工业需要"深化改革"吗？当然有，局内人郑观应写《盛

---

① 化用自鲁迅先生创作的中篇小说《阿Q正传》。

世危言》，大骂官督商办，说这种玩法"赢则借事勒捐，亏则多生枝节"，而且"官夺商权难自主"，根本没有办法应付工业化的需求。

换句话说，要"产权清晰，定义政府和公司的边界"。

要自强，必须"商战"，所谓"欲攘外，亟须自强；欲自强，必先致富；欲致富，必首在振工商"，毕竟"商战为本，兵战为末"，而商战，又是"有工以翼商"，必须以工业为基础。

换句话说，"贫穷不是社会主义，解放生产力、共同富裕才是社会主义"。

不仅如此，还要改革厘金，"裁撤厘金，加增关税"，政府应该鼓励出口，"与地争利"；而不能死盯着国内，"与民争利"。

就是要搞"统一大市场，消除地方主义"，要鼓励企业"做大做强，走出国门"，要"造福于民、藏富于民"。

有道理吗？当然有道理，光绪看了深受触动，印了 2000 本，要求各地官员好好学习，一时间洛阳纸贵，大人们纷纷点头称是。有啥用吗？没啥用。厘金是各地督抚的钱袋子，谁敢动？海关是洋人的地盘，谁敢提？官督商办成了官僚的自留地，谁愿意打破垄断？而没有国内市场练手，那拿什么出海？

早说了，人人都爱国，以符合自己利益的方式。

人人都爱国的结果就是，说起来每一个都是民族实业家。盛宣怀、胡雪岩、唐廷枢……哪个名字在百度上一查，都有堆闪亮的头衔，兴办了中国"第一家冶炼厂""第一家棉纺厂""第一家金矿""第一家造船厂"……各种第一，关起门来简直闪闪发光，一片中兴之气。

那打开国门再看看呢？

1894 年，中日甲午战争开打。黄海大战，北洋水师损失军舰 5 艘，伤亡 600 人；日本舰队受损 4 艘，死伤 300 人。虽然惨败，但还有定远、镇远等主力，实力尚存，李鸿章要求"出海巡游""相机攻敌"[①]。没错，你去翻当年往来的沟通记录，李鸿章可没让北洋水师缩在威海卫，而是希望坚决突围。

靖远、济远大炮钢底损坏，要德国订货，发货遥遥无期；平远 260 毫米

---

① 事实上，北洋水师在当时的大清已经是精锐部队，所谓"炮管上晾衣服""刘公岛上有妓院"等都是谣传。

主炮，炮弹还没国产化，要进口①；广丙速射炮还剩下 60 发，广东方面一直没有回复是不是还有库存；镇远号舱底 8 处有伤，以现有能力无法修复，要等专家。

专家在哪里呢？大清全国企业也没几家，技术人员只在开平煤矿、唐山铁路，于是什么锅炉、铜匠专家紧急调用去了旅顺。好不容易到了军港，旅顺营务处督办龚照玙不肯支付在天津承诺的额外工钱，居然把他们遣散了……

9 月 17 日黄海海战结束，德国总教习汉纳根悲观地说，镇远号估计要 45 天才能修好。结果到了第二年 1 月，镇远号还在积极"抢"修中。

你说开着这些破铜烂铁，丁汝昌不避战又能如何？

而日本方面，17 日打完仗，18 日到朝鲜的临时锚地，19 日修理船"元山丸"赶到，5 天之内处理完轻伤的战舰；同时，重伤主力舰战舰开回日本，2 个月内全部维修完毕，11 月已经又在巡游了。

1893 年，大清嘴里的蕞尔小国日本，留学人才已经超过 2000 人，10 人以上工厂 3019 家，其中使用蒸汽动力的 675 家，工人总数 38 万，蒸汽动力轮船 11 万吨，而且根据《雇佣外国人注意条例》，政府鼓励雇佣外国技术人员的同时，规定要以本国人逐步取代。

同年中国企业多少家呢？ 100 家出头。

还记得我们上一章说的吗？军事工业，是不可能独立于民间工业存在的。1881 年，鲜亮的同光中兴背后，是留美幼童强行中断；是行政命令下的军工畸形发展；是张禄升们盼望的民族工业毫无出头之日。

将士用命有用吗？有用。不过在别人强大的工业体系面前，再用命也只不过是比较勇敢的炮灰，毕竟巴顿将军教育我们：战争的目的不是为国牺牲，是让你的敌人为国牺牲。

甲午海战，输在武器、军队，更输在了工商业。北洋水师不是纸糊的，是实实在在的铁甲舰，却是一次性的。

而美国最恐怖的能力在哪里？二战时期，约克城号航空母舰 5 月 8 日在珊瑚海海战被日军重创，炸弹把船尾都轰出了水面，油迹拖了 10 里长。好不容易回到珍珠港，按计划需要 90 天才能修好。

结果，72 个小时内，工程师设计方案、排定计划；产业工人理解规划、配

---

① 当时平远号主炮弹药匮乏问题非常严重。

合行动。先保证航行，然后边开边补，3天恢复作战能力，6月4日就参加了中途岛海战，成为太平洋战场转折点。

"有航母"比不过"会修航母"。别说大清没有示范过，1895年，只会买船的大清，对战会修船的日本，完败。

大家如果现在开始扼腕长叹，那告诉各位一个坏消息，相比另外一个行业，大清的工商业居然还算不错的。虽然不经打，但起码还有些成绩，在东亚耀武扬威了几年，留了点家底，也算是给中国工业化起了个头。而有个行当，那才是真正让人目瞪口呆。

下一章，大清金融，该你出场了。

第四章

大清金融

## 外债何以丧权辱国？

说起大清的工业近代化，从1861年开始洋务运动算起，努力挣扎了几十年。虽说甲午战争一败涂地，但好歹曾经风光过，也算为重工业打了点基础。但要说起金融近代化，那它可真是一脸懵，从头到尾都没搞明白自己该干啥。

这也不全怪大清，毕竟中国封建王朝三千多年，绝大部分情况下，在金融知识方面都处于这种一脸懵的状态。按现在的眼光，历史上无论是货币还是信贷政策，处处充满了随意性。

以货币政策为例，我们现在看的古装剧，主角常常拿出几两碎银子付账，就跟我们掏人民币似的。这就完全就是现代人的臆想，古代大部分时间，黄金白银要么是"储值工具"，比如政府库银，也就是储藏着作为军饷、公用等大额用度的；要么是作为"价格工具"，比如计算该收多少税，也就是所谓"折算成银两"；要么是"国际货币"，比如清末和外国人做生意，收了一堆"墨西哥鹰洋"；极少有作为日常"支付工具"的，寻常百姓说不定一辈子都见不到一两纹银。

而真正日常支付的货币可谓花样百出，充满了时代特色。比如秦朝用铜，隋唐是铜和帛，还一度用过香料；宋朝用铜、铁和纸币，到了明朝又成了铜和银。

虽然教科书都在强调"大一统"，说秦始皇之后"书同文，车同轨，统一货币"，帝国垄断铸币权，设计"秦半两"作为唯一合法的流通币，一举取代楚的蚁鼻钱、三晋的布币、燕齐的刀币等六国的货币，促进了商业流通等。

著名的秦半两

但实际上，整个三千年，中央政府从来没办法完全垄断铸币，而且钱的制式也从来没有真正统一过。秦朝就不用说了，六国的货币照样流通；唐朝发工资，铜钱、实物、绫绢换来换去，粟特血统的安禄山、史思明还搞了不少中亚的钱在大唐流通；宋朝河南用铜钱，四川用铁钱；晚清，各地督抚一直都是自己铸各地的铜币、银元。

最特别的是在云南，因为经济受东南亚影响比较大，一直到17世纪都还在用"贝币"，就是那种贝壳做的货币，原产马尔代夫，流通于印度、西非、东南亚，在中国可谓独树一帜。

甚至到了民国，法币也就是在东南比较流通，广西用桂币，云南用滇币，金融毫无章法。

当然，除了民国，这事儿放到古代也不难理解。那年头的货币无论铜钱也好、金银也好，大部分情况下，其内在价值都不是靠面值，而是靠重量决定的。100克铜钱的实际价值就是比90克的高，这就是它的内在价值。那既然大家都是铜，凭啥只有你能铸货币？

而且秦朝实行商鞅的重农抑商，冶炼能力不高。现代考古发现，秦朝虽然统一六国，但靠的是组织优势，兵器的质量、铁器的比例还比不上齐、楚等国。秦半两铸造水平也就可想而知了。货币的重量从3克到10克不等[①]，六国仿造起来也不算太难。

两者叠加，就意味着"统一货币"往往是个政治口号，实际执行中充满了随意性。举例来说，在几乎整个古典世界，朝廷都是"禁止铸造私钱"，但没法禁止"私钱流通"，毕竟私钱也含铜，工艺也不算太差，大家将就着用得了。

这种情况一直持续到清朝，各地钱庄票号都还有所谓的"银两平色"业务。"平"就是统一重量，"色"就是判断成色。本质的就是由钱庄，比如大家熟悉的晋商"日升昌"来判断你手头这点银子的"内在价值"到底是多少。毕竟当年光"平"的重量标准就有一百多个，"色"的标准也有十几个，普通百姓完全搞不清楚里面的门门道道。

而且吧，因为政府总有搞通货膨胀、搜刮民间财富的冲动，所以往往财政一紧张，就降低货币含铜量，主动铸造"劣币"，以至民间的货币常常乱成一

---

① 秦半两采用泥塑法，目前出土的秦半两重量差别很大，有兴趣的，强烈推荐彭信威老师的《中国货币史》。

锅粥。

比如汉武帝，北打匈奴南征云南，花费如流水一般。没钱了怎么办呢？千古一帝脑洞大开，发行了奇葩的白鹿皮币（鹿皮制）和白金三品（银锡合金），其中白金三品的圆形币，重8两，面值3000文，合一两值375文。实际市价多少呢？125文。

也就是朝廷拿着价值三分之一的货币去征收民间实物，那可不就是掠夺财富吗？

结果，白金一出，天下盗铸风行，大家都去做这种利润200%的生意了。几年下来，参与私铸货币的有几百万人，被抓到要杀头的至少几十万人[①]，大汉伪币横行，根本分不清谁是"良币"谁是"劣币"，只好在2年后停止发行了事。

扯远了，回到古装剧的吃饭问题，主角要走南闯北，恐怕得先搞清楚本地用啥货币，然后看看自己手头的铜钱是什么来历，接着和老板讨价还价一番这钱能不能算足额，最后才能坐下要碗粗面，真是非常有技术含量。

当然，虽然有各种乱象，不过一般而言，中国的货币政策还算简单，只要政府别乱贬值，搞货币收割，基本就能保持金融稳定。毕竟是农业经济嘛，大部分人一辈子连村都没出过，要用到钱的地方实在不多。

中央的货币政策蒙对了，商品经济就发达一些；货币政策乱套了，大家回到以物易物，少花点钱也将就着能过；实在受不了，老百姓就"杀人放火受招安"，几千年就这么稀里糊涂地混过来了。

不过到了明朝中后期，事情有了变化。我们之前就提到，16世纪，大航海时代开始，明朝参与国际贸易，作为全球最大的出口国，常年贸易顺差。几十年来，3亿两以上的白银从日本、南美流入。天量的货币注入，最终帮助大明成了"白银帝国"，银子进入了日常消费，而中国正式进入了"银铜双本位"的时代。

所以你看《水浒传》，宋江动不动就拿出"十两银子"给李逵赌钱。在银子不属于流通货币的北宋，这事儿根本不可能，拿出两吊铜钱还差不多。显然

---

[①]《汉书·食货志》说："自造白金五铢钱后五岁，而赦吏民之坐盗铸金钱死者数十万人。其不发觉相杀者，不可胜计。赦自出者百余万人。"

是施耐庵把他们元末明初的生活方式给代入到北宋去了①。

回到明朝中后期,在双本位制度里,财政制度按照白银折算,根据张居正的"一条鞭法",所有政府税收、支出、高级公务员薪酬,全部以银两计;实际生活用铜钱,老百姓吃喝拉撒、缴税,大部分是用铜钱。两者自由流动,不绑定兑换率。

大家如果不理解是什么意思的话,问问外企的高管朋友就知道了。人在中国上班,工资是美国总部发,赚美金花人民币,个人所得税按照人民币计算,那美金兑人民币的汇率变化,可不就是缴税额的变化嘛。

这种情况,好处当然不少,市场活跃、商品经济发达;坏处也很明显,明代白银产量严重不足,主要依靠从日本和南美洲进口,相当于"银铜"双本位中的银子,货币发行权不知不觉转移到了外人身上,这可就麻烦大了。

明末,朝廷本来就被满洲崛起、各地天灾以及上下贪腐折腾得一塌糊涂。结果日本开始限制白银出口;欧洲三十年战争开打,南美洲的银子全送到欧洲充了军饷。大明帝国莫名其妙地迎来了一场输入型货币紧缩。

那年头既没有中央银行,也没有金融市场,更不理解什么降准、升息、注入货币。只能大眼瞪小眼,看着银铜比失控。官员计税用银子,百姓缴税用铜钱,银铜兑换比一提高,农民发现自己的赋税莫名其妙增加了50%。于是,乱套了的金融秩序,在千疮百孔的帝国经济上挥舞出了最后的暴击。

估计崇祯到死也没想明白,金融规律这种虚无缥缈的玩意儿,居然能漂洋过海,一路从欧洲来到北京把他逼到上吊,实在是匪夷所思。

好了,扯了这么远,主要就是要让大家感受一下中国古典时期金融基础,毕竟"清承明制",清军入关,基本上把明朝的制度照单全收,自然也就承接了大明的各种金融政策,包括银铜双本位制度。

严格来说,作为一个保守主义的农业国,清政府还是吸取了不少明朝教训的,对政策稳定性比较重视,还自己立了不少"底线",以表示坚持自律搞好国家的决心。比如大清国策"永不加赋",号称永不加田赋,就是作为国策写在史书里,金庸先生还特地在《鹿鼎记》里用了一下这个典故②,以表示康熙

---

① 北宋年间白银流通极少,基本是铜钱为主,部分有铁钱。到了南宋,随着商品经济的极速扩大,白银开始逐渐成为流通货币,学术界一般认为宋元之交是白银货币化的转折期。
② 《鹿鼎记》里说,出家的顺治皇帝送给康熙的《四十二章经》上就写着"永不加赋"四个字。

英明神武。而仅就金融制度而言，即便是在跟准噶尔打仗，财政相当紧张的时候，也没有用汉武帝"白金"这种货币贬值，算是比较有底线的了。

所以咸丰之前，大清金融秩序还算稳定，银铜比差不多都在 830 文上下。少的比如西安，跌到过 600 文；高的比如闽浙，到过 1400 文。按现在的眼光，80% 的波动简直离谱，但放到那个时候，已经算是不错了。

接下来的事情大家都知道了，鸦片输入，白银外流，巨额贸易逆差再次导致货币紧缩。道光年间，银铜比例平均到了 1200 文，高的到了 2000 文，米价涨了四五倍，明末那个亡国的苗头又出来了。

之后林则徐禁烟阻止白银外流、鸦片战争、太平天国起义，一阵折腾，财政实在撑不住了，只好又拿出了祖宗的法宝：铸大钱，搞货币贬值。于是全国再次"盗铸"横行。

当然，大清比较幸运，"中学为体，西学为用"，洋务派引进洋枪洋炮，各种"西学为用"，帮它熬过一劫，迎来了"同光中兴"；但要说到学习西方金融政策，那可就违背"中学为体"的国策，破"夷夏之大防"了。

几十年下来，大清在金融方面几乎没啥像样的长进，与西方世界的差距越拉越大。

1717 年，英国议会同意铸币厂厂长艾萨克·牛顿的建议（对的，牛顿不仅研究力学，还研究货币），把货币（基尼）和黄金直接挂钩，从而形成了第一个金本位制度，拥有价格稳定、流通便捷的优点，此时大清在琢磨是不是该只用铜钱，放弃白银。

1776 年，亚当·斯密发表《国富论》，提出市场作用是"一只看不见的手"，开创了现代经济学，此时大清在讨论银价下跌，物价上涨是不是因为人口太多了。

1817 年，大卫·李嘉图发表《政治经济学

牛顿英镑

及赋税原理》，探讨"比较优势"，此时大清在思考为啥银铜的比值老是上上下下。

马克思

1835 年，英国股票市场经历了大崩溃，2 年后又崩一次。无数聪明的脑袋开始研究市场规律，思考如何采用最新的电报技术；此时大清在讨论到底运输饷银能不能用民间票号做汇兑，是不是该继续用镖局。

而 1867 年，卡尔·马克思发表了《资本论》第一卷，已经在探讨资本主义制度的终局，此时大清还在探讨北京物价高涨，到底是不是因为京城的"银票"太多，"实物白银"不够，最后的结论是："重回祖制，京饷继续用镖局。"简直匪夷所思。

武器的落后固然可怕，但知识的落后才是致命的东西。在金融战争的时代，用镖局跟人家竞争吗？

竞争不过？那后果可就严重了。

回到 1864 年，这一年，天京陷落，太平天国失败，帝国核心区域基本恢复和平；次年，人类历史上第一家总部设在香港的银行，香港汇丰银行创立，资本额 500 万港元，股东包括各大洋行，仅仅 1 个月后，汇丰上海分行设立。

1865 年，有形的战争结束，无形的战争开始；新时代金融的力量，悄无声息地在上海登陆，抢滩作战的武器是利率、汇率、股票、债券、准备金、越洋电报、合同……懵懂的大清，即将被卷入一个它无法理解的抽象世界中。

不过有意思的是，这场金融的战争是从合作开始的，而撮合人是晚清金融巨头——席正甫。大家回想一下，清末四大买办，3 个去了民族企业，唐廷枢、徐润、郑观应。剩下那个听到很少的，就是他苏州东山席正甫。

现在说起苏州东山，除了枇杷就是碧螺春。但在晚清，这个地方还出一个特产：洋行买办。上海滩外资银行，一半的买办是他们东山"洞庭帮"的。作为一个家里世代巨贾，22 岁就能跑到上海开钱庄的世家子弟，席正甫在上海汇丰的第一份工作是什么呢？"跑街"。

这个工种听起来像是外卖小哥，不过实际上倒是非常典型的金融机构发展路线——业务销售，到处拉存款、找投资项标的。

1874年，日本以"牡丹社事件"为借口，进攻台湾，强行吞并了琉球（就是现在的冲绳），宗主国大清自然是非常紧张，于是福建海防的事情被提上议程，作为北洋大臣，李鸿章自然支持搞海防，但钱从哪里来？

一艘小舰艇，比如龙骧号，外号"蚊子舰"，售价7万两；大型军舰，比如经远号，算是铁甲舰了，售价70万两；旗舰，比如大家熟悉的镇远号，号称亚洲第一巨舰，售价142万两；这还不算运输、军火、培训、码头、基地……

没有一样东西是农业国能生产的，一切都得找洋人买，花钱真如流水一般。

有人要问，为什么不向"普法战争"之后的法国政府学习，发国债呢？中年读者不妨回想一下小时候看到的"国库券"。印象中几乎家家户户都有那么一点。

国库券

这个问题嘛，请问大清公民买了国债，朝廷要违约，你敢去紫禁城找老佛爷要个说法吗？不敢？不敢你还买啥国债。大清发国债，发到最后永远是发成摊派，各地政府强行派给大户，摊上的自认倒霉，权当坏账——很多也的确都成了坏账。国债被搞成了纳捐，那还有啥国债市场。

朝廷是指望不上的，厘金也没法提前收30年，那就只剩下外债这条路了。洋人倒是愿意借，毕竟铁甲舰在天津、火轮船停长江，紫禁城的确不敢拖欠债款。1874年，席正甫牵头，李鸿章找汇丰银行借款500万两，利息8厘，以盐税为担保。

严格来说，这笔外债倒是借得颇有必要，不过问题在于，金融是个大杀器，用好了利国利民，玩砸了祸国殃民，对于还在讨论要不要用镖局的朝廷来说，要理解其中的风险和收益，实在太难了。

汇丰借款一开，所有人都发现，洋债真是个好东西。外资银行赚到了高息；买办资本家拿到了佣金；官员吃到了回扣；列强趁机攫取在华利益；朝廷借了钱大买洋人的军火、机器，顺便带动了列强的工业；除了大清百姓，所有人都是赢家。

于是，左宗棠收复新疆，借债；刘铭传治理台湾，借债；云南、广西抵挡法国蚕食，要加强防务，还是借债……自力更生遥不可期，但外债却如毒品一般，堆积如山。

关键在于大清的债，是用各种"主权"做抵押的。为了搞钱，抵押品从关税、盐税、厘金，一路到了矿山、铁路。

《辛丑条约》签订，4.5亿两银子巨债压顶，大清海关已经成了先偿外债，看剩下多少再还给朝廷的局面；为了赔钱，甚至差点把盐税、厘金的经营权都抵押给英德。大家想象一下，人在中国，每个月却是洋人来收税这种场面。

而且更让人绝望的是，这种抵押还是用贱卖的方式。

牛顿力学三大定律，改变了人类历史之后，他勤勤恳恳做了几十年皇家铸币厂厂长，把英国从原来的金银双本位，缓慢切换成了金本位，再次改变了人类历史。

1816年，英国出台法律，锁定英镑和黄金比例，从法律上确定了金本位制度，并逐步在其殖民地推广；57年后，1873年，欧洲优等生德意志帝国依靠普法战争的赔款，进入金本位和全球商业扩张的时代；同年，看到这个趋势的法国和美国加入了这个行列，之后是北欧、荷兰、奥匈、俄罗斯，以及后进的日本。

后果不难猜测，白银被剔除出货币，开始逐步贬值，而谁还在用白银作为货币呢？大清。

几十年里，大清通常都是借钱用黄金计价，还款用白银算钱。《辛丑条约》赔款4.5亿两白银，以盐税和关税为抵押，连本带息9.8亿两白银，很惊人了对不对？事实上，赔款数额以各国金本位货币折算，随着白银贬值，朝廷每年还得增加300万两列强"汇率损失"，人称"磅亏"。

大清请好朋友赫德爵士代为商议,结果好朋友说了,"合同说了是外币,那就得以外币折算"。果然是"清末最高效的官员",连挥舞镰刀收割韭菜都如此高效。

在大清最后的岁月里,赔款照付,"磅亏"照给,日常就是翻家底,看还剩什么能抵押出去的;嘴上虽然不认,但身体已经成了洋人的收税专员。以至于之后几十年中,对朴素的百姓而言,"借外债"的名声巨臭无比,几乎成了"卖国"的代名词。

百姓们倒也是没错,在晚清的战场上,列强用坚船利炮割走了台湾、香港;在借款合同里,同一帮人靠发达的金融体系,用利率、抵押和借款条约,割走了盐税、海关、厘金和铁路,完成了军舰和大炮无法完成的侵华任务。

这种被抽血的事儿甚至到了民国都还在继续,北洋政府继承了大清的外债和金融政策。最离谱的是在1922年,法国搞出个"金法郎案",把本国货币贬值的损失转手甩到了北洋政府身上,一举从段祺瑞政府身上多薅了6000万银元的羊毛,简直匪夷所思。

这个血要一直抽到什么时候呢?

1949年10月1日,中华人民共和国成立。从那天起,4万万同胞才总算摆脱了这负担。

约30年后,1978年,改革开放百废待兴,全国工业化项目经费紧张到了极点。4年后,祖辈和席正甫一样,同属"洞庭帮"的红色资本家荣毅仁挂帅,通过日本野村证券发行100亿日元私募债券,支持国家化工项目,以国家信用背书,新中国承诺有债必偿。当月,债券抢购一空。

这些钱拯救了几乎停工的17万吨"仪征化纤"聚乙烯项目,开启了中国工业现代化的星辰大海。

请大家感受一下荣毅仁先生和席正甫的不同,再感受一下伟大的民族复兴旗帜下,这改变14亿人命运的努力。

## 大清这棵韭菜

好了，讲完外债，我们再次回到晚清现场，政府外债丧权辱国，被骂得天昏地暗，那社会金融体系呢？当然也好不到哪里去，外资银行在华除了努力收割官方资产之外，民间自然也不会放过。

如果我们穿越回到100年前的上海滩，想要在上海，从事民族金融业，那基本只有2个选择：票号和钱庄。

票号主要做汇款（那会儿叫作汇兑），以雷家"日升昌"和"乔家大院"为代表的山西晋商，就是做这个行业的，他们发放银票，帮朝廷和商户汇钱，然后利用这些沉淀资金搞放贷。而钱庄则主要做银子和铜钱的转换，后来又做吸储、借贷，算是坐地收息。

很快你就会发现，票号比较难做，毕竟一来要全国搞连锁，不花点时间建不起那个汇兑网络；二来要信誉，毕竟这个行业讲究老字号，品牌一时半会儿也累积不起来。

不过开钱庄就相对比较容易了。

按照当年的潮流，搞实业顺便建几个钱庄放贷算是惯常操作。晚清工商业领域，从杨坊、胡雪岩、盛宣怀，一路到徐润、唐廷枢等，凡是大家听到点名头的，几乎各个都兼营或者附股钱庄，就跟现在凡是个互联网公司就想搞个金融牌照弄小额贷款一样。

这个也不奇怪。还记得买办的主要功能吗？洋商和内地市场的中间人。

以生丝为例，当年国内的生丝生产者大多是小规模作坊，所生产的生丝需要"丝行"统一现金收购后卖给洋行。而丝行的自有资金往往不过万把两，光靠本金，收购量不过二三十包。想要做大，放到现在是去找银行或者搞民间借贷，而在那个年代，就是找钱庄，一般会把本金放到数倍甚至十倍，采购几百包生丝。

买办作为中间人，既熟悉洋行，又了解丝行，有了点本钱自然就会介入这种"资金过桥"的生意。每年春天，钱庄对丝行大量放贷，由丝行向生丝作坊提供"预购款"；到了秋天，新丝开盘，洋行统一收购付款，然后丝行结清钱庄贷款。

你看，上下打通，一本万利，算是百年前的供应链金融了。

显然，丝行想放大本金，多做生意；钱庄也想玩杠杆，做"超常规发展"。那钱从哪里来呢？

一部分是各凭本事，除了通常的吸储外，各有门道。比如徐润，优势是官商合营，很多钱来自招商局资本金，公款挪用，靠山吃山；比如胡雪岩，优势是红顶商人，很多钱来自各地公款存放，所以胡老板大部分时间花在打点关系上，也算是努力跑业务了。

一部分是靠票号，这个之前提了，汇兑的资金沉淀可以通过银庄获利，算是同业拆借，"盘活资金"。

剩下的，那就是靠外资银行了。当年的外资行，资本金高者达数百万两，对比本金不过几万两的银庄，实在是庞然大物。何况，洋大人不仅钱多，还很"仗义"，每年提供"拆票"（短期贷款）给上海银庄放款几百万两白银，帮助他们扩大杠杆，5万两本金放50万两的贷款生意。

于是，民族金融天才们左手是丝行、皮毛商、茶农的生意，右手是票号、外资银行的借贷。1块钱本金赚10块钱的利息，个个盆满钵满。快钱如此过瘾，谁还有兴趣搞夯实业务、维护信誉、改善公司架构、提高流程效率……这种"百年老店"的玩法。

1870年之后，上海钱庄的"拆票"金额已经达到300万两以上，信贷行业严重依赖外资银行的短期信贷支持，而潮水很快就要退了。

1873年5月，丝茶旺季，外资银行突然降低惯常的短期贷款，市场银根吃紧，利率飙升，钱庄开始承压；到了9月份，银行一致行动，突然说必须收回贷款，短短几周内收回全部拆票300万两，市场流动性瞬间被吸得干干净净，人造的大潮水瞬间退得干干净净。

当年，上海有50家以上钱庄现金流断裂，票号、商行总亏损以百万计。外资银行表示不好意思，主要是欧洲经济危机，我们也是在执行总行的政策，下次肯定不这么搞了，至于你们的资产，我们就暂时接手了。

1879年5月，熟悉的配方、熟悉的味道，外资行突然收回拆票，短期利率飙升，几十家银庄破产。《申报》评论说，外资银行已经摸到了上海金融市场的规律，当市面银两充足时，年化利率差不多也就是8%左右，可一旦收回拆票，利率可以很快飙升到33%。伴随而来的就是资金链断裂、坏账攀升、银庄倒闭、丝行破产。

道理已经很清晰了，民族金融想不想反抗呢？当然想。不过反抗的方式不是引进技术、学习金融、升级公司结构、累积资本、做长远打算，而是……继续投机。

1882年，商界领袖胡雪岩准备联合丝行、囤积生丝，夺回定价权；1年后，生丝已经囤了15000包，宁波丝行也加入了价格联盟，一切准备就绪。1883年，东亚寒潮，浙江生丝减产、价格高企，胡雪岩抓住机会在市场扫货，带领价格联盟，一齐向洋行要求抬高丝价。

如果放在1863年，这无疑会是一场对外贸易的大胜仗。

然而，1883年的世界里，苏伊士运河已经通行14年，中欧距离缩短到了四分之一；越洋电报已经使用17年，摩斯密码能在几分钟内实现欧亚信息传递；茶叶已经在斯里兰卡大量种植；而我们引以为傲的生丝，早就以工厂的方式在意大利、日本、法国大量生产。

当所谓的"商业奇才"胡雪岩和他的同行们眼光局限在中国，想要囤积居奇来"夺回定价权"的时候，他不知道，定价权不是靠投机，是靠全球信息传递、先进生产技术、高效物流系统和强大金融体系；胡雪岩，说到底，只不过是个不错的"红顶"，却不是一个优秀的"商人"。

年初，消息传来，意大利生丝丰收，上海各大洋行直接电报下单，国际银行授信、汇款，迅速把订单转向意大利；9月，在汇丰银行买办席正甫的带头推动下，上海各大外资银行停止办理每年惯例的短期贷款"拆票"业务，于是300万两白银被抽离市场，紧逼各地银庄、丝行；10月，清法纠纷升级，战云密布，各地官绅票号开始提取资金以求自保。

需求被转移、短期现金流枯竭、资本被抽走，11月，胡雪岩撑不住，低价卖出所囤生丝，大量亏蚀，市场上迅速传出胡雪岩巨额亏损、即将破产的消息，于是，金融业的噩梦——挤兑开始了。

到12月，胡雪岩阜康钱庄歇业；危机迅速蔓延，招商局总办徐润名下的，上海最大地产公司短期流动性不足，倒闭，几十家往来钱庄被牵连。

这种时候，朝廷是稳定市场、降息、迅速注入流动性吗？当然不是。各地政府迅速出手，封锁有公款往来的银庄，先保住自己的资金安全再说。比如在浙江，阜康钱庄一歇业，官府迅速把有关联业务的二十来家钱庄查封，保住官银。于是市面更加恐慌，挤兑进一步扩大。

到次年底，上海钱庄倒闭68家，宁波13家，镇江45家，扬州17家，破产潮一路从长三角卷到汉口、九江、重庆，数百家商户关门，商业几乎陷入停顿[①]。而同年，汇丰银行的年度汇报是："今年（1883年）景况令人满意……本行吸收存款和发行钞票都较去年大为提升。"

同行都死伤一片了，那可不业绩大为提升吗。

1883年金融危机之后，钱庄、商行、政府痛定思痛，然后一致认为是奸商当道，才有今日的危机。胡雪岩、徐润被拖出来吊打一番，然后该干吗干吗，之后的十数年里，大清居然都没有自己开一家银行，简直匪夷所思。

当然，大家也别觉得大清拉胯，毕竟百多年后的今天，机场还是摆满了各种胡雪岩的"传奇故事"，还是有人坚定地认为，他的倒台主要是因为介入了李鸿章和左宗棠的政治斗争，而我们可以通过提高"情商"、认真学习来避免重蹈覆辙。至于产业升级、投资基础学科、提升运营能力、创造品牌力量……这实在太遥远了，哪里比得上傍个高官、放大杠杆、赚点快钱来得爽。真是梦回大清了。

回到主线，徐润被查，盛宣怀接手招商局，换汤不换药，还是开钱庄、买楼，随意腾挪资本金；胡雪岩倒台，新一茬"红顶商人"上台，民间金融依然是钱庄、票号赚快钱，官员继续把"国有资金"放在拉存款最积极、"情商"最高的老板手上，比如源丰润严义彬、正元钱庄陈逸卿（注意这两个名字，最后几章要用）。

用当代的说法，就是"市场恢复繁荣，风险正在累积，政策不够敏感，信号未被捕捉"。

1883之后的10年，金融风暴了无痕迹，官场陋规一切照旧；各地政府借外债仍然借得不亦乐乎，全国金融对外资银行的依赖继续一天天加强；大清翻了个身，继续做她同光中兴的大梦；只是卧榻之侧，一双阴冷的双眼已经缓缓睁开。

1871年，日本颁布《新货币条例》，开始实现金本位制度，但苦于黄金储备不足，一直无法真正落实，蕞尔小国，穷啊，现实中仍然是金银本位。

1873年，日本第一国立银行成立，就是现在日本三大金融集团之一，瑞穗金融集团的前身，之后，各种银行陆续成立，覆盖全国。

---

① 有兴趣的可以看看刘广京老师的《刘广京论招商局》。

1878 年，东京证券交易所成立，当年即开始发行政府公债，而为了保证偿还、建立信心，各种审计制度、准备金制度被逐步落实，大久保利通还搞出个"公债可以作为银行抵押资本"的漂亮操作，打开了国内公债市场局面。

1879 年，日本内战"西南战争"结束后 2 年，全国通货膨胀剧增，为解决全国金融业混乱的局面，明治政府于 1882 年颁布《日本银行法》，建立中央银行——日本银行，开始搞国内货币大统一，并积极引导资本流入工商业。

到甲午之前，日本已经拥有了覆盖全国的 200 多家商业银行，颇有经验的证券市场，以及一个相对成熟的金融体系。

然而，大清仍旧不以为然。

结果大家也都知道了，甲午大战，自信满满的大清一败涂地，割让台湾，赔款 2.3 亿两。日本拿这些钱肥了军队、升级了工业、确定了国家金本位制度，就跟当年德意志帝国用法兰西赔款锚定了金马克一样。

至于大清，大家痛定思痛，总结教训，结果当然又是因为奸臣当道、卖国贼太多，李鸿章顺利背了这口大锅，黯然下台。时人纷纷评价，认为应该坚持到底，不能投降，毕竟日本小国寡民，再熬几个月，说不定就熬赢了。

确定吗？

1894 年 7 月，甲午战争开打，3 个月后，日本国会通过《临时军费预算》，确认军费 1.5 亿日元，一年后又追加了 1 亿日元，总预算 2.5 亿日元，几乎是年度财政收入的 5 倍，按照"量入为出"的传统思路，那的确是在破产的边缘疯狂试探了。

那钱到底哪里来呢？金融大杀器——发行公债。

早在十几年前的西南战争期间，明治政府已经通过第十五国立银行发行过 1500 万日元的军事公债。这些钱买来了美国军火，帮助大久保利通摆平了骁勇善战的西乡隆盛。

甲午期间，日本熟门熟路，除了利用国库盈余、民间捐款这种传统手段之外，日本政府迅速利用金融市场发行"军事公债"，目标 1.5 亿日元，最终完成约 9000 万，折合 5000 万两白银以上，光这一项就等同于大清整个战争期间的军费开支。①

至于大清，户部给出的四条建议是：停止工程，没错，太后那时候还忙着造园子呢；核扣俸禄，就是让官员捐款；预缴盐厘，就是让商户先把后几年的税给缴了；商号捐输，就是号召有钱人捐款。一阵折腾，收到 150 万两。

于是户部手忙脚乱，又回头想试着发行公债，号称"息借商款"，年息 8.4%。按照大清的套路，靠行政命令而非市场化执行的公债，发着发着就成了摊派和贪污。各地官员举着"爱国"的旗号，对本地产业猛打秋风，四川的典当铺、江苏的丝行、广东的茶商……各企业硬着头皮购（认）买（捐）了国债，地方顺理成章截留一部分，到了中央剩下多少呢？ 1200 万两。

兜兜转转一圈，钱还是不够，只能乖乖去找财神爷席正甫。1894 年，席买办牵头，大清向汇丰银行借款 1000 万两，年息七厘，通商口岸关税做抵押；一年后看看这战还没打完，又借了 1800 多万两，继续以海关债票抵押。

而隔壁的日本呢？英国人凑上去给了年息 4% 的 2 亿日元贷款，日本人还没肯要，理由也很简单，国内公债已经差不多够了。

回到"日本小国寡民，再打下去要破产"的问题。还记得之前说的英法争霸吗？年息 3.8% 的大英帝国，打年息 7.5% 的法国波旁王朝，一打一个准；同样，能在国内发公债迅速筹款的日本，压倒天天求着汇丰银行放贷的大清，也完全没有毛病。

1895 年，《马关条约》签订，大清把脸丢了个精光，这才终于把开银行、办企业的事儿放到了台面上。1897 年，"中国通商银行"成立；1904 年，《公司律》颁布；同年，朝廷要继续深化金融改革，开始向美国寻求帮助，于是纽约大学教授精琪（J. W. Jenks）搞出了个《中国新圜法条议》，试图整顿混乱的金融体系，搞金本位，统一铸币权。

大方向基本没错，但一旦提及实践，大清改革的铁律又来了：谁都有道理，就是没啥用。

张之洞跳起来反对，说：大清主权神圣不可侵犯，方案里说要请个外国人来管控货币，这不是搞金融侵略是啥？很有道理，不过张大人掌管湖南铸币

---

① 对这个有兴趣的，可以看看咸其章老师的书，也推荐和文凯《通向现代财政国家的路径》，讲述了英、日、中三国在财政制度的转型，解释了为什么清政府为什么最终没能在甲午搭建现代国家的财政制度。

权，一年货币收益几百万两，以他为代表的各地督抚，有铸币权的就有近20省，一年能在铸币上赚1800万两白银，搞得市面流通银元十几种，制式不一妨碍流通，这又算什么，是不是自己也在挖国家墙角[①]？

而精琪反驳说，这事儿不是你大清自己找我们帮忙的吗？外国人管货币，但任免权在你们手上，有啥好担心的；何况你们自己管，管成什么样难道心里没点数吗？好像也有道理，不过请问条约里提到，须由外国干涉中国货币权的款项就有五六条，明文写着："实施以能得赔款国之多数满意为归。"这点趁机搞渗透的心思，难道指望大家看不出来？

正反都有道理，正反都有私心，大家吵成一锅粥。至于如何解决金融问题，大清根本讨论不出个所以然来。这也不奇怪，毕竟"国际金融"是个极度专业和复杂的问题，慈禧不懂、张之洞不懂，算是喝了不少洋墨水、代表当年大清金融业最有国际眼光的梁启超、郑观应其实也不太懂。

1882年，日本开始连载《国富论》，由大藏省（日本财政部）职员、《东京经济杂志》编纂，石川映作翻译。亚当·斯密的名字甚至被列在小学教科书上。

而一直到1901年，大清才终于有人翻译了这本书，取名《原富》，不过翻译者严复自己也承认，里面很多内容他根本没读明白，甚至"银行"（bank）都是音译成"板克"的，毕竟他是海军学院毕业的嘛。

学习进度如此落后，能指望全国有几个人懂这种专业的东西。在这种情况下，混过大公司的都知道，越是不懂的东西，大家吵得就越厉害。结果就是深化金融改革，不了了之。甲午之后，银行倒是有了，但各地督抚继续自己铸银元，天朝的货币系统七零八落，朝廷还是天天付磅亏，白银在国际市场照例日常贬值，金融危机仍然时隐时现……此时所有的人都觉得世道不对劲，所有的人都在谈变法。

那请问大清知道必须改革吗？当然知道，到了八国联军侵华、《辛丑条约》签订之后，即便是最迟钝的皇族，也知道再不改革是不行了。皇亲贵胄们纷纷谈变法、谈革新、谈自强、谈如何才能江山永固。晚清70年，说他前期不思改革倒还算讲得通，但要说他最后那十来年没有改革，那就冤了。在大清帝国

---

[①] 有兴趣的可以看看李细珠老师的基本关于清末督抚和清政府中央博弈的书，包括《地方督抚与清末新政》《新政、立宪与革命》等。

最后的岁月里，搞新政、图变法，几乎是朝廷的共识。

然而，想改革和能改革，那是两回事。

改革不是一句口号，它是一场行动，是专业知识、组织能力、经济基础、政治权威、国民意志的终极测试。只不过，这测试不是"一考定终身"的高考，而是日复一日地修行。

命运会给出一次次的提示和契机，普鲁士打败法国，是作战方式需要更新的提示；上海金融风暴，是改革国家金融体系的契机；隔壁阿富汗被侵略，是英国需要亚洲战略合作伙伴的提示；生丝大战一败涂地，是提高生产效率、接轨国际贸易的契机……

所有这些不伤根基的"事件"，都是修行的一部分，但只有那些做好了知识、动员、认知储备，那些有足够政治能力的国家，才能看懂提示、抓住契机，从而在一次次修行中，积累继续生存的实力。

大清在金融领域的拉胯，不仅仅代表着体系的落后，它体现的是一个更深层的问题：这个国家已经失去了看清提示的眼光、抓住契机的能力——它不是不想改革，它是不能改革。

而改革最大的重灾区，触及灵魂的那部分，自然也是样板工程里，德意志改革的最后一个部分：民族认同。

第五章

新政 1901

# 生于忧患，死于"太平"

从本篇的第二章开始，我们对照着德意志帝国的发展路径，一路讲了大清的军事、经济和金融，而最后一项，也是最难的部分，是"优秀的国民素质和广泛的民族认同"。

毕竟这个事关国本，属于改革重灾区。好比科举考试要不要废除、满汉隔离要不要继续、要不要提倡白话文……没有一件事情省心，只能一拖再拖。出乎意料的是，拖延再拖延了几十年，在我们的故事临近尾声的时候，大清却突然一反常态，搞了一个大动作。

1901年1月，在义和团运动、八国联军侵华、东南互保一系列事件的打击下，大清内外交困。万般无奈中，慈禧太后以光绪皇帝的名义颁布上谕，开始了继"洋务运动""百日维新"之后的第三轮大规模系统性改革："庚子新政"，又叫作"清末新政"。

这次改革，范围横跨全国，内容更是从军事改革、编练新军；倡导工商业、允许自由发展实业；改革官制、裁撤冗员；到停办科举、鼓励留学……最深入国本的，是要搞宪政，朝廷建立"督办政务处"，派五大臣出国考察学习政治，开始推行"立宪"。

此举以至于有些革命党人担心，如果新政成功，那大清岂非又能苟延残喘，继续搞反动统治了吗？

吴樾，写下数千字长文《暗杀时代》，之后怀抱炸弹，在北京正阳门火车站刺杀出洋考察团，以阻碍新政。炸弹意外爆炸，吴樾身亡，五大臣轻伤，出洋计划推后几个月，终于还是成行。

吴英雄献身革命，千古流芳，但老实说，他也真高估了新政。毕竟后面的事情，大家都知道了，这次改革非但没能挽救大清，反而成为他覆灭的导火索。仅仅10年后，武昌一声枪响，大清寿终正寝。

锐意改革的新政反而成为大清覆灭的导火索，反差如此之大，以至于谈到"清末新政"，托克维尔的《旧制度与大革命》里的一句话，总被反复提起：

对于一个坏政府来说，最危险的时刻通常是它开始改革的时刻。

——亚历克西·德·托克维尔

你看沙俄搞改革，解放农奴，之后出了 1905 年起义、1917 年革命，尼古拉二世全家被枪毙；路易十六搞新政，放松管制，结果反而迎来了"攻占巴士底狱"，自己上了断头台；再加上大清的案例，让人不由得感慨万分。

不过感慨完，在怎么理解"新政为何不能拯救大清"这事儿上，大家就很分裂了。

有的说还是别改革的好，大清继续做缩头乌龟还能多活两年；有的说改革步子要小，新政就是一口气变化太大；有的说改革步子要大，如果新政更彻底一点，说不定就熬过去了；也有的说反正坏政府就是没救了，左右是个死，洗洗睡吧。众说纷纭，各有道理。

相比之下，我觉得还是历史圈之外的这句话更加简单有效：

只有偏执狂才能生存。

——安迪·格鲁夫，英特尔首席执行官

《只有偏执狂才能生存》

1970 年的英特尔，如日中天，美国半导体内存占了全球一半以上的市场份额；不过好日子也快到头了，1980 年前后，日本人大举进攻，凭借天量的研发和不计成本的逆周期投入，短短 5 年之内完成市场份额反超，造成了英特尔的巨额亏损。

1987 年，安迪·格鲁夫临危受命，成为新任 CEO。

在他的带领下，英特尔逐步放弃内存，专攻 CPU 市场；和微软联手，打破 IBM 软硬件一体的商业模式，建立延续至今的 Wintel 联盟。

在度过黑暗的几年之后，1989年，80486芯片问世，之后凯歌高进，在全球PC的时代垄断桌面电脑，重新回到巅峰。

嗯，这个跟大清有啥关系？

关系在于，大清不是一个"偏执狂"。当然，"偏执狂"这个名字不准确，显然，英特尔并没有"偏执"到一定要在内存市场打赢日本。这书的原名叫 Only the Paranoid Survive，正确的翻译叫作《只有被害妄想狂才能生存》。

什么叫做"被害妄想狂"，天量的技术研发、市场研究、行业判断、竞争对手分析，无时无刻觉得日本半导体公司在挖公司墙脚、跑得比自己快，这叫作"被害妄想狂"。格鲁夫的这整本书，都在谈企业如何感知变化、关注竞争，始终保持主动权。

显然，在"十倍速"①变化的行业里，只有那个永远盯着竞争对手、永远担心被超越、永远想要快一点的公司才能活得下去；而一脸懵懂的大清，就活在那个"三千年未有之大变局"的"十倍速"时代。

让我们感受一下托克维尔和格鲁夫这两句话的细微差别。

前者是说：当一个出现问题的政权进行改革的时候，是不稳定的，是危险的；而后者告诉你：一个公司，不改革才是最大的不稳定，只要活着，就永远不应该有安全感，永远在盯着世界，永远在争取主动。

如果要给大清的改革做一个注释的话：这中间细微的差别就是它的注释。

什么叫作"中兴"？

周朝，周宣王整顿周厉王治下败坏的吏治，百姓不再离散，权威恢复，诸侯重新朝见天子，人称"宣王中兴"。然而，他有解决周朝的分封制度下，诸侯实力坐大、威胁王室的问题吗？没有，十几年后，周幽王烽火戏诸侯，周室崩溃。

西汉，汉昭帝取代汉武帝，休养生息，不再盲目发动对外战争，中央国库开始充盈，民生开始恢复，史称"昭宣中兴"。然而，他有解决自耕农破产、土地兼并、国防开支过大的问题吗？没有。汉元帝继位，豪强继续做大，五十年后，王莽篡位。

在旧有的框架下解决新的问题，这叫作"中兴"。大清的中兴，是"中学为体"的中兴。

---

① 这是格鲁夫提出来的概念，在互联网时代，任何新事物的发展和互联网时代之前相比，都是十倍速的。

按照几千年的惯例，问题永远是"贪官太多、清官太少，与洋人的战斗意志不够"。就像几百年前岳武穆在面对金兵的时候说的："文官不贪财，武将不怕死，天下太平矣。"

三千年传承的办法，在三千年未有的变局中，有用吗？

1881年，同光中兴，内外修好，天下"太平"。然而，天下还会太平吗？

19世纪，是大国纷争的时代，孕育世界大战的时代。天量的资金被投入到研发、教育、军事、科技；列强不断调整自己的经济政策、外交战略；将军们制定一套又一套进攻备案。

英法全力扩充全球殖民地；英俄在东方"大博弈"，争夺中亚和远东霸权；德国在大国夹缝中求生，俾斯麦努力实践"战略模糊"，避免成为英法的假想敌；美国拼命发展海军，高层和英国大量互动，以减少此时全球霸主的敌视……

几乎所有清醒的政府，都是"被害妄想狂"。显然，没人能预测十年后谁才是自己的盟友，更没人想到几十年后的世界大战；但每个国家都知道，自己是在和时间赛跑。

其中，症状最重、赶得最急的，是东北亚的日本。

1869年，戊辰战争结束，德川幕府崩溃，日本维新开始。明治政府开始法律制度改革，废除了江户幕府的《公事方御定书》，颁布了新临时的刑法《假刑律》（"假"就是临时的意思）。作为民生相关的国之重典，日本人学习的是谁呢——《大清律例》。

里面从律文条目、条款详析，一路抄作业抄到封建传统技能"枭首示众"和"拷问制度"。而众所周知，清承明制，《大清律例》又是《大明律集解附例》的高仿。所以说，明治维新的法治改革，是在明太祖朱元璋的工作基础上展开的。

仅仅10年后，日本的书店里已经可以看到《法兰西法律书》《法国政典》《法国法律提要》，一堆关于法国法学的书籍。记性好地回忆一下之前说的拿破仑遗产：《民法典》。

1880年，明治政府颁布《刑法》，这部法典直接继承自法国《拿破仑刑法典》，包含了"无罪推定""法无正条不处罚"等现代法治的思想。它带领日本逐步进入近代司法体系的时代。

大清呢？

1873年，杨乃武和小白菜案发，两人被屈打成招，判了个秋后问斩，民间一片哗然。一方面，是本案有"举人""奸情""官官相护""告御状"等传统热点，又有冤情，百姓纷纷呼唤清官；另一方面，以《申报》为首，进步人士矛头直指"严刑逼供""秘密审理"这种陈旧的司法体系；所谓"酷刑之下，何求不得"，应该"有陪审之多人、代审之状师、看审之万民"；公审的做法，不仅有利于民，而且可以"免冤抑保全民命，且保全多官也"，事实上对官员也是一种保护。

杨乃武毕竟是举人，有些门路，托关系找到了胡雪岩，胡雪岩找到时任兵部右侍郎的进士夏同善，夏同善又找到了光绪的老师翁同龢，于是冤情一路传到慈禧太后面前，刑事案件由此成了大清官员的政治角力。

最终，刑部重审，高层介入，冤情大白，慈禧太后乘机把涉事的一百多官员裁撤了个干净，顺利介入了地方督抚的司法权。

然后呢？没有然后了，朝廷觉得御状告了，冤案结了，贪官也开除了，也没"变法和改革"的必要。

再说，不变革好像问题也不大嘛，反正同光中兴，天下太平，日子将就着过，改来改去，改出动荡来怎么办？

就这么一路"太平"到了1901年，实在拖不下去了，才终于在新政中启动司法改革。由曾经参与杨乃武案的沈家本主持，大清开始翻译德法名著，学习日本经验，修律变法。1905年，《大清刑事民事诉讼法》草案提出，走出了司法近代化的第一步。

100多年后，沈家本被认为是"中国近代刑法之父"，他在北京西城区金井胡同的故居改成"沈家本纪念馆"，里面还有当年杨乃武案的奏折，可谓备受新中国司法界推崇。

但对大清，那就没啥用了。

1907年，新法还没来得及落实，秋瑾案爆发。鉴湖女侠，堂堂爱国才女，新女性的代表，7月13日被捕，知府贵福要求刑讯逼供，县令李钟岳不肯配合；14日，上峰要求速速正法，李钟岳回应"供、证两无，安能杀人"；15号，知府直接插手。被捕仅仅两天，秋瑾问斩，一代才女曝尸荒野。

天下哗然。

一时间，"秋风秋雨愁煞人"七个字无人不知，《申报》《万国公报》《神州日报》纷纷申冤；《祭秋瑾》《吊越女》《哭侠魂》传遍南北；以她故事改编的小说《六月霜》《碧血幕》《轩亭恨》，杂剧《秋海棠》流行一时。

秋瑾完成了她的遗志,以生命引发了辛亥之前最大的反清舆论风暴。

风暴中心的大清觉得自己很冤,砍了个反贼有啥好闹的,哪一年不是要砍个千八百的;更何况,几千年来,哪有谋反不问斩的道理。于是,为了平息舆论,朝廷迅速补充各种证据,试图说明秋瑾的确"谋反",的确"该杀"。

秋瑾到底是不是反贼,依律是否该杀,重要吗?当然重要。但更重要的是,谋反也需要经过司法程序的审判?

时人恐怕各个都要自问一句:古有"莫须有"三字以兴大狱,而今竟以"秋雨秋风愁煞人"七字以为罪案者,是则何人不在当死之列矣!

朝廷怎么应对的呢?承诺司法改革、加速《大清新刑律》的制定、在各地收回"就地正法"的临时权力……1873年杨乃武案时就该实行的改革,生生拖到了1907年。一阵折腾,4年后,辛亥革命爆发。

30多年前,历史给了大清改革的"提示"和行动的"契机";30年后,历史来检查作业了。大家认真体会一下,这个"不是亡于改革,而是亡于不早点改革"的逻辑。

那请问如果30年多前,杨乃武案后大清就搞变法,那改革是不是就会一帆风顺呢?

## 当断不断,反受其乱

当然不是,这世上哪有一帆风顺的变革。

1879年,大清和日本在教育上都碰到了点烦心事儿。

1872年,大清分批派遣了120个幼童赴美留学,史称留美幼童;7年后,学生监督发现,这伙人居然有的剪了辫子、有的谈起恋爱、有的在搞什么辩论赛、有的加入了教会,真是"行为放荡,淫佚无管束"。而且考核之下,发现这帮学生居然连四书五经都不会,数典忘祖。

激愤之下,监督庶吉士陈兰彬、翰林吴嘉善上书揭发,说这群小孩:"外洋之长技尚未周知,彼族之浇风早经习染,已大失该局之初心。"于是朝廷开明派、保守派吵成了一团。

同样也是在 1872 年，日本颁布《学制》，照搬法国经验，将全国设为八大学区，建中学、小学，推行国民教育计划；7 年后，5 万所小学的目标连一半都没达到，而且各地为了完成入学率的指标，强迫农村儿童放下农活入学，又迫使农民出资建校，搞得天怒人怨。

各地抵制办学、砸毁学校什么的层出不穷，简直乱作一团。

1881 年，在各种争议中，清廷下令赴美留学终止，除了两名学生滞留美国之外，剩下的中断学业，打道回府。在上海登陆后，留学生们先被清兵押解到一个破烂书院关押了 4 天，算是杀杀这帮人的威风，之后送往道台处磕头、听训、请安，接着送往各地基层。

显然，朝廷官员饱读圣贤书，不整整这帮数典忘祖的假洋鬼子，怎么能表现自己的爱国？于是，在耶鲁学土木的詹天佑被打发去当了海军，学法律的梁敦彦成了基层教师，哥伦比亚大学的唐绍仪稍微好点，做了个翻译……

假洋鬼子处理完毕，大清上下一片太平。

1879 年，日本教育改革受挫，政府撤销《学制》，但转头又颁布了《教育令》继续尝试。这次，以美国教育体系为标准，放宽对地方教育事业的控制。自由主义之下，各地随意关闭学校，教学内容更是千奇百怪，结果又是全国各地骂声一片，引起了著名的"德育论争"，保守派西村茂树和进步派伊藤博文一路吵到明治天皇大门口。

如果大家觉得头疼的话，那要知道，教育论争只不过是动动嘴而已，其他的问题可就是要动手了。明治维新第一年，农业政策失调，苛捐杂税横行，当年就"一揆"（日语农民起义的意思）了 97 次，就在教育部翻着花样出法案的时候，日本经历着西南战争、秋田事件、福岛事件……全国上下闹作一团。

果然最危险的时刻通常是它开始改革的时刻。

不过，就在如此不太平的折腾中，日本累积了超过 50 所师范学校、73182 名小学教员，到了甲午战争前，全日本在校生达到了 360 万名，全国识字率 73%，士兵大部能书写和基础运算。让我们回顾一下当年普鲁士打败法兰西之后的，毛奇元帅的名言：

"德意志的胜利早就在小学教师的讲台上决定了。"

而大清的失败，在把留学幼童硬拉回来磕头的时候也已经注定。

改革、改革，打破旧的利益、颠覆传统思维，这才叫改革。

"改革"固然是危险的时候，但更危险的，显然是"不改革"的时候。

当然，疯狂暗示完"改革要趁早、要坚定"后，紧接着的问题就是：如果爱新觉罗家族当年突然醍醐灌顶、锐意进取了，是不是故事的结局就不一样了呢？当然，历史不能假设，我们换个说法：改革失败这口大锅，是不是该全部扣到爱新觉罗一家人头上呢？

当然也不是，晚清政局的一大特色，便是"外重内轻"，所谓地方尾大不掉、中央鞭长莫及。

还记得之前提到的"团练派的崛起"吗？为了平复太平天国，大清权力下放，各地实权派很快就搞出了地方小王国。

以曾国藩为例，人家军队有湘军；财政有前面说的商业税"厘金"；人才有幕僚制度，比如李鸿章就曾经是他的幕僚；还能利用港口、租界、海关跟洋人搞外交，俨然就是个小朝廷。

再比如你想做官，各地督抚都有"幕僚制度"和"保举制度"，地方实权派以军务紧急的名义，招了一群"幕僚"，搞了一堆"局所"，负责收税、物流、善后，一路到报销等各种政务，搞得直属中央的"布政司"（负责政务）和"按察司"（负责司法监察）都靠边站了。

作为幕僚，如果你办事得力，督抚可以向朝廷保举，实授官职，中央一般也不会驳回。比如我们熟悉的袁世凯，就是从浙江提督吴长庆的幕僚开始。袁大人虽然考试不行，但后台硬、办事强，很快就扶摇直上，成了中央直属大员，可以说是非常优秀的职业发展路线了。

当然，各位也要小心，傍督抚可以让你发财，也可以让你送命。一般而言，封建王朝对于像判死刑这种大事，历来都是要先经过刑部、大理寺、都察院三司会审，然后皇帝勾决，形式上还是很慎重的。但到了晚清，老祖宗说"乱世需用重典"嘛，各地剿匪、平叛，杀人如麻，上报人头实在是来不及，"就地正法"的特权从此慢慢向基层转移。最离谱的时候，不仅督抚，连团练也能随时杀人了。

结果就是"乱世用重典，重典引乱世"。一方面各地贼盗蜂起，不得不权力下放；另一方面各种冤假错案，又进一步引发反叛。那个后来开发台湾，做了不少善政的丁日昌，当年在江苏做巡抚的时候重审旧案，随便一个县就是40多起冤假错案，简直匪夷所思。

你要是得罪了督抚，给你安排个"江洋大盗"的名目"斩立决"，连个申冤的地方都没有。

面对这种情况，作为"封建皇权巅峰"的大清当然不能忍啊，想出各种花样来夺回主动权。比如拿出"恢复祖制"的大棒，要求各省"军饷由部核实"，好拿回财务审批权；并以裁撤冗员、精简机构的名义，干掉了地方上一堆的办事机构，想要恢复人事任免权；又以各地冤案横行的名义，试图停止"就地正法"。

然而每一次都是御史大量弹劾，督抚各种反对。朝廷高举着改制、忠君的大旗要收回权力；地方拿着洋务、发展的挡箭牌死咬着不放。于是奏折口水满天飞，大吵几个月，最后和个稀泥，维持现状了事。

维持现状的后果就是，犹犹豫豫地大清，什么改革也推动不了。

搞统一税制、裁撤厘金，这是好事儿，然而它推不下去；搞皇家亲贵夺权，玩"满汉再平衡"，这是坏事儿，它也推不下去。在"十倍速"的世界里，大清像是艘没有帆和舵的大船，在最后的几十年中漫无目的随波逐流。

1901年，新政的大幕刚刚拉开，但失败的结局却已经注定。原因在标题中已经说明，清末新政，始于1901年。

新政始于1840年，大清有机会跟上时代，在全球竞争中吃一块蛋糕。

新政始于1860年，大清说不定搭上末班车，成为东亚一霸。

新政始于1883年，大清还有可能转型为中华共主，起码延续爱新觉罗的香火。

然而，新政始于1901年。

就像之前说的，改革，是国家的修行，是专业知识、组织能力、经济基础、政治权威、国民意志的终极测试。大清，既没有"趁早"改革的眼光，也没有"坚决"执行的能力，偏偏又摊上了权力分散的政治格局。几十年来，它已经错失了太多的机会，背上了太沉的包袱，丧失了太多的政治权威。当终于被迫改革的时候，曾经白山黑水、野蛮而生机勃勃的女真，已经成了政治软弱、经济破产、组织力分散、威信扫地的失败政府。

新政之败，不在1911年，而在1840年到1901年这失去的61年。大清的庙堂之上，没有立马横刀、矢志改革的英雄，只有颟顸的官僚。五大臣留洋考察，半年多后回国，中央和地方欢呼雀跃、摩拳擦掌，可惜不是要共同发展生产力了，而是……开展新的一轮内斗。

朝廷说要深化改革，但皇族统治那是万万不能改的。

根据考察报告，清廷觉得统一全国司法、财政体系，搞中央金本位制度、废除地方厘金等，果然非常先进；但你要说限制皇权，搞国会制度，那就不行了，还是日本和德国的模式好，皇帝至高无上，内阁对皇帝负责，宪法由皇帝钦定，非常合皇亲国戚的胃口。

地方实权派也要趁机深化改革，但到手的权力是要想办法保住的。大家互相一串联，不约而同地支持英国模式，要设立内阁，召开国会，让内阁对国会负责，以限制王权。这个方案倒是也没错，但要说统一财税、搞什么预算制度、回收地方铸币权，那又是万万不能的，还是"地方自治"，自己的账自己管得最好。

一边是赞成"责任内阁"的地方代表袁世凯，要限制君权，以内阁副总理的身份夺权；一边是坚持"君主立宪"的皇亲国戚，溥仪他爹爱新觉罗·载沣，不仅要保证爱新觉罗家的权柄，还要趁着立宪的机会收回地方财政司法，说到底，还是要夺权。

在一轮又一轮的宫斗大戏中，大清的政治生态被撕扯得四分五裂。

至于国家的命运，怎么说来着：每个人都爱国——以对自己有利的方式。

好了，行文至此，我们聊完了商业、金融、国民认同，"朝廷"这一篇也几近尾声。100多年前的1806年，柏林沦陷，大败于拿破仑的普鲁士开启了改革之路，它发展军队、深挖商业、升级金融、深耕教育，四大要素互相扶持，螺旋上升65年，虽然留下了不少问题，但总算把德意志帝国拉扯成了近代化国家。

40多年前的1860年，圆明园被付之一炬，大清虽然开始了洋务运动，但几十年的努力后，军队趴在国民身上吸血；民间商业被各种压制；金融反过来成为挖大清墙角的工具；而在一轮轮打击中，国民凝聚力分崩离析。大清，陷入了一个四大要素互相掣肘的死亡螺旋。

1908年，清末新政7年后，慈禧突然病逝，留下了2岁的溥仪和软弱的隆裕太后。当然，还有能力远远比不上野心的摄政王载沣，不过，意气风发的皇族自己并不这么认为，上位后，载沣迅速打发走袁世凯，独揽大权，把慈禧"满汉平衡"的手法扔到了脑后，按他的思路，大清"怕什么，有兵在"。

如果大家对这句话感到耳熟的话，那是因为这个故事，兜兜转转，十几万字之后，又回到了本书最开始的地方——汉臣的崛起。

我们从这个话题开始，鸟瞰大清苍生，讲了汉臣、江湖和革命党；纵观寰宇天下，看西、荷、法、英你方唱罢我登场，在竞争中开启了世界近代化之路；最后谈了谈大清朝廷，感慨他失去的60多年。

见完苍生、天下和自己，我希望你感受到历史的缘起，大清的挣扎，和那火车轮般滚滚而来的命运。所有这些，都是1911年那声惊雷的"前因"。这些"前因"无声无息地酝酿、发展、壮大，如滔滔江水般累积在大江大河。

革命党想要释放这伟大的力量，在黄花岗博浪一击，却一败涂地，未能冲破帝国主义和封建主义的堤坝。但这些力量从未消失，仍在蓄势待发。

从下一章开始，我们将迎来大清命运的终篇，这千千万万的"因"，终将汇聚成那个"果"。

大清，1911年，来了。

# 第四篇 音乐响起

伟大小说的情节往往有个特点，当巨大转折发生时，作者总有办法让你在那一瞬间觉得出乎意料，但回头想想，又觉得合情合理。

大清王朝这一部300季的长剧走向大结局之时，命运女神自然要细心地为它准备终章。而舞台，早已选定……

# 第一章

## 铁路啊，铁路

## 面对未来

"天下未乱蜀先乱,天下已平蜀未平。"

作为中国最后的封建王朝,把最终季的开端放在四川,自然是题中应有之义。至于大清,还记得故事的主线吗?

"洋人带来的最大打击,是把大清这个天字第一号的农业封建国家,硬生生地拖进了经济工业化、政治现代化、国家竞争民族化的当代世界。"

那请问什么才是近代世界的象征?有什么东西,能够承接那个伟大时代中无与伦比的智慧与残忍、纷争与统一、进步与无情、意志与命运?只有一个——铁路。这钢铁铸成的怪物,集结了近代文明的一切特征。

它是现代技术的结晶——诞生自瓦特改良的蒸汽机,是效率提升最明显的应用之一,一瞬间,就把长途运输成本缩减到原采使用马车的三十分之一。

它是当代资本主义运作的典范——马克思《资本论》第一卷就说:"假如必须等待积累去使某个资本增长到能够修建铁路的程度,那么恐怕直到今天世界上还没有铁路,但是,通过股份公司转瞬间就把这件事完成了。"而铁路大亨范德比尔特崛起的第一步,就是在华尔街以眼花缭乱的手法,控股哈勒姆铁路,为自己的铁路帝国打下了第一枚钢钉。

它是文明征服蛮荒的前哨。在美国,横跨东西海岸的铁路大跃进,给西部带来了渴望土地的移民,带来了随时能增援的骑警,带来了雄心勃勃的商业大亨。在一片汽笛声中,如同电影《西部往事》中描述的那样,火车开进了万里狂沙,最终打碎了牛仔、印第安人和银行劫匪的世界。

它能铸造一个国家,在莱茵河畔,铁轨打通市场、铸造联邦,把大大小小争吵不休的百把个公国,绑在了德意志帝国的战车上,狠狠敲打了隔壁的法兰西;而在北方的冻土上,沙皇以洪荒之力修建西伯利亚铁路,奋力维持他那个辽阔的欧亚帝国。

它也能渗透一个国家，1888年，俾斯麦说服奥斯曼帝国苏丹，开始修建规模宏大的巴格达铁路，计划一路从汉堡、柏林、君士坦丁堡到巴格达、波斯湾，通过陆地，把新兴德意志帝国的影响力一路延伸到中东。这很快引发了英俄的剧烈抗议，成为第一次世界大战的伏笔。而1896年，《中俄密约》，清政府允许俄国修建从西伯利亚延伸到黑龙江的"东清铁路"（也就是后来的中东铁路），东北由此迅速成为俄国的势力范围，一直把东三省视为禁脔的日本，强烈反弹，直接导致了日俄战争。

在19世纪那个改天换地的时代里，铁路代表着最好的时代，也代表着最坏的时代。就像查尔斯·狄更斯在《董贝父子》里描写的一样，一方面，铁路让贫民窟消失了，取而代之的是"一层层库房，里面装满了丰富的物资和贵重的商品……通往外面的铁路世界"。毫无疑问，铁路带来了物质财富的飞跃。

另一方面，火车又如命运之神般，碾压着无法赶上的芸芸众生。这黝黑怪物"的速度本身嘲笑着年轻生命的迅速……它在自己的道路上急驰，它藐视其他一切道路和小径，冲破每一个障碍，拉着各种阶级、年龄和地位的人群和生物，向前奔驶；这股力量就是那耀武扬威的怪物——死亡"。[①]

而彼时，对于中国人而言，铁路是侵略和屈辱。东北的东清铁路两侧，俄国和日本分别获得各自路段的行政与司法管理权、驻军权，形成了绵延千里的"国中之国"，其中的南部路段掌握在日本人手中，他们的驻军有一个让我们恨得牙根发痒的名字：关东军。

但它又是强国之梦，孙中山毕生的理想，就如他《建国方略》里描绘的那样，"修建十万英里铁路，把沿海、内地、边疆连接在一起"。民国之后，他拥戴袁世凯掌权，请袁大总统"训练十万精兵"，而他则成为中国铁路公司总经理，要和同志们一起去修那"二十万里的铁路"。

铁路，就是近代文明，而19世纪国人对待铁路的态度，就是他们对待近代文明的态度——难以理解，满怀憧憬，也备受折磨。

还有什么比让铁路成为大清帝国最终季的主角更有代表性，更有戏剧性的安排呢？为了这个主角的闪亮登场，历史这位高超的编剧，铺垫了整整64年。

---

[①] 摘选自《董贝父子》，查尔斯·狄更斯著，薛鸿时译，人民文学出版社，2020。

早在 1842 年，魏源的《海国图志》中就大谈铁路的好处，但大清毫不犹豫的忽视掉了。

1865 年，在洋务运动的春风里，英国人杜兰德在宣武门修了条类似公园小火车的展示铁路，很快就被以"骇人听闻"为理由拆除。

1872 年，怡和洋行在上海自作主张，修了条"吴淞铁路"，大清子民接受度颇高，火车天天满员，一年载客 16 万人次，很快开始盈利。但爱国官员看不下去了。"我泱泱大国，三千年都没有铁路，足见其有碍国体。"于是，在一片官员的骂声中，上海道台花钱买下铁路，拆除了事。而同年，明治政府开始发力基建修铁路。

就这么来来回回折腾到了 1881 年，在轮船招商局和北洋水师急需用煤，而开平煤矿运输困难的现实压力下，李鸿章费尽心思以"马路"的名义申报清廷，才终于小心翼翼的修了一条全长仅仅 9 公里的"唐胥铁路"，算是在重重阻碍中开了个小口子。于是各地洋务派纷纷上马，大干快干，一直搞到了 1894 年的甲午战争，修了多少呢？400 公里，而隔壁蕞尔小国的成绩则是 3000 公里，简直匪夷所思。

直到 1900 年，八国联军侵华、《辛丑条约》签订、慈禧太后"西狩"西安。"清末新政"开始。2 年后，袁世凯操盘、詹天佑设计、盛宣怀落实，慈禧坐着"龙车"去拜祭西陵，专列的墙上挂着字画、台上放着古玩、马桶铺着水银、车头挂着龙旗，招商局掏了 60 万两银子的公关费，才把老佛爷哄得龙心大

慈禧的御用专列

悦，颁布圣旨，曰"胡燏芬、盛宣怀承办一切，甚属周妥，著交部从优议叙"。

1903年，大清商部成立，颁布《铁路简明章程》，大修铁路总算成了一个"国家战略"，两年之内，北起黑龙江，南到广东、福建，十五个省份建立了十九个铁路公司。

终于，在1904年，四川成都，大清故事最终季的主角"川汉铁路公司"，隆重出场。公司章程写着："不借外债、不招外股、专集华股。"在这种爱国宣言下，誓要建成中国人自己的铁路。

从商业管理的角度而言，川汉铁路公司倒是标准股份制银行，分为：官股，也就是官方入股；商股，也就是私人资本入股；公利股，铁路公司对外投资，收益作为投资入股；租股，四川农民以摊派的形式入股（这个我们后面细讲）。

乍一看，产权倒是非常清晰，不过现实自然是一塌糊涂。公司一开始属于官办，效率低下，除了接待上级视察热心十足，其他就是"一张报纸、一根烟"了；至于领导一张条子就挪用资本金这种常例，就更在不言中了。

几年下来，业务进展龟速，路线没有勘探一分，1906年查账，已筹资金五百万两居然只剩下一百多万两了。于是，私人资本以"响应国家政策，鼓励民族资本，提高经营效率"为理由申请入股。1907年，公司改组为"商办"，被宣传为民族企业的重大胜利。当然，要让大清彻底离场是不现实的，实际操作中，其实是"官督商办"。

事实上，"官督"的问题没有解决，"商办"的臭毛病倒是学得很快。大家还记得"官督商办"的标杆企业——"轮船招商局"的那些问题吗？川汉铁路公司一样都没落下。管理层任人唯亲，公司从经理、财务到出纳，七大姑八大姨满天飞，办公室流行公款抽烟，一年的烟纸报销就要两万两白银，简直匪夷所思。在"大清金融改革"的那章，我们提到招商局里是徐润拿着公款在上海炒房，现在是"川汉铁路"上海分公司财务总监施典章挪用购货款炒股，简直是一个模子出来的。

从工程角度来说，帝国技术力量不够，工程设备肯定是要进口的，不过好歹有个汉阳铁厂能生产铁轨了，盛宣怀虽有贪污，但也算做了点实事。不过，工程力量还勉强能补，工程思维可就不容易补了。

川汉项目上马前，一无勘探、二无评估、三无预算，领导一声令下，先画个大饼融资再说，如果这是在铺设难度小的北方平原，那也就算了，但这可是"蜀道难，难于上青天"的四川，更让人抓狂的是，项目计划先修"宜万铁路"。如果大家对这4个字没啥感觉的话，那建议去坐一趟万州到宜昌、恩施中转的高铁，全程6小时，山地、水路纵横，天气阴晴不定、大雾弥漫；一路上隧道159个、桥梁253座、桥墩最高130米；每公里造价6000万元，居中国铁路造价之最。①

1960年，周恩来总理想修宜万铁路，一番研究，结论是"技术难度太大，国力不逮"。2010年12月，修了7年，牺牲了几十个工人后，这条铁路才真正通了车。通车后平均时速都只能达到175公里，低于高铁平均时速250公里，更不用说京沪线的350公里了。

那请问大清为什么刚启动，就要挑战地狱级难度呢？因为领导拍板了，工程师反对无效。当年的留美幼童之一的耶鲁大学土木工程系高材生詹天佑，经历几十年风雨，成功修建了"京张铁路"，成长为中国最著名的工程师，技术权威无可挑剔。然而在担任了川汉铁路公司总工程师后，詹工很快就知道，自己这个总工既没有采购权，又没有财务权。上班抽水烟倒是被他禁止了，但钱在哪里、经理选哪个、路线怎么走、采购有没有符合标准，一概由领导及领导家属说了算，搞得一心为国的詹工痛心无比。

当然，詹工不要抱怨，工程技术这块还不是最糟糕的，按照上一章的描述，大清金融才是最垃圾的，而铁路的背后，永远是金融。

先让我们看看洋人是怎么操办的。1856年，克里米亚战争结束，在英国、法国的暴击下，俄国损失50万军队，气死了一个沙皇，痛失黑海出海口。痛定思痛，新任亚历山大二世废除农奴制、发展工业，颁布《铁路网发展规划》，开始了剧烈的国内经济改革。

1871年，德意志帝国击败法兰西帝国，成功崛起，感受到邻居巨大威胁后的法兰西第三共和国急需一个盟友；而1887年，俄国、奥匈帝国、德国的三皇联盟因为巴尔干问题解散。敌人的敌人自然就是朋友，1892年，克里米亚战争的死对头走到了一起，法俄联盟成立，法国对沙皇俄国开放资本市场，带动了俄国铁路建设的大爆发。10年之内，俄国投资了35亿卢布建造铁路，超过

---

① 详见"中华人民共和国中央人民政府网站"2010年12月22日报道 https://www.gov.cn/jrzg/2010-12/22/content_1770837.htm；以及"澎湃新闻"2021年12月23日报道 https://www.thepaper.cn/newsDetail_forward_15971452。

一半的资金来自海外投资人，其中约 30% 来自法国资本市场。

这些钱打下了俄罗斯工业化的基础，带来了 3 万英里铁路，建成了西伯利亚大铁路，为俄罗斯远东带来了百万移民，也为日俄战争带来了远东军团。后来的事情大家也都知道了，沙皇彻底玩砸了。工业化带来了百万产业工人，带来了马克思列宁主义，却没有带走俄罗斯的残酷专制。十月革命一声炮响，沙皇下台。修铁路欠的 120 亿卢布的外债也顺便被废除了。

相比沙俄的简单粗暴，美国人的技巧就高多了。独立战争时，华盛顿穷得叮当响，全靠金主法国出钱出力才熬到了 1783 年独立。6 年后，法国被债务彻底拖垮，天量国债催生了法国大革命，创立了共和政府。

对此，国父汉密尔顿义正词严地说，"大革命是暴民专制"，另外，我们欠钱的是路易十六的，所以我们坚决不能把钱还给"暴民"。

几十年后，经过南北战争的残酷洗礼，美国走上了轰轰烈烈的工业化道路，林肯总统的骄傲——《太平洋铁路法案》给铁路行业带来了巨大的推动。除了政府支持、本地融资、债权之外，自然还有不可或缺的全球资本。到 1898 年，美国铁路累计投资的近 100 亿美元中，几乎有 30% 来自海外资本，尤其是当年和美国不对付的大英帝国，大量投资到这个新兴市场。

这些钱为美国带来了 30 万公里、占当年全球一半的铁路；带来了西部的彻底融合；带来了"全球最大的单一市场"。实在是修桥造路、利用外资的最佳实践。

那么请问，在这种已有成功先例的情况下，1900 年的大清是如何处理的呢？先是死咬着不能借洋债，要自己上。1889 年修卢汉铁路（卢沟桥到汉口，也就是后来的京汉铁路），张之洞大人说"洋债洋铁两端，皆必致坐受盘剥"，应该"合天下全力"，全部自力更生修路，财政拨款一年 200 万两白银，那请问这条铁路的预算是多少呢？3000 万两白银。

马克思在《资本论》里说"靠积累修不了铁路"，此时这本书出版已经 30 年了。大清就这么细水长流地折腾了 9 年，平均每年修路 135 公里，慢得令人发指。

实在没办法，只好又放开借外债，一路找到了比利时。按大清的意思，比利时是"小国远国"，比较"纯良"，不至于像英法俄那么险恶。但那时候比利时国王利奥波德二世为了掠夺象牙、橡胶，年均要在刚果屠杀上百万人，形容他"纯良"简直匪夷所思。谈判了几年，最终签订了著名的《卢汉铁路借款合同》。原则上是"不失路权，不招洋股"；实际操作中，官员既不懂金融，又不敢得罪洋人，被"纯良"的比利时要得团团转，最后居然把"行车调度权"和"财政权"都给丢了。

几年下来，"洋债"丧权辱国成为共识，朝野上下骂声一片。只好再次一刀切，断绝国际借款，转向民族资本。1903年开始，大清上下开展了轰轰烈烈的"挽回路权"运动，全国上下纷纷集资办路，大家回忆一下川汉铁路的宣言，"不借外债、不招外股、专集华股"，实在是既充满了民族气节，又满脸写着"懵懂"二字。

最终，理想丰满，现实骨感，川汉铁路预算6000万两白银，华股官股根本不够，而以大清的金融能力，别说成熟的资本市场，连卖个国债都是鸡飞狗跳，怎么可能搞得出这种风险投资性质的启动资金？显然，要学后发国家的最佳实践，"利用海外资本"，大清还不够专业；想用发达国家的经验，"充分调动本国资本力量"，更是没金融基础。

大清的铁路基建显然已陷入僵局，怎么办呢？回顾一下之前的金融那一章，所谓"国债国债，皆是摊派"，大清终于还是启用了老一套：农民摊派。川汉铁路除了官股、商股、租利股之外，最后一部分"租股"粉墨登场。简单来说，就是全省农户年收入1200斤粮食以上的，按照3%上交，作为"资本金"强制"入股"。当然，公司不可能收粮食，"租股"首先要由收股机构换成银两再统一收取。

截至1910年，川汉铁路公司收入股金1198万两白银，官股23万，商股245万，而租股整整928万，名义占股高达77%。但实际上，租股的股票、股息、投票权一概无影无踪，说是股，其实就是苛捐杂税。

那时，仅庚子赔款一项，摊派到四川农民头上的就有220万两，可见天府百姓的痛苦。强制入股已经够恶心了，但更恶心的是，大清并无足够的基层力量收租，皇权不下乡，收租的事儿，只能授权民间组织协助，谁呢？袍哥。

袍哥，就是会党一章所说，孙中山他们争取的江湖力量，四川哥老会。这个从白莲教起义就开始发展的组织，历经鸦片战争、太平天国起义、湘军裁撤、革命党起义，在20世纪初，已经发展到了不加入哥老会就无法在四川立足的地步。这群人游走在黑白之间，既帮着官府催逼索要、收粮抽租；也帮着百姓拉帮结派、聚众自保。大清给条活路，他们就是黑社会；大清催逼太甚，他们就是革命党。

于是，官、商、袍哥、革命党、贫苦农民，不同的力量在川汉铁路完成了聚集，而故事的主角，川汉铁路公司仍在慢悠悠地启动中。1909年7月，总工程师詹天佑终于在宜昌打下了第一枚道钉，铁路正式开修，然后迅速陷入了困境，一年多时间里，只铺设了17公里铁路。不满的乌云在四川上空逐渐聚集。

好了，讲到这里，故事背景全部讲完，终章的舞台已经搭好。

现在，让我们脱离细节，开启上帝视角，最后一次俯瞰神州大地：东边的经济中心，上海的金融业务摇摇欲坠；南方的沿海城市，革命党刚刚经历了重大挫折；北方的政治中心，团练系和权贵系庙堂争斗如火如荼；中原的交通重镇，千疮百孔的新军暗潮涌动；西南的粮食产地，7000万农民正在酝酿怒火；而围绕着中国的1000多万平方公里的土地，列强正盘踞在十几个海关，虎视眈眈。1910年，4万万中国同胞，都感到了空气中满是紧张的气氛。

4月，长江大水、粮食歉收，长沙居民食不果腹，爆发了"抢米风潮"。退无可退的百姓冲击衙门，发动暴动，在两湖做了次革命的预演。

10月，清政府通过了"剪发易服"法案，曾经"留头不留发，留发不留头"的金钱鼠尾从此滚出了历史舞台，清军入关六大弊政[①]的最后一个终于寿终正寝。

不过，如果爱新觉罗老爷们肯屈尊到外面看看的话，就应该知道，"剪辫运动"风行全国，紫禁城早已管不住中国人的头发。就像很多事情一样，这个法案没错，只是想得太慢、学得太晚、走得太犹豫，迟到了整整60年。

爆竹声中，1911年的春节，来了。

---

① 指清朝统治初期，摄政王多尔衮颁布的占房圈地令、剃发令、投充法、逃人法、禁关令、屠城六项恶政。

# 大幕拉开

1913年，美国底特律，一个15岁就能手工打造内燃机的技术宅男——亨利·福特，捣鼓出了一种全新的汽车装配方式。在这种方式下，工人不用全程打造整辆汽车，而只需要熟练掌握其中的一个环节。这种做法，后来被称为"流水线作业"。

新型的生产方式，带来了惊人的效率提升。一辆汽车的装配时间从700小时被砍到12.5小时。效率提升，带来了价格革命。在汽车售价普遍为4000美金以上的时代，他的售价为：525美金——大生产的时代到来了。

他将带来生产端大跃进、带来中产消费、带来卓别林的《摩登时代》、带来汽车城、带来米其林餐厅、带来高速公路、带来司机工会……带来一个生产力过剩，需要"拉动消费"的全新世界。

当然，在带来这么多事情之前，他首先带来了橡胶价格的大幅攀升。1908年，立志打造一款平民汽车的福特，推出了大名鼎鼎的T型车，售价850美金，当年就掀起了采购狂潮。人人都想要850美金的汽车，而汽车要轮胎，轮胎要橡胶，当年橡胶的新兴产地为南洋群岛（比如菲律宾和马来西亚），全球产量69000吨，缺口巨大，而一棵橡胶树的成熟时间要多久呢？6到7年。

橡胶瞬间成了汽车生产的瓶颈，需求暴增叠加短期可预见的供应严重不足。投资人的想象力瞬间被打开。

1908年，伦敦交易所橡胶一磅2先令。到1909年末，是10先令。橡胶产业园在伦敦招股，100万磅的融资在30分钟内认购完毕。南洋群岛一天注册14家橡胶公司。全世界都在为橡胶疯狂，所有人都知道"投资橡胶稳赚不赔，橡胶股票只涨不跌"。

在这种狂热下，橡胶公司融资简直易如反掌，而环顾南洋四周，最适合的融资市场是——大清，上海。

1910年，"蝴蝶的翅膀"在大洋彼岸扇动，序曲的第一幕缓缓拉开。

## 第一幕　大清金融

1903年，英国人乔治·麦边（George McBain）在上海成立蓝格志公司

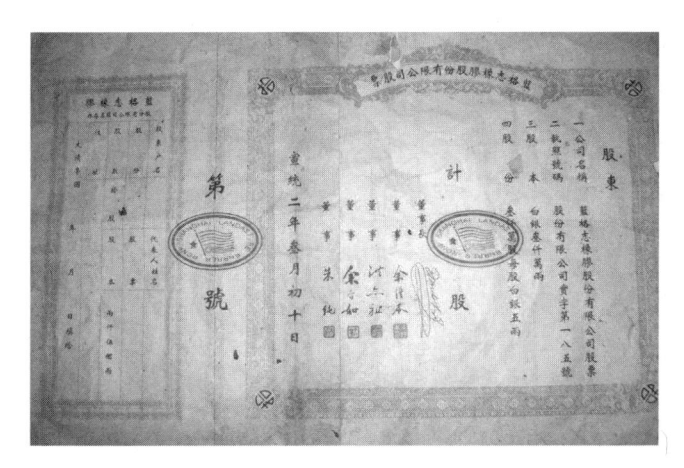

1910 年的蓝格志股票

（LanKets），向公众销售橡胶股票。他还在报纸上发表了一篇著名的文章《今后之橡皮世界》，向公众进行宣传。

很快，伦敦股票市场的火热行情传到上海，蓝格志股票一飞冲天，发行价 3 两白银，最高涨到 17 两；面值 60 两白银的股票，被抬到 1000 两。54 家橡胶公司拔地而起，最疯狂的时候，只要股票里沾了"橡胶"两个字，就是天天一字板。

投机热情一飞冲天，从道台蔡乃煌、商务印书馆老板高凤池，一路到票号巨头源丰润，全部加入了追高的大潮。众人追捧之下，股票更是水涨船高。一时间，上海人民人人谈橡胶，各个炒股票，中产卖房子，富人加杠杆，纷纷"为梦想窒息"。

到 1910 年，各大钱庄贴现金额数以百万计，而外资银行接受股票抵押，循例短期拆借近 1000 万两白银。接近 6000 万两白银被注入橡胶投机，其中 70% 左右来自中国。股票价格远超基本面，一个完美的金融风暴在黄浦江上空孕育完成。

大家回忆一下"金融"那一章，就应该能猜到，在大清的证券市场中，股民是幼稚的、监管是不存在的，而割韭菜的镰刀是锋利的。

1910 年 6 月，美国开始限制橡胶消费，戳破泡沫；当月，伦敦市场橡胶价格开始疾速下跌；同月，提前收到消息的上海外资银行迅速反应，清仓所有橡胶股票，停止一切股票抵押，收回短期拆解，市面银根迅速收紧；蓝格志股价从 1675 两白银跌到 105 两。

远东股市，崩了。

仅仅一个月之内，正元、谦余、兆康3家贴现炒股最激进的钱庄亏损超过600万两，直接倒闭。8月，所有人惊恐地发现，大清当时最大的私人银号，宁波源丰润的关联钱庄德源、源吉亏空500万两，濒临倒闭。

那请问谁是源丰润呢？他就是胡雪岩阜康钱庄倒闭后的接班人，老板严义彬。

8月，道台蔡乃煌紧急救市，严义彬以全副家产为抵押，注入官银300万两，终于勉强维持住市场。眼看风波渐平，9月，庚子赔款上海应付的190万两白银解缴时间已到，蔡乃煌以"救市"为名，向大清银行申请拨款、延迟赔款，以稳定全国金融市场。

大家从"胡雪岩案例"中，就应该猜得出来大清的态度。什么"救市"？什么"金融"？不付钱就革职！像极了20多年前"胡雪岩生丝危机爆发"，各地衙门纷纷封锁钱庄的样子。

当月，摄政王载沣下诏痛骂蔡乃煌"罔利营私""不顾大局"，源丰润银根被抽，柜面挤兑，瞬间破产，亏欠存户白银2000万两。连锁反应之下，一年之内，上海一半钱庄倒闭，中国投资人亏损超过4000万两，其中包括粤海关官银600万两、汉口海关400万两、沪海关350万两。

还有一笔略小的，1910年底，我们的主角"川汉铁路公司"查账统计，发现CFO施典章挪用上海分公司公款投资炒股，钱庄倒闭、股票亏光，总计亏空白银250万两。

当然，对于江湖中这点小小的金融波动，庙堂之上是没有空去管的。毕竟载沣大人正忙着处理头等大事——立宪。

**第二幕　庙堂**

1911年，宣统三年，除旧迎新的爆竹声外，空气中也弥漫着一股浓浓的改革气息。3年前，《钦定宪法大纲》已经颁布；2年前，各地参政议政的咨议局纷纷成立；而就在前一年的11月，清廷宣布预备立宪时间从原来的9年缩短为5年。

清末庙堂，最重要的就是满汉平衡。立宪，不仅立的是大清的宪法，立的更是满汉之间的权力分配制度。汉族当年的中坚力量，不见得人人都想推翻大清，但几乎人人都对新的政治格局充满了希望。

比如梁启超，为立宪摇旗呐喊十数年，筹了大量捐款，写了无数文章，搞得和革命派势如水火。眼见立宪在即，就要修成正果，他内心的激动可想而知。

所以，新年伊始，虽有长沙抢米、上海股灾，但紫禁城的各种消息，还是给这新的一年带来了不少希望。

5月，大清上谕，以日本议政体制为师，裁撤军机处，设立内阁，施行全面的"责任内阁制度"，宪政指日可待。公平来说，从1906年五大臣出洋考察，到1911年责任内阁成立，速度倒也不算慢了。全国精英无不翘首以盼，等待内阁名单。

当月，内阁成立，军机大臣庆亲王奕劻出任首届内阁总理大臣，史称庆亲王内阁。13个成员里，满蒙贵族9人，汉族只有4人，基本就是把原来军机处的人马给照原样搬了过来，人称"皇族内阁"。

举国哗然。

包括梁启超在内的所有"改革派"，被大清这个操作惊得目瞪口呆。对此，内阁总理大臣奕劻也表示非常委屈，我是满人不假，但我也是个标准改革派，取消满汉双轨制，重用汉族大臣，包括袁世凯都是我提拔的，大家有啥好闹的，何况，大家也不看看我几岁了，还能折腾几年啊？

摄政王载沣表示非常委屈，我才28岁，父凭子贵仓促上台，朝中亲信都找不出几个，不用原来那帮人，我还能靠谁去？更何况，这一届内阁是根据《内阁办事暂行章程》搞的，也就起个平稳过渡的作用，几十年都等下来了，大家就不能再等个3年，等到《钦定宪法》修好吗？

当然，他们都很有道理，9位皇族内阁几乎都是改革派，资质倒也不算太差，但大家都知道，"有道理，但没啥用"。

各地汉臣、保皇派们觉得，大家又是催逼赔款，又是镇压起义，没日没夜提脑袋跟革命党斗。刀口舔血这么多年，不外乎是对大清还有点希望，指望终有一日实现"共和"。可国事糜烂至此，朝廷居然还想继续搞亲贵的小圈子，"共和"怎么可能还有希望？

各地咨议局纷纷上书，表示"君主不担责任，皇族不组织内阁，为君主立宪国唯一之原则"，要求重组内阁。5月，山东巡抚孙宝琦上书痛陈利弊，要求宗室回避；6月，清廷下诏严斥提案"荒谬"，大意很简单：君主立宪，那是先君主再立宪，你们可不要搞错了。

此言一出，那层薄薄的窗户纸终于被捅破，原来这大清，还是他们的大清。怎么办呢？立宪派元老梁启超说了："诚能并力以推翻此恶政府而改造一良政府，则一切可迎刃而解。"

在那一瞬间，在保皇党和立宪派的眼中，曾经的最大敌人革命党，忽然不再面目可憎，早就说朝廷靠不住的孙中山，甚至都有点眉清目秀了起来——原来这伙人说的，居然都是真的啊。

就在国民怅然若失之际，朝廷似乎完全没有意识到新内阁给4万万国人带来的巨大心理震撼。载沣大人满意地确认完名单，摩拳擦掌地颁布了新年第一个大国策：铁路收归国有！

第三幕就此登场。

### 第三幕　江湖

按照朝廷的说法，铁路收归国有乃是利国利民、加速经济发展、有百利而无一害的千古大计。说起来大家可能不信，但这个结论完全正确。

铁路建设耗资巨大、实施复杂，上下游链路涉及整个工业体系，从技术一致性到各方利益分配，非国家干预几乎不能成事。后发国家如俄罗斯、德国、日本，无不是在国家统一管理、私营企业配合的条件下完成，甚至大清亡了，民国成立，孙中山造铁路，也还是走的国有化的路子。

以卢汉铁路为例，虽然1898年签合同的时候被各种忽悠，但是架不住人家活儿干得好啊。盛宣怀领头，比利时公司承建，洋人让·贾多（Jean Jadot）任总工。九年时间修了整整1200公里，这条铁路仅在1904年就净赚白银237万两，1905年净赚353万两，一直到1923年，都还是吴佩孚军饷的重要来源。

到1908年，清政府向英国汇丰银行和法国汇理银行借款250万英镑，付清欠债，赎回路权，卢汉铁路从此成了中国全控的经济大动脉。

而当年风风火火、口号震天的民族铁路公司呢？

广东铁路商办三年，花费740万两，建成铁路50公里；山西铁路折腾了6年，修了15公里；川汉铁路，5年修了17公里；其他省份，几年下来，湖南建成51公里、湖北通车为零……

而且各个省份官商勾结，借着修路的名头，苛捐杂税、摊派盘剥，路没有修成多少，民脂民膏倒是刮了个盆满钵满。

宣布铁路国有的上谕说："数年来，粤则收股及半，造路无多；川则倒账甚巨，参最无著；湘鄂则设局多年，徒滋坐耗。竭万民之脂膏……民累日深，上下交受其害……"

可以说骂得还是很到位的。

至于原因嘛，麻烦大家回想一下本章前半部分，各地只不过是不同版本的川汉铁路而已。再说一遍：在晚清，人人都爱国——以对自己最有利的方式大爱特爱。

所以可以想象，当年载沣大人颁布这条铁路国有法令时，还是充满自信的。

铁路国有，加速建设，紧跟时代大潮；干线国有，支线私有，既保证主干道的铺设，又给了民间资本一个参与的机会；废除各地因商办铁路而来的苛捐杂税，还顺便减轻百姓负担。

而且，盛宣怀还为此拿到了四国银行借款，总额1000万英镑（第一期600万英镑），利息合理（5厘），竟然还无附带政治条件（没有中东铁路那种卖国条款）。怎么看都是利用外资建设我大清铁桶江山的最佳实践。

至于各地商办铁路，你们搞成这样，我不找你算账就不错了，现在强制收归国有就此了结。

平心而论，晚清几十年的上谕里，铁路国有化的政策虽然不算最好，但绝对不是最差的，甚至还算颇有点道理。但仍改变不了趋势。

对朴素的百姓而言，"借外债"的名声早已巨臭无比，具体条款是否有益，民间几乎无人关心，对大部分人而言，"外债"便是"卖国"的代名词。

于是，这个"借外债修路、铁路强制收归国有"的国策一出，从湖北到广东，中华大地骂声一片，各地纷纷指责政府不仅"与民争利"，要收回他们已经苦心经营多年的铁路；而且"借债卖路"，又要出卖国家利益。

作为清末革命的摇篮，两湖首先开闹，商界罢市、学生罢课、议员辞职，留日学生江元吉血书"流血争路，路亡流血，路存国存，存路救国"；广东不甘人后，设立"争路机关部"，挤兑现银，拒用纸币。

哪个省份最不反对国有化呢？是四川。咨议局和股东搞了个股东大会，大家的意思是，盛宣怀想国有，那就国有吧，只要别让大家吃亏就好。为啥呢？因为川汉铁路亏得实在太厉害，明眼人都看出来这路是修不成了，趁着国有化把这烫手山芋甩出去，倒也是个解决的办法。

从5月份开始国有化，粤、湘、鄂、川四省一阵闹腾，9月，朝廷终于妥协。国有化没停，但朝廷出钱收回原有商办铁路公司的老股，广东股东六成现银、四成债权；两湖现银返回股东、米捐（两湖版的租股）换算成国家保利股票。

说白了，就是朝廷妥协，商办公司的亏空国家认了，大家别闹了，拿钱回家吧。于是，两湖、广东的保路风潮慢慢平息，但还剩一家——当初倾向同意国有化的四川。

盛宣怀大人的意思是，川汉铁路公司筹集资金1600多万两，仅一个橡胶股灾倒账就亏了250万，公司账面上只有700万两。这么大的一个窟窿，凭什么让国家来背？

你们川汉铁路公司70%的股份是百姓的"租股"，又亏成这个样子，凭什么让国家为你们炒股失败买单？现银返还就别想了，剩余700万两收归国有，转化为国有铁路股份，你现在要做的，是宣传政策，停收"租股"，查清账目，准备朝廷全面接管。

代表商人阶级的咨议局很委屈，朝廷一句话就收了铁路，凭什么所有损失都由我们来背锅，这种方案让我们怎么跟交了几十年租股的百姓交代。

代表底层的百姓很委屈，朝廷又借洋债卖国，铁路成了洋路，洋人来了，又要变着法子敲骨吸髓。

袍哥很委屈，我做的就是收租股的营生，你一句话停了，我这几万兄弟以后靠什么吃饭？

而朝廷也很委屈，你们炒股亏了几百万两，凭什么让朝廷买单，我停了租股，难道不是利国利民吗？

可以说，所有人都很委屈，除了革命党。

当年日本同盟会成立时，其中四川留学生就有127名，仅次于广东和湖南。保路运动开始后，看到机会的川籍同盟会成员纷纷潜回四川，和本地成员，如龙鸣剑、王天杰、吴玉章等取得联系，然后熟练地展开工作：宣传革命、储备军械、串联袍哥，毕竟大家起义十几次，活下来的个个都是熟练工了。

一时间，四川战云密布，从工商到会党、从革命党到平民，几乎所有人都将矛头对准了大清。对此，朝廷的态度是——请大家再次回顾一下本书中，我们载沣大人出场的第一句话："有兵在，怕什么。"

1911年8月28日，四川保路同志会鼓动全省抗捐、抗粮。9月2日，"有兵在，怕什么"，端方带兵 2000 名，从武汉（注意，是从武汉，武昌就是武汉三镇之一）入川弹压；5 日，"编练国民军，制造军械，实现川人自保"的口号开始在成都流传；7 日，赵尔丰扣押保路同志会领袖，群众冲击总督府救人，护卫开枪打死 32 人，暴尸三日，史称"成都血案"，四川保路运动由此彻底爆发。

四川保路运动，是一场因为"正确"的原因而引起的全国性起义。为什么这样？是百姓蠢吗？是大清冤吗？我觉得都不是。

大清从《南京条约》一路到《辛丑条约》，从卢汉铁路一直到中东铁路，从"宁赠友邦，不予家奴"到"皇族内阁"，这几十年的卖国、欺压、迂腐、落后，早就把底层的信任挥霍干净。

政策好坏固然重要，但此时，似乎又已经不那么重要了。

"洋债"，那必然是卖国的，是要让渡主权，沦陷中华；"洋人"，那必然是黑心的，是要亡我衣冠，夺我河山；而"清廷搞经济政策"，那必然是贪婪的，是要敲骨吸髓，与民争利。

回过头看，这些情绪用来针对铁路国有化也许是不对的，是"经济排外主义"，是"极端民族主义"，是"被利用的群氓"……但，"自父及子，直到三四代"，60 余年沉积老账所训练出的直觉，又如何能奢求"精准报应"。

大清的铁路国有政策是对的，但拉长到 60 余年来看，这个政策又是错的，它忘记了这几十年旧账带来的积怨，一个公信力丧失的政权，已经在事实上丧失了执行大型政策的能力。

保路运动中的民众认为外资就是卖国，这是错的，但拉长到 60 余年，偏偏又是对的，他是底层对百年来经济入侵的条件反射，是最朴素的反抗意识，是"石人一只眼，挑动黄河天下反"。

为暴动推波助澜的袍哥，是错的，这个组织的存在，是社会功能丧失之下一种畸形的地下秩序，但在起义的那一刻，他们又是对的，他们如所有会党一般，是民众的"结社自保"，是百姓的自我组织和保护。

对对错错、错错对对，历史的风云诡谲，莫不如此。

当然，对于大清来说，讲这些远的近的、对的错的，已经没有意义了，1911 年，荣县同志军宣布独立，四川的全面暴动开始，序幕已拉开，结局要上演了。

第二章

瞬间与永恒

# 瞬 间

历史的车轮永不停歇，事件在无时无刻地发生、发酵、碰撞、变化。同时代的芸芸众生，只能看到事情的果，却难以窥见它的因。就好像我们看得到参天大树的遮云蔽日，但无法感受到细胞分裂、营养转移、阳光转换成能量、空气变为养分。

唯一能做的，是拍下一张张时代的快照，只是那些快照所能表现得太少也太模糊，我们只能试图从这些快照中想象，它们中的哪一帧，是时间中小小的浪花，而哪一帧，将在永恒中回荡。

在武昌起义的前一晚，1911年10月9日，若是给1000多万平方公里的中国拍一些快照，那些将成为永恒的瞬间是什么呢？

北京，泥泞了几百年的土道，正在逐渐变成石子路。京师的百姓，已经逐渐习惯了电灯、自来水，对每日巡逻的警察，也不再感到惊奇；电报开始铺设，邮差一天要投递八次信件，中央比任何时候都更能统掌全局。

载沣在养心殿，略有些不耐烦听着弟弟载涛的絮叨，"今日要君主立宪，明日要独立国会，再下一步是不是要骑到我们头上？我大清几百年的基业，断断不能葬送在这群宵小手上……大哥对这群人，还有什么好客气的，

1910年的鼓楼，注意图中的电线杆

不用我们宗社一家，难道把权柄给外人吗？"

这些话，载沣早就听得耳朵起茧，立宪、修路、洋人、革命党、宗社党……纷争日复一日，不知何时停歇，他此刻只想回到醇王府，看他的藏书，把玩新到的望远镜。"葬在我手里？"他在想，"不会吧。"

毕竟《泰晤士报》刚说，"铁路将给中国带来巨大的发展"，"在任何地方，都能看到财富增长的迹象"。

北京正南2000公里，广九铁路似乎印证了《泰晤士报》的说法。10月，铁路全线通车，旅客可以从广州站一路向南，经东莞、深圳到达香港红磡站，和现在粤港高铁的路线基本重合。省港商人对此欢欣雀跃，帝国虽然千疮百孔，但生命力似乎仍然顽强。

对此，有人并不高兴。距离红磡站5公里，是香港雅丽氏医院，在这里，徐宗汉曾经以黄兴太太的名义，签下了"手术同意书"，这对苦命鸳鸯也因此走到了一起。黄兴虽然少了两根手指，好在性命无碍，很快出院了。

但佩萱（徐宗汉，字佩萱）却一点也高兴不起来。几个月来，黄兴不再谋划起义，只和李沛基他们在一起，每日谈论如何给喻培伦、方声洞报仇，说是要"以酬死事诸君，庶于心稍安"。

孙中山对此很是担心，数次从北美来信，劝说黄兴要以大局为重，不能逞一时之气。但黄兴心意已决，不为所动。念及此，徐宗汉不禁泪如雨下。

和他同样失望的革命党还有谭人凤。广州东北方向1200公里外的上海，9月，文学社找到宋教仁、谭人凤，希望他们去武汉领导革命。宋教仁对又一次起义毫无信心，以"报馆事务繁忙"推脱，把谭人凤气得白胡子直发抖。

9日，这位51岁的老人找医生开了三个月的药，带着零落的几个同盟会成员坐船前往武汉。面对着分裂的同盟，意志消沉的革命党，湘江水暖，他心里却如寒冬一般。

心如寒冬的不止谭人凤一个，上海往西1900公里的成都，总督府内，救了一天火的赵尔丰气得把北京电报摔到地上。紫禁城不仅对他"承接川汉铁路坏账，缓和保路运动"的建议严加斥责，竟然还急令镇压，甚至说出了"格杀勿论"这种话。

赵尔丰

"弹压,弹压,我拿什么来弹压?现在逆党遍地开花,军警不肯下死手,四川兵又早跟这帮反贼混在一起,拿着军饷磨洋工。盛宣怀他搞出这么大的事儿来,要弹压,让他自己入川弹压!"

赵尔丰说得没错,四川局势已是不可收拾。9月,在"成都血案"之后,赵尔丰关闭城门,封锁消息。南门外,同盟会元老、哥老会大哥曹笃,和四川通省农业学堂(也就是现在的四川农业大学)的农民想出了"水电报"。

他们做了几百个木片,写上"赵尔丰先捕蒲、罗,后剿四川,各地同志速起,自保自救"。风干后涂上防水的桐油,抛入锦河之中。天府之国水网密集,赞成保路运动的川民,拾到木片后广为传颂。有的甚至做出更多"水电报",再抛入河中。

赵尔丰先捕蒲、罗,后剿四川,各地同志速起,自保自救

于是,10月的四川,府河、南河、大渡河;锦江、岷江、嘉陵江;滔滔江水中,千百片"水电报"随波起伏,顺着大好河山,传遍四川盆地。华阳、新津、雅安、汶川,汉人、藏人、农民、学生、同盟会、哥老会、同志军纷纷起义,四川烽烟遍地,赵尔丰几近绝望。

不过,倒也不是所有人都如此绝望,成都以东500公里的万县,曾经的两江总督端方倒是兴奋得睡不着觉。作为新任署理四川总督,端方早在一个月前就日夜兼程,带着部队前往四川"剿匪",此时已经到了重庆附近的万县。

端方并不担心四川的"保路军起义",毕竟徐锡麟、秋瑾的起义就是在他端方的治理下被扑灭的,革命党有何可惧?更何况,这次他带来的可是精兵强将,部队的名字叫作"湖北新军"。

万县以东800公里,就是湖北新军的发源地,武汉,简称"汉"。

端方

刘公

这里有黄鹤楼、岳王庙，是九省通衢、天下之中。它被长江和汉水划成三大块，人称"武汉三镇"：有兵工厂和铁厂的汉阳；和上海并驾齐驱的商业中心，号称"东方芝加哥"的汉口；而我们最为熟悉的，是"湖广贡院"中挂着"惟楚有材"四个大字的，两湖乃至中华文化的中心——武昌。

10月的夜风中，就在这天下之中武昌，无数人和端方一样夜不成寐。

同盟会的刘公（字仲文）睡不着，他想起了父亲。

当自己谎称不再去闹革命，要八千两银子实捐一个河南道台的时候，这位光绪年间的武举人老泪纵横，"仲文这次悔过自新，重回正途，我便是死了终于可以合眼了"。九千两银子很快被送过来，转手就到了革命党人手中，作为武昌起义的经费。

这是第几次了？刘公想不起来。就像他早就记不起来骗了几次父亲，支持了多少起义，死了几位战友一样。"这次会不一样"，他对自己说——这句话，他也记不起来对自己说过多少遍了。

湖广总督瑞澂睡不着，他想起3天前（10月6日），那正是农历八月十五中秋，传说几百年前，朱元璋、刘伯温约定这天起兵反元。明教教众互赠月饼，内夹纸条，写着"八月十五杀鞑子"。因为这传言，武汉城内人心浮动，到处传说革命党要中秋造反。

于是，他当机立断，取消部队的中秋假期，全城戒严，不得会客，不得请假，剪发者一律勒令佩戴假辫，弹药全部收回楚望台军械库。

瑞澂

9日下午,"逆匪"在汉口俄租界组装炸弹。炸弹失火,督练公所总办铁忠顺藤摸瓜,又在小朝街成功抓获匪首刘复基、彭楚藩、杨洪胜,搜到造反文件无数。三名反贼锒铛入狱,这一天总算是熬了过去。

这是第几个心惊肉跳的中秋了?那三个匪首会不会交代出更大的阴谋?夜不成寐的中秋还要到什么时候?瑞澂不知道,只觉得疲倦无比,眼皮直跳。

他身旁的廖克玉也睡不着,她年方十八,两年前嫁给了当时还只是江苏布政使的瑞澂。虽说是老夫少妻,但新婚之后,相公平步青云,一路做到封疆大吏,对她又是言听计从,日子倒是一帆风顺。可她总有块心结——自己是乱党吗?

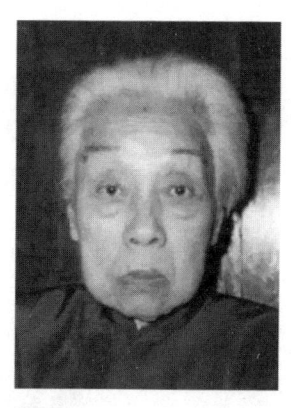

廖克玉

她想起来一年多以前,和母亲第一次见宋先生(宋教仁)的场景,那个年轻书生畅谈救亡图存、共和大义,说得两眼放光。他希望她们母女俩能利用这个特殊的身份,助力革命。那天之后,她便时不时传些总督府的密报给母亲,再由母亲转给革命党。

吃着大清的俸禄,却帮着大清的逆匪,廖克玉心里矛盾又害怕,但母亲说,这些消息救了好多人,救了好多两眼放光的书生。

但她只是个弱女子,她没法救所有人。今晚先生回来时,说又抓到三个"逆匪",隔日怕是要斩首示众,这已经是第几个了?她记不清,只能默默念佛。

和这些人一样睡不着的,是驻扎武昌城中和门外紫阳桥、临近楚望台军械库的湖北新军第八镇、工程八营的几十名士兵。

已是子夜,士兵们身着全套军装、打好绑腿,抱着空膛的步枪躺在床上。所有人全醒着,但都不说话,只有沉重的呼吸声此起彼伏。

白天,联络人邓玉麟当面通知,9日子夜12时,以南湖两声炮响为号,共进会、文学社的兄弟们同时发难。而第八营的任务至关重要,必须攻占楚望台军械库,分发弹药给起义的同志,然后打下中和门,迎接兄弟们进入武昌城。

"事成则卿,事不成则烹",生死一线,成败一举。所有人都心脏狂跳,竖着耳朵等待信号。外面传来的任何响动,都会带动翻身的窸窣响动。但炮声,始终没有响起。

12点，1点，2点……营房里又闷又热，空气如凝固一般。他们只觉得呼吸越来越重，汗珠从额头、脖子滑落，枕头和衣领又冰又黏，和湿透了的军装一起贴在身上，难受无比。

北京、广州、上海、成都、重庆和武昌，10月9日这一夜，古老的中国仍然一片死寂。

## 永　恒

我们其实并不了解这个世界。在喧嚣声中，一群群的金融分析师、政治评论员以及算命先生，给出各种预言，这些预言让我们感觉"一切尽在掌握之中"。但我们其实并不完全理解这个世界。

我们听到的，只是千万分之一的嗷叫和喧嚣，而不理解那些沉默的大多数。他们怎么想的？他们会做出什么选择？

我们对沉默的大多数一无所知，而正是这些人，把瞬间变成永恒。

10月10日凌晨，前一日晚上被俘的三位武昌起义领导人已经被审讯多时。

彭楚藩朗声说道："我就是革命党！"第一个被杀。

刘复基怒骂："好汉做事好汉当，今日的炸弹，就是我放的。"旋即斩首示众。

杨洪胜此时已经身负重伤，说道："只管杀，我只怕你们也有一日。"英勇就义。

到了早晨7点，除了趁乱跑走的孙武之外，革命党三位首领全部牺牲，没有一个人说出起义的具体计划。他们的头颅被当街示众，被杀的消息瞬间传遍武昌城。

而接到铁忠汇报，拿到了革命党花名册的瑞澂，心下大慰，但是拿花名册上的人怎么办，瑞澂倒是没想好。

其实不外乎两条，"抚"或者"剿"。

"抚"的话，曹阿瞒给出了标准答案。官渡之战前，曹操手下很多人觉得这个老板输定了，暗戳戳和对面的袁绍私通款曲。险胜之后，曹操一把火烧了从袁绍营中找到的书信。意思就是：当年袁绍势大，我自己都不确定这场仗是否能打赢，何况诸公。现在既然赢了，那我销毁证据，既往不咎，大家重新开始。

从历史的角度来说，这种稳定军心的搞法算是基本操作了。光武帝刘秀打赢了王郎，烧信；恺撒打赢了庞培，烧信；朱棣打赢了建文帝，烧信；奥古斯都打赢了马克·安东尼，还是烧信。罗马后期皇帝换得勤快，稍微有点权力的将军底子都不干净，以至于"换了皇帝之后烧文件"这种操作成了一种政治传统。

至于"剿"，那案例就更多了。

随便举一个近代的，希特勒要清洗尾大不掉的冲锋队，就采用了"剿"这个标准操作。先是迅速枪毙冲锋队队长罗姆和几位核心领导，之后封锁消息、全城戒严，以党卫队和国防军为执行者，解除冲锋队武装，分区分块全面清洗。

一夜之间，显赫无比的冲锋队被打扫殆尽，史称"长刀之夜"。可以说是行动果断、手法娴熟，得到古今中外独裁者的一致好评。

而以瑞澂当时在武昌的局势来说，要"抚"：革命党基本全是中下层士兵，分散在各支部队中，很难成建制发动；一纸通告，说首领已死，朝廷既往不咎，大家继续当兵吃粮，这次起义很可能就这么无声无息地流产了。要"剿"：匪首业已伏诛，革命党缺乏弹药，全城戒严本来就在实行中，总督大人手上有教练队、宪兵队、旗兵营等明显忠于朝廷的成建制力量，对比严重缺乏指挥的革命党，优势相当明显；如果按照"内部清洗标准指南"来操作，恐怕义士们要被一网打尽。

彭楚藩

刘复基

杨洪胜

那么请问总督大人在"抚"和"剿"之间是如何选择的呢？

10月10日早晨7点，在杀了三位革命首领、搜出革命党花名册之后，瑞澂大人以迅雷不及掩耳之势——给领导打了一封电报邀功。

"所幸发觉在先，得以即时扑灭……俾得弥患于初萌，定乱于俄顷……张彪、铁忠、王履康、齐耀珊各员……无比忠诚奋发，迅赴事机。"

紫禁城好评一片。从电报里的人名来看，瑞总邀功不忘提携下属，果然够厚道，是个值得跟的好领导，唯一的问题是：这里不是办公室。

熟练发完电报之后，或剿或抚，瑞澂还是拿不定主意。剿，报告里都说了已经扑灭，万一真剿出兵变来怎么交代；抚，万一朝廷说我对逆贼怀柔，执行不坚决那又怎么办？

虽然史书没有记载他的心路历程，但对职业官僚来说，这时候最稳妥的安排通常是："听领导安排"，等一等紫禁城的口风再说。10月10日这关键的一天，瑞澂犹豫不决，只是叮嘱严加戒备，收缴军营弹药，存放于楚望台军械库，叮嘱军械库管带李克果严加看管，万万小心。

而此时的总督府外，已是满城风雨。

既然管理层不出明确告示，那底层员工自然就是一阵乱猜，有的说"瑞澂宅心仁厚，不准备扩大，各位可以相安无事"；有的说，"革命花名册已经被搜出，大家恐怕难逃一劫"。而流言蜚语的传播规律就跟现在的互联网一样，永远是最耸人听闻的那个传得最快。

没多久，湖北各营新军都听说了一个消息：铁忠已经搜出了革命党花名册，瑞澂为了邀功，马上就要全城搜捕。执行这事儿的军警逢迎上意，恐怕不仅仅是名册上的，凡跟革命党喝过酒、有交情的，统统都要株连……

三颗血淋淋的头颅就摆在城门口，人心惶惶。

武昌城一时间乌云密布，新军人心惶惶，在那一天，所有人心中都在回响着中华大地上每几百年就要问出的一句话：

公等遇雨，皆已失期，失期当斩。藉第令毋斩，而戍死者固十六七。且壮士不死即已，死即举大名耳，王侯将相，宁有种乎！

很多人心中有了答案——与其被朝廷的鹰犬追杀，不如奋起余勇，拼死一搏，打开一片新天地。

10月10日，中和门外的工程八营，在总代表熊秉坤的组织下，革命党找出100发子弹。准备在当天下午3点的常规操练上，以三声枪响为号，一起发难。

下午1点，士兵们手心冒汗，凝神屏气，准备大干一场，却突然传来消息，当天的常规操练取消，所有士兵在营房等待点名，计划再次流产。不得已，改为当晚7点，长官点名之后行动，再次以枪声为号。

6小时，大家还要等待6小时。

当晚7点，武胜门外，另一支部队已经等不及了。第二十一混成协辎重队三棚，共进会（当时已经跟文学社合并）代表李鹏升认为形势已经到了不得不动的地步。

理智来说，大家前一晚枕戈待旦，但发动的炮声一直没有传来，恐怕原计划已经流产。现在又是全城戒严，和其他同志难通声息，单独发动，很可能独木难支，但是"起义亡，不起义亦亡，与其亡于不起义，不若乘机发难……纵事不成，亦了满腹之恨，或有九死一生之机也"。

当晚8点，武胜门外辎重队首先发动，李鹏升以点燃马房为号，一时间火光冲天。然而应者寥寥，起义只聚集了100多士兵，回看武昌城内，那里毫无响应，一片死寂。眼见成功无望，好不容易聚集的士兵纷纷散去，起义再次失败。

等待这些士兵的，恐怕将是一辈子亡命天涯的命运。然而他们不知道，距离此处6公里的武昌中和门外，工程八营里已经乱作一团。

当晚7点，夜间点名开始，工程八营二排排长陶启胜来营房巡查，看到士兵金兆龙武装齐备，正在擦枪，顿时火冒三丈，一巴掌甩过去，大喝："这么晚了还在擦枪，你想造反吗？"上前就要把他抓去军警处。双方一阵扭打，金兆龙不敌个头大的陶启胜，被压倒在地，他一边挣扎，一边大喊："此时仍不动手，待等何时？"

同袍程定国素与金兆龙交好，见此，倒转枪头，冲过去就是一枪托。陶启胜头破血流，大怒转身正要喝骂，人却僵住了，面前，是十几名士兵愤怒的目光。他心中大惧，向门外夺命跑去。"砰"的一声，一颗子弹穿腰而过，陶启胜扑倒在地，一声不吭，死了。

身后，程定国的枪口微微冒出一阵硝烟。

10月10日晚间8点，枪响了。

一瞬间，工程八营大乱。起义士兵的吼叫声、总代表的吹哨声、玻璃被砸

碎声……全营闹作一团。熊秉坤鸣起警笛，想要发动士兵集合起义，但人声鼎沸，应者寥寥。

几位官长试图镇压，一面开枪示警，一面大吼："造反可是要灭九族的啊，各位想想父母家小，千万不要糊涂送死啊。"

熊秉坤想要阻止，但苦于有枪无弹，只能从二楼砸下痰盂、椅子、花盆，现场碎片满地，混乱不堪。关键时刻，还有子弹的革命党踹开营门，举枪射击，打死督队官阮荣发、右队官黄坤荣，其余官长见势不妙，纷纷爬墙逃走。

起义士兵顺势占领营房，砸开营房弹仓。一阵翻箱倒柜，却发现原来存着的弹药踪影全无，库房里只有军刀十二柄。弹药被转移走了。

熊秉坤环顾四周，身边只有40来个坚定的兄弟，更多的士兵只是大声吆喝助威，却不敢上前加入。看看这几十号兄弟，上百发子弹，加上这十来把钢刀，再想想防卫森严的楚望台军械库，熊秉坤后背冷汗直流。

就在这时，有人远远跑来，一边拨开人群冲到他面前，一边大喊，叫声清清楚楚地传入所有士兵的耳朵：楚望台拿下了，楚望台拿下了，楚望台拿下了……

那些原本只是吆喝助威的士兵听到这个消息，不禁面面相觑。突然间，他们咆哮起来，冲出了营房。

天崩了。

原来，当天晚上8点，在楚望台军械库，管带李克果听到附近八营兵变的枪声，大惊失色，迅速召集士兵，晓以大义，命令大家万一哗变士兵攻来，务必奋力抵抗。共进会代表马荣乘机说，我们手头没有子弹，万一这伙"逆匪"袭来，拿什么还击？听到兄弟们如此忠勇可嘉，管带大人心中大慰，子弹？楚望台有的是！

他旋即下令打开库门，分发弹药。士兵很快装备齐全，荷枪实弹，转头就对着空中放了一排枪。

"原来，你们也是革命党……"

怎么办？跑呗。李管带转身、加速、翻墙，一气呵成，所有军官瞬间跑了个干净，武昌军火库就这样闹剧般地落入了革命党手中。

接到消息的熊秉坤，迅速带工程八营赶到楚望台，以此为中心，为加入者分发弹药。起义士兵逐渐增多，大家虽然群情激昂，但现场也是一片混乱。熊秉坤虽有革命精神，但毕竟只是个班长，没有指挥的经验和能力，于是现场推举队官吴兆麟为起义总指挥。

吴兆麟

吴兆麟，湖北参谋学堂毕业，为人沉着，素有谋略，在士兵中颇有声望。

既被推为指挥，他亦当仁不让，在手臂上缠上白布，巡查全场，效仿彭越，每到一处，就以临时总指挥的身份大声询问："今日起事，大家推举我为总指挥，你们愿不愿意？"士兵喊道"愿意！"

再问，"既然愿意，那就得听从指挥，违令者斩！大家同不同意？"士兵们又喊道"同意！"

"好！"吴兆麟最后大喊，"今日，本军改名为湖北革命军，作战目标是攻下总督府，完成武昌独立，今夜的口号是——同心协力！"部众欢呼雷动。

当晚十点半，湖北革命军发动，兵分几路，一边攻打中和门、接应各路兄弟，一边围攻总督府。此时，武昌城内外已是枪声大作，革命士兵纷纷举旗，三十标、测绘学堂、二十九标、四十标……大家心照不宣，遵守10月9日的原定计划，迅速向楚望台汇合。

最重要的是，城南的炮兵八标也成功发动。士兵拉出山炮，实弹发射，一时间地动山摇，八百壮士群起响应，在队官张文鼎、尚安邦、蔡德懋的指挥下，建制完整、指挥得当，由中和门外入城参战，迅速成为作战核心。

约2000名起义士兵在吴兆麟的总指挥下，猛攻总督府。所有人都明白一个道理——不拿下总督府，所有人死路一条。

严格来说，当天起义士兵虽然也不少，但还远远没到一呼百应的地步。武昌城内跟着吴兆麟的也就约3000人，而且中上级队官基本跑了个干净，部队严重缺乏前线指挥官。

瑞澂阵营则有教练队一营、马八标、部分辎重八营、宪兵队、旗兵营等成建制力量，以武举童生张彪为总指挥，总数也有3000多人。而且总督府坐落在武昌城西南角，两面是厚重的城墙，一面是第八镇司令部，只有正面是一条狭窄街道，两侧是衣服店、茶楼什么的，此处以四挺机枪防守，交叉火力之下，易守难攻。

这是决定命运的一夜。

对瑞澂来说，只要熬过这八个钟头，增援赶到，局势明朗，起义力量兵少将弱的情况就会暴露在眼前；对湖北革命军，如果这一夜不打下来，白天会无险可守，部队信心丧失，下一步很可能就是士兵脱队，甚至一哄而散。

晚上10点半，总督府围攻战开始。工程八营士兵为先锋，冲锋被打退；之后炮兵八标加入，以大炮猛轰，虽然夜色之下难以瞄准，但声势惊人；张彪退而防御总督衙大门，八营以敢死队冲锋，机枪轮番扫射之下，进攻再次受挫。

两次进攻失败，士兵伤亡惨重，开始有退缩之意，情急之下，排长蔡济民匍匐潜入总督府旁的乾记衣庄，以煤油点燃所存衣被，一时间火光冲天。炮八标旋即以火光为指引，再度射击，炮弹打入总督府内，炸烂大堂、账房。

身为大清戈什哈（满语侍卫的意思），总指挥张彪临危不惧，退守城楼，继续布防抵抗，双方僵持不下。不过，侍卫大人不知道的是，总督府内前方打成了一片，后方也吵成了一片。

亲信们围在瑞澂大人身边，有的说"逆匪"只不过虚张声势，大人一定要坚守阵地；有的说革命党声势浩大，再不走恐怕难逃一劫；有的说食君之禄、忠君之事，大清可待大人不薄啊；有

张彪

蔡济民

的说武昌恐怕要变天了,还是先躲到楚豫号炮舰上为妙……

七嘴八舌之下该听谁的呢?关键时刻,当然是听老婆的。廖克玉和母亲商量一番后,打定主意,母女二人把瑞澂拉进厢房,说道:"张师爷(指师爷张梅)只晓得精忠报国,不晓得随机应变……趁现在还能走,赶快逃出紫台衙门,到了楚豫号兵轮不是照样可以指挥吗!待在这里,与家眷在一起,你怎么指挥打仗啊!①"

这一番话既给了瑞大人尊严,又抓住了他内心深处的诉求,还顺便帮忙想出了给上级的解释,可进可退、有理有据。廖克玉三句话破坏了清兵指挥中枢,不愧是宋教仁说的"民国西施"。

当天晚上,总督大人炸出个墙洞,带着家眷一溜烟跑上楚豫号炮舰"继续指挥"去了。既然老板都跑了,那这仗还打给谁看啊?清兵军心涣散,张彪率残部渡江撤退。10月11日,湖北革命军激战一夜,攻下总督府。

清晨,一夜无眠的武昌百姓打开房门,向外张望。总督府一片安静,只偶尔传出些零星的枪响。在那里,曾经威严无比的深宅大院被烧得黑魆魆,仍然不时冒出些白烟,一群群士兵小跑着进进出出。

楼上,大清龙旗不见了踪影,取而代之的,是一面普通百姓从未见过的旗帜。红色为底,代表铁血革命;黑色九角星,代表天下九州;十八颗星,代表汉地十八省。

铁血十八星旗,第一次堂堂正正地飘扬在楚天之下。

10月10日一夜,永恒。

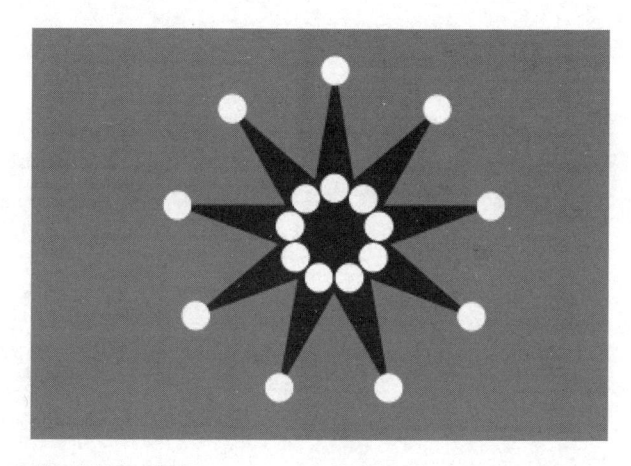

铁血十八星旗

---

① 辛亥革命后,廖克玉和瑞澂躲在上海滩哈同家里,也就是哈同花园(现在归入上海展览中心),再之后还做过上海市文史馆馆员。写了一些关于辛亥革命以及哈同夫妻的回忆录,本文中关于她在辛亥革命的作用主要出自其回忆录。

# 第三章

## 一个月

## 起义成功之后呢？

聊完了混乱而激动人心的一夜，我们继续回到技术分析的路线。

还记得在谈黄花岗起义时，我们反复说的一句话吗？广州起义的目标，不是靠着几百号人的敢死队推翻大清，而是指望能在广州城坚守至少一个月，让大家看出大清的虚弱，继而诱发连锁反应。

可惜起义连一天都没坚持住。

现在，坚守一个月的历史重任落在了武昌起义士兵头上，全国乃至全世界的目光都聚焦在武汉。几千号起义士兵，能抵挡住紫禁城的反扑吗？

应该说，命运让起义在武汉成功，对推翻大清而言，既有好处也有难处。

好的一面，武汉三镇，文在武昌、武在汉阳、财在汉口，可以说应有尽有。

武昌枪声一响，汉阳、汉口迅速响应。10月11日当晚，文学社就在汉阳组织起义，赶跑旗兵，占领汉阳兵工厂，获步枪7500支、子弹220万发、山炮56门、钢炮108门、其余钢材、铝锭无数。

汉阳既定，工人马上日夜开工，赶制军械，支援周边义军，枪支弹药算是基本解决。

同样是11日晚上，汉口革命军起义，一个晚上就控制了局势，当晚请汉口商会商议，出具了五条保护工商业的措施。商界人士也投桃报李，出面号召维持市面，愿意筹款以济军需。再加上总督府搜出来的库银，钱也不成问题。

至于人和，那就更不用说了，有人说武昌起义是意外的成功。显然立不住脚，革命并非买彩票，也不是开一炮就能解决的问题。10月10日当天能够攻下总督府，多少有点运气的成分，但这只不过是任务的开始。之后就是囤积军火、组织防御、联络各地、媒体宣传，没有任何一件事是靠运气可以搞定的。

湖北军政府成立之时，起义士兵不过4000人左右，很难应对清政府的反扑，招募士兵在所难免。结果，10月13日签发征兵令，一周不到，已有三万人报名，他们是贩夫走卒、平民百姓，这辈子连枪都没摸过，凭着一腔热血，纷纷签下生死状，奔赴战场。

同样积极响应的是湖北会党，在1911年，革命党和会党的分界远没有20年后那么清晰。革命党要斩鸡头、烧黄纸，结拜异姓兄弟；会党也会谈共和、说革命。往往脱了军装是会党，披上军装是起义士兵。

大家还记得谭嗣同的喋血兄弟吗？11年前，二哥唐才常自立军起义就是在湖北发难，虽然失败被杀，但基础还在，革命党和会党的联络从来没有间断。武昌起义发动后，湖北会党乘势而起，飞虎堂、万佛弥勒堂、哥老会、江湖会……纷纷和新军中有会党背景的士兵联合，攻击省城外围。

运气？运气只不过披着玫瑰色外衣的"必然"而已。

当然，在武汉起义的缺点其实也不少。

首先是交通太方便。武汉，九省通衢，兵家必争之地。顾祖禹在《读史方舆纪要》里说湖广（也就是湖南湖北）这个地方，"以天下言之，则重在襄阳；以东南言之，则重在武昌；以湖广言之，则重在荆州"，而"州控据三关，为全楚之襟要"。

从武汉顺汉江往西，是曾抵抗蒙古三十多年的"天下之重"襄阳；顺长江往南，是关二爷水淹七军的"湖广门户"荆州；沿着现在的G4京港澳高速往北，是扼守中原的"全楚之襟要"义阳三关（今属信阳），武胜关、九里关、平靖关，岳飞绍兴十年北伐，就是从这里出兵。

那么对应的，攻打武汉有四个方向，一是从隔壁的湖南进入；二是襄阳部队顺汉水而下；三是荆州军队沿长江往东；最后一个则是河北中央直属部队沿京汉铁路南下，过武胜关，到汉阳城下。

湖南的威胁是第一个被解除的，长沙本来就是革命党人聚集的地方，1906年同盟会花名册，湖南籍会员排名第二，仅次于广东，黄兴自己也是湖南长沙人。加上之前的长沙抢米风潮、湖南保路运动，清廷在这里的统治早就摇摇欲坠。

10月13日武汉光复，10月22日湖南新军就发动了。起义士兵平推到长沙城下，碰到受命前来阻止的巡防营，双方呵呵一笑，心照不宣，就这么兵不血刃地散步进了城。

巡抚余诚格也非常配合，一看苗头不对，瞬间想起自己的老祖宗，诚恳地大喊："兄弟们，我们可都是汉人啊！"然后白布亲书"大汉"两个字，高悬于衙门之上，所以毛教员回忆长沙起义当天说：

我靠了其中一个劳工的帮助，重新回到城中。然后站在一块高地上观战，直等到最后看到衙门上飘起了写着"汉"字的白旗。我回到自己的学校，那里已在军队的看守下了……

这个"汉"字，就是余大人写的。

接着，巡抚大人再接再厉，发挥晚清地方大员的传统技能，在后院挖了个洞，一溜烟跑了。长沙当天光复，之后迅速组织力量，北上协助湖北。而毛教员就是在这个时候加入了湖南新军。

湖南之后是荆州，10月18日，上游宜昌的湖北新军先行独立，并在11月份围攻旗军重兵把守的荆州城。一直打到12月9日，将军连魁投降。长江方向的威胁解除。

同样在11月，襄阳周边的新军马队起义，很快得到当地会党江湖会的大力支持，双方汇聚一处，共襄义举。毫无疑问，大清对襄阳这个天下重镇还是有深刻认识的，巡防营、清营、荆襄水师，杂七杂八加起来也有十来个营，可谓重兵把守。

结果，11月29日，枪声一响，兵备道（这是官名）喜源大人直接跑路，襄阳当天光复。

于是，最后就只剩下北方武胜关了。

应该说，蒋翊武、孙武他们的基本军事素养还是在的。当初筹划武昌起义的时候，大家就已经准备让驻扎河南信阳（就是刚才说义阳三关的那个信阳）的新军四十二标三营同时响应，攻占武胜关，阻止清兵南下。

负责该任务的是信阳本地人，蒋翊武的好兄弟，营代表刘化欧。作为铁杆革命党，刘化欧变卖田产，换来大洋360元，从日租界（大家回忆一下军火那一章）高价搞到一批手枪、炸药，可谓准备充分、势在必得。

结果，10月10日武昌起义发动时，最具有战略眼光的刘复基牺牲，首领蒋翊武出逃，现场乱作一团，别说远在信阳的刘化欧，连近在汉口的文学社都没通知到。

好在四十二标的文学社代表胡玉珍够机警，觉得事情不对劲，在12号派人打探消息，这才知道武昌起义已经成功。于是一方面开始筹划汉口起义，一方面紧急通知信阳新军。理论上来说，如果通知及时，刘化欧还有可能在清军赶到之前控制武胜关，以千余人的兵力阻止北洋军南下。

但从这里开始，革命党人的好运气算是用光了。送信的张怀德、叶庭槐两人因为胆小不敢坐火车，一路步行走小路，200多公里的路走了整整6天，直到18日才抵达信阳[①]。此时北洋军先头部队已经开到，这两位一看大兵压境，居然直接躲了起来，连营代表的面都没见到。

还是刘化欧自己注意到清兵的异常调动，觉察不对，预判武昌已经发动起义，在16号带着一帮新军、会党、铁路工人组成的队伍，在武胜关仓促起义。可时机已经错过，面对绝对优势的清军，武胜关起义失败，清廷占据关隘，迅速通过京汉铁路向湖南发兵。

这事儿有多严重呢？

大家还记得"我也是汉人"的湖南巡抚余诚格大人吗？余大人手下的军队一把手，是营提督黄忠浩大人。黄大人和那些只懂打打杀杀的士卒不同，他是文人出身做了武将，日常羽扇纶巾，号称"小诸葛"。在得知武昌起义之后，他第一反应就是派人去看武胜关的情况，并判断：如果革命军夺了武胜关，则天下有变，他就起兵响应共和；否则，反贼"恐事难成"，他就效仿曾国藩帮着朝廷平乱。结果大家也知道了，武胜关失守，黄大人因此奋起神威，要学习文正公力挽狂澜，博他个"千古第一完人"。

所以，武胜关是什么？在武昌突然反正，大家一脸懵、搞不清楚现场状况的时候，武胜关就是一面镜子。有人看出来大厦将倾，有人看出来火苗尚弱；有人看出来起义军指挥一团混乱、武汉易攻难守，恐怕不成气候；有人看出来革命危在旦夕，成败在此一举，湖北需要增援。

武胜关照出的不是现实，是自己。显然，黄大人就是看出了革命羸弱，照出了自己的投机属性。在顶头上司余大人举起"汉"旗直接开溜之时，他投下命运的一票，选择继续负隅顽抗。

应该说，黄大人对于革命军力量薄弱的判断还是正确的。后来大家反省武昌起义战略得失，有人提出为什么不北上攻取武胜关时，蒋翊武就说，当时武

---

① 此处参考的《辛亥革命史稿》。

胜关起义已经失败，武汉真正能打的就 4000 来人，新招的士兵连怎么射击都不知道，既要军队维持秩序、训练新兵，还得准备清军可能从各个方向来的反扑，湖北张彪的人马还未彻底消灭，在刘家庙虎视眈眈。这种形势下，怎么可能贸然北上。

不过革命军弱的确不假，但大清更弱啊。湖南义军随便打了一仗，黄大人的巡防营就溃散了，小诸葛站队失败，以斩首示众收场，实在让人唏嘘不已。

提督黄大人的选择，决定了他个人的命运，而大清和革命军的选择，决定的可就是国家的命运了。

# 紫禁城的"反扑"

1911 年 10 月 12 日，大清和湖北军政府都拿出本钱，推上了牌桌，大家看着自己手头的筹码，要决定中国的命运。双方赫然发现，虽然对方牌面不咋样，但是自己的底牌也好不到哪里去。情急之下，双方都开始了"手头有啥就用啥"的惯常操作。

先说说革命党的本钱，革命党这边，手头两张底牌：敢死队和黎元洪。

武昌光复后，湖北军政府很快就干了一件在教科书上被反复批判的事儿——找黎元洪这个旧官僚做首领（湖北革命军都督）。标准答案是，这体现了本次起义的"软弱性"。当然，这么说也没错，只不过把因果搞反了。

软弱、软弱，因软而弱，说得像是因为武昌起义首领们革命不彻底、意志太"软"，造成革命力量很"弱"。以至于很多人一边传着"从床底揪出黎元洪，逼着他当总督"的谣言，一边对革命党有那么点"恨铁不成钢"的意思。

事实上，黎菩萨[①]是 1883 届北洋水师学堂高材生，1894 年就以"广甲号"大管轮[②]的身份，参加了中日甲午海战。虽然战绩不佳，船长吴敬荣带头逃跑，

---

[①] 黎元洪因为对士兵比较好，人又胖，得了这么个外号。
[②] 副轮机长，黎元洪精通引擎，算是"理工男"。

但黎元洪本人带领士兵跳海逃避日寇，出生入死才获救，也是打过大仗、见过大场面的，怎么会如此不堪。

现实情况不是革命党"软弱"，而是"弱软"。弱软、弱软，因为"弱"，所以不得不"软"。

之前就说了，武汉有经验的士兵加起来也就是几千号人，中层军官跑了个干净，管事的都是排长、班长，革命热情有余、武器也还算凑合；但行政和军事经验等软实力都严重不足。

随便对比一下，34 年后的 1945 年，日本人一投降，中央就迅速组织了两万名干部北上。这两万人曾经在沦陷区斗智斗勇、出生入死，既有决心，也有经验，他们在东北迅速开展工作，组织政府、搭建了有效的管理体系，源源不断地为前线提供人力、物力。

比起每到一地就开始大捞特捞的国民党"党政接受委员会"，共产党一方面有强大的组织保证，另一方面还有"洋人"的支持（苏联当然也是洋人），软实力不知强了多少，当然有资格硬气。

而同样是革命力量，武昌起义军连作战管理体系都没搭建好；湖北清政府刚倒台，文学社和共进会的高层就开始互有龃龉，内部吵架不断。一片混乱中，凭什么"硬"起来？

所以，既然"弱"，那就得"软"，就得妥协。这种时候，手边有啥就得用啥，"活下去，像牲口一样活下去"才是第一要义。

那请问怎么样活下去呢？答案是市场学：大家都觉得你能活下去，你就能活下去。

就像创业公司刚开张的时候，账上没现金，供应商不敢给账期；产品不成熟，客户不愿等你升级迭代；管理混乱，技术人员不愿加入。想要活下去，在市场上掀起点波澜，让风投公司投资续命，常见做法就是拿出干股，找个大公司的 VP、CEO、COO、CTO……来给公司站台。

潜台词是——如果某某公司的高管都"放弃 X 万年薪加入"（从百万到千万不等），那你对我司的存活问题还有什么好担心的？

理解了这一点，你才能理解为啥革命党不依不饶地非得请黎元洪加入，实在是一步好棋——大公司资深副总裁站台了嘛。

效果也的确立竿见影，10 月 16 日，犹豫不决的黎元洪眼看武汉三镇迅速光复，起义势头不错后，终于下定决心剪掉辫子，剃了个大光头，参加了湖北军政府的黄帝祭天大典（注意，是黄帝，不是皇帝），公开为军政府站台，对稳定军心起到了极大作用。

而且，黎大人一旦下定决心，倒的确是意志坚定、全力以赴。现在看起来黎元洪当年是占了大便宜，可站在当年，革命党的前途倒也不完全是一片光明。

此时，清兵已经越过武胜关南下，革命军北上应敌，当时的武汉市民就说，军政府部队前一营步伐整齐，看起来像是练过的；后一营就是乱七八糟，颇有乌合之状。但看起来的确是"踊跃从事"，好像"不知前途之危险"。

10月18日，双方在刘家庙开战。革命军士气高昂、旗开得胜，获得"刘家庙大捷"。但很快，真实水平就暴露出来了。

10月22日，起义当天占领楚望台的徐少斌任前卫司令，率领敢死队进攻时犯了轻进的大忌，当场被马克沁机枪扫射而死；之后军政府改任原标统张景良为汉口指挥官，结果这厮却是个内奸，27日，仗打了一半，指挥官本人居然在后方弹药库放火，革命军大败。

作战间隙正在休息的士兵

湖北军政府把叛徒张景良枪毙后，改任士官生姜明经为总指挥。可姜明经听到北洋冯国璋来了，说"大局去矣"，甩手不干了；不得已，只好又让原清兵连长谢元恺顶上做临时总指挥，原连长蔡德懋任炮兵总指挥。

当天，蔡德懋转移炮兵阵地时被清军发现，北洋炮兵克虏伯75毫米野战炮群发，蔡德懋当场阵亡。次日，谢元恺率部冲锋，又陷入马克沁交叉火力，身中数弹，英勇就义，汉口前线几近崩溃。

克虏伯野战炮

也就是在这个时候，黄兴抵达武昌，竖起了"黄"字大旗，背负着湖北人民"力挽狂澜"的期待，主动请缨渡江指挥作战结果无力回天，撤回汉阳，汉口支撑了两周不到，终于失守。

在这种情况下，刚入伙的黎元洪没有像他老板瑞澂一样在后院打个洞，跑到军舰上"继续指挥"，而是坚守武昌，为黄兴助威，协调共进会、文学社、同盟会各松散会党之间的关系（当然，也顺便夺权）。再后来，汉阳城破，黄兴指挥失当，在一片骂声中离开武汉，冯国璋炮轰湖北军政府，起义军军心大乱，黎总坐镇城中，表示自己绝不离岗，并下令"今日之事，惟有与城共存亡，敢有倡言煽乱或临阵脱逃者，杀无赦"。

做到这个份上，算是很有职业素养了。

更何况，大家选黎元洪，本来就不是指望他的作战水平，而是冲着他背后的资源和人脉。之前说过，湖北军政府推上牌桌的本钱是敢死队加黎元洪。而基本盘，就是我们最敬佩的——敢死队。

他们是喋血轩辕的马荣、蔡德懋、谢元恺，是连枪都没摸过就兴高采烈冲向战场的武汉平民。当时报刊说，革命军"缺乏机枪和野炮"，但是"士气旺盛"。往往在战场上露出败局时，指挥官带头冲锋，以血肉之躯逼退清兵；而湖北人民"不知临火线之危"，跟着部队"拆铁路"，几欲"徒手助战"。

正是这些人，组成了革命军的脊梁。而后手，就是黎元洪所代表和熟悉的立宪派中坚力量。

黎菩萨通过参加"黄帝祭天"仪式，在一般民众心中帮起义军摆脱了"草寇"的帽子；他担任都督，给各地方实力派打造了一个"原来革命军也可以合作，没必要鱼死网破"的样板；他和列强的交涉，保护使馆，稳定治安，促成了各国使馆做出"严守中立"的决定；更重要的是，他利用自己在政府中的人脉，努力维持胜利的天平。

武昌起义第三天，北京派海军提督萨镇冰协统陆军镇压。萨镇冰的老领导，就是在甲午战争中自杀的丁汝昌；而他的学生，则是当年海战中跳舰逃生，擅长维修机轮的黎元洪。

大清水师抵达武昌后，还没开几炮，萨镇冰就收到了学生的来信，黎大帅非常坦率地承认，自己加入革命党是被逼的：

枪炮环列，万一不从，立即身首异处……吾师素知洪最谨厚，何敢仓促出此。

但同时也说自己：

今已视师八日，万众一心，同仇敌忾。昔武王云：纣有臣亿万，惟亿万心；予有臣三千，惟一心。今则一心之人，何止三万……谁非黄帝子孙，岂肯甘为满清作奴隶……洪有鉴于此，识事机大有可为，乃誓师宣言，矢志恢复汉土。

据送信的革命党人马俊超（也有说是黎玉山送的信）说，萨镇冰想了整整三小时，最后亲笔回复"彼此心照，各尽其职"。下舰时，马俊超看到炮衣（保护大炮的，开炮时要拆下）已经重新装上。

至少在坚守武汉的那几个月里，黎元洪不是个被供起来的菩萨，而是革命成功的利器。理解了黎元洪，才能理解革命党的"弱软"，也才能明白湖北军政府的本钱。

说完了革命党,那么紫禁城的底牌又是什么呢?北洋军。

从 1895 年袁世凯小站练兵开始,中央直属精锐已经扩展到了六万多人。北洋六镇(差不多就是六个师),全套普鲁士训练、装备,每镇每年耗费白银 150 万两,加起来就是接近 1000 万两,而大清年入也不过是 9000 万两而已,实在不折不扣的帝国柱石,兼财政吞金兽。

北洋军

食君之禄忠君之事,此时不用更待何时。可真正头疼的,是到底派谁带兵。监国摄政王载沣抬眼看看朝堂之上乌压压的大臣,头疼不免加重了几分。大军在外,宗室当然是政治上最可靠的,可天不降英才,爱新觉罗的后人,都没这个本事。

主动提出带兵的是载涛,不过他当年主要的军事经历是"考察欧洲陆军",不合适;良弼倒是不错,日本陆军士官学校毕业,以"知兵"闻名,但身为禁卫军协统,朝廷保命要紧,不敢外派;铁良是当年在慈禧太后的安排下和袁世凯争权的,有才能,但他曾经撺掇隆裕太后亲政,和摄政王载沣是死对头,更不合适。

来来回回,似乎只剩下荫昌一个人了。荫昌大人,京师同文馆德文专业毕业,据说成绩很一般。还记得之前说的,大清以德国为师、各种交流吗?荫昌就是在那个时候因缘际会,文科转理科,去了 Royal Prussian Main Cadet

Institute[①]。

在那里，他结交了人生两大贵人，德国克虏伯家族以及未来的德国皇帝威廉二世。所以，"外语一般"这个传说很可能是谣言。

可问题也出在这里，荫昌这辈子虽然都跟军队相关，但主要做的都是沟通、协调、外交斡旋等文职工作。比如从克虏伯家族采购军火；跟威廉二世的德国政府协商《辛丑条约》赔款；争取普鲁士的军事培训之类。之前提到，炸死革命军蔡德懋的克虏伯75毫米野战炮，很有可能是他采购到手的。

荫昌与胶澳总督都沛禄拍摄于青岛德国总督楼前

① 读者建议可以翻译成"皇普军校"。

所以，论沟通能力，他吹拉弹唱样样精通，真正做到了人见人爱；论资历，他是北洋三杰的大哥，王士珍、段祺瑞、冯国璋都是他举荐的；论地位，当年载沣刚上台，一度想要杀掉尾大不掉的袁世凯，又是他居中调解，袁世凯看到他都要叫一声"恩公"，真可谓是完美人选。

于是，内阁拍板，荫昌领军南下平叛。当然，大家也知道，荫大人有一个小小的缺点：从来没带过兵。那么请问真正带过兵的是谁呢？皇族内阁们你看看我，我看看你，大家心里门儿清。

能打的，自然是在河南钓鱼的团练系后人，袁世凯袁大人了。不过对于袁大人，大家也实在是意见不一。

内阁里，徐世昌是袁世凯的人，自然是极力赞成；那桐吃了袁世凯的大笔贿赂，也举手同意；奕劻吃得更多，心里自然是赞成袁世凯出山的，但他是个老官僚，领导不发话，坚决不站队；载洵、毓朗是宗社党，倒是算载沣的人，不过事出突然，也不敢强力反对。而各地"袁党"、督抚以事出紧急为由，敦请袁世凯出山的奏折也纷纷递上，当年把袁世凯赶回老家的摄政王载沣，头是越来越痛了。

与此同时，身在河南的袁大人倒是心情愉快。一眨眼，他"被生病、被离职"已经三年了。

第一年，袁世凯刚刚逃离杀身之祸，日夜谨小慎微，生怕吸引载沣的注意，连续一个月，几乎每次写信都要加一句：身家性命"皆出自天家所赐也"；遥想一年前的五十大寿，英国外交官说，当时"北京权贵无一不在……我认为没有任何一个中国官员过五十大寿时曾有过比这更盛大的祝寿场面"。而罢官后的五十一岁生日，他自论："虚抛岁月，何足云寿。"别说见客，连礼都不敢收。那种"我很乖，求放过"的态度简直写在了脑门上。

第二年，袁项城①心态平复，也不再焦虑掉脑袋了，慢慢敢于"以文会友"，聊聊故人、见见媒体了。一方面是所谓"卅年醒尘梦，半亩辟荒园"，意思是我现在是陶渊明了，每天种地，啥也不指望了；另一方面又说"漳洹犹觉浅，何处问江村"。你看，他这都嫌漳河、洹河太浅了，可不是还有想法嘛！当年，还给各大媒体透露了一张"蓑翁钓鱼"照，直接登上了清末"热搜"，媒体纷纷讨论：这到底啥意思，是从此要"独钓寒江雪"了呢，还是"姜太公钓鱼等

---

① 因为袁世凯是河南项城人，所以人们也称呼他袁项城。

周文王"，老骥伏枥志在千里呢？可以说仍旧是红透半边天的架势。

于是这年生日，袁府又恢复了车水马龙、宾客盈门的常态了。当然，以他的城府，大家一提起"出山"，回答自然是标准的连连否认，三天两头强调自己"早无复出山之念矣"。

等到第三年，时局混乱之下，他慢慢又从袁世凯恢复了几分当年袁大人的风采，开始搞社评了。评论上海金融风潮，安慰段祺瑞："义善源倒闭，金融界不无恐慌。贵署官款，当不至无著"；指点山东司法部门说："司法独立，各省诸待经营。"可以说，从金融、军事到外交谈了个遍。而且，袁大人也开始联络北洋旧部、朝廷权贵，代人求情之类的活儿也敢接了。

袁世凯"蓑翁钓鱼"

1911年10月11日，是罢官后的第三次寿宴。这一年，袁府似乎恢复了三年前五十大寿的光景。宾客比上一年更多，酒席比上一年更隆重。觥筹交错之下，袁大人突然听到了敲门声，那是命运的声音，它在暗中偷偷标好价格，然后赠送给袁大人一份当天最大的寿礼——武昌起义爆发的消息。

一时间，袁府罢宴，酒席变成了议事厅，大家议论纷纷。有的说机不可失、时不再来，袁大人此番务必抓住机会出山；有的说时机未到，万一叛乱被一鼓荡平，朝廷对袁大人岂不是又要弃之如敝屣，还不如等时局糜烂，再出山收拾河山。而在场代表北洋势力的段芝贵、倪嗣冲，则断言此番起用在即，袁大人务必再来带领我们。

袁世凯当时怎么说，我们不知道，但朝廷显然是等不起了，14日，上谕到达彰德，传旨重新起用袁世凯为湖广总督。

至此，革命党和大清，双方的筹码都堆上了台面，下注的时候到了。

宣统三年，十月十日、农历八月十九，辛亥年、戊戌月、癸丑日
宜：造畜棚、修路

忌：诸事不宜

值日星神：玄武、主凶①

10月10日，武昌起义爆发当天。

10月11日，朝廷得到武昌起义消息，迅速召集内阁会议——1天。

10月12日，上谕，荫昌带陆军两镇南下平叛，"所有湖北各军及赴援军队均归节制调遣"，但又没指名哪两镇；荫昌因此等军谘大臣载涛从天津返回商量，最终决定调用陆军第四镇；同日，汉阳、汉口起义，武汉全境光复——2天。

10月13日，黎元洪出任湖北军政府都督——3天。

10月14日，三军上谕发出，同一天，载沣屈服于压力，正式起用袁世凯为湖广总督，督办剿抚事宜，但又不愿给予全权，而是令他"会同调遣荫昌、萨镇冰"，所谓"一军两帅"，显然朝廷对他还是不够放心——4天。

10月15日，荫昌由北京前门西站专车出京，次日抵达彰德，专程拜访了袁世凯，聊完之后很兴奋，"蠢兹小丑，一旦而平"，看来革命党不过一盘散沙，这次配享太庙这事儿稳了。同日，袁世凯回复"衰病侵寻，入秋尤剧"，不愿出山，玩了一把耍大牌——5天。

10月16日，袁世凯只耍了24小时大牌，就马上从了，具折谢恩，同意出山，那些传闻他"运筹帷幄，早就算准朝廷没他不行"的，可以感受一下袁大人"时机万一错过，可能就要老死乡里"的迫切——6天。

10月17日，革命党人在武汉阅马场设坛祭天，黎元洪誓师共和；英德法俄日军舰云集武汉，但承认民军为交战团体，决定严守中立——7天。

10月18日，荫昌抵达信阳，专列里堆满了他喜欢的洋烟、洋酒、巧克力，开始准备设立司令部。与此同时，袁世凯上折子谢恩，同时提出了统一人、财、事等各种要求。毕竟此时不乘机要价，更待何时，万一武昌起义跟广州起义一样短命呢——8天。

10月19日，革命军刘家庙大捷，占领刘家庙车站，这下子大家全懵了，不是说好"一荡而平，配享太庙"吗，怎么战斗力这么强？荫昌秒怂，心理模式从"一荡而平"马上变成"殊深焦急"，紧急要求朝廷调用大炮；而袁大人

---

① 在广东湛江，这一天是祭先祖、"上刀山"的传统节日，汉子们赤脚登上三十六把钢刀列成的刀梯，寓意要上刀山、下火海，驱瘟断煞、破除恶鬼，祈求五谷丰登、国泰民安。

从"蠢兹小丑"变成了"不可小觑",建议荫昌"固收布局";南下大军一下子从"踊跃前进",变成了"迟迟不发"——9天。

朝廷一看,前线"迟迟不发"？9天了！起义已经9天了！你们只顾着要钱、要炮、要权,你们不知道革命这东西,不迅速镇压,会连锁反应的吗？

10月20日,盛宣怀致电袁世凯,提出可以"统一事权",但前提条件是袁世凯迅速南下赴鄂——10天。

10月21日,心急火燎的内阁终于内部达成一致,袁世凯全权负责平叛,此时,起义已经持续了——11天。

10月22日,荫昌终于来到了孝感,此时袁世凯已经获得全权,根本没有必要阻挠荫昌带兵,选择题是摆在荫大人的面前了：要保险,那就继续"固收布局",稳稳妥妥地等着军饷、大炮到了再打必胜的仗；但是要保大清,那就得听载沣的密电"急进攻,不宜观望",毕竟如直隶总督陈夔龙说的,"切肤之患,不在武汉,而在各省蔓延"。那么请问关键时刻,他是如何选择的呢？大家要知道,荫大人的军车专列,可是前后都装了火车头的。一旦战事不利,火车可以迅速向北"转进"。装两个火车头的荫大人,自然选的是稳妥的路子——12天。

就这么一直等到了27日,北洋军枪炮俱全,终于准备充分了,当日黎明下令进攻,革命军大败——17天。

10月28日,荫昌收到自己被调回后方的上谕,冯国璋接手前线,清军再次大胜；29日,黄兴赶到武昌,主动要求渡江参战,冯国璋火烧汉口,革命军再次大败；4天后,11月2日,汉口失陷,黄兴奉命回撤汉阳布防,武汉门户洞开,湖北军政府遭遇重大挫折。

23天过去了。

从10月10日的第一枪开始,到11月2日汉口失陷,这群人坚持的天数是——23天。

这23天,靠的是紫禁城的迟钝,靠的是起义军的英勇、领导层的智慧、民众的拥护……无论何种原因,最后,他们成功守住了起义的火种。而且,他们还没彻底失败,他们还在战斗,他们还将要经历惨痛的反攻汉口失败,经历无奈的汉阳保卫战,经历炮轰湖北军政府,但比起这23天来,这些已经没有那么重要了。

散场的音乐已被他们奏响,舞会即将结束。

武昌起义第 12 天，黄花岗烈士们曾经梦想的怒火燎原，开始了。

10 月 22 日，华中，湖南新军起义，长沙光复。

10 月 22 日，西北，陕西新军起义，哥老会配合，两日后，西安光复。

10 月 23 日，东南，江西九江新军起义，次日，九江独立。

10 月 29 日，华北，山西新军起义，30 日，太原光复。

10 月 30 日，西南，云南新军起义，次日，昆明光复。

10 月 30 日，南昌新军起义，次日，南昌光复。

11 月 3 日，华东，上海同盟会、光复会联合起义，次日，攻下江南制造局，上海光复。

11 月 4 日，华东，苏州、杭州同时宣布独立，浙江于次日光复。

11 月 5 日，华东，江苏新军携上海新军臂缠白布，列队入南京城，推举江苏巡抚程德全为江苏军政府都督，江苏光复。自黎元洪之后，程德全成为第二位全力与革命党合作的地方大员。

在汉口的枪炮声中，大清丢了半壁江山，这个时候，无论武汉的战斗怎么样，他们都已经胜利了。让我们听一听这些略显陌生的名字：

谢元恺，阳夏反击战率军反击，中弹身亡。

徐少斌，敢死队队长，冲锋时机枪扫射战死。

孟发臣、蔡德懋，领炮兵与北洋军对轰，被炸死。

马荣，率敢死队冲锋，力竭被俘，身遭酷刑而死。

还有赵承武、熊世藩、王家麟……

也让我们不要忘记，在汉口、汉阳保卫战中，殉国者有名有姓的，只有 32 人；而无名无姓的——4480 余人。

他们也许是辛亥革命的新军士兵，训练精良、意志坚定；也许是当场投军的平民，初次拿枪，甚至有些兴高采烈，浑不知战场的血腥残酷；他们甚至只是热心的市民，拿着铁锹斧头，要去挖开清兵南下的铁路……这些人无名无姓，他们永远埋在了宜昌。

1911 年 11 月 2 日，汉口失陷，但袁世凯并没有乘机攻打汉阳，而是以士兵疲惫、军需缺乏等理由布防江边，和黄兴隔江对峙。但到了这个时候，所有人心中都有了一个念头：这大清，恐怕是要亡了。

辛亥年，围绕着这只摇摇欲坠的巨兽，会党、洋人、新军、同盟会、团练系、立宪派……龙旗下的每一个人，都要做出命运的抉择，所有力量都将参与这场惊天动地的游戏，试图在新的权力拼图中找到自己的位置。武昌起义的三声枪响后，各种力量的巨大博弈，刚刚拉开真正的序幕。

# 第五篇 权力的游戏

1911年10月,武昌起义引发的革命烈火熊熊燃烧,短短一个月内,江苏、浙江、湖南、湖北、江西、山西、云南……纷纷宣告独立,大清统治摇摇欲坠。虽然发展的势头远超预期,然而这并不意味着全国光复已是探囊取物。

　　大家要有一个基本常识,无论我们内心深处有多么拥护共和,但革命在操作层面而言,仍然是一场权力的游戏。

# 第一章

## 权力游戏的两条规则

## 第一条规则

**权力游戏的第一条规则就是：权力的边界在力量的范围之内。**

11月，江苏、浙江、湖南、湖北、江西、山西、福建……这些离清朝统治核心较远的地区基本完成光复，长江以南连成一片，还剩下两江总督驻地、阻断长江上下、历代的天下要塞——南京。武昌起义一爆发，清廷就迅速把新军调出南京城，以清政府死忠张勋，统领江防营7000余人换防。11月8日，南京新军发动起义，因严重缺乏弹药，起义只坚持了一天就失败了，大清勉强保住了长江之上的势力范围。

而京畿要地，朝廷所在的直隶（差不多是河北、北京、天津）、龙兴之地东三省、满蒙联姻的蒙古，这些核心区域连成一片，形成了清朝最后的堡垒。当然，这堡垒也并没有看起来那么稳固。还记得盖世之杰吴禄贞吗？作为"抬营主义"的发明人，日本陆军士官学校第一期优秀毕业生，他此时已经贵为陆军第六镇统制、驻守保定，管辖区域基本上就是在北京的眼皮子底下了。

革命爆发后，山西阎锡山迅速独立。吴禄贞虽然有心起兵呼应，但始终不敢发动。

一来，他这个统制，是在身为清朝贵族的同学良弼[①]的推荐下行贿庆亲王奕劻得来的，自身就是朝廷平衡袁世凯势力的棋子，他的前任是袁世凯心腹段祺瑞，中下层官员都是北洋嫡系，军中还有负责监视的旗人部队"京旗一营"，他一个空降领导，根基不稳；二来，北京仍有忠于朝廷、旗人为主的第一镇，以及没能渗透的巡防营、旧军，实力并不弱。一旦攻击北京不利，北洋第三镇从关外南下，冯国璋从汉口北上，南北夹击，军心不稳的第六镇基本不是对手。

---

[①] 我第一篇第五章提醒过大家，记住这个名字。

不过机会很快来了，阎锡山起义成功后，山西和河北平原就隔了座太行山，对北京威胁太大。清廷迅速任命吴禄贞为署理山西巡抚，带领第六镇旗下第十二协西进，攻打山西门户娘子关。两军相接，这就给了他和山西新军串联的机会，假如双方合力，以革命新军裹挟摇摆的第六镇，值得放手一搏。

11月3日，吴禄贞出京来到保定；4日，扣下了朝廷运往汉口的军需物资，反势初现；6日，吴禄贞只身赴宴，和阎锡山在娘子关会面，约定和山西新军组成联军，以吴禄贞为"燕晋联军大将军"，会同驻守滦州的陆军第二十镇张绍曾（吴禄贞的同学），两面夹击，会师北京。

如若成功，则可以阻断在湖北督战的袁世凯和他的北洋势力，与南方革命军和气同声，全国光复指日可待。

然而，"权力的边界在力量的范围之内"。

南京虽然一时之间被清军守住，但革命党在南方经营多年，并不是一个"辫子军"就可以挡住的。11月11日，已经光复的江苏和浙江（当时江苏的省会在苏州）组成联军围攻南京；25日，对南京城的正面进攻展开；26日，完成合围；12月2日，南京光复，革命党拔掉了长江流域的最后一颗钉子，南方全面易帜。

同样的道理，在北方，清廷虽然狼狈不堪，但仍有偏安一隅的影响力。

毕竟"皇帝""皇恩"这种词儿现在听起来有点搞笑，但已流行了千年，在当时可是非常严肃的一件事儿。比如说，后来反对袁世凯复辟、当过民国大总统的冯国璋，在打下汉阳之后，被朝廷封了个"二等男爵"。他秘书恽宝惠就回忆说，冯秀才（冯国璋考上了秀才）接到电报的当时，激动地说："想不到我一个穷小子，现在也封了爵了！这实在天恩高厚，我一定要给朝廷出力报效。"说到动情之处，眼泪鼻涕流了一大把。

同样的故事也发生在河北，11月6日傍晚，在谈妥燕晋联军的计划后，吴禄贞返回保定召集中级以上军官开会，宣布革命，下令次日开赴北京，并分发白布臂带为号。结果当晚就发生了京旗一营兵变，吴禄贞被刺身亡。一代英雄，出师未捷就死于宵小之手，直击统治核心的努力彻底失败。

至此，武昌起义所带来的革命扩散告一段落，清廷与革命军从北往南，以太行山、长江、淮河一线开始了对峙，又回到中国几千年历史中经典的"南北对立"局势。

双方很快就发现，一时半会儿谁也吃不掉谁。朝廷就不用说了，虽然打下了汉口，但赋税重地江浙、京畿要害山西都丢了，手头那十来万北洋军，怎么看都不像能够"收复"江南的样子；而随着吴禄贞在河北遇害，河南起义失利，张作霖镇压东三省义军，民军也已经不太可能快速跨过长江。

最敏锐的那一批人迅速意识到，枪炮的战斗固然仍将继续，但谈判桌上的战斗已不可避免。11月30日，袁世凯密令刘承恩、蔡廷干渡江与黎元洪谈判，次日，双方在英租界顺昌洋行签订《武汉地区停战协定》，规定从12月3日到6日，南北双方停火三日；12月18日，北方唐绍仪、南方伍廷芳在上海南京路工部局市政厅会面，南北议和正式展开。

在度过了最初的震惊之后，中华大地上，乃至全世界都意识到，一个千载难逢的机会摆在了所有人面前，这是一块四万万人口、一千万平方公里的巨大蛋糕。权力将进行重组，利益会重新分配，每一个清醒的脑袋都开始掂量自身实力，试图分到最大的那一块。权力的游戏由此进入第二阶段——政治大博弈。

同样，我们再次强调一下教科书上不太提的。虽然我们都心系革命，推崇孙黄、厌恶袁世凯、反对西方在华势力，但对于一个好的玩家而言，情绪是手段而非目的。既然玩的是博弈（the game 也翻译成游戏）那就要遵循博弈的基本规则。

# 第二条规则

第二条规则：无论正义还是邪恶，力量就是力量，而那些对力量理解最深刻，对力量变化最敏感、自身策略最聪明的人，才能分到最大的蛋糕。

让我们最后一次回顾整个系列。我们从统治的核心开始，聊了庙堂之上汉臣的崛起；聊了江湖之远会党的盛行；我们看着革命党从"自留肝胆两昆仑"的谭嗣同，一直发展到屡败屡战、永不言弃的孙中山；我们更是看到了列强的进化和演变，从征服慢慢变成金融、财政、军事的隐秘侵蚀；看到了大清对世界变化的迟钝。

这些力量将在 1911 年互相博弈，共同改变中国。

革命党和会党席卷长江以南，自然是最重要的力量。同盟会的诉求是"五族共和"，这也没错，早在辛亥之前，刘揆一、黄兴他们就改成这个新的口号了，毕竟"驱除鞑虏，恢复中华"虽然宣传起来非常有鼓动性，可一旦革命成功，就很容易被利用了，总不能汉地十八省自己建国吧。

可理念虽然很好，但同盟会本身的问题并没有改变。一来，他们仍然没有一个牢固的核心，权力分散在各地分支和不同山头手中；二来，这群人长期是地下组织，几乎没什么组织政府的经验。更别说其中的会党力量，仍然懵懵懂懂，分不清"造反"和"革命"的区别。

清廷盘踞长江以北，虽然受到沉重打击，但实力尚在，北洋军仍然是中国当时最能打的部队，大清在北方仍然有不小的号召力。当然，大家也知道，虽说北京仍在维持大统，但权力的核心却在北洋袁世凯手上。

列强力量虎视眈眈，时刻注意自己的在华利益，简单来说就是赚钱和割地。虽然绝对人数不多，但太平天国的经验告诉我们，这群人往往能够决定斗争的胜败。而且，有一句说一句，从游戏的角度来说，列强博弈百年、在中国经营日久，无论从经验还是从基础来说，比起本地力量来都是不遑多让。

在这三方之外，则是社会"头面人物"，也就是教科书上说的"以小资产阶级、开明封建官僚阶级为主的立宪派"，他们最大的心愿就是局势"不可糜烂"。造反可以，但不要砸了家里的坛坛罐罐；有没有大清无所谓、谁在台上也不重要，继续过日子最重要。

所谓"党内无派，千奇百怪"。博弈核心能力的一条，就是从看似一整团的力量，也就是所谓的"党"中，找到不同诉求的"派"，而"派中有派"，水平更高的，还能从不同派系中再找到更细的派系加以利用。

革命党革命党，虽然是一党，但其实内部分成了不同山头，接受了进步思想、武力最强的新军是一股，江湖中的会党是一股，而并没有严密组织的先锋队"同盟会"又是一股。

再细看，新军的力量又分为不同派系，武昌有首义之功，希望能够分到更多的权力，可以说是一派；江浙联军实力最强，又是打过硬仗、拿下了南京的，自然也是不遑多让，成了一派。如果看得再细一点，武昌首义的新军，虽然统称为文学社，但其实又可分为文学社嫡系和后并入的共进会两派，起义名义上是文学社领导，实际上又是共进会的原班人马在组织，比如后来被袁世凯争取过去的孙武,就是共进会的首领。

江湖会党,有的是受过革命洗礼的,穿上军装就是新军,赞成共和,是革命重要的后备力量;但有的其实就是新时代的流寇,造反的目的是"大块吃肉、大口喝酒",反而是社会混乱之源。

而同盟会也不是铁板一块,孙中山和光复会的矛盾就不用说了,陈其美和陶成章在上海势如水火,即便是同盟会内部,宋教仁领导的"同盟会中部总会"专注长江流域,和以广东为根据地的同盟会本部就不是那么对付,广州起义之后就隐隐有独立的苗头。

当然,大家不要觉得革命党复杂,当年的所有玩家都是这么复杂。

北方朝廷,有的想要搞君主立宪;有的认为清帝一定得退位;有人觉得袁世凯该乘机篡位;有的呼吁学习他学曾国藩,平叛南方、立不世之功;有的嘴上说赞成君主立宪,其实是想要共和;有的鼓动爱新觉罗移居东北,其实是想搞割据。

而虎视眈眈的"西方列强",也各有所图。日本想要乘机在东三省搞事儿;俄国想要怂恿新疆独立;英国急需一个稳定的政府好保护他在中国的贷款和投资,扩大在华利益;美国想要趁机多卖点军火;日本刚刚经历了密谋刺杀天皇的"幸德事件"①,害怕中国的共和制会进一步动摇天皇体系,所以坚持中国应该君主立宪;美国认为增加一个"共和国"有利于他在东亚的话语权,所以赞成共和……

如果看得更细一点,还能发现,大派里还有小派、小派还有细派。

比如日本,辛亥革命一爆发,日本参谋本部就迅速展开行动,联系革命军领袖,提供援助和武器,甚至冒着外交风险,派出现役军官(如炮兵大尉丸山丰、后备步兵大尉金子新太郎)以个人身份参加武汉战斗,是不是看起来俨然"国际友人"?当然不是。

主导这个行动的是参谋本部第二部长,后来的陆军大将宇都宫太郎,毕生以分裂中国,鼓动满、蒙、云南独立为人生志向,所有动作的目标都是:协助革命军把清朝力量排出长江以北,按他《对中国私见》里的原话,要"严肃地实施计划,使其分裂为满汉两族的两个国家"。

不过宇都宫太郎虽然上蹿下跳非常积极,却并不代表日本官方政策。虽然

---

① 当时日本社会主义者和无政府主义者对抗独裁,思潮起伏,社会不安。

日本政府痴迷于"满蒙独立",但当年他们的首要判断却是"清政府能够迅速镇压"。于是日本的官方政策在于"维护中国君主"制度,甚至不惜得罪英国,允许清廷赊账购买武器(洽谈方就是我们熟悉的荫昌大人),甚至在南北议和期间,仍坚持中国应该"君主立宪",把当时正在努力调停冲突的英国人搞得非常窝火。

这还没算完,和二战前全民洗脑狂呼"板载"不同,当时的日本民间还多少有点独立思考能力,普遍是同情中国革命的。孙中山的老朋友梅屋庄吉就第一时间开始支援起义军,黑龙会创始人头山满还搞出"友邻会",发动日本浪人到中国参战,鼓动各种社团开始向政府请命,要求日本政府对中国革命保持中立。

宇都宫太郎

最感人的是我们的老熟人宫崎滔天,辛亥革命爆发时,他已经穷得连路费都出不起了,还是乡亲们借钱给他买的船票,辗转去武汉见黄兴。真是应了黄兴当年送他的诗:

独立苍茫自咏诗,
江湖侠气有谁知?
千金结客浑闲事,
一笑相逢在此时。

所以你看,光一个日本就分成各种不同力量。在那个天翻地覆的时刻,各种诉求和团体层出不穷,不同力量的表现也良莠不齐。动荡时期,表现得好,能巩固势力,给未来赢得一张入场券;而表现糟糕的,则只能黯然离场,从此相忘于江湖。

第一个巩固自己地盘的,无疑是大英帝国,其推进利益的桥头堡,就是我们重点描述的"大英帝国在华利益之基石"——中国海关。当然,大家也知道,虽然叫"中国"海关,但其实掌权的是英国总税务司,由其负责全国通商口岸海关运作,并定期将相应税款解交给大清各个度支部,换句话说,存入大清政府的银行账号。

10月10日夜间，武昌起义发动，次日早上6点40分，赫德的继任者、总税务司安格联就已经收到汉口税务司苏古墩（A. H. Sugden）的电报，说武昌失守，此时距离革命军攻下总督府才几个钟头，而紫禁城的皇亲国戚们还睡得正香呢，大家体会一下帝国在华根基之深。

安格联迅速行动，找到税务处帮办大臣胡惟德，以"确保关税不致为革命党用作军费"为理由，声明要把资金转入英国在汇丰银行的账号。同时，他马上和英国驻华大使朱尔典达成默契，决定以此为契机控制各口岸关税。

于是，在朱尔典声明"英国严守交战双方中立"的旗帜下，安格联威胁清政府，海关税收是用于大清向帝国支付赔款和债务之用，在混乱期间，必须由英国代为保管，以防到了革命党手上。清政府焦头烂额之下，生怕他倒向革命军一边，勉强同意。

之后，他又向革命军施压，"海关税收已抵押外债，为了避免与列强发生纠纷，最好暂时将税款交由总税务司或领事团保管"，并且说明清政府已经同意这个建议。言下之意，是对手已经开出价码了，你们这方就看着办吧。革命军看看港口的铁甲舰，望望对岸的清军，再想想自己手头那几杆枪，又担心英国人利益受损后拉偏架，也只好硬着头皮答应。

安格联一招借刀杀人，就坐收渔翁之利，海关税款就此进入英国人口袋。有多少钱呢？1911年是4000万两白银，之后一路爬升，到1921年，已经达到惊人的6000万两。所有税款直接由英国人征收、存入英国人的银行账户、由英国人进行分配，壮大了英国人在中国的金融力量。

安格联

而这笔巨款，除了偿还外债之外的剩余部分，被称作"关余"，也就是关税余额的意思。英国支持哪一股势力，就秉承"公平公正的原则"，把这笔钱交到哪一方手上，成了个左右中国政局的利器。这种事儿一直到1924年，广东革命政府在孙中山领导下发动"关余事件"，才终于拿回广东关余，而收回关税权，则要等到南京国民政府成立之后了。

回想50年前，太平天国起义，小刀会在上海发动策应。大清帝国的"好朋友"赫德趁时局混乱，号称为"维持稳定"，攫取了中国海关的收税权；50年后，继任者安格联继续保持"严格中立"，一举拿下财务权，把大英总税务司彻底变成一个国中之国。可谓步步为营，手段老辣，进一步巩固了自己的力量。

对比大英帝国娴熟的手法，这场游戏中，丢盔弃甲的则是会党。

武昌起义一声枪响，全国各地的会党纷纷响应。经常是省会城市由新军打下，地方则由会党响应起义推翻本地官员。比如湖南革命党领袖焦达峰，就积极联系萍浏醴一带的豪强。在新军控制了长沙以后，各地哥老会纷纷起事，其中衡山洪江会（哥老会派系，之前提到的马福益就是他们前任帮主）集合五千多人起义，攻下衡州、醴陵等地。

更厉害的是在陕西，当地同盟会力量相对薄弱，但哥老会力量遍布关中，到处都是"关中刀客"，他们拜兄弟、建堂口，彻底渗透了部队。当地谚语是"想当兵，拜仁兄"，这个"仁兄"就是哥老会。陕西光复，几乎可以说是哥老会的胜利。起义之后，革命军的军队指挥体系以哥老会的组织为原型，这样一来，领导权就落到了会党首领的手上，比如堂口大哥万炳南、张云山，就摇身一变，从"堂主"升级成了"都督"。

一时间，会党风起云涌，各地纷纷设堂口、招新人、发展下线，到处都是帮内兄弟。但问题也随之而来，还记得本书"江湖"这条线所说会党起义的诸多问题吗？这些头目的名字可以改成"都督"，但思维模式一时半会儿还是"堂主"的想法。起义一旦成功，很多帮内兄弟就从被压迫者，一跃成了压迫者，开始到处抢夺财物、掳掠女子，打着革命军政府的旗号收苛捐杂税、鱼肉乡里，甚至争抢地盘、互相火拼。毕竟对很多人而言，打下江山之后，可不就该坐江山了吗。

到1911年底，南北对峙基本确立，而会党乱象已经引起了其他玩家的公愤。革命党对他们的态度，也随之从"驱除鞑虏的助力"转变为"五族共和的阻碍"。维持秩序、恢复生产成为主流，南京临时政府颁布《维持地方治安临时军律文》，严重警告各地会党不得妨碍治安，按照孙中山的说法："人贵自重，须知国无法则不立，如其犯法，则政府不得不以法惩治之。惟自纳于范围之中，自免此祸……"

很快，各地军政府以维护治安的名义，开始镇压治下的会党势力，解散洪门、哥老会。比如江西军政府就发布了《解散洪江、三点、哥老会之布告》，李烈钧接任江西都督之后，更是强力取缔洪江会，处决引起极大民愤、已经和匪徒无异的首领彭木香、龙正文。对愿意改过自新的，整编入江西新军；对私设香堂的，则严厉禁绝。

乱世人命如草芥，风向既起，乘机铲除异己自然也成了寻常操作。像当初对革命作了不小贡献的洪门许雪秋、陈涌波、温阿拱，就被广东都督陈炯明以不肯解除武装为由乘机除掉，枭首示众。

回想我们故事的开头，庙堂之远、江湖之中，教门、会党以"王侯将相宁有种乎"为号召，造反造了一千多年。这一千多年来，他们是社会不安定因素，但也是推翻暴政的利器；他们是穷苦人民被逼无奈的反抗，也是底层好汉改变命运的阶梯。

1912年，这支在辛亥革命中立下赫赫战功的力量，作为一支独立政治势力，被彻底赶下了牌桌。1911年的风起云涌，也成了哥老会、洪门的绝响。他们很多人将从此重回地下，不再能呼风唤雨，那个"杀人放火受招安"的世界，再也回不去了。

当然，无论英国还是会党，都不是这场权力游戏的焦点。四万万同胞的目光，聚集在北方袁世凯、南方孙中山的身上，南北议和的结果，将决定这个古老国家的命运。

# 第二章

## "非袁不可"

现在大家说起这次议和的结果，总是扼腕长叹，感慨折腾了半天，最后居然是袁世凯当了民国总统。老实说，如果从纵观全球的角度来看，这结局实在不算差了，毕竟那可是民族主义流行、列强们弱肉强食的丛林时代。

几百年的时间里，多民族的大帝国一旦国力衰弱，几乎无一例外都被冲击得七零八落。最典型的就是奥斯曼帝国，当年号称"欧洲病夫"，和"东亚病夫"大清，一东一西，相互呼应。

就跟当年大清打遍东亚无敌手一样，奥斯曼帝国统治曾经横跨亚非欧大陆，治下一度包括阿拉伯半岛（中东地区）、北非（如埃及）、巴尔干（如希腊）和高加索（如阿塞拜疆）。

鼎盛时期奥斯曼帝国的面积达到 500 多万平方公里，海军称霸地中海，陆军直逼维也纳，可以说是军力强盛。

就这么个庞然大物，在近代被折腾得死去活来。巴尔干变成了火药桶，中东天天不太平，北非成了半独立……挣扎百年，终于在一战后分崩离析。而他们的世仇希腊人，一度打到现在的土耳其首都安卡拉。

等到凯末尔携军功推翻流传 600 多年的帝国，流放末代皇帝穆罕默德六世，创立土耳其共和国时，当年的 500 多万平方公里，已经只剩下了安纳托利亚的区区 78 万平方公里了。

土耳其并非孤例，同样受到民族主义暴击的还有神圣罗马帝国、西班牙殖民帝国（拉丁美洲独立）、墨西哥帝国、奥匈帝国、沙皇俄国……当然，最终民族主义也吞噬了大英帝国。

而大清，也是一个多民族国家。1636 年，皇太极在辽东的登基大典，就是满人代善、蒙古人额哲、汉人孔有德共同上表，敬上"宽温仁圣皇帝"的称号，国号从满族特色的"金"，成了中性的"大清"，从而走上了和明朝争夺"正统"的道路。换句话说，他们爱新觉罗家族，是满人的族长、蒙古的大汗、

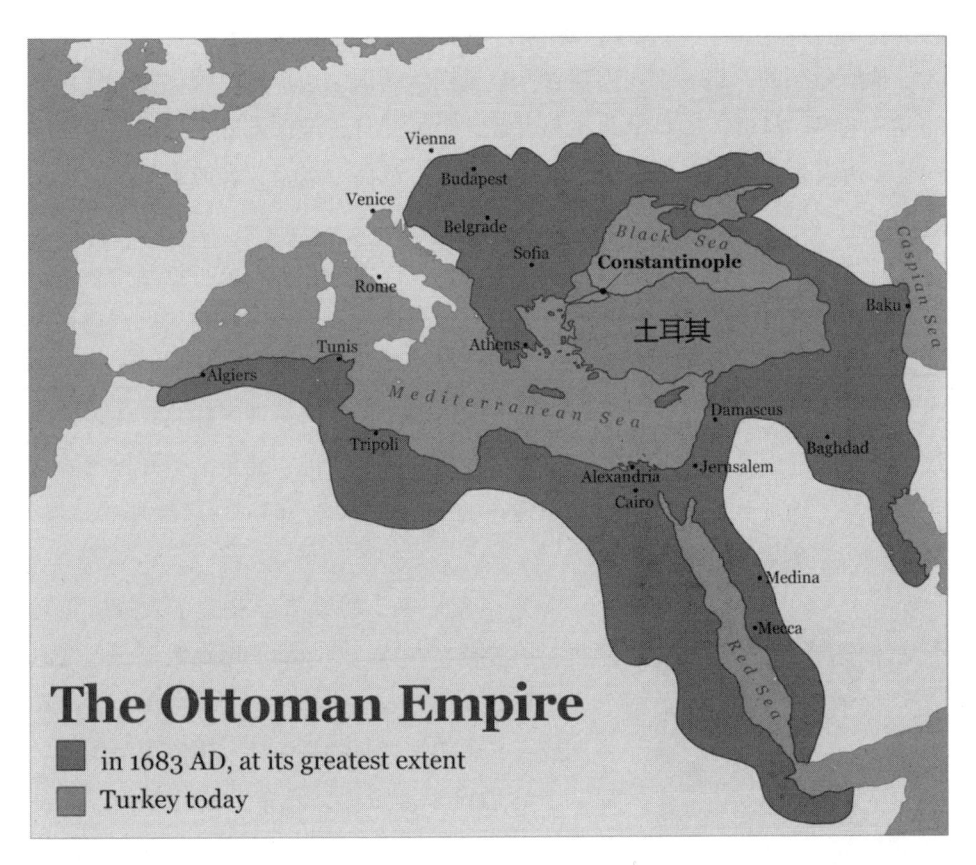

奥斯曼帝国和现代土耳其疆域对比

西藏的文殊菩萨转世、儒教的维护者……这些身份叠加在一起，最终形成了中国的皇帝。

## 群狼环伺

身处 1911 年，孙中山他们看到的是怎样一个世界呢？

第一次巴尔干战争让奥斯曼帝国丧失了在欧洲的大部分领土；俄罗斯通过蚕食，侵占了高加索；波斯尼亚民族主义者激烈反抗奥匈帝国的统治；英国打赢了漫长的布尔战争，虽然代价巨大，但仍然吞并了南非……

他所看到的，是一个弱肉强食、危机四伏、国家边界随时根据实力在调整的混乱世界。显然，一旦南北议和失败，全国开打，谁输谁赢不好说，但列强插手、边疆告急是跑不掉的了。事实上，辛亥革命一爆发，各股力量就已经纷纷下场。

日本浪人川岛浪速勾结日军参谋本部，拉拢善耆妹夫、蒙古贵族贡桑诺尔布，想拥立镶白旗肃亲王善耆①，推进"满蒙独立运动"；宇都宫太郎派遣嘉悦敏到云南、广西、贵州，拜会本地土司，想把这些地方与越南的河内（那时候叫东京）连成一片，建立一个类似于古南诏国的仆从国；俄国驻北京代表谢金致电外交大臣查诺夫，要求派遣驻扎尔肯部队占据宁远，甚至准备开始招募哥萨克骑兵，动员七河省（差不多是现在的哈萨克斯坦首都阿斯塔纳那些地方）部队……中国周围危机四伏。

川岛芳子

大家想象一下，假设清廷破罐子破摔、负隅顽抗，以善耆、载沣、赵尔巽为顾命大臣，退守东三省，提拔良弼、重用张作霖、策反冯国璋，倚靠俄国或者日本的力量封锁渤海湾、阻隔山海关。然后为了分散民军注意力，发布上谕，号召诸侯自治、列强勤王。那可真的是大局糜烂，能否仅仅战乱38年就统一，就是个未知数了。

所以，站在千年未有的大变局面前，孙中山他们的任务是什么呢？粗略来看，是"推翻大清"；但再细看，应该是"在保持国土完整、利益不受损的前提下，推翻大清"；而再准确点来说，则是"在保持国土完整、利益不受损的前提下，不仅要推翻大清，且要永久共和"。

毫无疑问，仅仅推翻爱新觉罗，很可能造个反就够了，但要完成"既要又要"的目标，仅靠武力就肯定做不到了。毕竟，无论我们多么强调革命的先进性、强调"民心向背"，一个在实践中简单粗暴的现实就是：政治博弈的结果，是各种力量交互的结果，而"民心"只是力量的一种，更何况这大部分"民心"都还没怎么搞明白什么是共和。

---

① 川岛芳子的爹就是善耆，义父是川岛速浪，老公就是妄图独立的蒙古贵族甘珠尔扎布。

谁能争取到这些不同力量的支持，谁才能左右游戏的进程，不管你是正义还是邪恶，也无论这力量是进步还是落后。

南北议和的过程，也是清末权力游戏中，顶级玩家的博弈过程，双方的行为逻辑都遵循权力游戏的基本规则：争取关键力量、整合重要力量、削弱反对力量。非常值得各位读者好好品味。

关键力量，就是那些手握最关键资源的人，是不可或缺的"关键合伙人"，对控制政权生死攸关，必须满足其核心利益，否则统治将不可持续。

重要力量，是那些能对结局产生一定影响的"有影响力者"，他们能够影响政治走向，并且有机会成为未来的"关键合伙人"，必须让他们围绕在你的周围，否则就要对其进行削弱。

而剩下的那些，叫作"名义参与者"，他们是如武汉市民一样的芸芸众生，在宣传的口号中，他们是国家的主人，是"民心向背"。但就跟上市大公司的散户一样，名义上来说是公司的主人，但如果缺乏组织和整合，那在股东大会里基本上说不上什么话。这种人还有一个更贴切的名字"可相互替代者"。

回到1911年的中国，谁是那些"关键力量"呢？

我们可悲地发现，其中一个正是大英帝国。

还记得天下篇和朝廷篇吗，虽然同胞们踊跃参军，但武器是在列强的手中，在英国马克沁公司手里；虽然我们勤劳善良，但中国政府几乎破产，短期而言，钱袋子只有靠海外贷款，而贷款在英国人主导的四国银行团、在汇丰银行手里；虽然民众站在正义的一边，但新政府的合法性却取决于国际社会的承认，而当年话语权最重的，仍然是大英帝国。

唐宁街10号虽然没有亲自下场，但身怀利器，在对峙双方势均力敌时，无疑能够拨动胜利的天平。

只有理解了这些，才能理解孙中山在武昌起义之后的一系列动作。

10月11日，远在美国、正在努力向华侨筹款的孙中山，在报纸上意外收到了武昌起义成功的消息，但他并没有急着回国，而是迅速开始了列强的游说之旅。毕竟打仗的事儿一直都是靠黄兴，他也帮不上什么忙，搞外交、筹资金才是他的主要任务。

找谁呢？孙中山判断，"革命立国之列强"美、法会支持革命，"君主制列强"之德、俄会反对革命；日本则是民间赞成、政府反对；而英国，对共和制还是君主立宪倾向性不强，一来，英国当前的重心是在欧洲压制崛起的德国、在印度抵制俄国的渗透，对中国领土的野心不大，是可以争取的力量；二来，英国实力够强，足以压制德、俄、日的野心。因此，英国是孙中山主攻的方向。

为此，孙中山设计了一条复杂的回国路线。先是取道华盛顿，想要和美国国务卿诺克斯秘密见面以获得支持。正如他判断，美国民间对中国革命持同情态度，《纽约时报》发表文章《中国起义背后的计划被揭露》，认为起义"并非零星爆发"，而是"一个由孙中山领导的最精明的中国进步人士团体，在过去三四年里秘密策划的组织的结果"，其目标是"建立共和国"。

当然，同情归同情，美国人当年在中国根基尚浅，还没搞清楚情况，甚至一度认为领导起义的孙武是孙文的弟弟。而在局面清晰之前，现实主义路线的政府也不可能急着表态，因此孙中山没能和美国搭上线。

11月2日，他先写信给英国的朋友、大家熟悉的荷马李提前安排，然后动身前往当时世界政治的中心，欧洲。

在伦敦，荷马李帮他牵线马克沁机枪制造商、维克斯公司总经理道森（Sir Trevor Dawson），以"未来中国总统"的身份商谈军火购买事宜；找到了四国银行团（美国花旗、英国汇丰、德国德华、法国东方汇理），希望他们停止对清贷款，并同时也阻止日本对大清的贷款。如果可能的话，他想以革命临时政府的身份从英国借款100万镑，并希望英国政府能够对革命给予"友谊与支援"。

之后，他又从伦敦前往巴黎，会见东方汇理银行经理，试图说服对方借款给革命临时政府；接受《巴黎日报》记者采访，争取舆论支持；拜会法国政要获得支持，忙得不可开交。

孙中山所不知道的是，远在北京，同样的游说也在紧锣密鼓地进行。

让我们先把时间拨回30年前，时年23岁的袁世凯首次以吴长庆幕僚的身份，前往朝鲜"平叛"。作为"朝贡体系"中最后的藩属国，虽然这种不合时宜的体系已经摇摇欲坠，但李鸿章仍在竭力维持天朝上国的颜面。

谁看这种关系最不顺眼呢？有三个：一个"欲征服中国，必先征服东北；欲征服东北，必先征服朝鲜"的日本；一个"吃下去的我打死也不吐出来"的俄国；以及一个不甘愿做"二等国家"的朝鲜自己。反倒是一直在中亚和俄国博弈的、倾向于限制日本扩张的英国，情愿朝鲜仍在中国掌握之中。

一代枭雄袁世凯，就在朝鲜这个小型国际战场中纵横捭阖、尽心尽力维护大清在朝利益，多次挫败日本和俄国的阴谋，让他们恨得牙根发痒。而与袁世凯打了诸多配合的，正是当时的英国驻中国领事朱尔典。

两位在对俄、对日的斗智斗勇中，结为好友。甲午战争爆发，日本大举进攻朝鲜后，意图乘机刺杀袁世凯，他还在朱尔典的帮助下跑到仁川，登舰回国，两人算是有过命的交情。之后，朱尔典成了驻华公使，袁世凯官运亨通，双方自然成了莫逆之交。

等到武昌起义爆发，朱尔典是列强中第一个意识到清朝即便镇压起义，恐怕也是前景暗淡的；在清廷重新启用袁世凯后，朱尔典在电报中汇报说：

朱尔典

"袁世凯已被任命为湖广总督……但满族统治集团显然害怕把便宜行事的权力交给他，而只是这种权力才使他能够迅速应对局势。"

由此，朱尔典极力游说奕劻，希望清廷给予袁世凯更大的权力。在密切关注全国起义情况之后，早在 10 月 30 日，朱尔典就得出结论："运动已发展到如此广阔的范围，对袁世凯这样一个具有实际见识的人来说，任何以武力镇压运动的企图大概不会具有很大的成功希望。在中国人民与清朝王朝之间，没有任何人能够比袁世凯更适于充当调停的角色。"

在这个时候，美国人还没搞明白啥情况，日本政府还忙着偷偷摸摸卖武器给大清，大家水平之差异可谓巨大。

同样行动迅速的是袁世凯，虽然他此时正在湖北孝感督军攻打武汉，军务繁忙、身份敏感，不可能直接去见朱尔典，但他派出了心腹中的心腹——亲儿子袁克定。

1911 年，袁克定好学不倦、学通中外，还会英、德等多种语言。武昌起义之后，时局乱作一团，袁克定帮助袁世凯稳定局势、打通关系、传递消息，甚至还成功笼络了一批革命党，其中就包括了大名鼎鼎的汪精卫。

由于后来汪精卫坚定支持袁世凯，一度有传言说他出狱后就和袁克定成了拜把子兄弟。

而所有任务中，最重要的事情之一，就是联络朱尔典。袁克定在一个月内,至少三次私会朱尔典,通报前线情况、传递朝廷消息、请教对局势的判断、打探列强态度、争取英国对父亲的支持,可谓功不可没。老袁看小袁,越看越有那么点司马懿看亲儿子司马师的意思。①

11月,在朱尔典的各种运作下,英国内阁外相格雷(Sir. Edward Grey)致电英国驻华领馆,说:

"我们对袁世凯怀有很友好的感情和敬意。我们希望看到,作为革命的一个结果,有一个强有力的政府……维持内部秩序和有利条件,并为革命后在华贸易获得发展创造有利环境。"

简单来说,无论最终是君主立宪制还是共和制,"维持中国的稳定,保护列强在华利益",已经成了英国的官方态度,而袁项城则被英国内定为支持的对象。

11月18日左右,格雷通过道森向孙中山透露,帝国政府认为,"中国似有一个立于革命反对面的良好人选,袁世凯,所有外国人以及反满团体都可能给予袁世凯总统职位——假如他能够驱逐满清并赞成共和。"

这句话,基本是给英国未来的国策定了一个基调,也是给孙中山的游说之行画了个句号。

这一个多月的活动,虽不能说一无所获,但也仅是聊胜于无。抱着两头下注的心态,列强对孙中山抱有"尊重并同情"的态度,毕竟未来如何谁也说不准,英国也很"鸡贼"地取消了各殖民地对他的驱逐令,算是国际社会承认了革命军的合法性;四

12月21日,孙中山途经香港时所摄②

---

① 司马懿造反,很多实际工作,比如三千死士之类的,都是司马师操作的。
② 12月21日,孙中山途径香港,在船中与友人合影留念。照片中的孙中山精神抖擞、踌躇满志。孙中山对这个照片很满意,特意将合影中的自己单独裁出洗印,并经常以此赠送友人。这张照片是他赠送给日本好友梅屋庄吉的,上面有他的亲笔签名和印章。

国银行也暗示不会贷款给清政府——虽说有没有孙中山的游说，这都是既定国策。

但在关键的革命军临时政府贷款问题上，所有财团都明确拒绝。

11月24日，孙中山振奋精神，从马赛登船，前往他为之奋斗一生的中国。此时，距离起义爆发已经一个多月。全国上下对于这段时间孙文去了哪里，百思不得其解。《申报》一度传言"孙汶向欧洲某国购定战舰十八艘……已将契约订妥"——这也正常，谁又不是缺什么就指望什么呢。

12月25日，海外流亡三十年的孙中山终于抵达上海。当记者追问他资金问题时，孙中山回答："予不名一钱也，所带回者，革命之精神耳！"大家想象一下这句豪言壮语背后的艰辛。

当然，感慨再多，要干的活儿也不会少了，无论是南、是北，整合各自的重要力量这件事，都迫在眉睫。

## 世受国恩袁大人

对于职业官僚袁世凯而言，这种整合力量的游戏可以说是得心应手。

现在史学家很难确定具体从什么时候开始，他的目标从"君主立宪制下的总理大臣"转为"共和制下的第一任总统"，毕竟他当时的正式身份是"平叛总司令"，合法性来自清廷，公开场面肯定得支持君主立宪。但不管是哪个目标，他的策略都是一样的：借平叛南方"叛军"，整合北方权力。

所以刚一出山，袁大人就向清廷索要400万两军费。清廷先是答应，毕竟在列强那里借钱几十年，业务往来已经非常熟悉了。结果，如之前所述，四国银行以"保持中立"为理由，拒绝借款。

北方财政由此迅速恶化，国库吃光，隆裕太后垫出私房钱120万两白银做军费，钱袋子也就到了袁世凯手中。11月1日，清廷解散"皇族内阁"，奕劻辞去内阁总理大臣职务，由袁世凯接任；22日，朝廷同意袁世凯"停止内奏事务"，意思就是不用汇报工作了，几千年的封建史，这还是头一遭。即便这样，他仍觉不够方便，因为谕旨还需要摄政王盖章。12月6日，太后懿旨，摄政王

载涛

向朝廷载沣开缺，不再干预朝政，这下子，朝廷连"附议权"都没了。

剩下要处理的，是那1.2万个拱卫京师，以满蒙为主的朝廷铁杆支持者——禁卫军。这可是摄政王载沣一手创建的精锐卫戍部队，装备18门克虏伯野战炮、30挺马克沁重机枪，可谓国之重器，大统领是二等镇国将军、三代钟郡王载涛。

外人看来，载涛大人的履历光鲜亮丽，留学法国索米尔骑兵学校、游历八国考察军事，妥妥的满蒙精英。不过在袁世凯这种和他天天混在一起的人看来，载涛大人是资深京剧票友、专业相马师以及终身花鸟爱好者。11月27日，新任总理大臣袁世凯上奏，大义凛然道："当此干戈扰攘之际，皇族必须亲自出征，以为各军表率……"。

袁世凯点名载涛应该南下平叛，资深京剧票友当时就怂了，辞去禁卫军职务，交出兵权，袁世凯趁机任命冯国璋为禁卫军统领。这一招可以说干得相当

1910年载涛在美国考察陆军

漂亮,还记得之前提到,冯国璋拿了个"二等男爵"后就对朝廷感激涕零吗?当时的冯秀才可是铁杆"君主立宪派",在前线拒不配合袁世凯的议和大计,一直坚持要拿下武昌。

这次调动,换了个主战派做禁卫军统领,朝廷可以接受;作为冯国璋的恩公,袁世凯可以对其施加压力;而前线换成了更听话的段祺瑞,是战是和如臂使指。

短短两个月,他就基本架空了紫禁城的行政权,一只手伸进了禁卫军,连隆裕身边的太监张兰德(也就是李莲英的接班人,俗称小德张)都拿了他的钱成为眼线,可以算是完成北方的初步整合。

而此时的南方,各种力量乱作一团。

南北对峙开始后,武汉民军以黎元洪的名义发起南方临时政府,遥奉孙中山为总统,黎元洪为内阁总理,黄兴为陆军部长;而江苏这边不甘人后,找出各省代表,搞出个临时议会。一时间,"政府在鄂,议会在沪",惹得武汉非常不满,通电要求上海革命党来汉开会。

一阵协商,最后在武汉英租界的顺昌洋行共聚一堂,以美国政体模式为范本,拟定了《临时政府组织大纲》。很快,江浙联军打下南京,武汉议会决定移师金陵、筹建政府。结果还没等动身,宋教

张兰德

仁、陈其美就已经以江浙联军的名义,组织没有去武汉的各省代表,推举黄兴为大元帅、黎元洪为副元帅。

武汉方面因此大怒,通电表示江浙代表不合法;光复会章太炎也当场抗议,表示绝不承认。而黄兴本来就希望由孙中山来坐这个位置,也通电要辞去大元帅的职位。

一时间,同盟会、光复会、武汉革命军、江浙革命军闹成了一团,各地"都督"林立,光一个浙江就十来个都督。还一度发生了沪军都督同盟会陈其美,诱杀镇江军政府参谋总长光复会陶骏保这种恶性事件。

当然,乱归乱,和谈还是有的。

12月8日,袁世凯约见各省在京代表,面对着忧心忡忡的官员,袁大人正义凛然,原话是:"君主制度,万万不可变更,本人世受国恩,不幸局势如此,

更当捐躯图报，只有维系君宪到底，不知其他。"[1] 在场官员无不心悦诚服。

当天，内阁宣布唐绍仪为北方全权代表；次日，南方十一省军政府选出伍廷芳为南方全权代表。10天之后，南北议和开始。

会议当天，唐绍仪坚持袁大人的精神，声称："君主制度，万万不可变更"；民军则坚持共和是底线，拍案痛斥袁世凯一边议和，一边攻打山西，双方吵得有来有往。不过，大家吵归吵，其实都默契地知道，谈判的真正地点不在工部局市政厅的谈判会场，而是在上海南阳路154号。

当年的南阳路居民非富即贵，有贝公馆[2]，有宋家花园[3]，而100多年前，这里还有一座叫"惜阴堂"的小洋楼，业主为人低调，大名赵凤昌。

有点社会经验的读者都知道，要做一个大项目，在会场上念幻灯片是没啥用的。这时候需要一些双方都熟悉和信任的人牵线搭桥；谈得不顺利了，也需要这些人出谋划策，请双方各退一步。这些人的公开身份不一而足，有的是和尚、道士，有的是江湖郎中，有的甚至是气功大师、捕蛇专家……

但无一例外，他们都是交游广泛、手眼通天、头脑活络、进退自如之人。在这些人家里，大家吃个饭、喝个酒，不方便公开的需求可以尽管提，不方便一起露面的可以在此处谈笑风生，两个对头吵起来了也没关系，反正他们总会居中撮合。

而万一要传出点什么不中听的，也随时可以矢口否认。

这些人，做小买卖的，叫作中介；做大生意的，叫作掮客；而做惊天动地的大项目的，我们给他一个光荣身份——"助产婆"。赵老爷，就是做惊天动地的大项目的。

赵凤昌，年幼家道中落，但坚持读书，后来成了一品大员张之洞的幕僚，几十年如一日地低调、勤敏、缜密，逐渐成为张大人的心腹，人称"一品夫人"，意思是他就像张之洞老婆一样贴心。因事被弹劾后，他蜗居上海、交游南北。在这里，他帮着张之洞购买军械、探听情报、推荐人才。

1900年，庚子国变，赵老爷子作为中间人，秘密约见"团练系"各路人马，协调张之洞、刘坤一、盛宣怀以及各国洋人，策划稳妥方案，成功完成了

---

[1] 摘选自《辛亥革命史料》，张国淦编著，大东图书公司，1980。
[2] 就是建筑大师贝聿铭父亲的房子。
[3] 就是宋氏三姐妹的祖宅，宋美龄和蒋介石的婚礼就在这里举行的。

他的第一个惊天大项目——东南互保。

11年后，袁世凯的心腹唐绍仪，在这里向南方各路人马透露了袁大人的真正意图——以推翻大清为筹码，换得袁大人成为民国第一任总统。南方立宪派代表张謇、旧官僚代表程德全表示赞同，这样就只差同盟会的首肯了。

为此，廖宇春在此密会革命党代表。廖宇春是段祺瑞的心腹，曾任保定姚村陆军小学堂监督（差不多就是校长的意思）；当时江苏革命军一等参谋朱葆诚是保定陆军军官学校毕业的；通过这层关系，廖宇春联系上了江浙联军总参谋、黄兴的好兄弟顾忠琛，双方秘密约定"先推覆清政府者为大总统"。

此时距离开谈不过两周，双方已经搭好了推翻大清的基本方案，赵老爷子真可谓孙中山说的"民国助产婆"。

会谈之后，双方大方向一致、宾主尽欢，各路人马开始落实细节。台面上的方案自然不能是"南方要求共和，我们准备请溥仪小朋友退位，来换取袁大人做总统"。要公开这么讲，那可就是代理人出卖甲方、换取竞争对手提供的私人利益，袁世凯当场就要被千刀万剐。

实际的说辞是：关于政体问题，南北双方争议很大，应该交由"国民会议公决"。然后私下里约定相互配合，由袁世凯在北方推动"以国民公决逼退位"这个方案。（类似于英国脱欧公投）。

赵凤昌

所以大家猜猜看，如果大清真的国民公决，那是"共和"概率大，还是老百姓同意"继续养个皇帝"机会大呢？

北方显然门儿清，上上下下轩然大波。皇亲国戚们自然不用说了，载沣邀请奕劻、载涛、铁良、良弼到家里开会，认为袁世凯"口中阳保皇室，腹内阴助民党"，其实就是意图篡位了。大家言谈间，已经有了杀机，互相约定，组成"君宪维持会"以反对共和，他们也就是后面的宗社党。

其他势力也是鼓噪不断，东三省代表王荫棠直接就说唐绍仪"一味顺从，形同卖国"，要"从严治罪，以肃人心而寒革胆"；陕西、甘肃、新疆联电，袁世凯如能"确定君主立宪政体，吾等自当唯命是从，倘力持共和，则某等虽至愚极弱，实万不敢随声附和。肝脑吾民，惟有联合同志之士，共图保境"。这已经是在威胁搞分裂了。

当然，最大的麻烦还是来自军方。北洋军首领现在个个都是方面大员，早就不是当年袁世凯手下的小弟了。北洋三杰，只有段祺瑞全力配合，冯国璋、王士珍都反对共和。冯国璋非要打下武昌，王士珍三天两头和良弼聚在一起，两人都是清廷争取的对象。

至于更为疏远的天津总兵张怀芝、两江总督张勋、奉军统制潘矩楹、奉军保安会张作霖，则已经蠢蠢欲动了。比如潘矩楹就威胁段祺瑞说："中国现势，万难民主共和，北省各军队皆赞成君主立宪，誓以武装解决，非达目的不止。"而且"已与津门张镇军电商办法，凡各省勤王之师，设总机关部于津，以期联络而筹进行"。①

也正是在这个风口上，一度有传言说太后懿旨，要赵尔巽组织新内阁，把袁世凯革职查办。

一时间，长江以北，战云密布。

相反，南方倒是开始逐渐稳定。25日，孙中山抵沪；26日，同盟会以为孙中山接风的名义，在哈同花园碰头。大家对于以孙中山为核心成立临时政府倒是没什么意见，但到底组建"内阁制"还是"总统制"争议很大。

我们补充个小知识点，当时法国处于"第三共和国"②，总统位置高权力轻，实权掌握在内阁总理手中，算是"内阁制"；而美国体制比较稳定，一直都是总统掌握军政大权，为三军统帅，属于"总统制"。

虽然之前武汉通过的《临时政府组织大纲》是总统制的，不过既然南方已经准备用"袁世凯担任总统"来换取"清帝退位"了，那宋教仁他们便提出改变国家制度为法国内阁制，并推举黄兴为内阁总理，以便在未来制衡袁世凯总统的权力。

席间马君武、张静江支持总统制；宋教仁、汪精卫支持内阁制，双方争了一个晚上。最后，黄兴主动表态支持总统制，由此一锤定音。

之后，为了改变革命党群龙无首的局面，也是为了给北方更大的压力，南方决定举行临时大总统选举会。注意，这是个过渡性质的"临时"大总统，毕

---

① 摘选自《辛亥革命史资料新编：第三卷》，章开沅、罗福惠、严昌洪编，湖北人民出版社，2006。

② 现在法国是第五共和国，由戴高乐于1958年创立，实行总统制。

竟总统一职之前已经许诺给袁世凯了。

12月29日，孙中山作为革命党的旗帜，以绝对优势当选为中华民国临时大总统。之后迅速开始整顿财政、恢复治安、鼓励工商业。而黄兴这个劳碌命，更是费尽周折，把乱七八糟的各种部队，整编成了二十一个师。

1911年末，在北方还在为"国民议会公决"要打要杀时，南方完成了政治力量的基本整合。

此时，最焦头烂额的应该就是袁世凯了。一方面，他被"保皇派"骂做反贼走狗；另一方面，南方选出了总统，虽说是"临时"的，那之前不能明言的"袁世凯为大总统"到底还算不算数？

当时《泰晤士报》驻北京记者莫理循就说："革命党人不信任袁世凯，认为他是清朝的支柱；满人也不信任他，认为他在策划倾覆清朝的阴谋。"袁世凯腹背受敌、狼狈不堪，英国公使朱尔典在元旦密电英国外交大臣格雷，也说袁世凯看上去"心力交瘁"。

1912年1月1日，中华民国宣告成立，当天，孙中山就职大总统。军舰鸣炮21响，南京民众欢声震天，晚上，孙中山在南京总统府宣誓，曰：

> 颠覆满洲专制政府，巩固中华民国，图谋民生幸福，此国民之公意。文实遵之，以忠于国，为众服务。至专制政府既倒，国内无变乱，民国卓立于世界，为列邦公认，斯时，文当解临时大总统之职。谨以此誓于国民。[①]

从1895年第一次广州起义，整整十七年，烈士们抛头颅、洒热血，终于换来了这一天。但是，清朝还没退位，中华大地仍然南北分裂。

**革命尚未成功，同志仍需努力。**

袁世凯很快开始动作。1月1日，唐绍仪内外交困，电报大清内阁请辞；1月2日，袁世凯通电伍廷芳，说唐绍仪"未与本大臣商明，遽行签订"，已经辞去北方议和全权代表的职位；同日，清军以南方选举临时大总统为由，声明不再遵守停战协定；同日，古北口提督姜桂题牵头，和冯国璋、张勋、张怀芝、张作霖等15名将领联名通电，说"革党坚持共和，我北方将士十余万人

---

[①] 出自现存中国国家博物馆的《临时大总统誓词》，https://www.chnmuseum.cn/zp/zpml/201812/t20181218_25819.shtml。

均主君宪……均主死战。"

不过这帮人嗓门儿虽然很大,但动作其实并不多。因为北京的清政府已经濒临破产了。在那个年头,大清的经济命脉,可都在洋人手中。而此时大清海关已经彻底成了洋人海关,南北双方都失去了最稳定的海关税收。此时唯一能指望的,只有列强借款。

大家还记得"创造西方"那一章说的吗?对当年的全球霸主英国来说,新时代殖民地的利益已经不仅仅在割地赔款,而在于对中国财富可持续地攫取。一个能够顺利过渡、可继续抽血的中国,好过一个南北混战、经济崩溃、无利可图的中国;更何况英国忙着在欧洲和德国人博弈,一旦开打,占最大便宜的无疑是占了地利之便的日、俄。

于是,英国人主导的四国银行团坚持:"不再提供更多贷款和支付款,直到中国有可信赖的政府。"南北政府都穷得叮当响。孙中山坐镇南京总统府,打开国库一看,白银3万两,别说全面北伐,连支付官僚工资都不够。临时政府只好向各地打秋风,还发行了一亿国债,年息八厘,一阵劝求,最后筹得多少呢? 500万元。

当然,这也不是孙中山一家的情况。袁世凯在紫禁城当家,到了1912

1934年的沈阳故宫大政殿

年，国库尚余白银 6 万两，正好是南方的两倍。官僚停薪，前线士兵欠饷，很多衙门因为太久没发薪，连人都跑光了。隆裕太后的内帑很快就被薅得一干二净，袁世凯急得七窍生烟，以至于上奏朝廷，申请把龙兴之地、沈阳故宫的大内瓷器卖了筹钱，由东三省赵尔巽具体操办，隆裕太后居然也同意了。

赵大人一阵盘点，说瓷器值不了几个钱，要不索性把祖传宝剑、绝版善本等的藏品一股脑儿全卖了，还尽职尽责地把宣传手册都做了出来。买家倒是有，法国富商闻着味道就上了门，赵尔巽陪着他看了一圈藏品，法国人表示很满意，开价 40 万两白银。没错，不是 400 万两，是 40 万两，纯属趁火打劫。

不过大家也别忙着嘲笑袁世凯，病急乱投医的不止他一个。孙中山为了筹款，一度想要以汉冶萍煤矿为抵押，找日本人借款。这事儿引起了轩然大波，各种报纸一通怒骂，孙中山只好紧急叫停。叫停归叫停，最紧急的问题还是没解决，黄兴 20 万大军在南京，一天有十几拨人来陆军部要钱，所有人都焦头烂额。

双方看看自己手里的资金，都觉得"议和"也勉强能接受，袁大人虽然演了一出"忠肝义胆"的大戏，但内心知道，议和才是他的唯一出路；孙中山虽然并不信任这个旧官僚，但也认可和平推翻大清，袁世凯是最佳人选——当年所谓的"非袁不可"，其实本质来说，是"非议和不可"。

于是，谈判继续。还记得一开始就说的，真正的谈判不在会场，而在赵老爷子家里吗？唐绍仪明面上虽然辞职，但还是天天在赵老爷子家里混着，和袁世凯的秘密沟通可从来没有断过。

孙中山很快就通过张謇和唐绍仪反复向袁世凯保证，黄兴的许诺不变；并通电袁世凯"如清帝实行退位，宣布共和，则临时政府决不食言，文即可正式宣布解职，以功以能，首推袁氏"。

孙中山的话袁世凯不一定相信，但张謇是他老师，袁世凯写信都是称其为"夫子先生"的，老师也代为解释，说临时大总统是"揆情度事，良非得已……因此怀疑，实未深悉苦衷……若因是再肇战祸，大局何堪设想。"

各种压力下，袁世凯逐渐释怀，谈判、整合等政治操作继续推进。

## "被逼"跳反袁大人

在收到南方的各种保证之后，袁世凯终于决心发挥善于权谋的优势，开始了各种操作。

一方面，在陪同奕劻会见日本公使伊集院彦吉和朱尔典时，继续声明坚持君主立宪制，这就是稳住自己的"甲方"；一方面，策划各方面向朝廷进言，什么上海商会、英国《泰晤士报》记者莫理循、英国驻华大使朱尔典，纷纷建议清帝退位，最离谱的是一直坚决反对共和的北京《官话报》，摇身一变，居然开始向朝廷普及路易十六因为不赞成共和，所以上了断头台的故事。法兰西革命真是全球皇帝的噩梦。

另一方面，袁世凯上奏以"臣等奉职无状，不能坚守告庙之信条，孚大信于全国"为理由辞职使出一招以退为进。

1月16日，万般无奈的隆裕太后召开御前会议，袁世凯总结了几条：第一，想打仗，但没钱了；第二，以前能靠洋人，现在洋人也想我们退位；第三，辽东回不去了，日本人俄国人都盯着（原话是：辽东已为强邻所虎视）；第四，就算勉强能打下几个省，人心已经散了；第五，我们这不叫亡国，情况不一样的（原话是：迥非历代亡国可比），而且现在退位还有优待政策，可万一打仗失败，那可是要布路易十六的后尘了（原话是：何至于路易之子孙，靡有孑遗也）。

隆裕太后性格软弱，被各路人马这么一吓，只好同意于次日召开皇族会议，讨论退位问题。

当天，面奏归来的袁世凯挨了革命党人张先培、黄之萌、杨禹昌的炸弹，虽然并未受伤，但次日就以此为借口不上朝了，一切以赵秉钧、梁士诒代为传达，算是罢工以示威。

1月17日，第二次御前会议召开，皇亲国戚们聚成一团。据恭亲王溥伟说，赵秉钧、梁士诒两人先是东扯西扯拉了许久家常，等终于开始谈正事了，两手一摊，说南方势大，我们也不知道该怎么办了，请今上圣裁，把溥伟气得跺脚。开了一天的会，什么也没定下来，只好后日继续。

19日，第三次御前会议，大家继续吵，还记得之前说的，良弼、载涛、溥伟他们搞的"君宪维持会"吗？现在，他们已经正式把自己叫作"宗社党"，坚决反对共和。当然，反对归反对，平叛的方法也是没有的。

以下对话可不是我编的，只不过翻译得简单一点，大家一起感受一下：

太后问：君主好还是共和好？

大家纷纷说：肯定是君主好，太后一定要坚持住，不要被人蒙骗。

太后问：那洋人肯帮忙了吗？

奕劻说：我已经想尽办法，洋人就是不肯帮忙。

太后问：我听说冯国璋讲他愿意去平乱？是不是真的？

溥伟说：是真的，冯国璋说只要三个月银饷，就能平定叛乱。（其实冯国璋那时候已经被袁世凯争取过去了。）

太后说：私房钱全拿出来了，我是真没钱了……

溥伟说：请太后拿点宫中器皿卖了做军费吧，就算钱不够，军人感激之下，肯定会效力的。

太后问：那万一打输了怎么办？岂不是连优待条件都没了？

溥伟说：不会的，不会的，只要我们亲贤人远奸佞，就一定能胜利（原话是：用贤斩佞，激励兵心，足可转危为安），请太后让我带兵，我要杀贼报国。

太后问载涛：你管陆军，我们的兵力到底怎么样？

载涛说：奴才没打过仗，不知道。（原话。）

溥伟听到这话，跪下磕头，大声说：太后不要怕，革命党不过是些年少无知之徒，南方已经民不聊生，北方还是歌舞升平。太后宅心仁厚、爱惜百姓，君主立宪，百姓肯定享福；如果共和，百姓可就受苦了。

孤儿寡母，一时悲上心头，忍不住伏案大哭起来，众人无计可施，皆默然不语。[1]

除了喊口号，一个解决的办法都找不出，开会开成这样，隆裕太后其实倾向于退位了。

---

[1] 这一段摘自溥伟的《让国御前会议日记》，他是亲历者，虽然可能有自我美化的嫌疑，但大体是符合当时实际情况的。

同日，袁世凯通过赵秉钧，向伍廷芳抛出了自己的方案：清帝退位，两日后南京临时政府解散，由他在天津设立临时统一政府。

意思就是朝廷固然没了，请南方革命政府也同时取消吧。袁大人的如意算盘，是借着逼大清退位的功劳，换取不受南方革命政府约束，在天津做开国元勋。袁大人恐怕是想多了，革命党是要缔造共和，让清廷退位是尽量减少国家灾难，不是给你袁世凯做嫁衣的。真按照他这个计划，那《中华民国临时约法》（以下称《临时约法》）还要不要遵守？共和还能不能保证？

此时，整合完毕的南方，已经在孙中山的领导下再次行动起来。1月11日，孙中山宣布自任北伐军总指挥，黄兴为陆军总参谋长，设六路大军，誓师北伐。此时谈判正酣，很多部队的想法是意思意思、以打促和就行了，不用拼命——除了姚雨平和蓝天蔚。

1月18日，姚雨平带领华侨赞助的八千南方子弟兵北伐，携带武器有：德国管退炮18门、炮弹1000余发、步枪子弹300万发。他们以胡汉民治下的广东财政为后盾，雄赳赳气昂昂，横渡万里长江。1月16日，蓝天蔚率三艘军舰抵达烟台，20日，沪军跟着登陆，革命军在烟台设立司令部，兵锋直指对面的东三省。

22日，时机成熟，孙中山通电全国，直接挑明了条件：

第一，清帝退位；第二，袁世凯宣布赞成共和；第三，清帝退位，我孙文马上辞职；第四，参议院选你袁世凯做总统；第五，袁世凯必须接受南方临时政府的宪法。

这下子，袁世凯以大清换总统的交易大白于天下，和稀泥不成，只能被迫亮牌。选大清还是选共和？袁大人左想想、右看看，终于还是选择了共和。

而宗社党们，决定选择大清。孙中山通电之后，宗社党迅速开始行动，既然全权大臣都背叛皇上，那就只有武力救驾了。之前说过，禁卫军的统领已经换成冯国璋，但铁良长期带兵、良弼曾为协统，两人在满蒙占多数的禁卫军中仍然极有影响力。

尤其是满族少壮翘楚良弼，他18岁拜于张之洞门下，终身视后者为偶像；22岁留学日本陆军士官学校，品学兼优，身为清朝黄胄，却和吴禄贞成为莫逆之交；回国后，历任保定陆军学堂校务、陆军部军学司司长、禁卫军训练大臣、陆军协统等关键职位。一生同情革命党，赞成君主立宪。沧海横流，这条清朝最后的好汉，决心死保社稷。

23日，宗社党以少壮派良弼为核心联络禁卫军的旧交人脉，准备以清君侧的名义推翻袁世凯，然后以赵尔巽出任内阁总理，请肃亲王善耆筹措军资，连同毓朗、载沣组阁；同时，联络陕西甘肃的总督长庚，请赵尔巽带东北兵入关勤王，善耆联络日本军部作为外援，铁良为大将军，和良弼领兵南下，与革命军决一死战。

战胜，则要求君主立宪；战败，则迁都热河，退保东北，联合蒙古贵族贡桑诺尔布伺机卷土重来。

一时间，京城人人自危。袁世凯躲到天津闭门不出，心腹蒋廷干准备辞职，《泰晤士报》说，满族士兵"宣称他们要战斗到底"，冯国璋努力安抚禁卫军，而城内一支原价45法郎的勃朗宁手枪已经被炒到了110两白银（差不多220法郎）。

紫禁城眼看就要酝酿一场新的大地震。不过，大家忘记革命三大法宝了吗？全国已经在宣传共和，南方正在起义的关头，而最后一个法宝就是——暗杀。

1月26日，吴禄贞挚友、刺客彭家珍穿上一套清军标统军服，伪装成良弼故交崇恭以靠近，两枚炸弹抛下，第一枚扔太远，没有命中；第二枚就近爆炸，彭家珍当场牺牲，良弼左腿被炸断，两天之后，伤重不治。《清史稿》载良弼临终前，良弼感叹道，彭家珍"奇男子，真知我者也"，又感叹："我本军人，死不足惜，其如宗社从兹灭亡何？"

彭家珍

果然，正如其所言，一度气势汹汹的宗社党被吓得作鸟兽散，溥伟、载涛、铁良纷纷离京避祸。所谓血荐轩辕，终归不过一句大话，两枚炸弹就逼出原形。想当年，努尔哈赤奋起于白山黑水之间，几代人刀口舔血，挣下这份家业，想不到约三百年后，堂堂爱新觉罗氏只留下良弼一个七尺男儿，实在让人感慨。

主战派一散伙，到了第五次御前会议，隆裕太后已经手足无措，加上袁世凯买通的太监张兰德（小德张）不停恫吓，她在面对国务大臣梁士诒的时候已经只会掩面哭泣：我母子二人的性命都在你们三人手中，你们回去后好好跟袁世凯说，务要保全我们母子二人性命！①

同日，袁世凯让梁士诒操纵，段祺瑞联合北洋将领46人通电要求共和，包括张勋、倪嗣冲、段芝贵等，还有几天前刚刚通电支持君主立宪的姜桂题。还记得我们开篇说的统治三大件：钱袋子、枪杆子和天命吗？钱袋子已空，枪杆子罢工，大清的天命，要绝了。

到了这个份上，王公大臣仍然只是唯唯诺诺，不肯担当"放弃社稷"的骂名。于是，革命军开始帮大家下决心了。

27日，北伐军姚雨平前部于安徽固镇和大清辫子军交火，大败悍将张勋，缴获大量物资。大家如果对这个"固镇"不熟悉的话，咱们换一个名字，固镇所在的市名叫作：蚌埠。36年后，把蒋委员长一路请到台湾的淮海战役，在国民党那边叫作：徐蚌会战，这个蚌就是蚌埠，乃南北之咽喉、兵家必争之地。

1月30日，第六次御前会议，众卿家继续装死不表态，再无指望的隆裕太后终于下定决心退位。原话是："尔等反复推求，迁延不定，疑义丛生……以后兹事，由我一人承担耳。"意思就是你们这帮人顾左右而言他，既给不出方案，也不愿承担责任，那么拍板投降这个罪责，只好由我这个女人家来承担了。

从10月10日武昌起义开始，整整5个月，清帝终于退位，从开始商议"是否共和"，改为讨论"清室退位待遇"。但故事还没完，大家还记得三个层次的目标吗？推翻大清仅仅是第一个，还得是在保持领土完整的前提下推翻大清；还得保证推翻了之后不会有第二个大清。

此刻，太后虽说已经下定决心，但一来不代表所有人都放弃抵抗了；二来到底如何退位，还是大有学问。

东三省，2月7日，赵尔巽一边围剿、残杀革命党；一边提出"维持大局"七条要求，包括"东三省人民得专备大清皇帝选充禁卫官兵；三年内在东三省官吏，自总督以下，中央不得任意易人；三年内东三省赋税、军队，不调拨他处之用"②；等等，明显是想打造独立王国，然后伺机而动。

陕西、甘肃，2月6日，总督长庚、升允已经听说朝廷有心退位，但仍然猛攻西安门户乾州城，以争取时间夺取四塞之地关中，准备在陕西奉迎溥仪。甘军

---

① 来自《醇亲王载沣日记》。
② 摘自骆宝善、刘路生的《袁世凯全集》。

从北塬进攻，先挖地道，被识破后又造云梯，接着又诈降哄骗，可谓机关算尽。好在民军张云山不动如山，以不满万人之众挡住进攻，人称"西北长城"。

徐州，辫子军张勋对北伐军进行反攻，重新夺回固镇。

京城，在朝廷中枢，禁卫军听到消息之后，鼓噪不已，隐隐有作乱的苗头。

而袁世凯重回"全权大臣"的位置后，面对南方革命政府，又开始了各种操作。2月8日，先是提出退位诏书上，清室不能说是"逊位"，而是要用"辞政"，啥叫辞政？君主立宪，皇帝不干政了，留着这个位置另做打算，算不算"辞政"？

然后又坚持政府所在地必须在北方；接着强调"切商统一办法"，意思就是怎么统一还得另说；2月9日，段祺瑞致电伍廷芳，再次提出"宣布共和之日，两方政府同时取消"。

所有这些操作，都指向一个核心——袁世凯希望能够切断和南方革命政府的所有关联，新起炉灶。

面对地方分裂势力，实事求是来讲，一旦袁大人下定决心做民国总统了，他那些对症下药的手段的确效率很高，这活儿孙中山他们也确实不太容易搞定。

东北，2月初，袁世凯调心腹张锡銮任奉天会办防务，威胁分化赵尔巽权力，毕竟张锡銮就是当年招降张作霖的人，算是他的恩公，据说张作霖还拜他做了"义父"；之后，又派段芝贵游说张作霖，据说带去了几万两银子，担保让他做东三省防务督办，于是几天前还在"宁死亦不屑为"的张作霖就赞成共和了。

针对赵尔巽身为清朝遗老的倚靠，还和日本人勾勾搭搭的问题，袁世凯又找到英国公使朱尔典、税务司安格联，由他们分别指示奉天领事和税务司，让他们告诫赵尔巽：如果采取单独行动，必将毫无所获；满洲的任何分裂活动，都会引起时局崩溃，算是直接表明了英国的态度。至于和英国目的相同、担心日俄干涉的美国，就更直接了，总领事特莱斯直接就对赵尔巽说：东三省与内地分离不啻为自杀。

英美两家洋人，力压日本，赵尔巽无奈承认共和，这就搞定了东北这个最大的隐患。

西北，乾州围攻虽然失败，但升允带着回部马安良的部队转而打下醴泉，围攻咸阳，继续威胁西安。即便2月12日清帝退位的诏书都发布了，他仗着西北是边陲之地、消息闭塞，仍然隐瞒事实，督促手下急攻。好在山西革命军粮饷都督马玉贵也是回民，利用同教关系，将清帝退位诏文送与马安良；袁世凯也请京中回教人士致函马部，同时派赵倜率毅军入陕西，马安良终于放弃战斗。升允回天无力，携军资跑路，陕甘由此局势渐稳。

京城，袁世凯着力拉拢冯国璋，让他安抚满蒙占多数的禁卫军。冯国璋不愧是老手，一招釜底抽薪，也不跟士兵扯什么共和不共和的，直接召集全军，站在桌子上，拍胸脯保证清室待遇一切从优，禁卫军俸饷足额，然后让众将士随便发问。

末了，冯国璋向全场士兵发誓，以身家性命担保所言不虚；并说无论自己调往任何处，都会以两名禁卫军相随，如若食言，他们可以随时射杀自己，他绝不报复。禁卫军当场选出福喜、德禄二人，给手枪一支、马一匹，随冯国璋左右。京城于是稳定。

至于盘踞徐州还不服气的张勋大帅，大家就看姚雨平的八千子弟兵的表现吧。2月3日，北伐军大破前锋倪嗣冲，轻松拿下固镇；4日，张勋以北洋第五镇四个营4000多人为主力，以山东巡防营1000余人为支援，还带了炮兵骑兵两队，以及本地驻军2000余名，于宿州和北伐军展开决战。结果，会战六小时，清军全面崩溃，死伤千余、被俘数百，张勋仓皇逃到徐州。

2月2日，蓝天蔚指挥北伐军第二路抢登辽东半岛花园口、貔子窝、安东；2月4日，清军试图反攻，大败；2月6日，北伐军占领东北重镇瓦房站；2月10日，占领庄河厅城，南方革命政府的一只脚，已经踏上了辽东半岛。

2月9日，张勋求和，双方条件谈不拢。11日，北伐军强攻徐州，清军再次溃败，徐州易手，张勋逃往山东。三场大战，北伐军阵亡总人数高达——61人。说好的北洋精锐呢？说好的世受皇恩呢？徐州陷落，北方门户大开，紫禁城的老爷们翻翻明史，赫然发现朱元璋北伐就是攻徐州、陷山东，从这里攻向元大都（也就是北京）的。

仗打成这个样子，已经不是北方接不接受退位的问题，而是南方还需不需要清廷退位的问题了。

2月12日，徐州失守，紫禁城也不纠结什么"辞政"还是"逊位"了。趁着《清室优待条件》还有效，突击发布了《清帝退位诏书》。从努尔哈赤建国起，存在296年的大清，就此落下帷幕。不管各方势力当初目的为何，但在共同的努

退位诏书

力和博弈之下，天佑中华，一个基本完整的中国，被移交给了四万万五族同胞。

忍不住抄录《清帝退位诏书》全文如下：

旨，朕钦奉隆裕皇太后懿旨：

前因民军起事，各省响应，九夏沸腾，生灵涂炭。特命袁世凯遣员与民军代表讨论大局，议开国会、公决政体。两月以来，尚无确当办法。南北睽隔，彼此相持。商辍于途，士露于野。徒以国体一日不决，故民生一日不安。今全国人民心理多倾向共和。南中各省，既倡议于前，北方诸将，亦主张于后。人心所向，天命可知。予亦何忍因一姓之尊荣，拂兆民之好恶。是用外观大势，内审舆情，特率皇帝将统治权公诸全国，定为共和立宪国体。近慰海内厌乱望治之心，远协古圣天下为公之义。

袁世凯前经资政院选举为总理大臣，当兹新旧代谢之际，宜有南北统一之方。即由袁世凯以全权组织临时共和政府，与民军协商统一办法。总期人民安堵，海宇乂安，仍合满、汉、蒙、回、藏五族完全领土为一大中华民国。予与皇帝得以退处宽闲，优游岁月，长受国民之优礼，亲见郅治之告成，岂不懿欤！钦此。

从公元前221年，嬴政称皇帝开始，整整2132年。在这整整2132年的时间里，中华大地上的皇帝，有时候是一个，有时候是一堆；这422位皇帝，有的英明、有的蠢弱、有的宅心仁厚、有的嗜杀成性，有的统一南北虽远必诛，有的偏安一隅但求活命。真是你方唱罢我登场，但不论生旦净末丑，皇帝从未缺席，磕头的命运似乎也永远不会缺席。

毛教员纵观二十四史洋洋4000万言，评价说：来来回回，不过是"帝王将相"四个字而已。而从1912年2月12日这一天开始，不再是这样了。中国，终于翻开了没有皇帝，也永远不需要皇帝的新篇章。

从此以后，我们听到的不再是明君与盛世、昏君与灾祸这种老调重弹，四万万国民，将要自己塑造自己的命运。

但是，革命尚未成功，同志仍需努力。

第三章

皇帝走了，民国来了

1912年，2月12日，清帝退位。

皇帝是没有了，四万万中国人算是自己成了"主人"。但"欲戴皇冠，必承其重"，争取到了权力，还得学习如何使用权力，这可不是一件容易的事。很多人都对"制度"有种迷之自信，总觉得制度到位，一切自然水到渠成，但天下事哪有这么容易。

大家回想一下"天下"那一篇，想想法国大革命之后巴黎大街上，以共和国之名砍下的人头，就知道"共和"这把利器也不是那么好驾驭的。关于如何利用争得的权力来掌握自己的命运这一点，中国才刚刚起步。

换句话说，"实行共和"是达成一致了，但关于如何共和，全国上下并无共识。这也难怪，共和不仅仅是一个名字，更是一门科学，它是一系列制度、理论和教育的综合，它甚至是一种全体国民的生活方式。但在1912年的那个十字路口，民国上下对如何"共和"的实践及理论储备都严重不足。

法国人有以《社会契约论》《论法的精神》为代表的启蒙运动；美国人起码还有个《联邦党人文集》；而1911年的中国，即便对共和理解较深的孙中山、梁启超，水平也就是"比较懂"而已。换句话说，皇帝是没有了，但对于怎么做一个公民、组建什么样的社会、立宪有什么学问……全国上下其实都没啥共识。

别说从"总督"摇身一变成了"都督"的旧官僚了，即便是立宪派和革命党，其实也是一直忙着搞起义，没怎么认真想过成功后该怎么办。

但对于同盟会而言，有一点还是明确的：要防止总统权力过大、警惕袁世凯独裁。

2月13日，孙中山如约提出辞职，并提出三项要求：

第一，临时政府地点设于南京；

第二，新总统亲到南京受任；

第三，新总统必须遵守临时政府的约法。

1912年2月15日，孙中山率众祭拜明孝陵

  按照他对秘书张量生的说法，这三项是"给袁世凯这孙悟空戴上金刚箍，使他不能随便作怪"。
  其中最重要的就是第三点"新总统必须遵守临时政府的约法"。为此，孙中山积极参与《临时约法》的起草，修改《临时政府组织大纲》，削减总统的权力，重新以内阁制代替总统制。
  同时，南京参议院也希望修改《临时约法》。当时的参议员普遍的心理是：既然总统都是参议院选出来的，那参议院再通过立法，限制一下总统的权力也未尝不可。更何况，从孙中山任临时大总统以来，总统府和参议院之间因为借款问题、起草宪法的归属权等问题纠纷不断，趁着修宪的机会，扩大一下参议院权力，也是题中应有之义。
  也就是说，面对"必须以民国总统职位为妥协，以换取民国统一"这个现实，南方希望采用以内阁制、扩大参议院权力等方式，形成对总统的束缚，以达到权力的平衡。

很快，全国上下对于定都北京还是南京，爆发了巨大争议，甚至南方内部也是意见不一，既有人觉得边疆不稳，需要"总统守国门"（中国边患一直在北方，首都北京靠近前线，有天子守国门的说法），也有人觉得袁世凯独裁之心不死，必须放到南京加以限制。

2月27日，蔡元培北上迎接"新科总统"南下就职。但袁世凯早有准备，两日之后就发生北京兵变，数千商铺被抢，列强迅速开始调兵，表示要介入。"求稳"的心态下，全国对总统"南下就职"的反对声也越来越大，甚至姚雨平都觉得定都北京也未尝不可。

3月6日，南京参议院最终同意袁世凯北京就职；10日，袁世凯在北京登上临时大总统宝座，宣誓拥护宪法，三道"紧箍咒"，只剩下最后一道了。

之后，双方对于内阁总理的人选，又有了一番争议。赵凤昌提议：袁世凯心腹唐绍仪加入同盟会，并出任第一届内阁总理[①]。双方由此达成一致。

同月，同盟会在孙中山主持下，改组为政党形式，开始公开行动，新政党继续秉承同盟会理念，确定了改武装斗争为议会斗争的方针，数月之内会员增加到十数万，遍布长江南北，成为当时中国第一大党。

3月13日，唐绍仪就任中华民国临时政府第一届内阁总理；26日，唐绍仪在孙中山主盟下，加入同盟会；29日，唐绍仪于南京组阁，内阁成员名单如下：

国务总理：唐绍仪（同盟会、袁系）

内务总长：赵秉钧（袁系）

外交总长：陆徵祥（袁系）

财政总长：熊希龄（立宪派）

陆军总长：段祺瑞（袁系）

海军总长：刘冠雄（袁系）；

司法总长：王宠惠（同盟会）

教育总长：蔡元培（同盟会）

农林总长：宋教仁（同盟会）

---

[①] 《赵凤昌藏札》，国家图书馆善本部编，国家图书馆出版社，2009。

工商总长：陈其美（同盟会）

交通总长：唐绍仪兼任

乍一看，同盟会成员占了一半，所以本届内阁，有"同盟会中心内阁"的说法。但细细看来，最关键的军事、财务、外交大权都在北洋系手中，的确又是个"北洋内阁"。

至此，民初第一轮政治斗争，基本算是尘埃落定。

对于这样的结果，孙中山不能说完全满意，但也算对未来有所期待。虽然定都南京的努力以失败告终，但共和的理念还在，对总统的限制还在；以同盟会的能力，他有信心在议会斗争中保持优势。《临时约法》将会是共和的最后堡垒。

然而，很多人当时就察觉到了这个堡垒并不如想象中那么坚固。

1912年3月11日，《临时约法》成型。当时英国驻南京领事、来自内阁制发源地的伟晋颂，在跟踪了宪法产生过程，读了终稿之后就说："临时约法中对总统、各部和参议院权力都规定得很不明确，将来很可能是经常产生争议的根源。"[1]

从今天法学界的角度来看，这部被寄予厚望的宪法有点不伦不类，到底是实行总统制、半总统制还是内阁制，学术上到现在还在吵个不休。

宪法规定了总统代表临时政府，总揽政务、公布法律等权力，是国家武装力量的首脑；同时也规定了对外宣战、任命国务员及外交大使、预算等诸多决策，都需要通过参议院批准。这就有那么点美国总统制的意思。

同时，又增设内阁（就是宪法上的国务院），并且赋予内阁总理（也就是宪法上的国务员）辅政权与副署权，要求临时大总统提出法律案、公布法律、发布命令时，内阁总理须副署之。也就是说，理论上来讲，总统除非拿到内阁总理的同意，否则啥都干不了，这就又是法国内阁制的意思。

接着又规定参议院对临时大总统、国务员分别拥有弹劾权和审判权，以及前面提到的各种批准权，同时规定，临时大总统没有解散议会的权力，隐隐有了国会才是最大权力机关的味道。

三种角色权责不清，尤其是内阁总理这个职位，权责设定非常模糊。往

---

[1]《英国蓝皮书有关辛亥革命资料选译》，胡滨译，中华书局，1980。

往是总统（比如袁世凯、黎元洪）认为内阁总理起到的是减轻总统行政负担的作用；而内阁总理（比如段祺瑞）自己却觉得，内阁制的存在说明总统才是虚职，总统的作用是协调内阁和参议院的矛盾，行政权在内阁总理手上。

整个民国，矛盾不断。

当然，不伦不类并不奇怪，形势比人强，约法本身就是为了尽快完成过渡阶段而仓促出台。美国人当初搞个宪法，从1786年9月提出意向，一年后完成草案，然后各州代表大辩论，吵得天昏地暗，一直吵到1789年3月才正式搞出了以宪法为行政框架的政府。历时接近三年，而此时还有两个州（北卡罗来纳和罗德岛）没有同意，还在搞各种修正案。

而民国从南方临时政府成立，到《临时约法》草案出台，花了多久呢？四个月不到。

之后的历史，也印证了伟晋颂的预言。各方势力对于如何解释这部法案，争议巨大。大家实行各项条文，发现漏洞颇多。宪法不成熟，成了政治不稳定的催化剂。即便把袁世凯统治的那几年去掉，民国政府从1916到1928这十二年时间里，也整整换了37届内阁，总理跟走马灯一样，最短的内阁只存在了两天，最长的一届，人称"政坛不倒翁"的靳云鹏内阁，也就勉强维系了17个月。

府院之争（也就是总统府和国务院、大总统和内阁总理的矛盾）更是诱发了各种"兵谏""军阀大战"的戏码。

当然，这也不是说民国政府后来的各种乱七八糟的事，都是因为当初《临时约法》没设计好。毕竟"制度只是一个中介变量，它能影响个体选择但不能决定它们。"①

"欲戴皇冠，必承其重"，所谓共和，先得有"共同的认知"，然后在同一框架下"竞争合作"，才能够达成共和。现在皇帝虽然没了，但是膝盖却还是那个膝盖旧的惯性还在；约法已经出台，但捍卫约法的枪杆子还是"竖起招兵旗，自有吃粮人"，那这共和就只能是个"口头共和"。

名字虽然从"大清"成了"民国"，但中国仍是那个"有枪便是草头王"的世界。军队既然是私人武装，内阁自然成了武力的附庸，成了"妾妇内

---

① 《理性选择与制度实施》，胡荣著，上海远东出版社，2001。

阁"①。而这部半成品宪法的模糊地带，也自然成了各股势力的趁手工具，无论哪一方都能找到有利于自己的空子，披着拥护《临时约法》的外衣"武装干政"。堂堂国家基石，沦为政争的工具。

不过，所有这些都是后见之明，在1912年的春天，没人会想到中国还得经历二次革命、袁世凯称帝、北伐、四一二反革命政变、抗战、内战……他们还想象不到之后几十年的混乱、痛苦和挣扎；他们所看到的，是《泰晤士报》所说的"一次伟大的妥协"，是"中国版的光荣革命"。

就让这备受苦难的四万万同胞喘口气吧。

在1912年的春天，政府平稳过渡，南北兵锋消弭，工商业去掉了限制，鞠躬代替了磕头。北京的黄包车师傅们仍搞不懂"总统"和"皇帝"有啥区别，冯国璋汉口大火的废墟还在微微冒着青烟，南京的大街上仍晃着散兵游勇，但空气中处处弥漫着乐观的味道，就让这四万万同胞，度过这个难得的太平年吧。

皇帝走了，民国来了。

1912年4月1日，孙中山在南京正式解除临时大总统职务，一个时代就此缓缓落下帷幕。

挂在他脸上的，或许有对未来的忧虑，但更多的，是对新世界的憧憬——整整17年，革命党人、中国人民惨烈的牺牲、困苦、失望、妥协和挣扎，终于换来了一个没有皇帝的世界。

民国，终于来了。

解职后的孙中山，慢慢减少过问政治。

1912年8月，他和黄兴北上会晤袁世凯。在北京，双方相谈甚欢，袁世凯拍着胸脯保证共和，而孙中山也对袁世凯多加赞誉，一切都如此美好。9月25日，孙、袁发表联合声明，提出全国去军事化、开放外国资本、稳定政局、发展实业。

从此，孙中山的身份就从"乱党""前临时大总统"，变成了"铁路督办"、中国铁路总公司总理。之后，他游历日本、引荐外资，专职筹建全国铁路。吴稚晖后来说，那时候的孙中山"总是把地图摊满一地，自己伏在地图上，拿着

---

① 当时北京的社论，嘲笑内阁的尴尬地位。

铅笔东画西画，凡是铁路工程的图书，每间屋里都堆着"。[①]

孙中山演讲里说，自己亲眼所见，加拿大招募数万华工修筑铁路（其实是1.2万名），数千名华工埋身落基山脉（死了至少5000多个华人），换得了横贯东西的太平洋铁路。短短十年，加拿大铁路达到数万公里。我们就近招募工人，尽心建设国家，难道不应该比加拿大修得更多、建得更快吗？

这个46岁，胡子花白，从来没有系统学过工程的中年男人，就这样伏在地上，兴致勃勃地东画西画，仿佛在地图上看到了林立的烟囱、纵横的铁路，看到了巡弋的军舰、自信的国民；就像他在美国和加拿大亲眼看到的那样。

在他之后，黄兴也慢慢退出领袖舞台。

黄兴是清末第一劳碌命，南北议和后袁世凯让其留守南京，位高权轻，专门负责裁撤南方的几十万军队，还是不给裁军费的那种。这应该是当时全国最吃力不讨好的一个工作，二十多万革命军队聚在南京，既无粮也无饷，伙食从饭变成了粥，到后来，连粥都供应不上了。

论情理，这些人投身革命，理应获得安置；论现实，南北既然议和，也实在不需要那么多军队。如果黄兴是草寇，那解题的思路就是一路烧杀劫掠过去；如果他是军阀，那就是坐地起价，政府不给钱，就带军队北上武装讨薪。

可惜黄兴不是任何一种，他一心为国。那就只能各处筹钱，兼以大义感召，请士兵两手空空、自愿还乡。几个月下来，他累到吐血——不是形容词，是真的吐血，他后来也是死在积劳成疾引起的胃出血和肝硬化上，年仅42岁。

1912年6月，裁撤了近二十万士兵后，黄兴终于无官一身轻，回到故乡湖南，他在那里曾有祖产良田千亩、房屋百间，但早已为革命变卖殆尽。他抵达长沙那天，数万人欢迎义士返乡，学生们高歌：

晾秋时节黄花黄，<br>大好英雄返故乡。

---

[①] 出自尚明轩的《孙中山生平事业追忆录》，其中包括蒋梦麟、吴铁城、马湘等都提到了孙中山对地图和铁路的专注。也可以看2010年广东社会科学院出版的胡波《地图上的爱国者与强国梦——论孙中山的地图情结》。

一手缔造共和国，

洞庭衡岳生荣光。

唱歌的人中，有一位 19 岁高高瘦瘦的年轻人，他的名字叫毛泽东[①]。1912 年 10 月，这个一生为国，满门忠烈的天下豪杰，终于过了几天安生日子。

挂冠而去的，还有汪精卫。这位仪表堂堂的美男子，十数年来于南洋诸国演讲、筹款，奔走不休。在鱼龙混杂的革命军中，他戒烟戒酒、从不嫖娼，是个出了名的"道学先生"。南洋富商女陈璧君苦恋他多年，甚至在他因刺杀载沣而身陷囹圄、命不久矣之时，仍然不离不弃。汪精卫曾立誓"革命不成就不结婚"，现在，革命终于成功了。

1912 年 4 月，他去了槟城陈璧君老家提亲；5 月，二人在广州举行了婚礼。胡汉民证婚，何香凝是伴娘，革命党人济济一堂，既庆祝黄花岗起义一周年，也庆祝这对革命鸳鸯终成眷属。之后，汪精卫辞去一切职务，他说"革命成功了，应该让有学问的人去担任国家重任，我过去为革命没有读书，现在应该让我出国求学"。8 月，这对新婚夫妻漂洋过海，远赴法国攻读社会学。

南北议和之间，汪精卫竭力调停，坚决反对北伐，身为革命党人，却为袁世凯说尽了好话，被时人讥讽为"政治两栖动物"。现在，他身体力行，"不做官、不当议员"，不图名利、无可指摘。当时有社论说："论才，当属宋教仁；论德，当属汪精卫。"没有人能想到，这个人的名字将在 26 年后成为汉奸的代名词。

向使当初身便死，一生真伪复谁知？历史总是这样复杂难测。

留下干活的是宋教仁。这位民国政党运动第一高手，着手改组同盟会为国民党，转武装斗争为议会斗争，为保住革命果实而继续努力。

黄兴曾说："名不必自我成，功不必自我立，其次亦功成而不居。"民国既起，义士们也要铸剑为犁、解甲归田了。

然而，普天同庆的烟花之下，是阵阵阴影。

---

[①] 毛泽东在 1965 年见仇鳌的时候说，他亲眼见到 1912 年黄兴回长沙的场面。仇鳌回忆自己代表湖南党政首领骑马出城迎接黄兴，说当时"道路两旁民众高呼'欢迎英雄黄兴回湖南'"。毛泽东这时插话说："那日，我也挤在人堆里，看热闹嘞！"

8月，革命元勋张振武，被袁世凯以"贪污"为名，不经审判，诱杀于北京。"共和"政府杀起人来，和当年大清以"供、证两无，安能杀人"的方式将秋瑾斩首，又有多大的区别？所谓"口衔刑宪，意为生杀"[1]，司法独立只不过是一纸空谈。

1912年6月，唐绍仪内阁按照事先约定，任命王芝祥为直隶总督。袁世凯以"将士反对"为名，执意将其调任为南方军宣慰使。按照《临时约法》的规定，如此重大的任免需由内阁总理副署方能生效。但袁以势压人，直接跳过内阁，发了一份没有副署的委任状。而王芝祥也不争气，居然拿了笔"宣慰费"就真的南下上任去了。

对此公然践踏宪法的行为，唐绍仪自然是激烈抗议。然而，当年社会各方面都觉得这不过是两人之间的"私人恩怨"，不愿掺和。宪法宪法，"有违宪者，天下共击之"才能叫宪法。时人既然没有共识，不以维护宪法权威为己任，那宪法自然也成了强权的遮羞布。

1912

国王已死，国王万岁

大清已死，大清万岁

之后数十年的命运，在民国建立的那几个月，就已冥冥注定。仅一年之后，国民党在国会中获得多数席位，宋教仁北上组阁，却被暗杀身亡，而证据直指袁世凯。孙中山、黄兴掀起了反对袁世凯的二次革命。革命尚未成功，同志们仍然需要继续努力，但这，已经不是大清的故事了。

紫禁城的黄昏下，隆裕太后郁郁寡欢，于1913年去世。6岁的末代皇帝溥仪刚刚开始读书，他懵懵懂懂地看着袁世凯所送的"德至功高，女中尧舜"挽联，不知道能否理解"尧舜禅让"的真正含义。但无论是否理解，他随波逐流、身不由己的一生都将以无奈的姿态展开。

当年的宗社党死硬派中，肃亲王善耆始终想着复辟，两次勾结日本人妄图满蒙独立，失败后病死旅顺；醇亲王载沣不再过问政事，在溥仪北上伪满洲国

---

[1] 见张伯烈在1912年8月18日向参议院提出的《质问政府枪杀武昌起义首领张振武案》。

的时候，和儿子大吵一架，说他连"石敬瑭都不如"①，倒也算骨气尚存。

最可笑的是恭亲王溥伟，血统上来说，他是当年末代皇位的有力争夺者，对慈禧把皇位传给了溥仪，一辈子耿耿于怀。日本人在奉天搞伪满洲国的时候，一度想扶持他为皇帝，甚至让他穿着龙袍祭祀大清祖陵，急得溥仪赶紧巴巴地跑去旅顺"继承大统"，终其一生都对溥伟这个"竞争对手"满是猜忌。

真正看开了的，是前军谘大臣、钟郡王载涛。这个不知兵有多少的陆军大臣，最终成了解放军炮兵司令部马政局

载涛的马政局顾问委任书

顾问，可以安心做他的"马痴"了。在朝鲜战争时期，他配合解放军去蒙古挑马，把 25000 匹良马运往了志愿军前线。之后，帮国家整合收编旧马场，成了新中国的"伯乐"。

而当年真正"死社稷"的良弼，是身后事最凄凉的一个，他妻子早亡，死后留下了三个女儿由岳母抚养。良弼生前一直力挺君主立宪，以"激进改革"著称，得罪了不少清政府权贵。清廷既倒，抚恤金自然是无从着落，他又为官清廉，并无积蓄。死后，一众皇亲国戚避之唯恐不及，连下葬的钱都是袁世凯私人资助的，孤母寡女沦落到要靠好友吴芝瑛接济。民国后，吴芝瑛多方求告，终于帮几位孤儿求得了一份抚恤金。

这位吴芝瑛，七年前得知堂弟吴樾刺杀五大臣、命殒当场的消息，泪如雨下；五年前，眼看挚友秋瑾身首异处，她甘冒奇险，将其遗骨葬在西湖；一年前，收到好友吴禄贞被良弼刺杀②的噩耗，她难以置信，只能压住悲痛，帮其保存遗作。而今，正是这位不折不扣的革命党，安顿了良弼的遗孤，埋葬了爱新觉罗家族最后的守卫者。

---

① 这段话是载沣对溥仪的弟弟溥任说的。
② 当时社会普遍认为吴禄贞是被良弼所杀，石家庄有吴禄贞墓，叫作"吴公祠"，墓志铭上也是采用这个说法，认为吴禄贞是袁世凯所杀，是后世逐渐挖掘出来的。

12 年前,良弼和吴禄贞一同求学于日本陆军士官学校。同学年少,他们对于大清是否还有未来,日夜争论而胜负难辨,势不两立却又惺惺相惜[①]。现在,一抔黄土埋残躯,谁对谁错,终于不再重要了[②]。

很多年后,吴芝瑛和她先生廉泉,出版了吴禄贞的两卷遗诗,让我们看到了这位盖世之杰写的"万里请缨歌出塞,十年磨剑笑封侯",英雄豪迈、旧日新天;他们也编辑了良弼的《天荒地老录》,默默记下了这个 35 岁、努力错方向的勇敢青年最后的誓言——对大清"非到天荒地老,必力持不易"。

他们所说的,他们都做到了。1912 年,276 岁[③] 的大清寿终正寝。

---

[①] 钱基博老师的《吴禄贞传》里提到,当时"禄贞好言革命,而良弼必力折之,往往面赤声嘶不下,然意气相投,禄贞亦昵于良弼以自全"。

[②] 有兴趣的朋友可以参考 Hu Ying 的 *Enemy, Friend, Martyr: Commemorating Liangbi (1877–1912), Contesting History*。

[③] 1636 年,皇太极称帝,改国号为大清。276 岁是从这个时间算的。

# 尾　声

大清亡了，但"革命尚未成功，同志仍需努力"，推翻这个庞大的帝国，还只是中华民族百年自强运动的开始。

还记得姚雨平的北伐吗？

1911年12月，八千广东子弟组成北伐粤军，号称"姚家军"。他们渡江北上，打得辫子军张勋节节败退。当年雄赳赳的学生军中，颇有几个后来大家熟悉的名字：国民革命军总政治部主任邓演达、新中国政协副主席李济深、创立抗日雄师19路军的陈铭枢……

1912年，南京临时政府成立，立志北伐，黄兴整编南方军队，改编"姚家军"为"陆军第四军"；之后，南北议和、清帝退位，袁世凯做了大总统。粤军响应黄兴号召，以大局为重，自请裁军，电曰"裁一个兵，即少担一份饷，亦即少借一份债"。全军只留炮兵营一支，创始人姚雨平出国考察军事。

1913年，宋教仁被刺身亡，孙中山发起二次革命、护法运动，南下广州成立军政府，重组粤军，史称"建国粤军"。其中建国粤军第一师的军官班底，就是当年的姚家军，包括李济深、邓演达、陈铭枢，还有我们熟悉的叶挺。

1925年，孙中山逝世，姚雨平一手提拔的、当年八千子弟之一李济深，在国共合作、苏联支援的基础上，整编建国粤军第一师，为纪念当年的"陆军第四军——姚家军"，将这支部队起名为"国民革命军第四军"。北伐时，这支军队屡立战功，又被称为"铁军"。

1927年，四一二反革命政变爆发，国共决裂，中共发动八一南昌起义。这支起义部队在朱德的带领下，辗转来到江西，和毛泽东领导的秋收起义部队在井冈山会师。朱德回忆说，当时起义军中有很多人，尤其是军官，来自大革命时期的国民革命军第四军，为了沿袭"铁军"传统，他和毛泽东把这支部队命名为"中国工农红军第四军",他们有一个大家更熟悉的名字:朱毛红军。

1937年,西安事变后,国共第二次合作,在第五次反"围剿"失败后留在南方八省打游击的红军,根据国共协议进行改编,为了传承当年的"铁军"精神,军长叶挺为这支部队选了一个番号:"国民革命军新编第四军",也就是"新四军"。

1943年,新四军在日本鬼子的"统治区"历经艰难、发展壮大。

1945年,日本投降,新四军第3师北上,加入东北野战军。师长黄克诚,是当年中国工农红军第四军第12师第35团团长,而东北野战军司令员,是当年国民革命军第四军、叶挺独立团2营7连排长。这支部队有个大家津津乐道的名字:第四野战军。

薪火相传、革命不息。

让我们再次回到故事开始的地方。1898年秋,北京残阳似血,菜市街口,谭嗣同"我自横刀向天笑",慷慨就义;在他之后,万千义士血荐轩辕,终于推翻了大清这庞然大物。但革命远未成功,同志仍需努力,好在薪火相传、革命不息,火苗既起,终将燎原。这些万千义士,终将以血和火,彻底烧光那个旧世界。

人民英雄纪念碑

三年以来，在人民解放战争和人民革命中牺牲的人民英雄们永垂不朽！

三十年以来，在人民解放战争和人民革命中牺牲的人民英雄们永垂不朽！

由此上溯到一千八百四十年，从那时起，为了反对内外敌人，争取民族独立和人民自由幸福，在历次斗争中牺牲的人民英雄们永垂不朽！

## 部分参考文献

### 一、专著

[1] 宋念申. 发现东亚 [M]. 北京：新星出版社，2018.

[2] 王学泰. 游民文化与中国社会 [M]. 桂林：广西师范大学出版社，2023.

[3] 中国国民党革命委员会河南省委员会. 河南辛亥革命人物传略 [M]. 郑州：大象出版社，2012.

[4] 郑光路. 四川保路运动历史真相 [M]. 成都：四川民族出版社，2011.

[5] 中国史学会. 中日战争（全七册）[M]. 上海：上海书店出版社，2022.

[6] 许毅. 清代外债史论 [M]. 北京：中国财政经济出版社，1996.

[7] 彭信威. 中国货币史 [M]. 上海：上海人民出版社，2007.

[8] [英] 威廉·G. 比斯利. 明治维新 [M]. 张光，汤金旭，译. 南京：江苏人民出版社，2012.

[9] 张国辉. 晚清钱庄和票号研究 [M]. 北京：社会科学文献出版社，2007.

[10] 许毅. 从百年屈辱到民族复兴（卷一）：清代外债与洋务运动 [M]. 北京：经济科学出版社，2002.

[11] 刘伟. 晚清督抚政治 [M]. 武汉：湖北教育出版社，2003.

[12] [美] 费正清，刘广京. 剑桥中国晚清史 [M]. 中国社会科学院历史研究所编译室，译. 北京：中国社会科学出版社，1985.

[13] [美] 牟复礼，[英] 崔瑞德. 剑桥中国明代史 (1368-1644年)：上卷 [M]. 张书生，黄沫，杨品泉，等，译. 北京：中国社会科学出版社，1992.

[14] 费正清，邓嗣禹. 冲击与回应：从历史文献看近代中国 [M]. 陈少卿，译. 北京：民主与建设出版社，2019.

[15] [美] 芮玛丽. 同治中兴：中国保守主义的最后抵抗（1862-1874）[M]. 房德邻，等，译. 北京：中国社会科学出版社，2002.

[16][美]柯文.在传统与现代性之间:王韬与晚清改革[M].雷颐,罗检秋,译.南京:江苏人民出版社,2006.

[17]李细珠.地方督抚与清末新政:晚清权力格局再研究[M].北京:社会科学文献出版社,2012.

[18]马陵合.晚清外债史研究[M].上海:复旦大学出版社,2005.

[19]陈锋.清代财政政策与货币政策研究[M].武汉:武汉大学出版社,2013.

[20]杨小凯.百年中国经济史笔记[M].John Wiley & Sons,2000.

[21]潘志平.中亚浩罕国与清代新疆[M].北京:中国社会科学出版社,1991.

[22][美]R.J.史密斯.十九世纪中国的常胜军:外国雇佣兵与清帝国官员[M].汝企和,译.北京:中国社会科学出版社,2003.

[23]茅海建.近代的尺度:两次鸦片战争军事与外交[M].北京:生活·读书·新知三联书店,2011.

[24][美]郭士纳.谁说大象不能跳舞[M].张秀琴,音正权,译.北京:中信出版社,2010.

[25]李细珠.新政、立宪与革命:清末民初政治转型研究[M].北京:北京师范大学出版社,2018.

[26][美]路康乐.满与汉:清末民初的族群关系与政治权力[M].王琴,刘润堂,译.北京:中国人民大学出版社,2010.

[27]罗玉东.中国厘金史[M].北京:商务印书馆,2010.

[28]李工真.德意志道路:现代化进程研究[M].武汉:武汉大学出版社,1997.

[29][美]费维恺.中国早期工业化:盛宣怀(1844—1916)和官督商办企业[M].虞和平,译.北京:中国社会科学出版社,1990.

[30][美]弗里茨·斯特恩,弗里茨·理查德·斯特恩.金与铁:俾斯麦、布莱希罗德与德意志帝国的建立[M].王晨,译.成都:四川人民出版社,2018.

[31][英]莱斯利·贝瑟尔,主编.剑桥拉丁美洲史[M].中国社会科学院拉丁美洲研究所,译.北京:当代世界出版社,1998.

[32][美]丽莎·A.琳赛.海上囚徒:奴隶贸易四百年[M].杨志,译.

北京：中国人民大学出版社,2014.

[33][美]斯文·贝克特. 棉花帝国：一部资本主义全球史[M].徐轶杰,杨燕,译. 北京：民主与建设出版社,2019.

[34][美]西敏司. 甜与权力：糖在近代历史上的地位[M].朱健刚,王超,译. 北京：商务印书馆,2010.

[35][英]西蒙·沙玛. 富庶的窘境：黄金时代荷兰文化解析[M].晓庄,译. 北京：商务印书馆,2022.

[36][英]乔纳森·伊斯雷尔. 荷兰共和国（全三册）：崛起、兴盛与衰落1477-1806[M].朱莹琳,译. 北京：天地出版社,2023.

[37]冯自由. 中华民国开国前革命史[M].桂林：广西师范大学出版社,2011.

[38][美]阿图罗·吉拉尔德斯贸易：马尼拉大帆船与全球化经济的黎明[M]. 北京：中国工人出版社,2021.

[39]冯自由. 革命逸史[M].北京：新星出版社,2009.

[40]政协全国委员会文史资料研究委员会. 辛亥革命回忆录[M].北京：中华书局,1961.

[41]曹亚伯. 革命真史：辛亥风云现场实录[M].北京：中国长安出版社,2011.

[42]金冲及,胡绳武. 辛亥革命史稿[M].上海：上海辞书出版社,2011.

[43]李恭忠,黄云龙. 发现底层：孙中山与清末会党起义[M].北京：中国致公出版社,2011.

[44]李向平. 信仰、革命与权力秩序：中国宗教社会学研究[M].上海：上海人民出版社,2006.

[45]孙中山. 伦敦蒙难记[M].庚燕卿,戴桢,译注. 北京：中国社会科学出版社,2011.

[46][美]史扶邻. 孙中山与中国革命[M].丘权政,符致兴,译. 太原：山西人民出版社,2010.

[47][英]艾瑞克·霍布斯鲍姆. 帝国的年代：1875～1914[M].贾士蘅,译. 北京：中信出版社,2014.

[48][英]艾瑞克·霍布斯鲍姆. 资本的年代：1848～1875[M].张晓华,译. 北京：中信出版社,2014.

[49][英]方德万.潮来潮去：海关与中国现代性的全球起源[M].姚永超,蔡维屏,译.太原：山西人民出版社,2017.

[50][英]布鲁诺.英帝国在华利益之基石：近代中国海关（1854-1949年）[M].黄胜强,译.北京：中国海关出版社,2012.

[51][德]于尔根·奥斯特哈默.世界的演变：19世纪史[M].强朝晖,刘风,译.北京：社会科学文献出版社,2016.

[52]曹新宇,宋军,鲍齐.中国秘密社会（第3卷）：清代教门[M].福州：福建人民出版社,2002.

[53]戴玄之.中国秘密宗教与秘密会社（二册）[M].台北：台湾商务印书馆股份有限公司,1990.

[54]郑观应.郑观应集[M].上海：上海人民出版社,1982.

## 二、期刊、论文

[1]刘笃才.《临时约法》"因人立法"说辨正[J].法学研究,2002(05).

[2]张隆.辛亥革命中的会党与新军[D].河北师范大学硕士学位论文,2007.

[3]于晓丹.湖北新军革命化及其影响因素[D].东北师范大学硕士学位论文,2021.

[4]李喜所.武昌起义后的农村变动[J].历史研究,1982(02).

[5]邹浩.革命党与会党的联合及其对晚清革命的影响[J].沧州师范学院学报,2013,29(04).

[6]沈浩."家""国"与"满""汉"——再论清帝逊位和1912年大妥协[J].华东师范大学学报(哲学社会科学版),2014,46(03).

[7]贾艳丽.辛亥革命中的满汉冲突与调适[J].清史研究,2011(03).

[8]徐方平,曾银慧.论辛亥革命时期的荆州驻防八旗[J].湖北大学学报(哲学社会科学版),2012,39(05).

[9]梁宏志,孙小兵.清末橡胶股票风潮及成因分析[J].贵州财经学院学报,2011(03).

[10]马勇.正当与失当：清末铁路干线国有化政策再检讨[J].史林,2012(03).

[11]畅童娜.清末铁路建设的得失分析[J].当代经济,2017(04).

[12]袁文科.清末广西铁路筹建始末（1895—1911年）[J].百色学院学报：2018,31(02).

［13］熊元彬.历史的再审视：清末"皇族内阁"研究［J］.理论月刊,2018（04）.

［14］段剩龙.清季橡胶股票风潮与官民因应［D］.暨南大学硕士学位论文,2010.

［15］马陵合.晚清铁路外债观初探——以芦汉铁路为中心［J］.史学月刊,2001（06）.

［16］杨永.从近代企业制度的角度观清末铁路"商办"政策的失利——以商办川汉铁路公司为例［J］.唐山师范学院学报,2014,36（03）.

［17］陈剑.试述清末川汉铁路公司的"大股东"——以利用股东会抗争为视角［J］.黑龙江省政法管理干部学院学报,2012（05）.

［18］孙自俭.詹天佑与晚清商办铁路［J］.绥化学院学报,2009,29（06）.

［19］馆龙一郎,陈虹.明治维新以来的日本金融制度改革［J］.国际经济评论,1996（Z6）.

［20］孔永松,蔡佳伍.晚清铁路外债述评［J］.中国社会经济史研究,1998（01）.

［21］孙昉.清政府在中比卢汉铁路借款谈判中的内部分歧（1896-1898年）［J］.大连大学学报,2010,31（04）.

［22］谢良平,朱从兵.晚清铁路外债国家政策形成新探［J］.百色学院学报,2012,25（02）.

［23］颜色,徐萌.晚清铁路建设与市场发展［J］.经济学（季刊）,2015,14（02）.

［24］李际,陈勇.商办川汉铁路的租股与保路运动［J］.工程研究-跨学科视野中的工程,2011,3（04）.

［25］王旭.清末新政改革四论［J］.河北广播电视大学学报,2018,23（01）.

［26］王五一.清末货币本位制大讨论［J］.开放时代.2017（01）.

［27］邹进文,陈亚奇.清末货币本位之争——以张之洞、精琪币制思想为中心的考察［J］.贵州社会科学,2018（03）.

［28］谢昌旭.战争债券与战争融资——基于中日甲午战争与美国南北战争的研究［D］.复旦大学硕士学位论文,2012.

［29］靳毅,张赢.日本股市百年：失去的三十年（1990-2019）［OL］.国

海证券},2020,13(10).

[30]徐立刚.甲午战争期间清廷政治斗争的内耗[J].档案与建设,2014(11).

[31]朱英.晚清地方势力的发展与中央政府的对策[J].探索与争鸣,1996(01).

[32]赖继年.清末地方权力扩大问题初探——以地方督抚为例[J].邵阳学院学报(社会科学版),2011,10(03).

[33]郑定,杨昂.还原沈家本:略论沈家本与晚清司法场域之变迁(1901—1911年)[J].政法论坛,2004(01).

[34]陈煜.明清律例在日本明治维新前后的遭际及其启示[J].华东政法大学学报,2018,21(02).

[35]郝一双.洋务运动与明治维新时期中日留学生教育之比较[J].大学教育科学,2005(02).

[36]刘春华.晚清教育改革探微[J].学术论坛,2006(10).

[37]于雁,姜海,曹流.论清政府与1883年金融危机[J].湖北师范学院学报(哲学社会科学版),2001(02).

[38]周琦,李开盛.晚清湖湘文化中的外交思想——历史意义与当代价值[J].国际政治研究,2011,32(03).

[39]刘燕.晚清士绅收回关税自主权之主张[J].兰台世界,2018(08).

[40]陈继红,刘巽良,吕明.中资船舶船籍外移的主要问题辨析[J].港口经济,2011(08).

[41]黎志刚,宣言.清末轮船招商局的中外海事纠纷案件[J].国家航海,2017(02).

[42]张代春.试论清末民初中国航商的诡寄经营[J].江汉论坛,2009(08).

[43]陈继红,真虹,宗蓓华.中国船籍外移的主要原因及警示[J].航海技术,2008(05).

[44]西南财经大学货币金融博物馆.近现代债券发行史简介[OL].

[45]柳婷婷.1910年金融危机浅论[D].中国社会科学院硕士学位论文,2011.

[46]胡公启.晚清中国关税制度变迁及影响[J].郑州航空工业管理学院

学报（社会科学版）,2018,37（06）.

[47]梁小民.清末的金融危机[OL].中国商业评论,2007.

[48]王志浩吗,中国－经济大师讲堂：白银、革命和清朝[OL].渣打银行,2013,27（01）.

[49]焦润明,姚文秀.论晚清经济民族主义思潮[J].汉期·历史学研究,2013（01）.

[50]苏阳,康珂.民营经济对制度变迁的影响——基于清末至民国的近代经济史考察[J].河南科技大学学报（社会科学版）,2012（02）.

[51]王柯.国际政治视野下的"新疆建省"[J].二十一世纪,2007（02）.

[52]史勇.清季兰州制造局仿造枪械略考[J].丝绸之路,2010（02）.

[53]洪均.厘金与晚清财政变革——以湖北为例[J].江汉论坛,2012（09）.

[54]崔禄春.晚清不平等条约中厘金条款的考察与思考[J].浙江社会科学,2019（05）.

[55]王永男.试探百年疑案——吴禄贞之死[J].理论月刊,2016（01）.

[56]闫俊侠.一本虽薄却重的晚清出洋大臣日记——浅谈李凤苞及其《使德日记》[J].兰州学刊,2006（12）.

[57]邢来顺.德意志帝国时期教育事业的进步[J].历史教学（下半月刊）,2015（01）.

[58]邢来顺.工业化冲击下的德意志帝国对外贸易及其政策[J].史学月刊,2003（04）.

[59]郭新双,郭红玉."1914年德国道路"的特征与启示——德国处理"政府—产业"关系的历史经验[J].人民论坛·学术前沿,2014（10）.

[60]周妤.论清朝同治道光宣统时期的禁烟策[C].Proceedings of 2nd International Conference on Humanities Education and Social Sciences（ICHESS 2019）(Advances in Social Science, Education and Humanities Research,VOL.369).

[61]马雪.晚清财政竞争与鸦片贸易的经济学分析[D].山东大学博士学位论文,2012.

[62][美]斯文·贝克特,张作成.奴隶制度和资本主义[J].北方论丛,2015（05）.

[63]舒运国.阿拉伯人与东非奴隶贸易[J].世界历史,1991（05）.

［64］张仁男. 英国人从事奴隶贸易心理动因初探［J］. 江西社会科学,2002（02）.

［65］刘景华,徐艳丽. 试论英国崛起中的尼德兰因素［J］. 史学集刊,2009（02）.

［66］韩振华. 荷兰东印度公司时代巴达维亚蔗糖业的中国人雇工［J］. 南洋问题,1982（02）.

［67］孙伟. 荷兰共和国理性经济人行为和影响初探［D］. 浙江大学硕士学位论文,2008.

［68］黄艳红,近代早期的国际竞争与财政动员：关于西荷与英法的比较研究［J］. 史学集刊,2020（02）.

［69］蔡冬瑾,王民. 黄花岗起义姚雨平胡毅陈炯明避战考实［J］. 福建师范大学学报（哲学社会科学版）,2012（06）.

［70］孔祥吉. 日本档案中的张之洞与革命党——以吴禄贞事件为中心［J］. 福建论坛（人文社会科学版）,2010（05）.

［71］宋纤,魏明孔. 晚清澳门军火走私贸易问题探析［J］. 暨南学报（哲学社会科学版）,2019（03）.

［72］林天蔚,萧国健. 十六世纪葡萄牙人在香港事迹考［C］. 中华民国史料研究中心十周年纪念论文集,1985.

［73］容应英. 从十九世纪的中日美关系看留美幼童［C］. 亚细亚大学学术文化纪要,卷（号）7,页93—115,2005.

［74］张肯铭. 从认识到认同：晚清中国朝野对德国军事能力的认知［D］. 台湾师范大学硕士学位论文,2011.

［75］林满红. 清末本国鸦片之替代进口鸦片（1858—1906）——近代中国"进口替代"个案研究之一［J］近代史研究所集刊,1980（9）.

［76］石雅如. 拉丁美洲的殖民与独立［J］. 台湾国际研究季刊,2017（4）.

### 三、外语文献

［1］坂野润治,大野健一. 明治维新：1858-1881［M］. 讲谈社,2010.

［2］Timothy W. Guinnane. Delegated Monitors, Large And Small：The Development Of Germany'S Banking System［J］. JOURNAL OF ECONOMIC LITERATURE, 2002（03）, (pp. 73-124).

［3］Caroline Fohlin. Finance Capitalism And Germany'S Rise To Industrial Power［M］.Cambridge Univ Pr，2007.

［4］Hao, G. The Amherst Embassy And British Discoveries In China［J］.History. Vol. 99, No. 4 (337) (October 2014), pp. 568–587 (20 pages).

［5］Caroline Stevenson. Britain's Second Embassy to China：Lord Amherst's "Special Mission" to the Jiaqing Emperor in 1816［M］.Australian National University Press, 2021.

［6］Norman J. Silberling. British Financial Experience 1790–1830［J］.The Review of Economics and Statistics, Vol. 1, No. 4 (Oct., 1919), pp. 282–297 (16 pages).

［7］Ann M. Carlos，Larry Neal. Amsterdam and London as financial centers in the eighteenth century［OL］.Cambridge University Press: 01 February 2011.

［8］Zsolt G. Török. The 'English' patient, fools, foxes and rats: exploration, mapping and war in the Libyan Desert［C］. Symposium on "Shifting Boundaries"：Cartography of the 19th and 20th Centuries. ICA Commission on the History of Cartography.

［9］Dolors Folch，Fernando Zialcita，韩琦，Carmen Yuste. 全球化的起源：马尼拉大帆船［C］.Biblioteca Miguel de Cervantes de Shanghai，2013.

［10］Birgit Tremml-Werner. Spain, China, and Japan in Manila, 1571–1644：Local Comparisons and Global Connections［M］.Amsterdam University Press，2015.

［11］Hu Ying.Enemy,Friend,Martyr:Commemorating Liangbi(1877–1912),

Contesting History［C］.Late Imperial China, Volume 38, Number 1, June 2017, pp. 1–45 (Article).

# 后 记

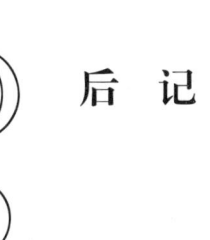

　　这本书的源头可以一路追溯到四年前我在知乎上看到的一个颇为普通的提问——"为什么武昌起义后清政府迅速土崩瓦解了？"

　　引起我兴趣的不仅在于问题本身，也在于我一直以来的思考：在对历史的理解和学习中，能否能通过对一个复杂事件的剖析，来勾勒时代的面貌，提升我们的认知。

　　我很少看到有作者做过如此的尝试，毕竟我们所熟悉的大部分通俗历史书籍，其编排的逻辑都是"以时间为轴、以人物为线、分区分类、循序渐进"。好处自然是内容聚焦、线索清晰，非常符合一般的理解方式；但弊端也很明显——它缺乏对事务全局的、互动的、变化的把握。

　　在我看来，历史不像是一条笔直的大道，能"条条大路通罗马"，明确的指往一个注定的方向。历史更像是一片支流密布的水域，是"滚滚长江东逝水"，充满着偶然、变化、碰撞、互动。

　　在商业的世界里，要学习和理解这种复杂、动态的现象，最适合的是哈佛商学院发明的"案例分析教学法"。这种教学通常选取某个代表性的事件，比如经典的"2009年通用汽车破产案"，并以其为锚点，从公司的内部管理、社会影响、全球竞争、技术发展、市场变迁等诸多因素出发，共同探讨那个环境下管理人员的实践、后果和教训。

　　从这个角度而言，百年之前清政府的轰然倒塌，的确是一个不可多得的案例。它足够宏大——需要理解那个时代下全球博弈中几乎所有重要力量；它足够复杂——必须涉及金融、军事、经济等诸多行业；它有着多样化的决策场景——当事人难以找到一个可依赖的明确路径；而它更是影响深远——其对中国的塑造，历经百年，绕梁至今。

　　而随着这种解读方式来的，是本书有别于传统的内容编排。在这里，我不得不打破时空的限制,对于某一个1911年所展现的"结果",试图在历史的长河中寻找它的"成因"。无论这成因是个把月前的一份谕旨,还是百年前的某个大洋彼岸的发明。也不得不挖掘人物背后的力量——毕竟每个人不仅仅是思考、行为的主体,更是某股社会力量的代表,而正是不同社会力量间的博弈,推动了历史的进程。

  对读者而言,这种"因果互动为轴,社会力量为线"的结构恐怕时有眩晕之感,在此深表歉意。我不是历史科班出身,文章难免有所纰漏,只希望这种处理方式,能让诸君感受到历史中草蛇灰线、伏脉千里的美感,体会到每一个人物在有限视角中的彷徨和抉择。

  最后,实在感谢读者的不离不弃。从2021年1月22日开始,不知不觉写三年多,这三年间,每次资料读到抓狂、码字码到眼花时,是你们的回复和鼓励给了我继续的动力。

2025年4月6日夜,写于上海<br/>佛要跳墙